JN321209

古代寺院の資産と経営

―寺院資財帳の考古学―

上原真人

すいれん舎

古代寺院の資産と経営

――寺院資財帳の考古学――

目次

挿図目次

※カバー写真提供 Image: TNM Image Archives
図20・28提供 Image: TNM Image Archives

序論　古代寺院研究資料としての資財帳

一　古代寺院を研究する意味とその材料

律令国家と仏教

日本の古代律令国家は、宗教・精神基盤の一つとして仏教を積極的に導入した。仏教の導入は、古墳時代以来の社会を規制した様々な価値観・習俗、あるいは社会体制に一大変革を迫った。西欧文明・西欧思想を導入した明治維新が、日本近代国家を作り出したとすれば、律令制と仏教の導入が、原始国家である倭国を日本古代国家へ変身させたといって過言ではない。仏教伝来以前から、日本列島では固有の神々が信仰され、律令制下でも神祇官を太政官に並立した。しかし、二官八省の筆頭に位置づけられたのに、文書行政における神祇官の存在感は薄い。

インド起源の仏教は、なぜか西方へほとんど伝わらず、おもにユーラシア大陸の東に布教の輪を広げた。東アジアや東南アジアへ伝わる過程で、仏教は様々な変容をとげ、日本列島には六世紀に朝鮮半島から、七世紀末〜八世紀にはおもに大陸から、その体系の一部が伝わった。

仏教の根幹をなすのは三宝、すなわち仏法僧である。「仏」とは釈迦の骨（舎利）や仏の存在を暗示する足跡などのシンボル、容姿を形どった仏像などの直接の信仰・礼拝対象。「法」とは釈迦の教えである経典やそれを体現する儀式（法会）。そして法を学び理解し、仏の礼拝供養や求道修行を通じて、仏法の力を具体化・実現化するのが「僧」尼である。三宝が集中する施設が寺院ということになる。

古代の日本列島を一つの国家にまとめあげた律令制は、国土を畿内七道—国—評（郡）—五十戸（郷里）に秩序化・序列化し、戸籍によって人民＝百姓一人ひとりの居住地を確認・確定し、国家の土地と定めた公田を各人に分配し、性別・年令等にもとづいて課税する個別人身支配をめざした。僧尼は課税対象外であったが、寺院を拠点として国家の安寧を祈願するため、修行・勉学にはげみ、清浄な心身で法会を開催し、参画することが義務づけられていた。

僧尼に資格を与える権利＝得度権は教団にはなく、国家が把握していた〔松尾一九九八〕。つまり、非課税の僧尼といえども、律令国家支配の目を免れることはなかった。人民を土地に縛りつけて課税する個別人身支配が、律令国家がめざした政治体制とすれば、国家公務員ともいうべき僧尼を、寺院という場を通じて把握することが、宗教面での律令体制に相当する。つまり、律令国家の仏教政策のかなめとなるのは、僧尼政策と寺院政策ということになる。

『僧尼令』制定

律令国家が推進した仏教政策の基本となる法令が『僧尼令』である。大宝元（七〇一）年六月一日、大安寺で『僧尼令』の説明会が開かれた〔『続日本紀』〕。説明者は道君首名。刑部親王を主幹とする大宝律令選定者一九名の一人で〔『続日本紀』文武天皇四（七〇〇）年六月一七日条〕、和銅末年には筑後守・肥後守として勧農撫育に努めた有能官吏だ〔同書、養老二（七一八）年四月一一日条〕。新しい法令ができると説明会を開くが、説明対象はおもに役人である。『僧尼令』の場合、当時の筆頭寺院である藤原京大安寺（大官大寺）を説明会場とした以上、僧尼をおもな対象としたとみてよい。大宝『僧尼令』は残っていないが、残された養老『僧尼令』と大差ないという。

「律」は刑罰法、「令」は他の一般法令と解説することが多い。しかし、二七ヶ条におよぶ『僧尼令』条文の大半は「凡僧尼」ではじまり、罰則も含めて僧尼の言動を規制する内容がほとんどを占める。たとえば「僧尼が占いや地相で吉凶を判断したり、まじない・巫術で病気を治した場合は、僧尼の資格を剥奪して俗人に戻す。ただし、仏法にもとづく呪術的医療はその限りではない（凡僧尼、卜相吉凶、及小道巫術療病者、皆還俗。其依仏法、持呪救疾、不在禁限）」（第二条）、「僧尼が音楽や博打にうつつを抜かしたら、罰として一〇〇日間の肉体労働を課す。ただし、碁と琴は制限しない（凡僧尼作音楽、及博戯者、百日苦使。碁琴不在制限）」（第九条）、「僧尼は私的立場で園地・宅地や財産を蓄えたり、販売・貸付行為をしてはいけない（凡僧尼、不得私畜園宅財物、及興販出息）」（第一八条）などだ。

『僧尼令』と『神祇令』

『僧尼令』の内容は、律令神祇政策の基本である『神祇令』が、祈年祭《としごいのまつり》・月次祭《つきなみのまつり》や大祓《おおはらえ》など、神社や都城・官衙で実施する年中行事的祭祀の大綱を規定するのと好対照をなす。『神祇令』には神官に対する禁止事項や罰則規定はない。一方、『僧尼令』には、仏教法会にかかわる規定はない。毎年四月八日に釈迦誕生を祝しておこなう灌仏会、毎年七月一五日におこなう盂蘭盆会《うらぼんえ》は、律令制成立以前から各寺院がおこなっていた〔『日本書紀』推古天皇一四（六〇六）年四月条〕。しかし、八世紀以降、新たに成立し整備された法会のほうがはるかに多い。

『続日本紀』などの正史を通覧すると、宮中や地方行政機関、中央地方の各寺院で新たな法会がいくつも実施され、なかには恒例化・年中行事化したものがある。つまり、仏教法会は律令国家の要請に応じて新たな発展をとげる行事なので、令では規定しきれなかったのだ。しかし、無限のパワーを秘めた仏教法会に不可欠な僧尼を野放しにできない。『僧尼令』制定の一つの目的はそこにある。一方、新たな神祇祭祀を挙行することがあったとしても、古くからの神観念がその基本となる。『神祇令』は新たな神祇パワーを予測・期待することよりも、列島各地で展開した多様な固有信仰を、律令制に適した形に再編成することに力点があったのだ。

ただし、律令仏教政策のもう一つのかなめとなる寺院にかんする『僧尼令』の規定は、僧尼が寺院以外に別に道場を立てて布教することを禁じた第五条、僧房に女性、尼房に男性を泊めることを禁じた第一一条、僧が尼寺に、尼が僧寺にみだりに出入りすることを禁じた第一二条、禅行修行のための山居（山林寺院に籠もる）手続きを規定した第一三条の四ヶ条にすぎない。

寺院規定が少ない『僧尼令』

寺院にかかわる規定が少なくても、『僧尼令』の条文は、僧尼が基本的に官度僧尼すなわち国家公務員で、各寺の三綱《さんごう》すなわち上座《じょうざ》・寺主《じしゅ》・都維那《ついな》の三役からなる寺院運営機構のもとで行動することを前提にしている。つまり、僧尼は原則として所属する寺院が決まっているのだ。換言すれば、『僧尼令』が運用された八世紀には、寺院という活動拠点の存在、すなわち仏教政策を推進するハード面の充実は暗黙の了解だった。古代日本列島における仏教寺院の充実過程は、推古天皇三二（六二四）年には四六ヶ寺［『日本書紀』］、持統天皇六（六九二）年には五四五ヶ寺を数えた［『扶桑略記』］という史料からも想定できる。

第二次世界大戦前における古代日本仏教史研究の集大成である辻善之助『日本仏教史（第一巻）上世篇』（一九四四年）は、播磨における古代寺院跡調査成果［鎌谷一九四二］や国史跡に指定された古代寺院跡を例示して、古代仏教におけるハード面の充実を具体的に示そうとした。しかし、『扶桑略記』が書きとどめた寺院数は「稍々多きに過ぐるの感がある」と評し、上世篇における「造寺興隆」の節題を平安時代後期（一一～一二世紀）に与えた。

しかし、いわゆる飛鳥白鳳寺院跡は北は宮城県、南は熊本県にいたるまで六〇〇ヶ寺以上を数える［奈文研一九八三］。古代日本において全国規模で寺院造営が隆盛したのは、七世紀後半～八世紀初頭と考えて間違いない。一二世紀代の寺院造営の隆盛は、平安京周辺がおもな舞台となっており、全国規模に至っていない。少なくとも「造寺興隆」の評価は妥当しないように思われる。つまり、古代日本仏教におけるハード面を構成する寺院の充実過程を具体的に解明するには、考古学的な研究が不可欠なのである。

律令仏教政策の裏づけとなるハード面、すなわち寺院施設の充実をはかるべきだと『僧尼令』は明記していない。それは『職員令』『戸令』『田令』『賦役令』『軍防令』が規定する地方政治・軍事・交通運輸組織の運用に必要な諸施設の充実について、令がほとんど言及しない事実に対応する。藤原宮・平城宮をはじめとする宮殿遺跡、大宰府・多賀城や国郡衙・駅館などの地方官衙遺跡、あるいは古代官道の発掘調査とその研究は、文献史学が予想した以上に、律令国家がハード面の充実や維持管理に注意を払っていたことを明らかにした。学史的には宮殿・官衙遺跡より調査研究が先行した古代寺院遺跡の分析にかんしても、同じ視点からの再検討が必要となる。

寺院遺跡の認定

人間が大地に刻み込んだ生活・生産・信仰などの営みを「遺構」「遺跡」とすれば、古代すなわち六世紀後半〜一二世紀における日本の遺構・遺跡のなかで、発掘という外科手術を経ずにたやすく認識できたのが寺院跡だった。それは、古代寺院の中枢施設がおもに瓦葺礎石建物からなることに由来する。すなわち高い基壇上に建つ礎石建物は、建物本体（軸部）が消滅しても、開発がおよばなければ土壇が残る。寺を囲む築地塀が土塁状に残ることもある。

土壇の上に礎石が並んでいれば、建物の規模や平面形態も推定できる。考古学者は不得手だが、現存古代建築に通暁している建築史家は、平面形から立体的な姿を推定する「はなれ業」も見せる。時によっては寺院が存在したという伝承があり、字名に門や堂の名が残ることもある。さらに、田圃の畦道などから、寺院の範囲を読み取ることができる場合もある。多少、土壇が削平されても、瓦溜や地表に散った瓦片が、寺院や構成堂塔の存在位置を教えてくれる。ただし、逆にいうと、地下深く痕跡を残す掘立柱建物に対し、重い瓦葺礎石建物を支えるための土壌改良（＝掘込地業）痕跡を除くと、地下構造物が限られる寺院中枢施設は、整地や削平によって遺構が容易に消滅する危険性をはらんでいる。大量の瓦が出土して寺院中枢（伽藍地）が近くにあったと予測できても、それを葺いた建物の位置が特定できないことも少なくない。

権勢を誇った藤原道長に批判的だった藤原実資《さねすけ》（九五七〜一〇四六年）も、道長に劣らず、普請好きで、平安京左京二条三防十一町にあった彼の邸宅（＝小野宮）では「あけくれ造らせたまふ事、日にたくみの七八人絶ゆることなし」という有様だった［『大鏡』］。寛仁三（一〇一九）年一〇月一四日、小野宮邸の東南隅で念誦堂（＝持仏堂）を造るために整地をはじめたところ、多数の瓦が出土した。実資はこれを昔の仏堂跡と認識し、礎石から一間堂規模の建物を想定した［『小右記』］。日本最古の仏堂跡発掘である［上原一九九七］。これを嚆矢として近代に至るまで、瓦出土地を廃寺・廃堂跡と認識することは一般的だった。

しかし、かつて「梅曽《うめそ》廃寺跡」と呼んでいた遺跡が下野国「那須官衙遺跡」、「上神主《かみこうぬし》廃寺跡」と呼んでいた遺跡が「上神主・茂原《もばら》官衙遺跡」として国史跡に指定されたように、瓦が散布することから寺院跡と考えていた遺跡が、発掘調査によって古代役所跡と認識を改めた例がいくつかある。この認識改訂の根拠は、検出した建物施設の存在形態である。寺院には寺院としての建物のあり方や呼称、官衙には官衙としての建物のあり方や呼称があるのだ。

寺院施設の性格や呼称

古代寺院研究の先駆者は、小規模なトレンチ調査は別にして、地表に残る基壇・礎石や畦道に残る地割をおもな根拠に、寺院を構成する建物を性格づけ、伽藍配置を復原し、変遷についても踏み込んだ議論を展開した［石田一九三六・一九五九］。その成果には現在なお踏襲すべき点があるが、計画的で大規模な発掘調査により変更を余儀なくされることも多い。

建物や付属する施設だけで寺院の機能が果たせるわけではない。寺院では仏を祀り、礼拝供養し、願いをかなえるために盛大な法会を催す。それを実行する人材が僧尼である。寺院には仏像や仏舎利などの礼拝供養の対象があり、礼拝供養に用いる道具があり、法会などで読みあげ、僧尼が学ぶべき経典があり、僧尼が生活し修行するために必要な道具がある。つまり寺院は、僧尼を中心とした事業体であり、その事業を推進するための膨大な資財を保有していたのである。

偶然に残った基壇や礎石から、古代寺院の全貌を推測するには限界があり、発掘などの手間のかかる手段で、建物施設あるいは資財の具体像を解明することが不可欠である。と言っても、発掘で検出した施設や建物の呼称や性格が、すぐに判明するわけではない。また、寺院が保有したものの一部が出土することはあっても、大半は消費活動の結果生まれた廃棄物か廃絶時に偶然に残った遺留物で、資財と呼べるような貴重品はほとんど期待できない。現在、我々が使用している古代寺院を構成する施設や建物の呼称は、法隆寺・四天王寺・唐招提寺・興福寺・東大寺など、現在まで法灯を継ぐ奈良時代以前に創建された寺院における建物施設の呼称に依拠する点が多い。ただし、現在まで受け継がれた呼称が、どこまでさかのぼるのか、あるいはどのような歴史的な経過で形成されたのか、そして建物施設にどのような資財があったのか検討の余地がある。その検討資料となるのが、古代寺院の施設や建物を同時代的に記録した絵画資料や文字史料である。

古代寺院の構成

絵画資料とは、寺院内の施設や周囲の状況を描いた境内図、あるいは境界を示した四至図《しいしず》で、図中に施設名を記入した例も少なくない。中世以後は、各寺院が領地を確保するため、あるいは布教のため、境内図や四至図を独自に作成する例が多くなる。さらに近世の名所図絵などでは、寺院境内図は観光にも活用される〔国立歴民博二〇〇一b〕。古代寺院の絵図には布教・観光用という機能は稀薄だが、東大寺の四至を定めた『東大寺山堺四至図』（正倉院宝物、天平勝宝八〈七五六〉年）、奈良県大和郡山市にある額田寺と周辺寺領などの地物を描き込んだ『額田寺伽藍並条里図』（八世紀中葉）が著名である（図1）。

大脇潔さんは『額田寺伽藍並条里図』をもとに、金堂・塔・講堂等からなる中心伽藍を「伽藍地」、「伽藍地」と付属建物を含めた区画を「寺院地」、「寺院地」周辺に広がる寺領を「周辺（寺辺）寺領」、「寺院地」から離れた遠隔地（あるいは他国）に存在する寺領を「遠隔寺領」「某国寺領」と呼んだ〔大脇一九九七〕。本稿も大脇さんの命名法に基本的にしたがう。ただし、資財帳を検討するとわかるように、寺の財産は「仏のもの（仏物・仏分）」「僧の物（僧物・僧分）」「共通のもの（通物・通分）」に大別でき、伽藍地も基本的に「仏がいます空間（仏地）」と「僧のための空間（僧地）」が区別できる〔上原一九八六〕。以下、伽藍地にかんしては「仏地」「僧地」概念も併用して叙述する。

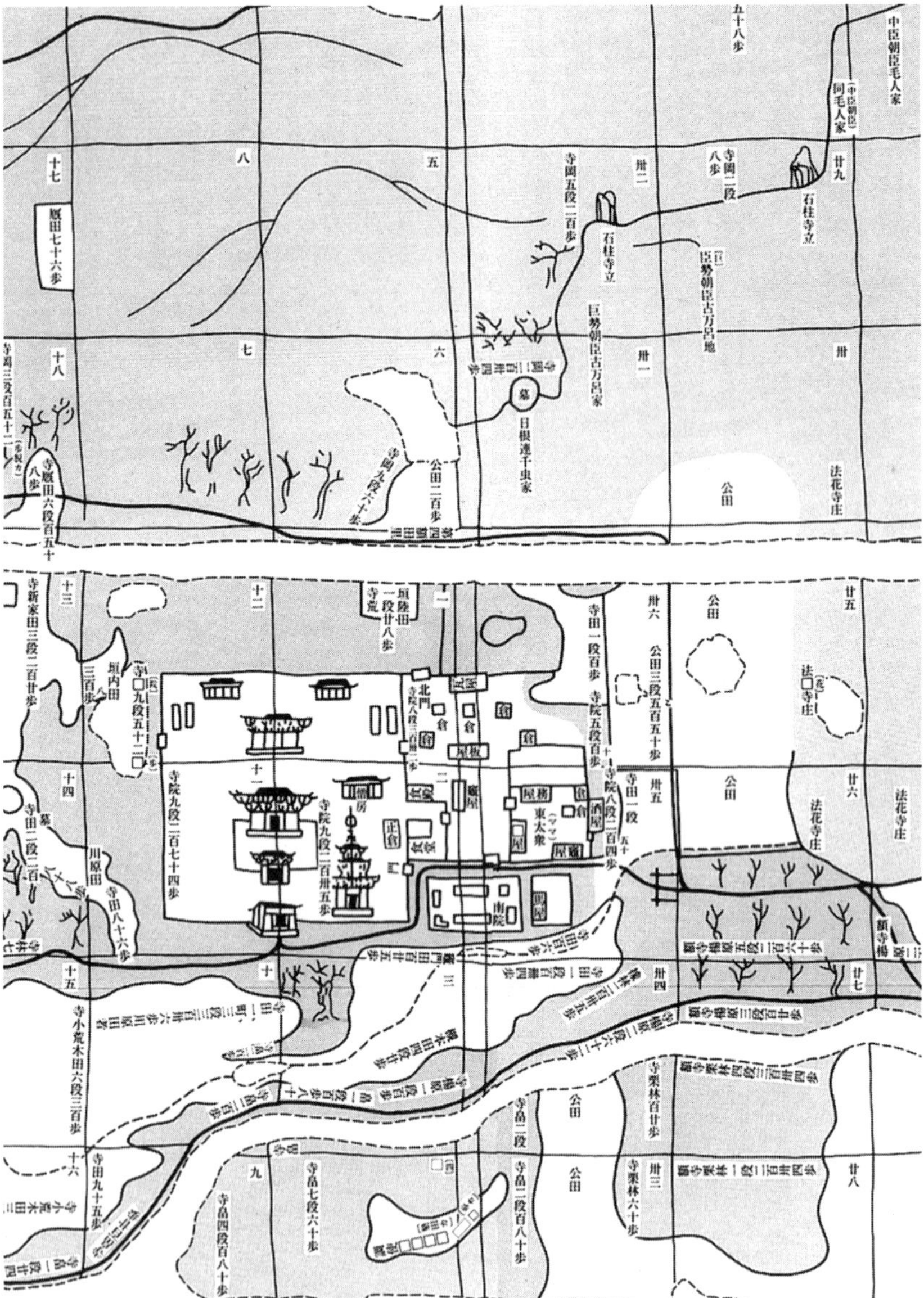

図１　『額田寺伽藍並条里図』釈文（部分）　山口英男作成［国立歴民博2001a］

なお、都城内寺院は周辺（寺辺）寺領が少なく、遠隔寺領・某国寺領を多数保有することが多い。また、『僧尼令』は禁止するが、布教・修行のために僧尼が所属「寺院地」から離れた場所に別道場を設ける行為は、近年、考古学が解明しつつある山林（山岳）寺院やそれに先行する生活痕跡を理解する上で有効となる。やや新しい概念であるが、単独施設ならこれを「別所」、一定の広がりや区画を持つ施設なら「別院」と呼ぶことにする。

二　古代寺院資財帳とは何か

寺院縁起資財帳の起源

境内図や四至図を制度的・体系的に製作した形跡は認めにくいが、寺院の由緒・歴史や寺院を構成する施設建物・財産を記録した体系的な史料として、律令国家が寺院を掌握する目的で作らせた寺院縁起・資財帳がある［水野一九九三、松田和晃二〇〇一、川尻二〇〇三］。中世以降も寺院のおもな財産である荘園目録や寺院の由来書（縁起）は数多く作られた。しかし、寺院縁起に始まり、仏像や経典の目録、擁する僧尼数に加えて、仏具・法具・僧具や日常具などの備品、寺院地を構成する建物施設や所有する寺領、手工業関係施設に至るまで詳細に列記し、定期的もしくは必要に応じて更新した寺院縁起・資財帳は古代に特有である。

寺院縁起を公式文書として上奏することは、推古天皇三二（六二四）年九月三日に、寺と僧尼について調査し、各寺を造った経緯と僧尼が出家した由来と得度した年月日を詳細に記録させたこと（具録其寺所造之縁、亦僧尼入道之縁、及度之年月日也）に始まる。この時に寺院数四六所、僧八一六人、尼五六九人を数えたという［『日本書紀』］。一方、寺院資財帳の起源は、孝徳天皇が私寺の造営援助を詔した時に、寺司《じし》と寺主を招集し、諸寺を巡行し、諸寺が保有する僧尼・奴婢の数や田畝を調査し奏上させたこと（今拝寺司等与寺主、巡行諸寺、験僧尼・奴婢・田畝之実、而尽顕奏）に由来すると考えられる［『日本書紀』大化元（六四五）年八月八日条］。その後、「諸寺田記」の錯誤を改正して一通を所司が蔵し、一通を諸国に頒けたように〔『続日本紀』和銅六（七一三）年一〇月戊戌条〕、必要に応じて調査内容を更新した形跡もある。

天平五（七三三）年一〇月二一日に、出雲国司が中央の弁官に発送した一九巻二一紙の公文書のなかに「僧尼帳一巻」「寺財物帳一巻」が含まれている〔天平六年「出雲国計会帳」『寧楽遺文』〕。同年二月三〇日に編纂を終えた『出雲国風土記』は、厳堂（金堂）や塔をもつ仏教施設として「新造院」一〇所を計上するが、寺名を持つのは意宇郡舎人郷の「教昊寺《きょうこうじ》」ただ一つ。教昊寺だけが寺として公認されていたのだ。水野柳太郎さんは天平五年の出雲国「寺財物帳」が教昊寺の資財帳であると看破し「最古の資財帳」と位置づける〔水野一九九三〕。

体系的書類としての資財帳

地方で寺院資財帳を体系的に製作する契機となったのが、霊亀二（七一六）年五月一五日の詔〔『続日本紀』〕だと水野さんは考える。詔は、寺を公認し田野占有を許可しても、「諸国寺家」が管理を怠り、堂塔ができても僧尼が住まず、仏を礼拝する声がない（堂塔雖成、僧尼莫住、礼仏無聞）という有様である事実を痛烈に批判し、それが「檀越等専制」すなわち寺院造営氏族（パトロン）の横暴によると分析する。そこで諸国の国司に命じて、国師《こくし》（中央が派遣した地方仏教を指導する僧）・衆僧《しゅうそう》・檀越《だんおつ》の立会のもと、寺家が保有する財物・田園を検査・記録し、中央に報告する（附使奏聞）ことを義務づける。この附使奏聞のなかで、史料から実在を確認できる出雲国発第一号が「教昊寺財物帳」だったということになる。

なお、霊亀二年五月詔の前半部に、荒廃した寺院について「今故併兼数寺、合成一区」という文言があるため、この詔を「寺院併合令」と呼び、古代地方寺院に対する行政処分あるいは事業仕分けと理解する向きがある〔佐久間一九八〇〕。その後、七道按察使《あぜち》および大宰府に諸寺を巡省させ便にしたがって併合した記事〔『続日本紀』養老五（七二一）年五月五日条〕。天平七（七三五）年に至って併合令を解除し、以後は各寺による修造を奨励し、修造を怠った場合は併合も辞さないこと。すでに併合を終えた寺院は再分割するには及ばないことも指示している［同書、天平七年六月五日条］。古代寺院遺跡から出土した瓦の分析などを通じて、「寺院併合令」の実効を問う議論も盛んである［三舟一九八七、櫻井一九九一、須田一九九七］。

しかし、霊亀二年五月詔がめざすのは、力を合わせてともに寺を造り、頽廃した仏教を更新・再興すること（同力共造、更興頽法）にあり、仏教・寺院規制が本意ではない。檀越の専制を規制し、寺院経営を独立・明朗化するのが本来の目的である。「併兼数寺、合成一区」はそのための脅し文句で、実際の行政措置としては、僧尼の常住化や名簿提出、縁起資財帳の提出を通じて、僧尼や寺院の実効支配を徹底した点に、この詔の意義があると考えるべきだろう。寺院遺跡にかんしていえば、八世紀の寺院において講堂・食堂・僧房など、伽藍地内の僧のための空間（僧地）が圧倒的に充実した事実に、霊亀二年五月詔の効果が反映されているのだ。

恒式となる「天平十九年帳」

地方において寺院資財帳を組織的に作成した実例を、天平五年出雲発「寺財物帳」ととらえる一方で、水野さんは、中央大寺院における組織的な資財帳の作成・提出はやや遅れたとみる。「天平十九年帳」とも称する大安寺や法隆寺の縁起・資財帳は、以下の経緯で作成された。まず、天皇の詔を受けた左大臣橘諸兄の命令により、天平一八（七四六）年一〇月一四日付で、治部省配下にある玄蕃寮《げんばりょう》所管の僧綱所《そうごうしょ》が牒を発する。玄蕃寮は寺院や僧尼の名簿、仏事の管理、外国使節の接待などを司る中央官庁。牒は一般には上申文書をさすが、ここでは僧綱・三綱と諸官庁の間で取りかわす文書である。その書式は所管関係のない官庁間の文書（＝移）に準拠する。この牒を受けて、各寺の三綱が「縁起并流記資財帳」を作成し、天平一九年二月一一日付で僧綱所に提出。さらに左大臣の命令で、僧綱所では大《だい》僧都《そうづ》法師行信《ぎょうしん》以下の署判を加え、天平二〇年六月一七日付で各寺家に下し「恒式」として保存するように定めている（巻末史料503〜520行。以下、巻末史料の引用に際しては行数のみを記す）。

ほぼ完存する大安寺・法隆寺の縁起并流記資財帳だけでなく、おもに縁起部分が断片的に残る『元興寺縁起』も、同じ日付をもつ。さらに、本文は残っていないが、弘福寺（川原寺）にも天平一九年の「寺縁起財帳一巻」があったという［延暦一三（七九四）年五月一一日「大和国弘福寺文書目録」『平安遺文』一二号文書］。つまり、大和国内にあった官寺級寺院が、一斉に「天平十九年帳」を作成した可能性が高い。それは、以後に製作された縁起・資財帳の手本となるもので、以前からあった財産目録を参考にしても、文書として著しく規範的・統一的であったと考えられる。『日本書紀』では「仏殿」「仏堂」「仏舎」、『出雲国風土記』では「厳堂」と記載した建物施設の呼称を「金堂」に統一したのも、「天平十九年帳」作成が契機となった可能性が高い。

資財帳の変貌

しかし、資財は刻一刻と変わる。使いものにならなくなった資財は廃棄され、新しい資財が寄付・購入される。資財帳は公式文書なので、最新データが必要だ。現在ならウェブでリアルタイムの情報を提供できるが、奈良時代には一年更新を義務づけたらしい。財産目録を更新する場合、旧目録に記載した品目を現物と照合する必要がある。第二章の分析で明らかにするように、「天平十九年帳」はチェックリストとして著しい欠陥があった。以後の寺院資財帳は、この欠陥を急速に改善する。古代日本における事務官吏の優秀さには目を見張るものがある。

延暦一七年正月二〇日の太政官符では、五畿内七道の「諸国定額諸寺資財等帳」は朝集使（毎年太政官に国司が送る行政報告の使者）に付して毎年中央に提出させていたが、以後はこれをやめ、国司交替に合わせて検校を継続するよう指示する。しかし、公的文書の提出を義務づけずに検校を指示しても効果は薄い。天長二（八二五）年五月二五日には、再び諸国に六年一進で資財帳の提出を義務づける。しかし、部内定額寺の資財や堂舎が実体を失い、破損著しい場合が多く、もとになる資財帳もなくなっていて、真偽を確かめるのも困難になりがちだった。貞観一〇（八六八）六月二八日には、任期満了時ではなく任期中の四年一進の制度に改める［『類聚三代格』巻三、定額寺事］。次々項でふれる八七三年『広隆寺資財帳』は、この太政官符にもとづいて作られたもので、巻末にその旨を明記している。太政官が寺院資財帳作成に関与しているので、寺院資財帳を残す寺院は、中央都城内や都城周辺に分布する大寺院、あるいは地方にあっても国分寺や定額寺など、国家公認の官寺に限るという誤解がある。しかし、資財帳には行政的な指令のもとで作成された申告書という側面以外に、寺院が自らの財産を管理するための帳簿的側面、あるいは財産や由緒いわれを次世代に引き渡すための規範を示した置文的側面がある。後者の目的で作成した資財帳には、国家公認の定額寺以外の地方寺院のものもある。また、地方国司は管下の「寺、僧尼名籍」をつかさどった。その寺には、国分寺や定額寺以外の私寺も含まれる。それらの寺を管理するために、中央には送らない寺院資財帳を国衙の責任・指令で作成した可能性も考えてよいだろう。

残された寺院縁起資財帳―八世紀―

以上に述べたように、中央・地方を問わず、官寺・非官寺を問わず、寺院縁起資財帳は作成された。事実、数こそ多くないが、各時期・各地方の色々な寺院縁起・資財帳が奇跡的に残っている。古代寺院を比較研究する上で、見逃せない資料である。断片的に引用された縁起・資財帳もあるので、網羅はできないが、以下、主要な古代寺院縁起・資財帳を列記し略説する。まず、奈良時代のものとして、次の七例がある。

（1）「元興寺伽藍縁起并流記資財帳」（天平一九〈七四七〉年二月一一日成立）。奈良県明日香村にある飛鳥寺は、蘇我馬子が造営した氏寺に端を発し、天武朝には官大寺に格づけられ、藤原京四大寺の一つとなる。遷都にともない平城京元興寺が法灯を継ぎ、縁起・資財帳が作成された。伽藍縁起并流記資財帳は、平安後期に編纂された醍醐寺本「諸寺縁起集」に引用されたもので、資財帳部分は小断片だが、縁起部分はよく引用される。本書では『寧楽遺文』『寺社縁起』（岩波日本思想体系）所収のテキストを、『元興寺縁起』と略記して引用する。

（2）「大安寺伽藍縁起并流記資財帳」（同年同日成立）。聖徳太子の熊凝道場、舒明天皇の百済大寺、天武天皇の高

市大寺、文武天皇の大官大寺の法灯を継いだ平城京大安寺の縁起・資財帳で、字面に「大安寺印」の朱印五二五箇を捺した写本が完存する。本書では、巻末に全文を示して構成や内容を詳しく検討する。全体をさすときは『大安寺伽藍縁起并流記資財帳』のフルネームを使うが、縁起部分をさす場合は『大安寺縁起』、財産目録部分をさす場合は『大安寺資財帳』と書きわけて引用・検討することもある。第二章で述べるように、『大安寺資財帳』は、まず大安寺にある仏法僧を冒頭に掲げ、自余の動産を地金・銭貨・金属器・布製品などの品目ごとに、仏法僧のいずれに所属するか明記しながら列記し、寺院地内の建物施設や墾田・庄園などの不動産は最後にまとめて記す。このように仏法僧への帰属を明記し、品目ごとに資財を列挙する方式を「仏法僧中心」の記載法と呼ぶ。使用するテキストは次章冒頭で説明する。

（3）「法隆寺伽藍縁起并流記資財帳」（同年同日成立）。世界最古の木造建造物群＝法隆寺西院伽藍は、聖徳太子が造営した斑鳩寺＝若草伽藍の法灯を継ぎ、伽藍の方位や位置をややずらして造営された。その西院伽藍の縁起并流記資財帳は近世の写本ではあるが、縁起部分・資財帳部分とも天平一九年当時の姿を残す［石上一九九七］。その構成は『大安寺伽藍縁起并流記資財帳』とよく似ており、本書では同時代の寺院格差を直接反映する材料として、しばしば照合しつつ紹介する。以下、『寧楽遺文』所収のテキストを『法隆寺伽藍縁起并流記資財帳』として引用する。財産目録部分を『法隆寺資財帳』として引用する場合もある。『法隆寺資財帳』は『大安寺資財帳』と同じ「仏法僧中心」の記載法である。

（4）「法隆寺東院縁起資財帳」（天平宝字五〈七六一〉年一〇月一日成立）。夢殿で著名な法隆寺東院（上宮王院）は、聖徳太子を顕彰するため、荒れ果てた斑鳩宮の跡地に、天平一一（七三九）年に行信が造営したという。巻頭の縁起や仏像の目録を欠くが、経典、調度品、金属器、銭・米、院地内建物、墾田地の資財を列記する。品目の列記の仕方は天平十九年帳に似ているが、調度品や金属器などの備品が仏法僧のいずれに帰属するかを記載しない。本書では『寧楽遺文』所収のテキストを、『法隆寺東院資財帳』として引用する。

（5）「阿弥陀悔過料資財帳」（神護景雲元〈七六七〉年八月三〇日作成）。二月堂や三月堂が建つ東大寺大仏殿東方の丘陵地（上院地区）は、大和国金光明寺の前身となった寺院の一つ、福寿寺あるいは金鐘寺に該当する。現存しないが、上院地区にあった阿弥陀堂は天平一三（七四一）年三月以前に竣工しており、金光明寺以前の仏堂の可能性が高い［吉川二〇〇〇］。その阿弥陀堂が保有する仏像・経典・仏具・僧具・荘厳具・調度・楽器など、阿弥陀悔過にかかわる資財を、天平一三年三月時点にあったもの、天平宝字六年三月の法会時に奉納されたもの、随時奉納されたもの、三綱が購入あるいは新造したものなどにわけて記載し、末尾に、破不用物（壊れて使えないもの）・失物（なくなったもの）を再抽出して列記する。仏法僧の所属記載はなく、特定堂宇の特定法会にかかわる資財を、品目だけでなく入手時期や入手経路を含めて記載し、その後の検収結果を記録した資財帳である。楽器・錫杖・念珠などは、納めた箱や袋の特徴も並記する。巻末の紀年は神護景雲元年八月三〇日だが、随時奉納された品に、宝亀九（七七八）年一二月四日に奉入された牙水角《きばすいかく》、景雲三（七七〇）年八月六日に受けた白木柱二枚や緑絁四条、失物に宝亀四（七七三）年に盗まれた合笙一管を含むので、七六七年作成の元帳に七七八年までの増減を加除し新たに作成したとわかる。建物施設や土地などの不動産は記載しない。

　本書においては竹居明男さんの検討成果［竹居一九七八］も踏まえつつ、『大日本古文書』所収のテキストを『阿弥陀悔過料資財帳』として引用する。特定堂宇の資財目録なので、国に提出した東大寺資財帳のもとになる一資料の可能性もあるが、ここでは検収目的で作成した帳簿と理解しておく。なお、石田茂作さんは列記した資財が、正倉院南倉宝物と共通すると主張する［石田一九五四］。『東大寺要録』諸院章第四「羂索院」条によれば、納物が最も多い羂索院双倉にかんして、延喜二〇（九二〇）年一二月一四日の宣旨文によって、阿弥陀堂や薬師堂などの雑物をみな双倉に移納して綱封《こうふう》、すなわち東大寺三綱の管理下に置いたが、前別当大法師の任期中に倉が朽損・頽落したため、天暦四（九五〇）年六月の綱牒《こうちょう》にもとづき、双倉の納物を「正蔵三小蔵南端蔵」に移納して綱封したという。最後の移納先が正倉院南倉をさすなら、石田さんの主張が正解だったことになる。

（6）「西大寺資財流記帳」（宝亀一一〈七八〇〉年一二月二五日成立）。父聖武天皇が造営した東大寺に対し、称徳女帝は平城京西北部の広大な敷地を占める西大寺を造営。発願の契機が藤原仲麻呂の乱の勃発（七六四年）とすれば、十数年で薬師・弥勒の二金堂、二基の五重塔をはじめとする一〇〇余りの建物施設が完成したことになる［太田一九七九］。目録によれば「西大寺資財流記帳」は四巻からなるが、現存するのは、縁起坊地第一・堂塔房舎第二・仏菩薩《ぶつぼさつ》像《ぞう》第三・経律論疏《きょうりつろんそ》第四・官符図書第五・楽器衣服第六の六章からなる第一巻の写本のみで、荘厳具の目録となる幡蓋厳具（第二巻）、動産や備品の目録となる金銀雑財・林畳鋪設《りんじょうほせつ》・釜雑器（第三巻）、不動産や寄付・人的資源の目録となる封戸出挙稲・田薗山野《でんえんさんや》・別功徳物《べつくどくぶつ》・奴婢名籍（第四巻）は残っていない。

第一巻の構成は、第一で西大寺造営の経過と居地三一町の四至を道路で示し、第二で金堂院・十一面堂院・西南角《すみ》院《いん》・東南角院・四王院・小塔院・食堂院・馬屋房・政所院・正倉院・瓦葺仏門三宇・離散屋倉九宇の項目にわけて構成建物の規模や特徴を列記する。第三では、薬師金堂・弥勒堂・十一面堂・四王堂の建物ごとに、保有する仏像・仏画（障子絵・画像）を列記する。本尊級の仏像では光背《こうはい》の法量や荘厳のため装着した鏡の数、仏画では据える台・床・机・敷布や収納する櫃、小仏像では安置した仏殿など、付属仏具や荘厳具についても詳細に記す。

第四では、西大寺が保有する一切経《いっさいきょう》律論疏一七二三巻と雑経律三一〇〇巻を四部にわけて保管状況を記録する。すなわち、御斎会《ごさいえ》時に官が弥勒堂に納めた大小乗経律論四六一三巻、官が納め薬師堂にある大小乗経律論二九四二巻と雑経四九八巻、吉備命婦《きびのみょうぶ》由利が進納し四王堂にある大小乗経律論疏章集伝出経録外経等五二八二巻、十一面堂東楼にある大小乗経律論偽疑録外注疏等四三八三巻と雑経二五四二巻である（帳尻は合わない）。これらの経律論疏は、それぞれ厨子や櫃に納め各堂で保管した。すなわち弥勒堂では五基の漆塗厨子、薬師堂では五基の漆塗厨子と櫃三合、四王堂では厨子四基、十一面堂東楼では厨子一五基である。厨子や櫃はそれぞれ法量や仕様を記録しているので、容器として区別できるが、なかに納めた経律論疏の種類・名称は一部をのぞき特定できない。

第五は勅書官符等六一巻、安芸から武蔵にいたる各国が保有する西大寺庄園や塩山・杣・木屋・池・山寺にかんする田薗山野図七三巻の目録で、印判の有無や枚数を記録するが、保管状況についての情報はない。第六は櫃三合に納めた呉楽《くれがく》器二具、辛櫃《からびつ》一〇合に納めた呉楽衣服二具・呉楽衣服四八具・大唐楽器一具・唐楽器・羅陵王《らりょうおう》装束、漆塗辛櫃に納めた唐楽衣服具、高麗《こま》楽器一具、漆塗辛櫃二合に納めた高麗楽衣服具にわけて面・楽器・装束などを列記する。仏法僧の帰属記載がなく、『大安寺資財帳』や『法隆寺資財帳』と異なる「建物施設中心」の記載法である。本書では『寧楽遺文』所収のテキストを『西大寺資財帳』として引用する。

（7）「多度神宮寺伽藍縁起并流記資財帳」〈延暦七〈七八八〉年一一月三日作成、同二〇年一部改竄・追筆〉。三重県桑名郡多度町にある多度神社は、濃尾平野の西限、伊勢・美濃国境をなす養老山地の主峰、多度山（標高四〇三m）を御神体とする式内社である。縁起によれば、神社の東に井泉があり、天平宝字七（七六三）年、その道場に止住した満《まん》願《がん》禅師が、多度神の託宣を受けて神宮寺を創始。以後、郡司や豪族、大僧都や私度沙弥《しどしゃみ》、伊勢・美濃・尾張・志摩四国の道俗知識が関与し、堂塔・施設を充実させた。

縁起并流記資財帳は、多度寺鎮三綱が伊勢国師と尾張国師に提出した牒形式をとり、伊勢国と尾張国の大小国師、僧綱御使・従儀僧の検察があり、僧綱判収として賢璟《けんきょう》・行賀《ぎょうが》・玄憐《げんりん》の署名がある。検察・僧綱判収は僧綱による寺領検察と資財帳の公験機能を示す〔川尻一九九八〕。末尾にある「資財帳四通」を神宮寺・僧綱所・伊勢国師・尾張国師が各一通を保管したとする奥書は、近世の補入と考える説もあるが〔磯田一九七六〕、字面および継目裏に捺した二種の「僧綱之印」のうち、資財部字面と共通する印が「資財帳四通」の上にも捺されている〔湊一九八二〕。これを認めるなら、神宮寺が保管した正式文書が残ったことになる。

縁起に続き、施設建物や資財を、仏物、塔弐基、法物、布薩《ふさつ》調度、楽具、僧物、供神料器、通物、太衆、鋪設および墾田田代、稲、倉附の各項目に大別して列記する。仏物項では仏像と経典を列記するが、塔弐基項以下、法物・僧物・太衆項では、建物施設を冒頭に置き、それにかかわる財産を列挙するので、「仏法僧中心」ではなく「建物施設中心」の記載法に近い。本書では『平安遺文』一九号文書と『多度町史』〔多度町教委二〇〇二〕所収の写真版と釈文を、『多度神宮寺資財帳』として引用する。

残された寺院縁起資財帳―九世紀―

平安時代前期の寺院資財帳には、以下の五例がある。

(8)「宇治院資財帳」(貞観三〈八六一〉年一一月一七日成立)。計一二棟の建物と大甕・風炉・芝鍋・角瓶・㮇《はそう》・手洗・辛櫃・湯船・机・床子・高机・畳・堂鎰・半畳・檜皮針・中取・棚厨子・筆薄床子・浜牀《はまゆか》などの雑物を列記した資財帳。仁寿二(八五二)年四月七日の尼証摂施入状〔『平安遺文』一〇一号文書〕によれば、宇治花厳院は寺院と家(＝西院)とからなり、資財帳にある南北二面庇付五間檜皮葺堂一宇・僧房二宇・三間妙見堂一宇・甲倉一宇・板校倉一宇・五間収屋一宇・五間大炊屋一宇・三間中門一宇・三間大門一宇の計一〇棟が寺院を構成し、五間板敷屋一宇と四面庇付五間板敷檜皮葺一宇が西院を構成したと考えられる。

資財帳雑物の品目は在西院とした施入少財と一致するものが多く、施入状で堂に安置したと記す吉祥天女御像一体・比沙門御像一体や鉄製火爐が資財帳に見えないので、寺院が保有した仏像や経典は記載しなかった可能性がある。福山敏男さんは、天平二〇(七四八)年に藤原南夫人が宇治宿祢大国から購入した山背国宇治郡加美郷堤田村の地八段が法花寺尼公院で、後に東大寺領となり宇治花厳院と呼ばれるようになったとする〔福山一九三九〕。福山さんは「山城国山科郷古図」と対照して、宇治花厳院の位置を、現在の京都府宇治市にある黄檗山万福寺の西北に求める。本書では『平安遺文』一三三号文書を『宇治院資財帳』として引用する。

(9)「安祥寺縁起資財帳」(貞観九〈八六七〉年六月一一日成立)。山科盆地北端、比叡山に連なる東山連峰の南端に位置する安祥寺は、現在の京都市山科区かつての山城国宇治郡に所在する。藤原冬嗣の娘で仁明天皇の后となった藤原順子を願主、空海の孫弟子で入唐八家の一人、恵運《えうん》を開基として創建。斉衡三(八五六)年六月一日に定額寺となる〔『日本文徳天皇実録』〕。現在の吉祥山安祥寺は江戸幕府の庇護を受けて一七世紀に再興した寺で、本来の安祥寺は現在のＪＲ山科駅近傍にあった下寺と、北方の安祥寺山南山腹（標高三五〇ｍ）に立地する上寺とからなる。上寺跡には、資財帳に記載された五大堂・礼仏堂の基壇、東西僧房の礎石などが残り、おおよその中心伽藍配置が推定できる［上原編二〇〇七］。

縁起資財帳は恵運自身が作成。公験（公文書）とするための太政官印を申請したが、願主である太皇太后宮職印が捺され、寺家に下されたという。恵運の経歴と安祥寺成立経過を記した縁起に続き、仏菩薩像、秘密教伝法祖師像、大乗経典、道具（密教法具）、阿闍梨《あじゃり》附法物、上寺や下寺の建造物、琵琶湖の大津・巨椋池の岡屋津にあった船、恵運や太皇太后等による施入物（灌頂壇具、説法具、荘厳供養具、楽器、西影堂什物、東影堂什物、僧房具、庫頭具）を列記し、施入により寺領となった土地にかかわる文書類の目録を付す。末尾には資財の散逸を防ぐための戒文を記す。仏像・経典をはじめとする資財は、建物施設ごとではなく、種別・由来別に品目を列挙する「仏法僧中心」の記載法のため、上寺・下寺のどの施設にあったか判断できない。資財帳の由来にかんしては、勧修寺宝蔵にあって湿損した原本あるいは書写本を、保延二（一一三六）年に書写したとする勧修寺法務御持本は現存しない。現存するのは、大風で顚倒した安祥寺上寺金堂（五大堂？）から五大虚空蔵菩薩像を救出したのを契機に、東寺観智院の賢宝が、至徳二（一三八五）年に勧修寺法務御持本を書写させた旧観智院本である。本書では、旧観智院本を校訂・解説した京都大学史料叢書本［鎌田・中町二〇一〇］を『安祥寺資財帳』として引用する。

（10）「広隆寺縁起資財帳」（貞観一五年作成）。広隆寺は国宝木造弥勒菩薩半跏思惟像（宝冠弥勒）で著名な、京都市右京区に現存する寺院である。平安京成立以前からあった秦氏の氏寺で、聖徳太子が下賜した仏像を安置するため、秦河勝が建てた蜂岡寺［『日本書紀』推古天皇一一（六〇三）年一一月一日条］、新羅・任那からの遣使が将来した仏像を安置した葛野秦寺［同書、同三一（六二三）年七月条］に該当すると言われる。事実とすれば最古級仏教寺院となり、境内から出土する七世紀代の瓦はこれを傍証する。しかし、より初現的な飛鳥寺式軒丸瓦が東北約二㎞ある北野廃寺跡で出土し、『朝野群載』所収の「広隆寺縁起」に移転記事があることから、北野廃寺から現広隆寺へ移転したとする説もあった。しかし、両寺の創建瓦は異なり、北野廃寺も常住寺として平安時代まで存続したので、両寺は別の寺である［網一九九五、堀二〇一〇］。蜂岡寺を北野廃寺、葛野秦寺を広隆寺に比定する説もある［林《イム》二〇〇三］。

広隆寺には二つの資財帳が残る。いずれも製作年紀を欠くが、（12）の資財交替実録帳の「雑公文」として、貞観一五年と仁和二年に製作された資財帳二巻が記録され、引用した記載内容が合致する「初帳」、すなわち貞観一五年帳が本縁起資財帳に該当することがわかる［黒川一九〇五］。広隆寺は九世紀初頭に全焼する［『日本紀略』弘仁九〈八一八〉年四月二三日条］。昔の資財帳も灰燼に帰し、本資財帳は平安時代になって新たに製作された。巻首を欠失するが、仏物章（半ば欠損）、法物章、常住僧物章、通物章、水陸田章、別院にわけて、保有する建物・仏像・経典・仏法僧具・荘厳具・調度品・楽器・寺領・公文書を列記。章立ては「仏法僧中心」にみえるが、法物章の冒頭に講法堂を掲げ、安置した仏像や使用する資財を列記する方式なので「建物施設中心」の記載法である。

記載された施設や備品には、弘仁焼亡以後に新調、施入、奉納したものが多く、ごく最近の施入者・奉納者あるいは調達した広隆寺僧の名も散見する。なかでも中興の祖、道昌《どうしょう》僧都の活躍がめだつ［清滝一九六三］。ただし、著名な宝冠弥勒や泣き弥勒も掲載されているので、焼亡前からあった広隆寺資財も救出され、利用されていたと推定できる。資財帳検討に際しては、平安時代再建後の資財と、創建広隆寺を継承した資財との区別が重要である。資財帳字面には「秦公寺印」の朱印六二二箇を捺す。本書では、川尻秋生さんの書誌学的検討成果［川尻一九八九］も参照しつつ、『平安遺文』一六八号文書を『広隆寺資財帳』として引用する。

（11）「観心寺縁起資財帳」（元慶七〈八八三〉年九月一五日作成）。観心寺は大阪府河内長野市にある真言宗寺院。河内・大和国境をなす金剛山地の主峰金剛山（標高一一二一m）の西、南河内を北流し大和川に合流する石川の支流、石見川右岸の山腹に立地する。空海の弟子で第三代阿闍梨となった真紹《しんしょう》が天長二（八二五）年に造営に着手。承和三（八三六）年に寺地が決まり、貞観一一（八六九）年に定額寺となる。ただし、真紹の先師で第二代阿闍梨の実恵《じつえ》没直後は、実恵が観心寺創立の主役となり、真紹没後の元慶七年には、弟子たちが再び真紹創立を主張する［福山一九七八〕。一二世紀には弘法大師創立説も現れ、承和四年「観心寺縁起実録帳案」（『平安遺文』六一号文書）は、この説に依拠した偽文書である〔足立一九四〇〕。

資財帳は真紹の弟子宗叡が座主職を恵淑にゆずる時に作成した一種の置文で〔川尻一九八七〕、縁起に続き如法堂、講堂、護摩堂、鐘堂、経蔵、房、宝蔵ごとに、安置する仏像や経典、仏法僧具・調度品・楽器を列記。次に僧房、太衆院を構成する建物、河内・紀伊国に分散する寺領を構成する土地建物や施入の由来、四至を記す。建物施設と保有する資財との対応が明確な「建物施設中心」の記載法である。字面に「観心」朱印八一二箇を捺す。本書では『平安遺文』一七四号文書を『観心寺資財帳』として引用する。なお、国宝観心寺金堂の地下調査では、より小規模な前身建物の存在が確認され、現金堂基壇中から、平安時代後期〜鎌倉時代の瓦が出土。現金堂が南北朝時代に建ったことがわかった。また、発掘で確認された埋没谷からも同時期の瓦が出土しており、創建期に複数の平坦地で構成されていた境内地を、南北朝時代に大きな平坦地に造成したことがわかった〔河内長野市史編修委員会一九九四〕。

(12)「広隆寺資財交替実録帳」（寛平二〈八九〇〉年成立）。先行する資財帳をもとに、広隆寺が保有する資財の現況を点検し、増減や破損状況を記録したもの。年紀を欠くが、承和〜仁和年中の「雑公文」と寛平元年公文を列記し、巻末に寛平五年没の中納言正三位在原朝臣（在原行平）が建立した「新堂院」を掲載するので、寛平二年に広隆寺別当玄虚が別当職を譲った時の、検交替実録帳もしくは令任用分付実録帳と推定されている。内容や構成は『広隆寺資財帳』を踏襲するが、四四町だった田地が六四町に増え、証拠となる公文を列記する。また、別院に新堂院が加わる〔清滝一九六三〕。字面に「秦公寺印」の朱印六八一箇を捺す。本書では、川尻秋生さんの書誌学的検討成果〔川尻一九八九〕も参照しつつ、『平安遺文』一七五号文書を『広隆寺資財交替実録帳』として引用する。

残された寺院縁起資財帳―一〇世紀以降―

一〇世紀以降の資財帳には、以下の七例がある。

(13)「観世音寺資財帳」〈延喜五〈九〇五〉年一〇月一日成立〉。観世音寺は福岡県太宰府市にある天智天皇発願の寺で、沙弥満誓や玄昉等が造寺別当となり、八世紀前半に完成したと言われる。資財帳においても、太政官符によって大宝～和銅年間に施入された水田・薗地・焼塩山などが、観世音寺成立期の経済基盤となっている。天平宝字五（七六一）年には戒壇を設け、中央の東大寺、坂東の下野薬師寺と並び、西海道の仏教拠点となった。

本資財帳は、巻首を欠失するが、観世音寺が保有する資財を、塔物章、通物章、用器章、仏殿章、僧客房章、仏経章、仏物章、法物章、観世音寺菩薩物章、聖僧物章、通三宝物章、塔物章、布薩物章、常住僧物章、温室物章、通物章、伎楽章、用器章、鋪設章、太衆物章、庄所章、水田章、薗団地章、山章、賤口章の順で列記し、建物施設や物品については破損状況等を記録する。「建物施設中心」の記載法である。とくに、大同四（八〇九）年・弘仁一三（八二二）年・天長四（八二七）年・承和五（八三八）年・承和九年・承和一三年・貞観三（八六一）年・貞観八年・貞観一三年・仁和二（八八六）年・元慶二（八七八）年段階の破損状況と現状とを対比した記事が多く、これら各時期に作成した資財帳・交替実録帳が、延喜五年段階で保管されていた可能性が高い。少なくとも、大同四年・貞観三年・仁和二年にかんしては交替帳（業務引継台帳）の存在を明記する。周期は四～十数年なので、資財帳提出を義務づけていない期間も含めて、比較的こまめに資財を検収したと推定できる。字面に「大宰之印」の朱印数十箇を捺す。本書では『平安遺文』一九四号文書を『観世音寺資財帳』として引用する。

(14)「神護寺交替実録帳」〈承平元〈九三一〉年一一月二七日成立〉。神護寺は平安京の西北方、現京都市右京区梅ヶ畑高雄町に所在。愛宕山系高雄山の中腹に立地し、高雄山寺と呼ばれた。東側の谷には、保津川に合流する清滝川が東北から西南に向けて流れる。延暦年間に和気清麻呂が建てた神願寺（所在地未定）は定額寺となったが「地勢沙泥」のため、高雄寺に相替えて定額寺とし「神護国祚真言寺」と命名〈『類聚三代格』天長元〈八二四〉年九月二七日太政官符〉。清麻呂の子、和気真継の願いで空海に付した。本交替実録帳は、延長六（九二八）年一二月、前司別当観宿の死去と新司別当仁樹の着任にともない、勘解由使が神護寺の堂塔や雑舎施設、安置する仏像・神像・曼荼羅、所有荘園・田地の券契や縁起資財帳・図・勅書・宣命などの文書、守護神である平岡神宮の建物施設などを点検記録したものと考えられている。

建物施設を中心に資財を列記する。しかし、神像前の御座床・前机・白木礼盤、曼荼羅装束、五大明王の光背や座などを記載しても、所蔵経典や各種仏具・法具・僧具の記載はない。なかでも著名な国宝木造薬師如来立像を明記していないことが、①本来、同薬師像は神願寺など他寺が保有する仏像だったが承平以後に神護寺に移座した、②本来から神護寺本尊だったが、本実録帳の性格上、記載されなかった、③他寺の仏像を承平以前に移座したものだが、本実録帳の性格上、記載されなかった、④法量が誤っているが本実録帳に記載されている、というおもに四つの立場からの論争を生んだ［井上一九八二、長岡一九九四、中野一九九七、朝日新聞社一九九九、皿井二〇一一など］。この論争には同薬師像に対する思惑と仮定が錯綜するので、本書では深入りしないが、本実録帳に承平時点の神護寺資財を網羅する目的がないことは、建物施設にかんして「已下板葺屋略之」と明記する事実や、所蔵経典や各種仏具・法具・僧具をまったく記さないことなどから確実である。本書では『平安遺文』二三七号文書を『神護寺交替実録帳』として引用する。なお、現在の神護寺堂塔は鎌倉時代前期の文覚による再建事業［上野一九八九］や近世の改変を受けており、平安時代の施設との対応ははっきりしない。

(15)「信貴山寺資財宝物帳」（承平七〈九三七〉年六月一七日成立）。信貴山寺《しぎさんじ》（朝護孫子寺）は奈良県平群町に所在。大和・河内の国境をなす生駒山地南端、信貴山山腹に立地する。『扶桑略記』巻第二四の裏書に、延長八（九三〇）年八月一九日、醍醐天皇の病気平癒のため、河内国志貴山寺に住む沙弥命蓮を召して加持祈祷させた記事がある。一方、命蓮（命れむ、まうれん、明蓮、明練とも表記）が信貴山に居ながらにして醍醐天皇のために加持祈禱したという説話は『宇治拾遺物語』巻第八「信濃国聖ノ事」や『信貴山縁起絵巻』「延喜加持の巻」詞書にも収録されており、一〇世紀前半に命蓮が信貴山寺を本拠とする著名人であったことは確実である［小松一九八七］。現在も虎と毘沙門天で参詣の絶えない朝護孫子寺には、奈良・大阪の両方からルートがあり、古文献で大和国信貴山寺と河内国信貴山寺の両記載法があるのもうなずける。

本資財宝物帳の末尾には、命蓮が寛平年中（八八九～九八年）信貴山に登り、方丈円堂一宇を所有して毘沙門一躯を安置。一二年に及ぶ山林修行の間にあちこちに仲間もでき（彼此同法出来）、六〇年間専住して本堂四面庇、宝殿尊像、宝物房舎などを奉造したが、十方に施主がいても施入田地が少ないと述べる。資財宝物帳の冒頭には、延喜年中（九〇一～二三年）に奉造した九尺間三間檜皮葺四面庇御堂と安置仏、所蔵経典を挙げ、続けて宝物・楽器・房舎や諸檀越が施入した山地田畠等を列記する。施入地には寛弘八（一〇一一）年に検校した物件や寛仁元年（一〇一七）年紀を付した物件があるので、宝物帳自体は加筆・書写されたらしい。しかし、末尾縁起によれば、承平七年に住侶沙弥、すなわち命蓮自身が作成し、天慶四（九四一）年に大和国守が認判を捺した文書を享保七（一七二二）年に法隆寺中院の良訓が書写し、文庫に納めたという。本書では『平安遺文』四九〇四号文書を『信貴山寺資財帳』として引用する。

（16）「仁和寺御室御物実録」（天暦四〈九五〇〉年一一月一〇日成立）。仁和寺は京都市右京区にある真言宗御室派の総本山。宇多天皇が仁和四（八八八）年に金堂を落慶供養し、仁和寺と命名。巻末の記事によれば、本録は、承平元（九三一）年七月に種々の物品を寺家の宝蔵に納めた時の実録帳を紛失したため、未納だった物品も加えて天暦四年一一月に作成したもの。純金阿弥陀三尊（中尊高二寸）と木像四王像二体を安置した黒漆円仏殿および純金金剛界三七尊像（中尊高四寸）を納めた金銀泥絵御厨子、金銅製毘盧遮那仏《びるしゃなぶつ》（高七寸）・無量寿仏・薬師仏と純金観音像・白《びゃく》檀《だん》五仏を安置した八角宝殿、唐から将来した高五～八寸の仏殿六基を冒頭に挙げ、以下、印仏、織仏、仏画、経典、密教法具、陶器・ガラス器、文房具、数珠、供香具、袈裟衣装などの資財を、収納した厨子六基と韓櫃一合ごとに列記する。資財はむき出しの物もあるが、兎褐袋・布袋・錦袋や黒漆筥・蒔絵筥・黒漆革筥・浅香筥・葛筥・岐佐木筥・榎木筥・銀筥などに入れて厨子・韓櫃に納めた。厨子は篦甲・篦乙、岐佐木甲～丁と区別され、帳面を見れば容易に目的の物を取り出せるようになっている。他の資財帳とは異なる「保管容器主体」の記載法で、建物・土地などの不動産財については言及しない。本書では『続々群書類従』第一六雑部所収のテキストを『仁和寺御物実録』として引用する。

（17）「実録近長谷寺堂舎并資財田地等事帳」（天暦七〈九五七〉年二月一一日成立）。丹生山近長谷寺は伊勢外宮の西方約一七㎞、奈良県から三重県にまたがって東西に延びる高見山地の東端近く、宮川と櫛田川にはさまれた城山（標高約二五〇m）の南中腹、三重県多気郡多気町に現存する。資財帳の巻末記事によれば、現座主《ざす》である東大寺伝燈大法師泰俊《たいしゅん》の先祖、正六位上飯高宿禰《いいたかのすくね》諸氏《もろうじ》が内外近親などを誘って、仁和元（八八五）に建立。金色十一面観音を本尊とする三面に庇と香蘭（高欄）が付いた檜皮葺堂（法名は光明寺）、鐘楼、僧房、政所屋、太衆屋や荘厳具、仏具、法具、僧具、調度品等、列記した資財の多くは飯高諸氏が直接施入したものだが、孫の飯高朝臣乙子が施入した唐鏡、斎王が施入した白玉なども含む。また、多気郡・飯野郡・度会郡に分散する福田、寺田、治田には、飯高一族だけでなく麻績《おみ》・物部・伊勢・日置《へぎ》・藤原・磯部氏など、近隣有力の諸氏族や近親も施入に関与する〔西口一九六三〕。

文書は東大寺伝燈大法師泰俊と延暦寺伝燈満位僧聖増および本願施主の子孫が作成し、田畠施入の加証署名があり、多気郡大領・少領の郡判を捺す。発願者である飯高宿禰諸氏は、元正・聖武・孝謙（称徳）・光仁の四代の間に、采女・命婦・内侍（典侍）を歴任し、宝亀八（七七〇）年五月二八日に亡くなった飯高宿禰《いいたかのすくね》諸高《もろたか》（飯高君笠目）〔『続日本紀』〕の関係者と見られる。本書では『平安遺文』二六〇号文書を『近長谷寺資財帳』として引用する。なお、現存する近長谷寺には、左手に華瓶、右手に数珠と錫杖を持った高さ六mを超える長谷寺式十一面観音像（平安時代後期）を本尊とする近世の本堂や庫裏・鐘楼等の建物が一つの平場に建ち並ぶが、創建時の建物施設との位置関係ははっきりしない。

（18）「某寺資財帳」（天元三〈九八〇〉年二月二日成立）。文字が判読できない朱印八〇箇を捺す正文書で、肝心の寺名がわからない。礼堂庇をもつ三間四面御堂と三間四面檜皮葺北堂に安置した金色観音四体・梵王帝釈四体と五大尊像一具・帝釈天一体が、土佐守国公真親母・土佐守清原滋藤・源阿古君・主水令史調茂真・越中守藤原弘雅・文室逆子等が奉願・奉造しており、寺が所蔵した三口の金銅製六寸花瓶の一口を神護寺七禅師が借取して三寸黒瓶二口に替取した事実、寺領が山城・丹波・近江・摂津に分布する事実などから、平安京近郊の寺と想定できる。

文書の後半では、東大寺僧である朝南大法師が建立した寺を、没後、甥の印聖法印が伝領したが、寺家を修治せず寺物をことごとく紛失。檀越である車持有世や秦末長等は、北にある檀徳寺に常住して修徳修験中だった仁延大和尚に、寺家附属のことを依頼。延長六（九二八）年二月八日、仁延大和尚は檀越とともに行向し、堂舎僧房や宝物、質置銭などの資財を点検記録した。印聖はその場に来ず逃亡したが、数日後、みつけ出して文書に署名させた。その後、住房がないので五間板敷屋一宇を銭五貫文で購入するなど、諸檀越とともに施設の充実をはかったが、管理僧が不在だと荒寺になることを皆が心配。仁延と相談し彼の弟子などを物色し、忠印大法師に寺家を附属させ三綱などの役僧を決めた、という経過が記載され、末尾に権都維那虔浄、都維那円基、寺主慶延、権別当弁康の印判がある。資財には、三間四面の御堂・礼堂・北堂以外に、四尺五寸の鐘をかけた檜皮葺鐘楼一基、板葺歩廊一宇、僧房二宇、二間分を出車宿とした七間湯屋などの付属建物、大般若経一部や幡、行香調度、花瓶、金如意などがある。本書では『平安遺文』三一〇号文書を『某寺資財帳』として引用する。

(19)「観世音寺宝蔵実録日記」（嘉保年間〈一〇九四～六年〉成立）。外題に「嘉保　年資財帳」とあるが、実際には、宝蔵に収納した韓櫃一六個の内容物等を点検記録したもので、巻頭の「観世音寺　嘉保　年宝蔵実録日記」の題のほうが内容に即している。「保管容器主体」の記載法で、建物・土地などの不動産財にかんする記事はない。各櫃ごとの内容物を「前帳」「永保三年帳」「寛治六年帳」の記録と対比しており、一〇八三年、一〇九二年にも点検記録を作成したことがわかる。「前帳」を(13)延喜五年『観世音寺資財帳』とみなす説もあるが、黒漆筥に入った径九寸の螺鈿鏡を治暦二（一〇六六）年八月に講堂中尊天蓋料に使用した引用記事があるので、「前帳」の成立年代は一〇六六～八三年である。本書では『平安遺文』一三六八号文書を『観世音寺宝蔵実録』として引用する。

資財帳比較の意義

以上、簡単に紹介したように、大安寺・西大寺など平城京内にある中央官大寺、斑鳩法隆寺や太秦広隆寺のような私寺や氏寺に由来する都城近接寺院、宇治花厳院のような地方にある中央大寺院の別院、山科安祥寺のような平安京の東方山中にある皇族発願の山林寺院、筑前国観世音寺のような地方筆頭官寺、伊勢国多度神宮寺・近長谷寺・河内国観心寺のような地方山林寺院に至るまで、少数ながら各種の寺院縁起・資財帳が残る。ただし、地方官寺の代表である国分寺の資財帳が残っていないのが残念である。

時代も八世紀前半から一一世紀後半におよぶので、古代寺院の格差ばかりでなく、時期差も配慮して比較検討できる。九世紀に成立した『安祥寺伽藍縁起資財帳』『観心寺縁起資財帳』のように、開祖や座主が次世代に寺院の由来や財産を伝える目的で作成した置文的縁起・資財帳もあるが、形式は公文書にならっている。また、宗派的には南都六宗の系譜下で作成されたものが主体だが、『安祥寺資財帳』『観心寺資財帳』『神護寺交替実録帳』『仁和寺御物実録』のような真言宗寺院、『信貴山寺資財帳』のように天台系寺院の資財帳もある。

これらを比較すると、発掘調査ではわからない古代寺院を構成する諸要素の全体像に肉薄できる。すなわち、仏像・経典などの基本財産、堂塔・雑舎などの建物施設や寺領（固定資産）、仏具・法具・僧具などの備品、さらには銭貨や貢納稲米などの消費財（流動資産）が、どのような有機的関連性をもって寺院という事業体・経営体を構成していたのか分析できる。しかも、複数の事業体・経営体にかんして、時期差や格差だけでなく、寺院規模や保有する資産の由来や性格、宗派の違いにもとづく差も含めて検討できるのである。

しかし、寺院資財帳をもとに古代寺院の実態に迫るには、大きな壁がある。それは現存する寺院資財帳はすべて八世紀中頃以降のもので、古代寺院の考古学的研究における一つの主題となっている六世紀後葉〜八世紀初頭の寺院（飛鳥白鳳寺院）研究において、資財帳がどれほど有効か不明確な点である。もちろん、法隆寺や広隆寺のように創建が七世紀にさかのぼる寺院の資財帳もあるが、八世紀に記録した内容が、七世紀にさかのぼる保証はない。少なくとも、霊亀二年五月詔（「寺院併合令」）を受けて資財帳を作成した以上、同詔が指摘した管理不行届・僧尼不在・檀越専制などの問題点は解決済とみるべきだろう。当然、資財帳から想定できる建物施設の性格・呼称をはじめとする資財のあり方が、七世紀の私寺や氏寺に適用できるか疑問である。

日本人が最初に経験した資産台帳

私が子供の頃は、近所なら、家財をリヤカーに積んで引っ越しする姿もあった。江戸時代なら鍋釜などの所帯道具を風呂敷で包んで引っ越した。葛飾北斎は一〇〇回近く転居したというが、それほどの大事《おおごと》ではあるまい。こうした世界では資財帳は無意味だ。財産目録が必要なのは、よほどの物持ちだ。古代でも財産目録が必要になるのは寺院・宮殿・官衙ぐらいだろう。視点を変えれば、寺院資財帳は日本人が最初に体験した、点検・目録作成という事務仕事の成果でもある。慣れないことを実践すると、思いがけない欠点がだんだん見えてくる。欠点が致命的でなければ、問題点を糊塗して改竄するのも一つの手だ。よほど不都合なら、システム自体を変えればよい。資財帳を比較していくと、書類を作った事務官吏の苦労のあとがわかる。

現存する古代寺院資財帳を紹介する際に指摘した「仏法僧中心」の記載法、「建物施設中心」の記載法、「保管容器主体」の記載法の違いも、こうした財産目録の進化過程を反映している。すなわち、「仏法僧中心」の資財帳においては、品物の種類ごとに財産を列記することと、それが仏法僧のいずれに帰属するのかを明記することに眼目があった。「天平十九年帳」で認められるこの記載法は、以後の資財帳の手本となるべきものと評価されているが、実際に運用する場合、記帳した資財の所在がほとんどわからないという重大な欠点がある。すなわち、資財帳を原簿にして、物品を点検・チェックできないのである。これに対して、「建物施設中心」の記載法や「保管容器主体」の記載法は、列記した資財がどこにあるのか、どのような状態で保管されているのかを配慮した記載方式といってよい。事実、「建物施設中心」や「保管用器主体」の寺院資財帳の多くは、物品チェック原簿に使用した痕跡が随所に認められる。

本書の目標

以下、古代寺院縁起・資財帳の規範となった「天平十九年帳」の一つ、『大安寺伽藍縁起并流記資財帳』を取り上げて、その構成原理を示し、内容を検討・分析する。第一章では『大安寺縁起』に記載された前身寺院、すなわち聖徳太子の熊凝精舎、舒明天皇の百済大寺、天武天皇の高市大寺、文武天皇の大官大寺などについて、発掘調査成果や考古学的検討成果と対比ししつつ、大安寺前史を概観する。次に、第二章では仏像にはじまる基本財産と備品などの動産を、第三章では寺院地・寺領などの不動産を検討する。第二・三章においては、とくに資財と大安寺が実施した法会・布教などの宗教活動、寺院経営や施設の維持管理などの経済活動との有機的関連に注目する。第三章における建物施設の具体的な検討に際しては、長年積み重ねた大安寺旧境内における発掘調査成果が大きな力を発揮する。また『大安寺資財帳』分析に際しては、他の寺院資財帳と対比して、古代寺院としての大安寺の特色が資財のどこに反映されているか、あわせて考える。寺院の格差、時代差、地域差が、おもな分析視角となる。

これまで、日本史・仏教史・美術史・考古学などの各分野が、寺院資財帳を史料として活用しているが、ほとんどが各分野の主題にかかわる部分や、土地所有にかかわる項目を断片的に利用したにとどまる。資財帳がどのような原理で構成され、何を基準に記帳物品を取捨選択したのか、それらが寺院という事業体・経営体のなかでどのような有機的関連性をもっていたのか、そこまで立ち入った議論はない。資財帳を材料に、古代寺院の経済構造に肉薄したのが、基本史料を整理して誰もが使えるように尽力した竹内理三さんその人である〔竹内一九三二〕。竹内さんの仕事は網羅的・包括的だが、上記の視点を欠いている。その意味で、本書のような試みははじめてのことと考える。それでは、古代寺院資財帳の世界に、みなさまを誘おう。

第一章　縁起と考古学が語る大安寺前史

一　『大安寺縁起』と大安寺の成立

テキストを見ながら

古代寺院の実像を伝える縁起并流記資財帳とは、どのようなものか。以下、八世紀前半における日本最大の寺院、平城京外京の左京六条四坊から七条四坊にわたる一五坪の広大な寺院地を占めた大安寺の伽藍縁起并流記資財帳をテキストに、この疑問にこたえる。巻末に『大安寺伽藍縁起并流記資財帳』の全文を掲載する。テキストは、竹内理三さんが校訂した『寧楽遺文』所載の活字本を基本とする。誰にでも比較的容易に参照できるからだ。ただし、『寧楽遺文』本の行替え位置は、底本となった国立歴史民俗博物館蔵本（重要文化財）と異なる。この底本は、もとは奈良市にある正暦寺が所蔵していたので『寧楽遺文』は「大和正暦寺所蔵」と記し、旧正暦寺本と呼ばれることもある。

底本は巻物＝巻子本になっており、巻首から末尾の大安寺三綱による署名に至るまで、墨で書いた文字の上に「大安寺印」の朱印をびっしりと押している。和紙を貼り継いで長大な巻物に仕上げた文書では、誤字・脱字・脱行・改訂があれば、該当箇所を含む行の紙を切り取り、新しい紙を糊で継いで補充し書き改める。この方法を悪用すれば、都合に合わせてあとからいくらでも改竄できる。だから文書が完成すると、改竄できないように紙面全体に朱印をびっしりと押すのだ。とすれば、この底本は保存を目的とした正式文書ということになるが、天平一九年に作った原本ならば、押す朱印は「僧綱之印」のはずなので、「大安寺印」を押した国立歴史民俗博物館蔵本は後世の写本だという［水野一九九三］。といっても、署名に至るまで、原本を正確に写そうとした意図がみえるので、古代寺院を考える史料としては第一級だ。

『寧楽遺文』は行替え位置が底本と異なるので、本書では、松田和晃さんの労作［松田二〇〇一］を参考に、底本の行替え位置をもとに巻末史料を作った。ただし、松田さんの労作は底本に酷似した文字を新たに作り、隣接行の字間や位置関係も配慮した、活字本としては凝りに凝ったテキストである。とてもまねできないし、私はあわよくば考古学や日本古代史・仏教史の専門家や学生だけでなく、考古学・古代史ファンや仏像・古寺ファンにも、本書を通じて古代寺院にかかわる知識を一新してほしいと考えているので、壹→壱、佛→仏など使用する文字はできるだけ常用漢字に収めようとした。また、『寧楽遺文』を参考にして句読点を打ち、行替え位置や字間の空白にも読みやすさを配慮した箇所がある。以下、『大安寺伽藍縁起并流記資財帳』を検討するに際して、巻末史料上端に通しの行数を付して該当箇所を指示する。割注形式で構成された行は、二行で一行分とカウントする。三行におよぶ割注は二行分となる。松田さんのテキストで、索引を作るため本文位置を指示するのに使った方法と同じだ。

まずは1行目から

1・2行「大安寺三綱言上」「伽藍縁起并流記資財帳」が、この文書の表題である。三綱は序論で説明した古代寺院の運営組織（上座・寺主・都維那の三役）を指す。その三綱から中央官庁に言上したのがこの文書だ。その内容が、伽藍縁起＝『大安寺縁起』つまり「大安寺の由緒いわれ」と、流記資財帳＝『大安寺資財帳』すなわち「大安寺の財産を記録した目録」ということになる。

3行「初飛鳥岡基宮御宇　天皇（現在の奈良県明日香村にあった飛鳥岡本宮で政治をとった天皇〈＝舒明天皇〉）」から、53〜54行「九百九十四町墾地入賜支（九九四町の墾田を施入した）」までが大安寺の由来、すなわち『大安寺縁起』に相当する。要約すると、舒明天皇が皇子だった時、聖徳太子から羆凝《くまこり》（以下、慣例にしたがい「熊凝」と記す）道場の将来を託され、百済大寺を造営したが被災。後岡基宮《のちのおかもとのみや》御宇（皇極）天皇や近江宮御宇（天智）天皇等が志を継ぎ、場所を変えて飛鳥浄御原宮御宇（天武）天皇が高市大寺を造営。大官大寺と名を改め、藤原宮御宇（持統）天皇の時に寺主恵勢《えせい》法師に鐘を鋳造させ、後藤原朝庭御宇（文武）天皇が九重塔・金堂や丈六像を完成。天平一六年に現在の平城宮御宇（聖武）天皇から墾地が施入されたという。

『大安寺縁起』は熊凝精舎（額田寺?）、百済大寺（吉備池廃寺）、高市大寺、大官大寺（藤原京大安寺）、大安寺（平城京大安寺）などの古代寺院（図2）を論じるときに必ず引用される。当然、それらの寺院にかかわる研究成果も膨大で、全貌は網羅できない。本書第三章では、平城京大安寺が保有する施設について、資財帳と発掘調査成果を対照して詳しく検討する。本章では、熊凝精舎・百済大寺・大官大寺にかかわる発掘調査成果を瞥見し、大安寺の成立および大安寺前史について一通りの知識と問題点を整理する。

縁起読解

説明を補いながら『大安寺縁起』を通読する。舒明（初飛鳥岡基宮御宇）天皇が即位する前、田村皇子と呼ばれていた頃、推古天皇（小治田宮御宇太帝）が皇子を召し、飽浪葦垣宮《あくなみあしがきのみや》に派遣し、病に伏せていた聖徳太子（厩戸皇子）を見舞った。天皇の命を受け「病状はどうか。何か悩みはないか。何か望みはないか」と尋ねたところ、以下の返事があった。「天皇のおかげで、これと言った悩みも望みもございません。ただ、私は熊凝村に仏教修行の道場を建てましたが、これを先代・現在・未来の天皇のために祈願する大寺にしたいと願っています。願わくば、この望みを叶えて下さい」。推古天皇はこの復命を受けた。その三日後、田村皇子は個人的に飽浪宮をたずね、聖徳太子を見舞った。太子は大変喜び「何か差し上げたいが、財物は亡くなりやすく永く保つものではない。三宝の法こそが絶対不変なので、熊凝寺を貴方に差し上げたい」と田村皇子に告げた。皇子は喜び、先代・現在・未来のために末永く伝えることを誓う。推古天皇も崩御に際し田村皇子に皇位を譲るとともに、聖徳太子の熊凝寺の将来を託す（3〜26行）。

舒明天皇一一（六三九）年二月に、百済川の側、子部社の地を整地して九重塔を建て、寺家に九〇〇戸の封戸を施

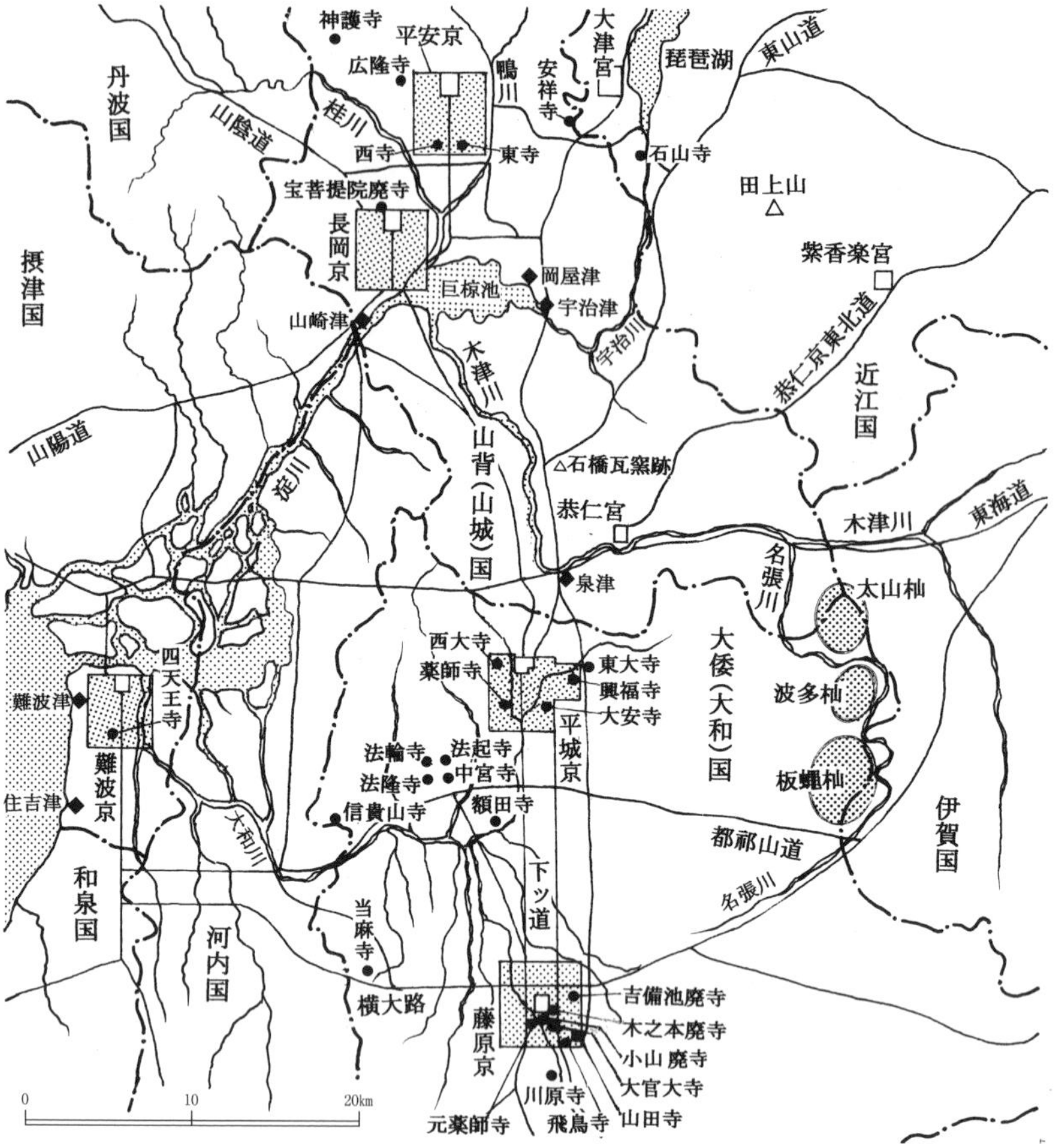

図2　おもな宮都・寺院・杣などの分布（縮尺約60万分の1）

本書で引用した資財帳にかかわるおもな寺院，『大安寺縁起并流記資財帳』の解説に必要な都城・寺院・官道・河川・津・杣・瓦窯跡などの位置関係を示した。ただし，伊勢国近長谷寺・多度神宮寺，和泉国海会寺，筑前国観世音寺などは地図の範囲外となる。

入。百済大寺と号した。この時、子部社の神の怒りで失火。九重塔と金堂の石鴟尾《しび》が焼け落ちた。舒明崩御時（六四一年）には、皇后に後事を託す。皇后は皇極（後岡基宮御宇）天皇となり、寺の造営を阿倍倉橋麻呂と穂積百足《ほづみのももたり》に命じる。その後、皇極天皇は斉明天皇として重祚し、朝鮮半島出兵のため赴いた筑紫朝倉宮で崩御する。崩御時（六六一年）に寺の行末を案じ、あの世で先帝に問われたら何と答えようと悩む。そこで、天智（近江宮御宇）天皇が自ら工事を推進することを奏し、仲天皇（倭姫）が妾も炊女として手伝うと奏したので安堵する（26〜39行）。仲天皇の呼称は、大海人皇子が皇位を辞退した時、天智天皇の皇后で古人大兄皇子の娘、倭姫大后が即位し大友皇子を摂政とする体制を提言した『日本書紀』の記事にもとづくと思われる。

以後、天武（飛鳥浄御原宮御宇）天皇二（六七四）年、御野王と紀臣訶多麻呂を造寺司、すなわち寺院造営工事担当の役所の長官とし、造営地を百済地から高市地に移す。寺家に七〇〇戸の封戸、九三二町の墾田地、三〇万束の論定出挙を施入する。天武天皇六（六七八）年九月に高市大寺を大官大寺と改める。一三（六八五）年に天武天皇が体調を崩したとき、皇太子（草壁皇子）が勅を受け、親王・諸王・諸臣・百官人など天下の公民を率い、大寺造営で天皇の大御寿を今三年延ばすよう誓願し（48行目の「近」を竹内理三さんは「延」と読む。しかし、原本は「近」としか読めない）、大御寿はさらに三年を加えた。以後、持統（藤原宮御宇）天皇が寺主恵勢法師に鐘を鋳造させ、文武（後藤原朝庭御宇）天皇の時に、九重塔と金堂を建て丈六像を造った。次に聖武（平城宮御宇）天皇の天平一六（七四四）年六月に、九九四町の墾田地を施入した（39〜54行）。なお、縁起は聖武天皇を平城宮御宇天皇と記すが、資財帳は聖武天皇（91・349・468行）以外に、養老年間に大安寺に資財を納賜した元正天皇（94・138・240行）も平城宮御宇天皇と記す。

縁起に記された寺々

以上、『大安寺縁起』は、その歴史を以下のように説いている。

（一）聖徳太子は熊凝村に建てた道場＝熊凝寺を天皇家の大寺にしたいと願って、後事を田村皇子、すなわち舒明天皇に託した。

（二）これを受け、舒明天皇は百済川の側に九重塔を建て、三〇〇戸の封戸を施入して百済大寺としたが、子部社の怒りで失火したため、後事を皇后＝皇極天皇に託した。

（三）皇極（斉明）天皇は阿倍倉橋麻呂と穂積百足に造営を担当させたが、寺は完成せず、後事を天智天皇と仲天皇（倭姫）に託した。

（四）天武天皇は御野王と紀臣訶多麻呂寺の二人を造寺司に任じ、造営地を百済の地から高市の地に移し、封戸七〇〇戸、墾田地九三二町、論定出挙稲三〇万束を施入した。六七八年には、高市大寺の名を大官大寺に改めた。

（五）持統天皇は寺主恵勢に鐘を鋳造させ、孫の文武天皇が九重塔と金堂を建て丈六像を造った。

（六）聖武天皇は九九四町の墾田地を施入した。

つまり、聖徳太子の意を受け、舒明・皇極（斉明）・天智・天武・文武など、代々の天皇が造営に尽力した寺であると縁起は述べている。まず気がかりなのは、『大安寺縁起』なのに、主題となる「大安寺」が出てこない点だ。百済川近くの百済大寺や高市の地に造営した高市大寺・大官大寺は、平城京大安寺とは別の施設だから、当然、平城遷都にともなう天平一九年現在の大安寺への移転を言及するべきだ。ところが、それがない。また、熊凝寺、百済大寺、大官大寺という寺名継承の最後に、大安寺という寺名成立にかんして一言あるべきなのに、それもない。

大安寺の成立

従来、この点はあまり問題にならなかった。しかし、天平一九年段階の平城京大安寺は造営途上だった。第三章第一節〈敷地と建物〉項で述べるように、塔を建てる場所すなわち塔院は決まっていても、塔自体は着工すらしていない。発掘調査では、大安寺西塔は平安時代になってから瓦を葺いたと推定されている〔奈良市埋文センター二〇〇七〕。つまり、『大安寺伽藍縁起并流記資財帳』が成立した時、大安寺造営が現在進行形であることは、少なくとも平城京に居住する天平人なら誰でも知っている事実だった。「現在」はニュースの対象で、歴史叙述すなわち縁起の対象ではない。進行形の事実の結果は不確定だから、歴史＝縁起にならない。現代史が果たして「歴史」なのか今なお決着していないが、少なくとも「現在史」は史学として成立しない。『大安寺縁起』の筆者は、結果が見えない大安寺自体の記述を控え目にしたのだ。とすれば、縁起以外の史料から「大安寺」呼称の成立過程を検討する必要がある。

正史で大安寺の寺名が現れるのは文武朝である。都はまだ藤原京にあった。すなわち、大宝元（七〇一）年六月一日、「正七位下道君首名をして、大安寺に僧尼令を説かしむ」（『続日本紀』）とあって、序論で解説した『僧尼令』を説明する場所として大安寺の名が初めて出てくる。『僧尼令』はできたての法律だから、政府は関係者に説明責任を果たしたのだ。説明なしで有無を言わせず政治を進める昨今の政治家や指導者に、律令政府要人の爪の垢を煎じて飲ませたいものだ。もっとも、爪の垢が発掘で出土する可能性は少ない。

大宝元年段階の「大安寺」は、藤原京の大官大寺をさす。藤原京の時代から大安寺の名は存在し、平城京大安寺はそれを継承した可能性が高い。『続日本紀』では、大宝元年以後、大安寺の呼称が定着する。すなわち、大宝元年七月二七日の太政官処分で「造宮官は職に准へ、造大安・薬師寺官は寮に准へ、造塔・丈六二官は司に准へよ」とあり、これまで一律に「官」と呼んでいた造営関係の役所を、職—寮—司とランクづける。文武朝に稼働した造大安寺官は「造大安寺司」と名を変えたのだ。正史記事は編纂時の知識で名称を変更する可能性もあるが、太政官処分の記事は法令引用文だから、やはり大安寺という呼称は藤原京で成立したと考えたほうがよい。

なお、造塔・丈六二官も『大安寺伽藍縁起并流記資財帳』の縁起と照合すれば、大安寺にかかわる役所の可能性が高い。さらに、大宝二年八月四日、高橋朝臣笠間を造大安寺司に任じる。翌年正月五日には、亡くなった持統太上天皇の一四日目の設斎を大安・薬師・元興・弘福寺の四寺でおこなう。先立つ七日目の設斎も四大寺で実施しているので、藤原京四大寺は大宝年間に成立したことになる。なかでも大安寺は筆頭的存在だったといえる。

寺院名がいつ正式に確定するのか、場合によるが、平安時代には落慶供養時に決定することが多い。過去に百済大寺・高市大寺・大官大寺と名を変えた由来からすれば、藤原京で成立した大安寺は、平城京移転後、落慶供養に際して新寺名を得る可能性もあった。天平一九年段階では大安寺金堂の落慶供養は済んでいたはずだが、塔は着工すらしていなかった。とすれば、「大安寺」総供養時に新たな寺名が決まる可能性も皆無ではない。『大安寺縁起』が平城京大安寺の由来を述べるのに消極的な理由はここにあるのかもしれない。なお、大安寺に言及するとき、いちいち頭に藤原京・平城京の語を付けて区別するのは煩わしい。ここでは慣例にしたがい藤原京大安寺を大官大寺と呼び、平城京大安寺と区別する。以下、熊凝精舎、百済大寺、高市大寺、大官大寺にかんする考古学的な所見を提示し、『大安寺縁起』と対照しながら大安寺前史を概観する。

二　熊凝精舎と額田寺

熊凝精舎はどこに

『大安寺縁起』の記事からは、聖徳太子の熊凝寺の所在地はわからない。熊凝村にあったので「熊凝寺」と呼んだことになっているが、古代の行政区画に郷・里はあっても村はない。しかし、紫香楽遷都時に、聖武天皇が近江国甲賀郡紫香楽村行幸を宣言した記事〔『続日本紀』天平一四（七四二）年八月一一日条〕、長岡遷都時に、桓武天皇が藤原種継や佐伯今毛人等を山背国に遣わし乙訓郡長岡村之地〔同書、延暦三（七八四）年五月一六日条〕を視察させた記事など、正史では、意外と重要な場面で「村」が登場する。郷名と同じ村名や、郷に包摂される村もあるが〔鬼頭一九八九〕、石川県津幡町加茂遺跡出土の嘉祥二（八四九）年二月一二日の加賀郡牓示札にある「深見村諸郷」の用例は、複数の郷を包摂する村だ〔石川県埋文センター二〇〇一〕。ここでは、行政区画である郷より実質的な地域のまとまりを「村」と呼んだと理解しておこう〔森二〇〇四〕。

田村皇子が聖徳太子を訪ねた「飽浪（葦垣）宮」については、正史に「倭国飽波郡言雌鳥化雄」〔『日本書紀』天武天皇五（六七六）年四月四日是月条」とあり、平安時代には大和国平群郡「飽波阿久奈美」郷がある〔二十巻本『倭名類聚抄』第六巻〕。史料で確認できる律令制下の郡に引き継がれない唯一の評である〔狩野一九八四〕。飽波宮は岡本宮などとともに、斑鳩宮を中心とした聖徳太子およびその一族の政治拠点施設と考えられ、同じ斑鳩文化圏〔森一九八三〕にある額田寺を熊凝寺、すなわち熊凝精舎とする『聖徳太子伝私記（古今目録抄）』（一三世紀前半）以来の理解が有力となっている。ただし、これに先立つ『七大寺巡礼私記』（大江親通、一一四〇年）は、大安寺の前身が「摂津州熊凝村」にあったと記載し、『四天王寺（荒陵寺）御手印縁起』は摂津国にある物部守屋から没収した土地（没官領）の一つに「熊凝地」を挙げる。黒田慶一さんは同縁起「田園部」の列記法から、熊凝地が難波宮西方の上町台地上に位置すると考えている〔黒田一九八八〕。

熊凝精舎は額田寺なのか

熊凝精舎の有力候補である額田寺にかんしては、大安寺造営に尽力した道慈が額田氏の出身なので、後世に額田寺を熊凝精舎にあてたとする説〔福山一九四六〕や、熊凝精舎の存在自体を疑う説もある〔堅田一九五六〕。しかし、額田寺が熊凝精舎か否か、熊凝精舎が存在したか否かなどを議論しても水掛け論となる。疑う研究者は次々と疑念を提起するし、資財帳は公式記録だから疑う必要はないとする説まで、百家争鳴、らちがあかない。ここでは、額田寺にかんする考古資料を整理して古代額田寺の変遷を略述する。熊凝寺が額田寺ならば、ここで描いた額田寺変遷の冒頭もしくは前史が熊凝精舎に位置づけられることになる。

額田寺には、奈良時代に成立した絵図がある。『額田寺伽藍並条里図』である（図1）〔国立歴民博二〇〇一a〕。同絵図は、ほぼ中央に額田寺を置き、周囲に山・川・林・田畑を描く。額田寺伽藍地は、堂塔名を明記しなくても中心伽藍の建物と一目でわかるように、金堂・塔・講堂・僧房・中門・南大門を立面的に描き、倉・食堂・務屋・瓦屋・板屋・竈屋・酒屋・馬屋・南院などの付属建物や区画を平面的に描き呼称を記す。塀で囲んだ中心伽藍や付属建物が集中する区画を、『額田寺伽藍並条里図』は「寺院」と称し、寺院の周囲に広がる寺領を「寺田」「寺小荒木田」「寺畠」「寺岡」「寺林」「寺小手池」「寺楊原（額田寺楊原・額寺楊原）」「寺栗林（額寺栗林）」など、具体的地物で区別する。ただし、寺院周囲が一円的に額田寺領となっているわけではなく、「公田」「公地」「公野」「中臣朝臣毛人家・同畠」「巨勢朝臣古麻呂家・同地」「日根連千虫家」「法花寺庄」など、公領・個人宅地や平城京内寺院が保有する寺領が複雑に入り組む。

額田寺伽藍並条里図の年代

額田寺は大和郡山市に現存する額安寺をさし、寺の周囲には「額田寺伽藍並条里図」に描き込まれた地物の一部がよく残る〔国立歴民博二〇〇一a〕。額安寺境内を体系的に発掘する試みはまだない。当然、古代堂塔跡の場所や規模も確認されていない。しかし、先述した「額田寺伽藍並条里図」により、奈良時代の額田寺の姿が推定できる。また、古くから額安寺近辺で採集された古代の瓦が、額田寺における施設建物の歴史を語ってくれる。以下、「額田寺伽藍並条里図」の成立年代にかんする文献史学の研究成果を整理し、出土瓦・採取瓦の年代観に照らして額田寺の画期を考える。「額田寺伽藍並条里図」については、以下のような分析によって、成立年代が絞られている〔狩野一九八四、山口一九九六、金田二〇〇二〕。

①額田寺院地の東から北東にかけて法花寺庄が分布する。法華寺は平城宮の東にあった光明皇后発願の寺で、光明皇后の菩提を弔うための費用（斎会料）として、天平宝字五（七六一）年六月に当該地が施入されたと推定できる。したがって、本図の成立は七六一年以降の可能性が高い。

②法華寺庄の北に中臣朝臣毛人と巨勢朝臣古麻呂の家や土地がある。『続日本紀』によれば、中臣毛人は七五八年に従五位下、七六四年に従五位上に叙せられ、巨勢古麻呂は七六四年に従五位下に叙せられた。本図は彼らの存命中、すなわち天平宝字年間をさほど降らぬ時期に描かれた。

③本図には、公的書類であることを示す「大和国印」が全面に捺されている。『続日本紀』では、天平勝宝八（七五六）年六月〜翌年一二月の間に「大倭国」から「大和国」表記に変わっている。したがって、本図の成立は七五六年以降である。

④このような条里図は、六年ごとに実施される班田（水田の分配）もしくはそれに先立つ校田（班田に向けた土地調査）時に作成された可能性が高い。天平宝字五年以降の班田は神護景雲元（七六七）年、宝亀四（七七一）年になされており、条里プラン完成時期を配慮すると、本図は七七一年の班田もしくはそれに先立つ校田時に作成された可能性が高い。

考古学的に古代寺院の年代や変遷を検討する場合、文献史学のように一年単位で年代を絞り込むことはできないし、その必要もない。ただし、「額田寺伽藍並条里図」の成立年代が八世紀中葉もしくは後半に属することは、採集瓦から額田寺の変遷を考える上で重要である。

瓦から推定できる額田寺の変遷Ⅰ

古代寺院の屋根に葺く瓦は、丸瓦・平瓦を基本とし、軒先などを飾る軒瓦（軒丸瓦・軒平瓦）、棟端を押さえる鬼瓦など各種ある（図3）。なかでも、おもに木型で文様を起こす軒瓦の年代にかんしては、同笵関係や製作技法から推定する方法がほぼ確立している。すなわち、同じ木型（同笵）で文様を起こした軒瓦は、木型の耐用年数の範囲内で同年代と判断でき、笵傷の進行や彫り直しが観察できれば、その範囲内での細かな年代差がわかる。加えて、製作技術差が年代差と相関すれば、瓦の作り方の推移もわかるというわけだ。

額田寺近辺で採集した軒瓦を集成し、寺の変遷を検討する作業は、古くは保井芳太郎さん［保井一九三二］や石田茂作さん［石田一九三六］がおこない、半世紀以上を経過してから山川均さんや私がおこなった［山川一九九三、上原二〇〇一a］。私は採集瓦を含めた軒瓦の量も問題にして、創建・再建・大規模修理など額田寺伽藍を画期づける資料の

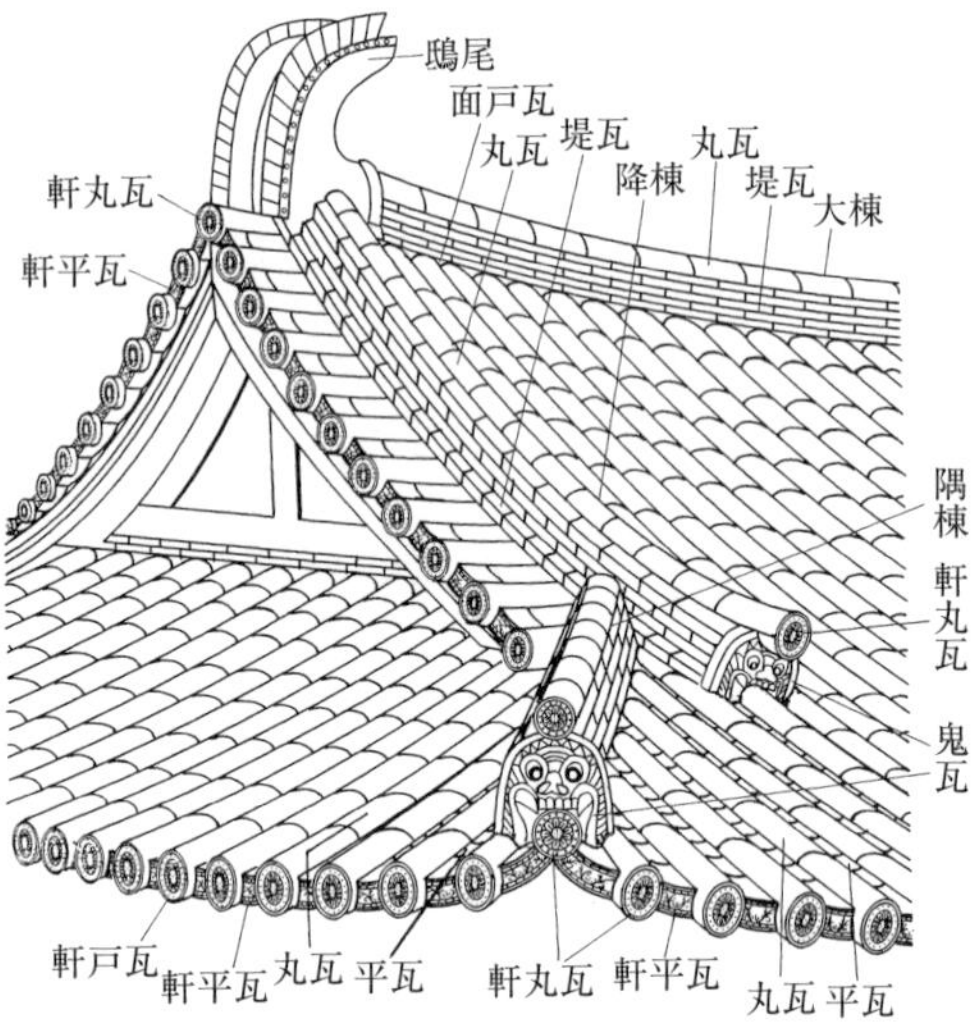

図3　屋瓦の呼称と使用部位［坪井1985を一部改変］

抽出に努めた。一括出土品なら、多数を占める軒瓦が葺いた屋根の歴史的画期に対応する［上原一九九七］が、偶然に採集された瓦は必ずしも建物の歴史を雄弁に語ってくれるわけではない。しかし、発掘がごく一部にとどまる以上、当面の作業仮説として意味があるだろう。以下、額安寺境内とその近辺で出土・採集した古代の軒瓦を、①創建期（七世紀前半〜中葉）、②充実期（七世紀末〜八世紀前葉）、③再整備期（八世紀中葉）、④存続期（八世紀末以降）にわけて略述する（図4）。

①額田寺創建を示すのが素弁六葉蓮華文軒丸瓦（図4－1）である。採集者も複数にわたり、量的にも創建額田寺の中心仏堂を飾ったと考えてよい。古新羅系と評価することが多く、七世紀第2四半期の実年代が考えられる。斑鳩諸寺にも類例がない額田寺独自の軒丸瓦と思っていたら、花谷浩さんが橿原市和田廃寺（葛城寺）で類似例が出土していると教えてくれた。額田寺創建と飛鳥地域とのかかわりを示唆する。単弁八葉蓮華文軒丸瓦（図4－2）も複数個体が採集されており、西琳寺系列山田寺式軒丸瓦と呼んでいる［上原一九九七］。七世紀中葉の実年代が考えられる。斑鳩や飛鳥地域に直接の原型になる文様はなく、大和川舟運による中河内地域との直接の結びつきが想定される。山田寺式軒丸瓦は重弧文軒平瓦と組み合う（図6－19・25）。額田寺では重弧文軒平瓦の小片も採集されている（図4－4）。しかし、量も少なく、もともと西琳寺系列山田寺式軒丸瓦に組み合う軒平瓦は存在しないので混入資料だろう。図4－3は手彫唐草文軒平瓦すなわち型紙を瓦当面に当て杏葉唐草文を彫り起こした軒平瓦で、法隆寺若草伽藍では百済直伝の素弁九葉蓮華文軒丸瓦と組み合って金堂創建に使用された

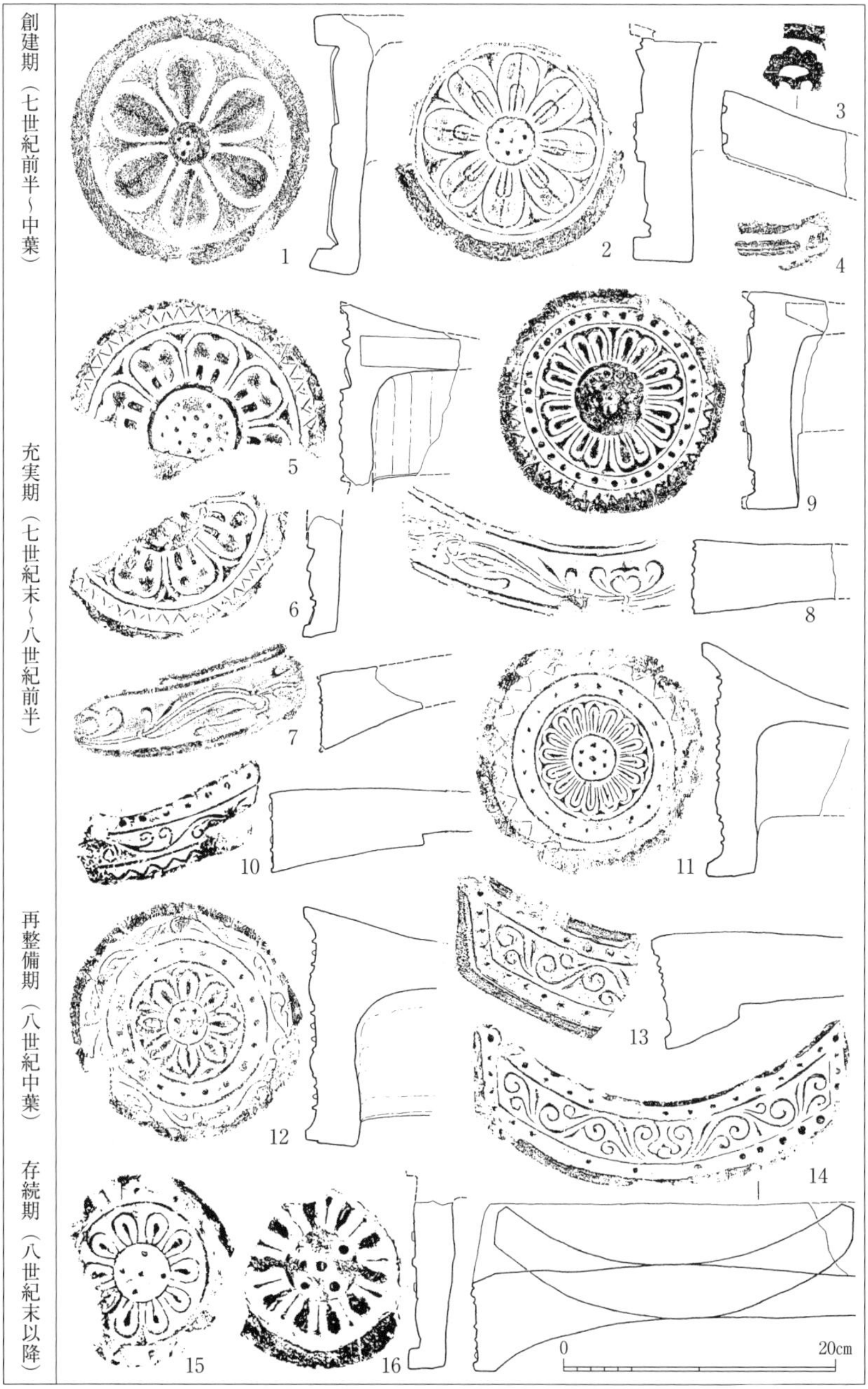

図４　軒瓦から推定した古代額田寺の変遷（縮尺６分の１）［上原2001aより作成］

（図6－8・21）。額田寺で出土したのはわずか一点であるが、七世紀初頭にさかのぼる瓦で、発掘で出土した事実を重視すれば［前園一九七九］、熊凝精舎と額田寺の関係をうかがわせる資料となるかもしれない。

瓦から推定できる額田寺の変遷Ⅱ

なお、法隆寺若草伽藍の手彫唐草文軒平瓦（図4－3、図6－21）は、単位文様の形がイチョウの葉に似ていることから、杏葉文あるいは杏葉唐草文の愛称がある［石田一九三六・四四］。ただし、図4－7・8系統の文様も含めて忍冬唐草文と呼んだ研究者もおり［関野一九二八］、統一の文様呼称があるわけではない。若草伽藍の再発掘を契機に、施文技法の分析が進み、手彫唐草文という技法呼称が一般化する［松下一九七二］。文様系統の議論も深まり、杏葉唐草文は西方起源のパルメットあるいは菩提樹の葉を表現したもの、後述の忍冬唐草文は中心飾に火炎宝珠文を置くパルメット唐草文とする説が有力となった［山本一九九六］。さらに、瓦当文様を型式番号で呼ぶシステムが一般化し、古くからの文様呼称は使わなくなった［奈文研二〇〇七a］。しかし、誤解の余地がなくても無味乾燥の型式番号は親しみにくく、番号から文様を思い浮かべることができる人はごく限られている。とくに瓦の文様においては、同じ文様で施文技法が変わることがある。その場合、技法呼称ではなく一貫した文様呼称が必要となる。忍冬唐草文とともに、杏葉唐草文という旧称を復活した理由である。

②額田寺伽藍の充実を示すのが、複弁八葉蓮華文軒丸瓦（図4－5・6）と忍冬唐草文軒平瓦（図4－7・8）の組み合わせで、いわゆる法隆寺式軒瓦である。額田寺における七世紀代の軒瓦のなかでは最も数が多く、七世紀末にかなりの規模で伽藍を整備したと考えられる。整備の具体像を知るには発掘調査が必要だが、小規模だった仏堂を改造したり、他の堂塔を造営したことなどが想定できる。法隆寺式軒瓦は法隆寺西院伽藍創建瓦を基準として、法輪寺・法起寺など斑鳩地域の諸寺が多用する。しかし、法隆寺をはじめ他寺では同笵例がないので、図4－5～8は額田寺が独自に製作した法隆寺式軒瓦である。そのほか、図4－9・10の藤原宮式軒瓦（六二七六系―六六四一系）や図4

－11の平城宮式軒瓦（六二八四系）も七世紀末～八世紀前葉の軒瓦で、額田寺では法隆寺式軒瓦（図4－5～8）ほどまとまっていない。ただし、いずれも藤原・平城宮跡出土瓦に同笵例がなく、補修用瓦製作にも額田寺独自の瓦笵を用意した可能性がある。他所からの転用ではなく、独自の造瓦活動を示すなら、少量でも無視できない。

瓦から推定できる額田寺の変遷Ⅲ

③額田寺伽藍の再整備を示すのが、外区外縁に唐草文がめぐる単弁八葉蓮華文軒丸瓦（図4－12）と均整唐草文軒平瓦（図4－13・14）との組み合わせである。額安寺出土・採集瓦のなかで両者は最も数が多く、他寺や平城京などに同笵例のない額田寺独自の瓦である。軒平瓦は瓦当面近くで凸面に段をもつ段顎のもの（13）が当初作られ、のちに平瓦部から瓦当部にむけて凸面が緩やかな曲線をなす曲線顎（14）に変わる。段顎から曲線顎への変遷は、平城宮などの宮殿の瓦を作った官営瓦工房において、八世紀第2四半期に起きた現象で、図4－13・14もこれに後続・連動したとすれば、八世紀中頃の額田寺において、大量の軒瓦を必要とする造営工事があったことになる。

「額田寺伽藍並条里図」では、中門と金堂を結ぶ回廊の東南方向に三重塔がある。このように塔を回廊外に置く伽藍配置は、興福寺をはじめとする平城京遷都後の寺院で一般化する。少なくとも七世紀代に成立した古代寺院で、回廊外に塔を配置した例はないから、「額田寺伽藍並条里図」に描かれた額田寺伽藍は、八世紀に再整備された結果と考えざるをえない。図4－12～14が絶対多数を占める以上、軒瓦を多用する瓦葺の塔が八世紀中頃に建った可能性は高い。同時に金堂などにも改作・修理の手が加わったかどうかはわからない。なお、外区外縁に唐草文がめぐる蓮華文軒丸瓦は平城京大安寺にもあり（六〇九一Ａ・Ｂ、図40）、大安寺造営に尽力した道慈が額田氏出身であることを根拠に、両者を関連づける説がある。しかし、軒丸瓦の花弁形態は似ていないし、軒平瓦の文様もまったく異なる。また、六〇九一Ａをはじめとする大安寺式軒瓦が道慈の発案とする説も否定されており［中井一九九七］、瓦の文様と道慈から大安寺と額田寺との関係を説くのは難しい。なお、図4－11～14以外にも、八世紀に属する平城宮や京と同笵・同文の軒瓦がいくつか出土しているが、数が少なく積極的に評価できない。

④図4－15・16などが、古代における額田寺の存続を示す軒瓦である。15は平安前期、16は平安後期の瓦と思われるが、いずれも採集量は少ない。しかも、軒丸瓦だけで組み合う軒平瓦が見あたらない。屋根に葺いた瓦は、軒丸瓦のほうが欠損しやすく、修理時に追補した軒丸瓦では、組み合うはずの軒平瓦が存在しないこともよくある。②③で述べた八世紀に属する数が少ない平城宮や京と同笵・同文の軒瓦が、おもに軒丸瓦であることも、同様の理由にもとづくのだろう。額田寺は中世に忍性が復興する。中世復興瓦では、軒丸瓦と軒平瓦とがよく対応する。

以上、額安寺出土・採集瓦を概観した。額田寺が熊凝精舎である直接証拠はない。しかし、法隆寺若草伽藍と同じ瓦が出土する事実は、まったく否定すべき伝承ともいいきれない微かな可能性を残す。少なくとも、瓦の文様を根拠に、道慈の関連で額田寺が熊凝精舎であるという伝承が後に生まれたと説明するのは的を射ていない。次節で述べるように、百済大寺・大官大寺にかんしては、所用瓦を含めて考古学的に多くの事実が判明している。しかし、建物施設や瓦などを比較しても、額田寺との接点はほとんど認められない。百済大寺・高市大寺・大官大寺・大安寺は建物の移築や資財の再用を含む形で、前代の法灯を継いでいるのに対して、『大安寺縁起』の文脈のなかでも、熊凝精舎の法灯が百済大寺に継続したとは読みとれない。したがって、考古学的にその接点を探っても、『大安寺縁起』の評価に、さほど影響があるとは思えない。

三　百済大寺と大官大寺の発掘

百済大寺跡の発見

熊凝精舎を『大安寺縁起』による創作とみる立場のなかには、その延長にある百済大寺や高市大寺にかかわる記事も、大安寺が天皇家と深く結びついていたことを主張するための「仏教徒の神話」にすぎないとする説もある［堅田一九五六〕。また、百済大寺を造営した百済地を飛鳥から離れた北葛城郡広陵町百済に求める前世紀の通説（岩波古典文学大系本『日本書紀』舒明天皇一一年七月条の頭注など）にしたがうと、考古学的に百済大寺に該当する寺跡は認定しがたい。しかし、書直県を大匠とし、百済川のほとりで西国の民には大宮、東国の民には大寺を造らせた記事や、同地に九重塔を建てた記事〔『日本書紀』舒明天皇一一（六三九）年一二月条〕、百済宮遷都と崩御記事〔同書、同一二年一〇月是月条・一三年一〇月条〕、さらに百済大寺造営のために近江と越の人夫を動員した記事〔同書、皇極天皇元（六四二）年九月三日条〕など、正史にも『大安寺縁起』を補う記録がある以上、百済大寺の存在は否定できず、その発見と認定は考古学的な課題となっていた。そして、近年の考古学的調査により、奈良県桜井市にある吉備池廃寺跡こそが、舒明天皇が造営し皇極（斉明）天皇が事業を継続した百済大寺跡だとする説が有力になった〔小澤一九九七、帝塚山考古学研究所一九九八、奈文研二〇〇三〕。

吉備池廃寺は大和三山の一つ、香具山山塊の東北東約一㎞に位置する吉備池周辺にある。吉備池は周囲を築堤した溜池、いわゆる皿池で、金堂および塔基壇をそのまま南堤の一部に利用していた。私が奈良国立文化財研究所飛鳥藤原宮跡発掘調査部にいた一九八〇年代の初めには、堤の内側から灰原とともに瓦が出土したという証言もあり、同地には瓦窯があると皆が信じていた。同じ瓦は、古くから香具山西麓の都多本神社付近で採集されており〔岩井一九三七〕、その後、飛鳥藤原宮跡発掘調査部の新庁舎建設に際して、比較的まとまった量が出土した〔飛鳥藤原宮跡発掘調査部一九八六～八八〕ため、木之本廃寺と命名され、瓦の様式から百済大寺の有力候補と目された〔山崎一九八三〕。瓦窯と誤解された吉備池の地は、木之本廃寺所用瓦を焼いた生産遺跡と考えられていたわけだ〔上原一九八六〕。

ところが、吉備池の南で発掘調査が始まると瓦窯跡は姿を見せず、約三七m×二八mの金堂基壇と一辺約三二mの塔基壇が東西に並ぶとてつもなく巨大な法隆寺式伽藍配置の古代寺院跡であることが判明した（図5）。しかも、少量ではあるが出土した瓦は木之本廃寺と同笵で、笵傷に至るまで木之本廃寺出土瓦と一致した。木之本廃寺には寺跡に相当する遺構がなく評価が難しいが、瓦の量では吉備池廃寺にまさるので、吉備池廃寺所用瓦を再利用あるいは集

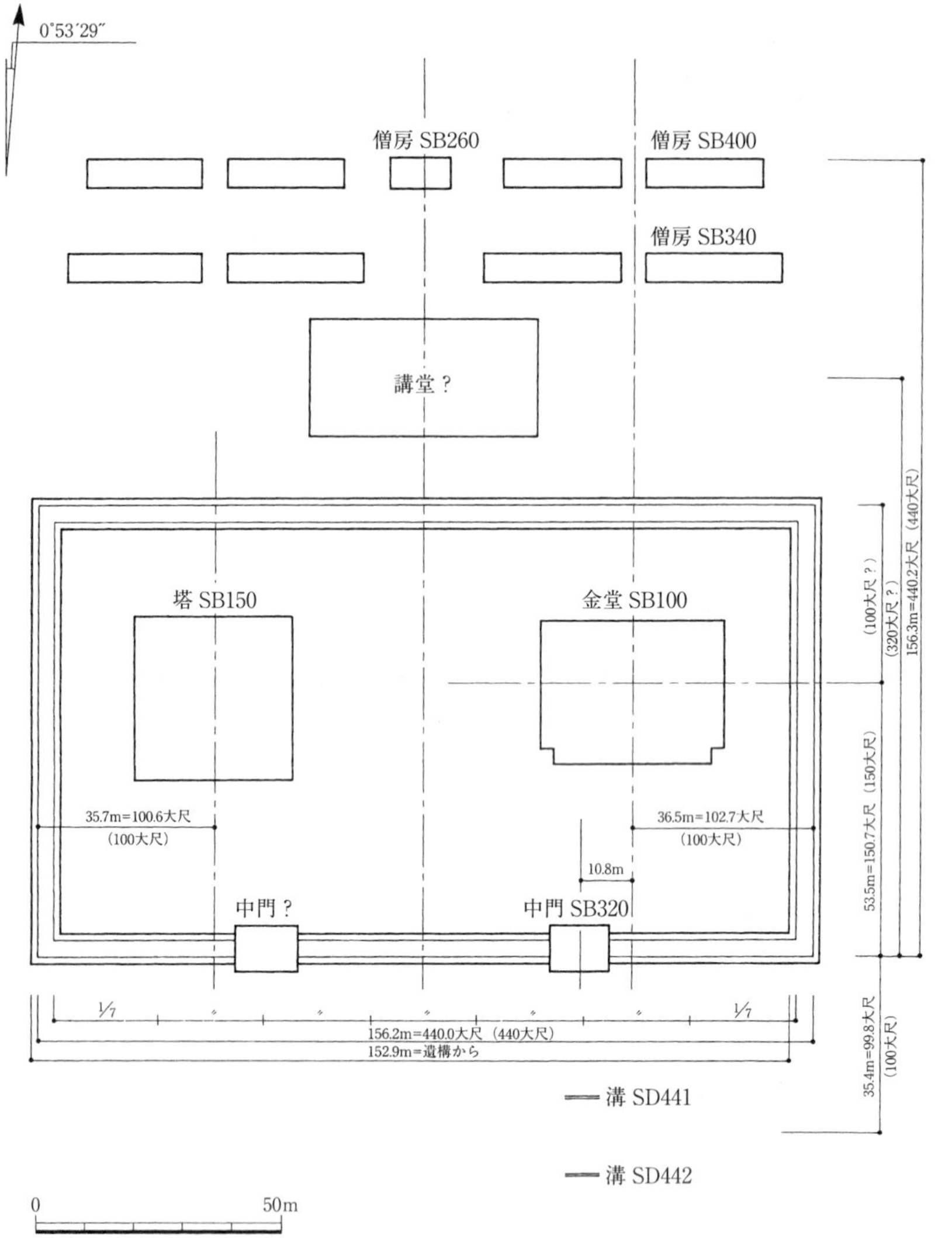

図５　吉備池廃寺（百済大寺）伽藍配置復原図（溝 SD441・442は南門か）［奈文研2003］

積した場所と思われる。吉備池廃寺跡の発掘調査で出土した瓦は小片で量が少なく、金堂や塔の礎石や基壇を縁取った石も完全に抜き取られており、資材も含めて移建されたことを示す。高市地への移建記事も勘案して、古代寺院のなかでも破格の規模を誇る塔跡を備えた吉備池廃寺こそが、『大安寺縁起』や『日本書紀』が特記した前代未聞の規模の九重塔をともなう大王家最初の氏寺である百済大寺にふさわしいと評価されるに至った理由である。つまり、百済大寺は、遺構の認定に先行して、ふさわしい所用瓦とその系譜関係から可能性が追究された（図6）珍しい古代寺院であった。

百済大寺所用瓦Ⅰ

木之本廃寺・吉備池廃寺所用瓦が、単弁八葉蓮華文軒丸瓦（図6－15～17）とスタンプ式の杏葉唐草文軒平瓦（図6－23・24）である。軒丸瓦は山田寺式に属する。山田寺は桜井市にある蘇我倉山田石川麻呂の氏寺である。その創建瓦（図6－19・25）が山田寺式軒丸瓦の基準である。といっても、造営途上で冤罪による石川麻呂の死などが入り、山田寺造営の過程は複雑である。聖徳太子の伝記『上宮聖徳法王帝説』の裏書は、山田寺（浄土寺）造営経過について、辛丑（六四一）年始平地（＝整地の開始）、癸卯（六四三）年立金堂之（＝金堂の竣工）、戊申（六四八）年始僧住（＝僧が住み始める）、己酉（六四九）年三月二十五日大臣遇害（＝石川麻呂死亡）、癸亥（六六三）年構塔（＝塔の着工）、癸酉（六七三）年十二月十六日建心柱（＝塔の心柱を立てる。ここに心柱礎石に埋納した舎利・舎利荘厳具の説明が入る）、丙子（六七六）年四月八日上露盤（＝塔金物を設置）、戊寅（六七八）年十二月四日鋳丈六仏像（＝講堂本尊を鋳造）、乙酉（六八五）年三月二十五日点仏眼（＝講堂本尊の開眼会）と記載する。出土した瓦は、笵型は違っても、金堂も塔も同じ山田寺式だ。近年の研究では、山田寺における山田寺式軒瓦は七世紀中葉～八世紀初頭の半世紀以上の間、作り続けられたらしい［奈文研二〇〇二］。山田寺跡出土の山田寺式軒丸瓦（19）と比較すると、木之本廃寺・吉備池廃寺所用瓦（15～17）は、以下の点が異なる。

図６　百済大寺所用瓦の文様系譜［上原1997，奈文研2003などから作成］

1～3　飛鳥寺　　4・8～10・21・22　法隆寺（斑鳩寺）　　5・6・18・20　四天王寺　7　姫寺　　11・12　船橋廃寺　　13　豊浦寺　　14　坂田寺　　15・16・24　吉備池廃寺（百済大寺）　　17・23　木之本廃寺　　19・25　山田寺

①長く伸びた花弁は、六世紀後半に百済から伝わった飛鳥寺式軒丸瓦の花組（図6－1・7）の系譜を引く七世紀中葉に特徴的な素弁蓮華文軒丸瓦（図6－11〜13）と似ている。

②中房が饅頭のように丸く突出する。七世紀前半、百済系素弁蓮華文軒丸瓦の笵型を長期間使い続け、中房部分が摩耗する例がある（図6－4〜6）。これを模刻した結果であろう。

③周縁をめぐる重弧文が、山田寺例のようにくっきりせず、一本だけが目立つ。

つまり、木之本廃寺・吉備池廃寺の軒丸瓦は、山田寺式軒丸瓦に先行する百済系軒丸瓦の特徴を部分的に残す。それは百済大寺の造営開始が六三九年、山田寺の造営開始が六四一年という、文献史料の記載ともよく合致する。なお、坂田寺などで出土する単弁八葉蓮華文軒丸瓦（図6－14）は紀伊国と系譜関係があり、山田寺式軒丸瓦とは文様系譜を異にする。百済大寺創建時の単弁蓮華文軒丸瓦との時期的先後関係はよくわからない。

百済大寺所用瓦Ⅱ

古い特徴は、一緒に使った軒平瓦にもある。図6－23の軒平瓦は、法隆寺若草伽藍（斑鳩寺）で使用したスタンプ式杏葉唐草文軒平瓦（図6－22）のスタンプを、反転せずに押している。スタンプは吉備池廃寺例のほうが若草伽藍例よりも摩耗し、後の製品とわかる［奈文研二〇〇三］。斑鳩寺においては、飛鳥寺創建瓦の星組（図6－2）の系譜を引く素弁九葉蓮華文軒丸瓦（図6－3）に蓮子を彫り加えた軒丸瓦と、手彫の杏葉唐草文軒平瓦を金堂創建時に使用し（図6－8・21）、のちに手で彫る手間を省いて単位文様を反転しながら連続して押捺するスタンプ（図6－22）を発明し、塔所用瓦を作った［奈文研二〇〇七a］。組み合う軒丸瓦（図6－9・10）もかなり型式変化しているので、スタンプ方式の発明は、聖徳太子の死の直後、百済大寺の造営開始年代である六三九年よりさかのぼると考えられる。一方、百済大寺の軒平瓦には、重弧文を引いた後にスタンプで杏葉文を反転せずに押した例（図6－24）がある。山田寺式軒丸瓦と重弧文軒平瓦の組み合わせ（図6－19・25）に先行する姿だ。

なお、百済大寺と同笵の単弁八葉蓮華文軒丸瓦は、摂津四天王寺や和泉海会寺でも出土する（図6－18）。百済大寺の軒丸瓦の断面は裏面がふくらむのに、四天王寺は薄く平坦で、製作工人が異なるようだ。四天王寺は聖徳太子が蘇我氏とともに物部守屋を討った時、勝利を祈願して発願したと伝える。四天王寺創建瓦は斑鳩寺創建瓦（図6－4）と同笵で、瓦笵が著しく摩耗した製品が多数ある（図6－5・6）。聖徳太子発願かどうかは別にしても、四天王寺が斑鳩寺にやや遅れて所用瓦を準備したことは間違いない。四天王寺は孝徳朝の難波宮遷都で存在が再認識される。都の安寧を祈願するために新たに寺を建てることもあるが、既存の寺があれば、それを整備する方式は古代日本列島では少なくない。四天王寺が再認識されたのは、まさにその理由による［上原一九八六］。難波遷都直後の六四八年、左大臣阿部内麻呂は四天王寺の塔に四体の仏像を安置して、釈迦浄土である霊鷲山（霊山）を表現した（『日本書紀』）。重弧文軒平瓦と組み合う百済大寺と同笵軒丸瓦（図6－18）を使用したのは、この前後に違いない。また、これを模刻した笵で作った軒丸瓦が四天王寺で多数出土する（図6－20）ので、孝徳朝にはじまる四天王寺再整備はかなり大規模であったと考えてよい。

百済大寺から大官大寺へ

『大安寺縁起』は、斉明天皇が崩御に際して、後事を天智天皇と皇后（仲天皇）に託したと記す（33～39行）。しかし、寺院の造営工事にかんしては、斉明天皇が百済大寺造営工事を継承したという記事（30～33行）に続いて、天武天皇による高市大寺（大官大寺）造営記事（39～45行）、持統・文武朝における梵鐘・九重塔・金堂・丈六仏の造営記事（49～52行）があり、天智天皇と皇后の事績は記載していない。また、大安寺の経済基盤となる食封・論定出挙稲・墾田地についても、舒明・天武・聖武天皇による施入を明記し（28・42～44・52～54行）、『大安寺資財帳』も対応する不動産財を記録するが（389～469行）、天智天皇と皇后が施入した不動産財はまったく記録されていない。しかし、信仰面では、次章一節で述べるように、天智天皇は大安寺にとって重要な位置を占めていた。それは、大安寺が所蔵した筆頭仏像を天智天皇が製作したという伝承にもとづく(55〜57行)。

『大安寺縁起』によれば、百済大寺の造営地を、百済から高市に移したのは天武天皇である(42行)。地名を根拠に百済大寺と呼ばれていた寺は、高市大寺と名を変える。新たな封戸や墾田地・論定出挙も施入されて経済基盤も充実し、天武天皇六(六七七)年には大官大寺と名を変える(44〜45行)。現在の高市郡明日香村と橿原市南浦町にまたがった地、かつての岸俊男さんによる条坊呼称では藤原京左京十条四坊と九条四坊の東南坪・西南坪、新たに判明した東西・南北各約五・三㎞の藤原京に小澤毅さんが平城京に準じて付した条坊呼称［小澤二〇〇三］では藤原京左京八条二坊十〜十五坪に位置する場所に、古くから大官大寺跡と考えられてきた寺院跡がある。この地の発掘調査は、昭和四八年から約一〇ヶ年にわたり奈良国立文化財研究所の手でなされ、伽藍配置や建物の規模や構造が判明した(図7)［飛鳥資料館一九八五］。

大官大寺跡の発掘

発掘調査の結果判明した重要な点は、大官大寺が造営途上で全焼したこと、火災の後始末に際して再利用可能な石材を抜き取っていること、および造営工事の開始が天武朝までさかのぼらず、持統朝後半期〜文武朝にくだる事実である。すなわち、金堂跡の発掘調査(一次調査)においては、基壇まわりで垂木や隅木が焼け落ちて地面に突き刺さった痕跡が検出された。突き刺さった状態でもくすぶり炭化した材は、火災の激しさを物語る。金堂基壇縁辺を縁取った凝灰岩の切石(基壇化粧)はすべて抜き取られていた。抜き取りに際して石を持ち上げた梃子の支点の痕跡もあった。金堂は基壇化粧を含めて落成していたのである。

一方、塔跡(五次調査)には基壇化粧を施した痕跡がなく、縁辺は約二五度の角度で緩やかに立ち上がっていた。図7において礎石推定位置の外周をめぐる基壇ラインが金堂に比べて著しく広い理由である。斜めに立ち上がる基壇は、資材運搬や施工空間として有効だ。基壇化粧は建物が完成したのちに施すのだ。この傾斜面や基壇周辺には焼土

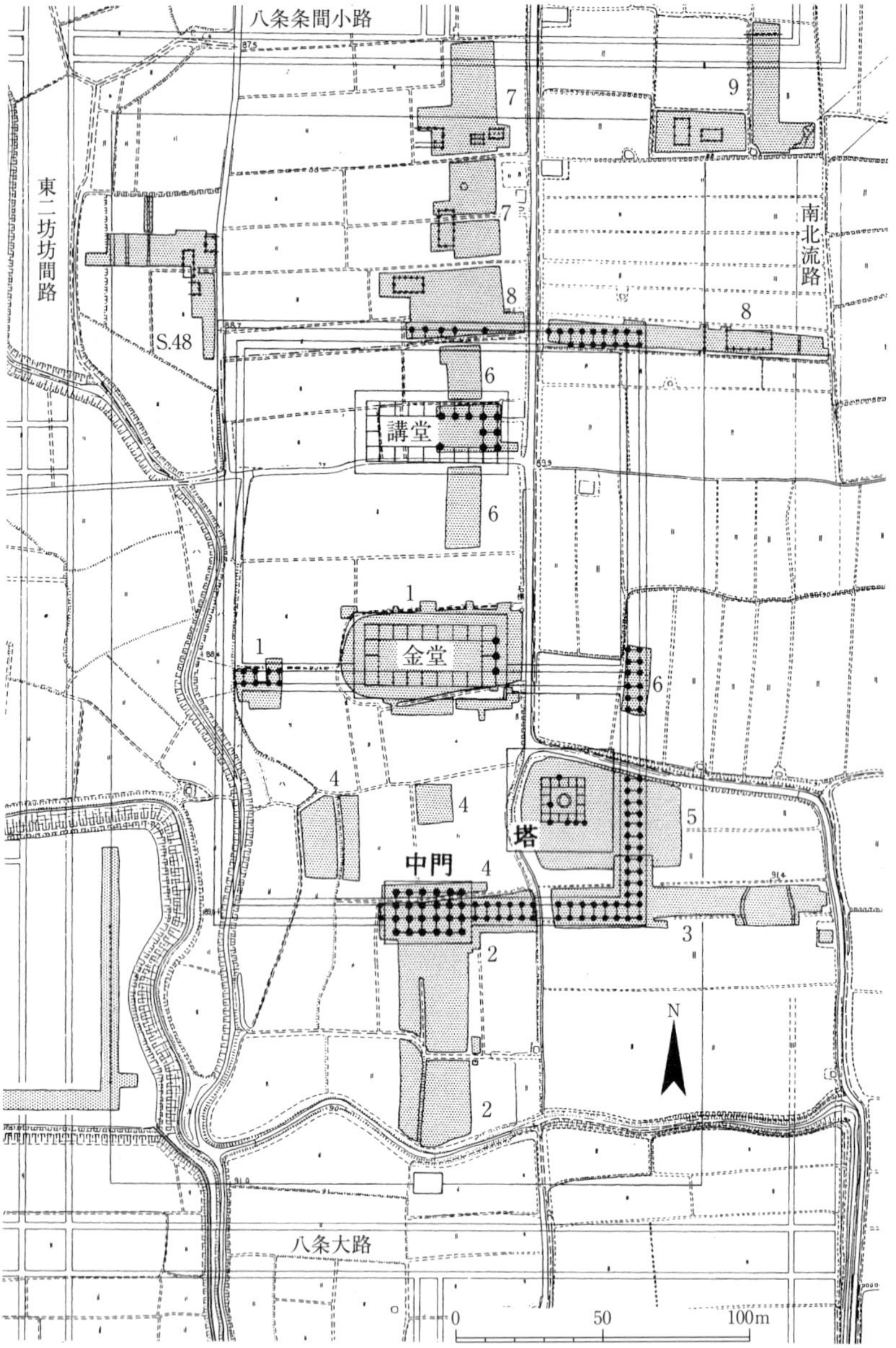

図7　発掘調査で判明した大官大寺（アミは調査区，数字は調査次数，条坊呼称は平城京に準拠）
［飛鳥資料館1985］　金堂所在地の字名がコウドウだったことから，大官大寺の伽藍配置は回廊内の西に金堂を置く法起寺式あるいは川原寺式・観世音寺式と考えられていた。しかし，金堂跡を予測した4次調査区には何もなく，6次調査で金堂背後の講堂跡を検出。回廊内東寄りに塔のみを置く伽藍配置が確定した。

や焼瓦が堆積し、隅木端を飾る金具や風鐸の破片も混じっていたので、塔の建物はほぼ完成していたらしい。つまり大官大寺の塔は基壇化粧工事に取りかかる前に焼失したのである。

一方、中門跡（四次調査）は礎石がすべて原位置で残り、基壇上や周囲に建物の内装・外装を整えるための足場穴列もあった。足場穴の柱穴内には炭化物や焼けた瓦が入り込んでおり、基壇の南側には金堂と同様、建物部材の落下痕跡があった。中門に取りつく回廊は、基壇上面が火熱で変色。屋根瓦がすべり落ちた状態で出土した所もあった。瓦葺作業中に被災したと推測される。

また、工事が完了していた金堂基壇築成土や基壇下の整地土から、藤原宮期（飛鳥Ｖ期、七世紀の土器は飛鳥Ⅰ～Ｖ期に分類されている）の土器が出土している事実にもとづき、大官大寺の造営が六九四～七一〇年以降に始まったことも確実になった。大官大寺下層からは掘立柱建物が検出されているが、寺院にかかわる遺構ではない。すなわち、大官大寺跡で検出された遺構は、持統天皇の時に鐘を鋳造し、文武天皇の時に九重塔・金堂を建て、丈六像を奉造したという『大安寺縁起』の記事（49～52行）に対応する。つまり、藤原京大官大寺跡は天武朝に造営地を百済地から高市地に移した高市大寺（天武朝大官大寺）ではなく、藤原京の条坊に合わせて新たに造営した文武朝大官大寺だったのである。これは、大官大寺式軒平瓦が藤原宮式軒平瓦よりも後出的で、平城宮式軒平瓦の直接の祖型となる文様である事実によく整合する。しかし、なぜか、縁起も正史である『続日本紀』も、文武朝大官大寺の焼失について沈黙する。

大官大寺の被災と隠蔽

正史ではないが『扶桑略記』は、平城遷都の翌年（和銅四年）に藤原宮と大官大寺が焼失したと記す。藤原宮跡の発掘調査では被災痕跡が見つからないので、『扶桑略記』を全面的に信頼できるわけではないが、和銅四年は『大安寺縁起』が成立した三六年前のことになる。火災の後始末は終わっていても、火事の記憶まで喪失したとは思えない。

縁起が文武朝大官大寺の焼失を記載しなかったのは、寺のマイナス・イメージとなる記述を避けた可能性がある。『日本書紀』が明言した天智天皇九（六七〇）年における斑鳩寺（法隆寺若草伽藍）焼失について、『法隆寺伽藍縁起并流記資財帳』が沈黙したことが、法隆寺再建非再建論争の火だねになった事実［足立一九四一］を想い起こす。

文武朝大官大寺の火災記事がないのに対し、舒明朝の百済大寺は子部社の祟りで九重塔と金堂石鴟尾が焼破したと『大安寺縁起』は明記する（28～29行）。しかし、吉備池廃寺跡の発掘調査で火災痕跡は見つかっていない［奈文研二〇〇三］。法隆寺若草伽藍においては二〇〇四年に至って、焼損した壁画断片などが大量に出土し、『日本書紀』の記事を裏づけた。しかし、若草伽藍の塔・金堂跡発掘調査では、明らかな被災痕跡を指摘できなかった［奈文研二〇〇七a］。検出遺構から、直接、火災の有無を判断するのは必ずしも容易ではないのだ。だから、吉備池廃寺（百済大寺）が火事に遭わなかったと断言できないが、舒明天皇一一年に造営工事が始まり、同じ年に九重塔だけでなく、石鴟尾があがった金堂も被災した記事には無理がある。先述したように、山田寺は造成開始から金堂建立まで二年、五重塔は着工から塔金物が上がるまで一三年かかっている。舒明天皇一一年に九重塔造営工事をはじめても、治世内での百済大寺落慶法要は絶対に不可能だ。火災がなくても、後事を皇極天皇に託したのは当然である。

塚口義信さんは、吉備池廃寺が発見される以前から、『大安寺縁起』の百済大寺焼亡記事の矛盾点を指摘し、天平九（七三七）年に国家公認の法会となった大安寺大般若会が、もともと大安寺伽藍に災事がないことを願い、道慈が中心となって私的に始めた事実［『続日本紀』天平九年四月八日条］に注目する［塚口一九九二］。同条は災事の具体内容について述べず、一〇年後に編纂された『大安寺伽藍縁起并流記資財帳』は事実を隠蔽するが、国家安寧を祈願する拠点となるはずだった大官大寺が猛火に包まれた記憶は、天平九年段階ならば一層に鮮明だったろう。道慈は唐に留学中だから、和銅の大火災を見ていないが、平城遷都を体験した天平人にとって、大官大寺焼亡は思い出したくはないが、二度とくり返してはいけない災害だった。

文武朝大官大寺焼亡の記憶を半世紀以上くり上げて、舒明朝百済大寺焼亡にすり替えたとは塚口さんはいっていない。しかし、天平九年段階に道慈が述べた災事が文武朝大官大寺の焼亡ならば、大安寺大般若会の由来を「此の寺はじめやけける事、高市の郡の子部の明神の社の木をきれるによりてなり。（中略）神の心をよろこばしめて寺をまぼらしめる事は、法の力にはしかじ」という道慈の言葉で説明した『三宝絵詞』下巻「僧宝一七」話の論理は、明らかに事実のすり替えとなる。『三宝絵詞』全三巻は寛弘八（一〇一一）年に没した文人、源為憲が、一七歳で出家した冷泉天皇の娘、尊子内親王の道心をはげましなぐさめるため、永観二（九八四）年に作り奉ったもの。上巻は釈尊などの本生譚などの説話、中巻は日本の仏教風俗の事歴、下巻は年中行事になっている法会の来歴を説く。絵巻は現存しないが、本書も今後、古代寺院にかかわる行事や生活を知る材料としてよく利用する。なお、大安寺大般若会については第二章三節を参照されたい。

隠しきれない事実

しかし、文武朝大官大寺が焼亡した事実は、『大安寺資財帳』に明らかな影を落とす。百済大寺から平城京大安寺に至る歴史を物語る建物施設の造営、仏像・経典などの基本財産や仏具・法具・僧具など動産の奉造、および墾田地などの不動産の施入に、舒明・皇極（斉明）・天智と倭姫・天武・文武・聖武の各天皇が関与したと『大安寺縁起』は明言している。ところが、大安寺が保有する仏像・経典・動産・不動産の由来について、『大安寺資財帳』は舒明・皇極・天智・天武・持統・元正・聖武の各天皇が奉造あるいは施入した事実を記載するのに、文武天皇の奉造品や施入品が一切存在しない。文武天皇は大官大寺すなわち藤原京大安寺において、九重塔と金堂の造営と丈六仏の奉造を推進した。しかし、『大安寺資財帳』が記録した丈六仏は、天智天皇が奉造したもので、文武朝の仏像は登録されていない［大脇一九九五］。

天武天皇の事業を受け継いだ文武天皇の事績が、『大安寺資財帳』に反映されていないのは、大官大寺跡の発掘調査で明らかになった造営途上での全焼と無関係ではありえない。逆に考えれば、『大安寺資財帳』が舒明・皇極・天智・天武の諸天皇が奉造し施入した仏像・経典をはじめとする資財を記録しているのは、それらが造営途上で焼失した文武朝大官大寺（藤原京大安寺）を経由せずに平城京大安寺にもたらされた可能性を示唆する。とすると、天武二（六七四）年に造営工事が始まり、天武六年に大官大寺と名を変えた高市大寺の所在地が問題となる。

幻の高市大寺を求めて

百済大寺（吉備池廃寺）と文武朝大官大寺との間をつなぐ高市大寺（天武朝大官大寺）の所在地は確定していない。しかし、いくつかの有力な説がある［帝塚山考古学研究所一九九八］。一つは、大官大寺の北西にある紀寺跡（小山廃寺跡）を当てる説。一つは大官大寺の西、雷丘北方遺跡周辺を当てる説。もう一つは、吉備池廃寺と同笵瓦が出土する香具山西麓の木之本廃寺跡を当てる説である。

小山廃寺跡は所在字名から紀寺跡と呼ばれ、和歌山県（紀伊国）に本拠をもつ紀氏の氏寺といわれていた。しかし、紀寺出土瓦を基準とする紀寺式軒瓦は、百済大寺を嚆矢とする山田寺式軒瓦や、天智・天武が母斉明天皇の冥福を願って造営した飛鳥の川原寺（弘福寺）の川原寺式軒瓦ほどではないにせよ、これらの天皇家発願寺院と同様に日本列島各地に強い影響力を発揮した。単なる地方有力豪族の氏寺とは考えにくいというのが、これを高市大寺に当てる一つの大きな理由だ。瓦の年代も、藤原宮に先行する天武朝を中心とした時期を考えて問題なさそうだ。しかし、発掘調査で想定できる伽藍地の規模は文武朝大官大寺の四分の一程度にすぎない。また、紀寺式軒瓦の文様は百済大寺（吉備池廃寺）・文武朝大官大寺・大安寺と共通する点がなく、瓦の系譜としては、一連の天皇発願寺院の系譜のなかに位置づけるのが難しい。

一方、大官大寺の西方にある雷丘北方遺跡では、七世紀後半の四面庇付正殿を長大な建物が回廊風に囲んだ宮殿・官衙的掘立柱建物群の存在が明らかになった［飛鳥藤原宮跡発掘調査部一九九四］。付近では、以前から文武朝大官大寺と同笵の軒瓦が採集され、雷廃寺などと呼ばれていた。北方遺跡の調査では、それに先行する瓦も出土し「付近に本瓦葺建物を有した寺院」が存在した可能性が提起された。北方遺跡の西、飛鳥川にいたる平坦地は、神護景雲元（七六七）年一二月一日に大安寺に献入された「専古寺地西辺」であり〔『類聚三代格』巻一五〕、元慶四（八八〇）年一〇月二〇日に大安寺に返入された大和国高市郡夜部村の田一〇町七段二五〇歩は「高市大官寺」旧寺地の一部である〔『日本三代実録』〕。こうした史料的裏づけも含め、文武朝大官大寺の西に高市大寺を想定する小澤毅さんの議論は周到である〔奈文研二〇〇三〕。しかし、雷丘北方遺跡近辺では百済大寺と同笵の瓦はまだ出土していない。見るべき遺構をともなわないが、百済大寺跡出土瓦の量が少なく小片ばかりである事実が、所用瓦を含めて高市大寺に移建した結果とすれば、やはり木之本廃寺が高市大寺の有力候補地であることは否定しがたい。

検出された巨大な金堂・塔基壇は、吉備池廃寺跡が九重塔のそびえ建つ百済大寺跡であると確信させた。吉備池廃寺跡には及ばないが、大官大寺跡でも巨大な塔跡が九重塔の存在を主張した。平城京大安寺でも、竣工は遅れるが二基の七重塔があった。小山廃寺、雷丘北方遺跡付近、木之本廃寺のいずれが高市大寺跡となるか、巨大塔跡の発見が決定することになるだろうという、小澤さんの指摘は基本的に正しいと思う〔小澤一九九七〕。

しかし、『大安寺縁起』における高市大寺の造営記事（39～44行）および高市大寺から天武朝大官大寺への改称記事（44～45行）、さらに持統朝以後の大官大寺造営記事（49～52行）へのつながりは曖昧である。とくに、六七四年に御野王と紀臣訶多麻呂を造寺司（大宝元年七月二七日の太政官処分を踏まえれば「造寺官」が正式名だろう）長官に任じ、造寺地を百済から高市に移し、食封・墾田地・論定出挙を施入し、六七八年に寺名を大官大寺と定める。この時点で高市大寺（天武朝大官大寺）金堂の落慶供養がなされたとしても、六八五年に草壁皇子が大寺造営による父の延命を祈願している以上、高市大寺は天武天皇が死去した時点では未完成だった可能性が高い。以後の持統・文武朝の梵鐘鋳造、九重塔・金堂造営と丈六仏造立が、文武朝大官大寺（藤原京大安寺）にかかわる工事で、この間に藤原宮造営という官直営の大工事を挿入するならば、高市大寺で巨大な塔を造営する余裕がなかった可能性を完全に排除できるわけではない。

第二章　資財帳が語る大安寺の動産

一　資財分類の基本となる仏法僧の実体

議論の前提として

以下、天平一九年という時点で、大安寺がどんな資財を保有し、それを使って何をしたのかという、本書の主題にアプローチする。といっても、私は資財帳に列記された物品一つひとつに通じているわけではない。漢字表記の物品には、常識や並の歴史知識があれば理解できるもの、正倉院宝物などを根拠に実体が推定できるもの、文字をじっと眺めると用途や機能が想像できるが姿形がよくわからないもの、用途の見当すらつかないものなど色々ある。しかし、列記された物品の理解が本書の目的ではない。姿形がわからなくても、それが資産のなかでどんな位置を占め、大安寺の宗教活動や経済活動にどうかかわったのかが問題なのである。手始めに、寺院伽藍縁起并流記資財帳とはどんなものか、まず雰囲気から味わっていただこう。

55行「合仏像玖具（仏像は全部で九セット）」以下が『大安寺資財帳』すなわち財産目録になる。ここで、資財帳など古代の文書で使用する数字について、御承知おき願う。財産目録には員数・寸法・重量などの数値がつきまとう。そこで使用する数字は、一般に使用する漢数字（一、二、三……）だけでなく、複雑な漢数字、壱（壹）、弐（貳）、参、肆、伍、陸、漆、捌、玖、拾、佰、阡を使用する。後者を「大字」という。とくに総計など、重要な数値に大字を使用することが多い。現在は、あまり見ないが、かつては領収書の数字に大字の一部をよく用いた。縦棒・横棒からなる普通の漢数字と異なり、数字を改竄しにくいからだと説明を受けた記憶がある。常用漢字以外の漢字も含むが、普通の漢数字に直すと大字を用いた場所がわからなくなる。本文は引用以外は一般の漢数字で表記するが、テキストは原文に近い形を残している。

刺繡や織物の仏像

資財帳における財産記載方式は、必ずしも統一されていないが、最初に品目と員数をあげ、下の割注や、行を変え一字下げた添書で、品物の寸法や内訳、由来などを説明する。たとえば、64行「合繡仏像参帳」の割注では、三張の繡仏のうちの一帳は高二丈二尺七寸（天平尺の一尺を二九・六cmとすると、六・七二m）広二丈二尺四寸（約六・六三m）、残りの二帳はいずれも高各二丈（五・九二m）広一丈八尺（約五・三三m）と寸法を明記する。とてつもなく巨大な、西欧のタペストリーを思わせる織物だ。

繡仏といってもピンとこないかもしれないが、斑鳩町中宮寺の国宝「天寿国繡帳残闕」は、天寿国すなわち極楽を表現した巨大な刺繡残欠をパッチワークしたものだ。また、葛城市当麻寺の国宝「綴織当麻曼荼羅図」は、つづれ織物すなわち各種の色糸で阿弥陀浄土を織りだした織仏だ。74行の織絨仏像も織仏と同義と考えられるが、聖武天皇七々忌に光明皇后が東大寺大仏に献納した宝物目録『国家珍宝帳』の冒頭に列記された御袈裟九領のうち、七條織成樹皮色袈裟一領は通常のつづれ織りとは異なる特殊な組織であるという〔松本一九七四〕。『大安寺資財帳』の織絨仏像も、単なるつづれ織りではないかもしれない。

倭国最初の本格寺院である飛鳥寺では、鞍作鳥（止利仏師）が作った巨大な金銅仏＝飛鳥大仏が創建当時の位置に座っている。しかし、『日本書紀』は、推古天皇一三（六〇五）年四月に、天皇が皇太子（聖徳太子）と大臣（蘇我馬子）等に命じて止利仏師に作らせたのは、「銅繡丈六仏像各一躯」だと記す。すなわち巨大な金銅仏だけでなく、刺繡で表した織物の丈六仏がセットになっていたのだ。さらに、大津宮内裏西殿（内裏仏殿）で礼拝対象となったのは織仏だった〔『日本書紀』天智天皇一〇（六七一）年一一月二三日条〕。また、藤原京薬師寺（本薬師寺）講堂の本尊は繡仏の阿弥陀三尊で、平城京薬師寺講堂に移設されたと考えられている［足立一九三九］。

板・布帛（布や絹）・紙に描いた画仏像（75〜76行）は、法隆寺玉虫厨子（七世紀）、薬師寺吉祥天像（八世紀）をはじめとして各時代の遺例があるが、刺繡や織物の仏像すなわち繡仏像（64〜73行、77〜79行）や織絨仏（74行）の実例はさほど多くない。なお、刺繡は織りあがった布帛に、別の色糸で絵画や文様を縫い表す方法で、各時代、世界各地に存在する。スパンコールやビーズも交えて、現在もなお盛んだ。私も小学校の家庭科で経験したことがある。ただし、ワンポイント装飾と異なり、刺繡絵画は高度な技術が必要で、かかる手間も膨大であるという。大安寺繡仏も製作に数ヶ月を要している（65〜68行）。一方、つづれ織りは、花嫁衣装や豪華な帯で代表される超高級品。様々な色の横糸（緯）を駆使して文様を織りだしていく方法で、現在なら、京都市の西陣織会館で実際の作業風景を見学できる。手の爪先を使って横糸を織り込んでいく気の遠くなるような作業で、一日に数センチしか進まないことも多いと聞く。エジプトのコプト織やフランスのゴブラン織と同じで、西方起源と考えられている。

繡仏・織仏の有無の意味

刺繡や織物の仏像は、彫刻仏より格が落ちると思うかもしれない。しかし、七世紀〜八世紀前半（飛鳥・白鳳時代）の日本列島では、繡仏・織仏は高級な仏像だった。先述したように大津宮の内裏仏殿の本尊は繡仏だったし、藤原京四大寺のうちで飛鳥寺・薬師寺、そして大安寺の前身である百済大寺あるいは高市大寺には本尊に次ぐ格の繡仏があった。一方、天平一九年段階の法隆寺は、平城京大安寺を上まわる二一セットの仏像群と五体の金渥雑仏像および画仏像四十帳、観世音菩薩像八帳を保有していたが、そのなかに繡仏や織仏は含まれていない（『法隆寺資財帳』）。天寿国繡帳はもともと法隆寺の蔵に保管されていたというが［『上宮聖徳法王帝説』］、天平一九年段階には法隆寺資財と認識されていなかったことになる。繡仏・織仏が大津宮内裏仏殿や飛鳥寺金堂・薬師寺講堂・大安寺前身寺院における本尊もしくは本尊級の仏像であり、天寿国繡帳も含めて作成に皇族の女性が関与する例が多い事実を勘案すれば、寺格差や保有する仏像の歴史的背景の差が、繡仏・織仏の有無に反映されることになる。
なお、「金埿」の語は『大安寺資財帳』にもある（58・61〜63・142・166・171・264・322・323行）。鋳銅製品に鍍金した金銅製と同義ではなく、乾漆仏や木彫仏に金箔を貼った場合も含むらしい。金銅製品は「金埿銅像」（58行）のように表記する。「金銅」表記は七八〇年『西大寺資財帳』で採用される。

さらに、八世紀後半に創建された最大級の官営寺院、西大寺においては、薬師金堂には観音菩薩や薬師如来が住まう世界を表現した補陀落山浄土変や薬師浄土変の障子絵（ついたて状の板絵）、十一面堂には薬師仏や十一面観世音菩薩・弥勒菩薩・四天王などの画像があったが、繡仏や織仏を含まない［『西大寺資財帳』］。称徳女帝が西大寺を発願したにもかかわらず、繡仏・織仏がないのは、時代差を反映している可能性が高い。平安時代には衣裳装飾として刺繡が隆盛するが、七世紀〜八世紀前半に散見した繡仏はほとんど姿を消す。繡仏は中世に再び現れるが、本尊級の巨大繡仏は存在しないようである。繡仏や織仏の衰退は、密教が儀軌として画像を重視し、仏画が主流になった結果ともいわれる［守田一九七一］。しかし。『西大寺資財帳』をみれば、天台・真言密教伝来以前に、繡仏・織仏は仏画にその座を譲った可能性が高い。つまり、資財帳にみる繡仏・織仏の有無は、寺格差だけでなく時代差も反映していることになる。

繡仏・織仏は荘厳具なのか

法隆寺金堂や五重塔の内部を壁画で荘厳している事実は有名である。荘厳とは厳かに飾ること。金堂の主人公となる釈迦三尊をはじめとする仏像群や、塔の中心に納めた釈迦の骨（舎利）を引き立てる装置だ。また、飛鳥の川原寺や山田寺五重塔は、壁に塼仏を貼り詰めて堂塔内を荘厳していた。繡仏や織仏も壁画や塼仏と同じ堂内荘厳具と考えて、これで寺格や経済力を推しはかる説もある［久野一九八四］。

しかし、当麻曼荼羅や大津宮内裏仏殿の織仏は、本尊として礼拝するもので、荘厳具ではない。一方、『法隆寺資財帳』は、列記した仏像に五重塔内の塔本塑像（図8）や押出千仏像で内壁を飾る玉虫厨子（宮殿像）を含むが、資財帳作成時に確実に存在した金堂や五重塔の壁画仏像群はカウントしない。堂塔内壁を荘厳する壁画を、礼拝供養すべき仏像と認識するかの判断は微妙である。『大安寺資財帳』で仏像群の二番目にカウントした繡仏が、堂内荘厳具ではなく直接の供養礼拝対象だったことは確実である。65～73行では、その繡仏の像容と由来を説く。

すなわち一帳は仏像（如来像）を中心に置き、脇侍や菩薩・八部聚など三十六像を配した群像である（65行）。記述順からみて、こちらが高二丈二尺七寸の大きい方だ。この繡仏の由来が66～68行で、袁智天皇が難波宮に居た庚戌（六五〇）年冬一

図8　法隆寺五重塔の塔本塑像群（東面，8世紀初頭）
インドでは，ストゥーパ周囲に釈迦の伝記や前世を彫刻で表現した。この伝統にならい，古代日本の層塔でも釈迦八相など，仏教にかかわる著名な場面をあらわす塑像群像を初層に安置した（塔本塑像）。法隆寺五重塔には唯一の古代塔本塑像群が現存する。釈迦涅槃をあらわした涅槃像土（北面），未来仏である弥勒の浄土をあらわした弥勒仏像土（南面），維摩居士と文殊菩薩の問答をあらわした維摩詰像土（東面），荼毘と分舎利をあらわした分舎利像土（西面）の四場面である。塑像は埋没すると残らないが，火災で焼け締まった塔本塑像が出土した例がある。奈良県平城京薬師寺西塔，弘福寺（川原寺），滋賀県雪野寺，群馬県山王廃寺（放光寺），遠江国分寺などである。［西川杏太郎『塑像』至文堂，1987］

○月に作り始めて、翌年の辛亥年の春三月に造り終え、寺が貰い受けたと記す。寺とは大安寺の前々身となる百済大寺である。『日本書紀』白雉元（六五〇）年一〇月条にも「始造丈六繍像侠侍八部等三十六像」、翌年三月一四日条に「丈六繍仏像等成」とある。『日本書紀』は丈六仏だけが繍仏であるかのような書きぶりで、繍仏全体が群像を表現している事実を理解していないようだ。いずれにしても、正史においても、大安寺で中心的な仏像として礼拝された繍仏の由来が確認できるのである。

袁智天皇とは誰か

「袁智天皇」は他の史料には見られない呼称である。「天智天皇」の誤記とする説もあったが、漢字二字で表示する天皇のおくり名（漢風諡号）は、天平一九年にはまだ成立していない。『大安寺縁起并流記資財帳』は、天皇名を3・4〜5・31〜32・35〜36・39〜40・49・50〜51・52行目のように、住んだ宮殿名で表記するのが原則だ。『古事記』における天皇名の記載に似た表現法である。これに対して、袁智天皇と後述の「十代天皇」、37行「仲天皇」だけが、『大安寺縁起并流記資財帳』の例外的な天皇名表記法である。六五〇〜五一年に天皇だったのは孝徳天皇だが、孝徳天皇ならば「難波宮御宇　天皇」と表記するはずだ。

袁智天皇の表記は、繍仏についてまわった由来書を、そのまま写しただけなのかもしれないが、斉明天皇陵は小市岡上陵あるいは越智崗上陵［『日本書紀』天智天皇六（六六七）年二月二七日条・『延喜諸陵式』］と呼ばれる。袁智天皇はその陵墓所在地をとった呼称で、皇極＝斉明天皇をさす［足立一九三七a］。『大安寺縁起』では、皇極＝斉明天皇を太后尊（30行）あるいは後岡基宮御宇天皇（31〜32行）と記している。太后尊は夫である舒明天皇在位中の立場を踏まえた表記法で、夫の死後、皇極天皇として即位する。問題は、蘇我本宗家滅亡後、孝徳天皇に譲位し、さらに斉明天皇として重祚するまでの彼女を、時系列にそくしてどう呼ぶかである。

日本史上の著名人は、成長とともに呼称や姓名がよく変わる。読者の混乱を避けるために、概説書でも小説でも最もポピュラーな呼称でとおすことが多い。しかし、これは時系列的な歴史叙述に反する。『大安寺縁起』は、舒明天皇にかんして、皇子の時の呼び名＝田村皇子を時系列的に区別している。袁智天皇も時系列を配慮した呼称なのだろう。ただし、『日本書紀』は、孝徳天皇が即位したとき、皇極天皇に「皇祖母尊」の号を奉ったと記すので、袁智天皇の呼称は、『大安寺資財帳』の筆録者が独自に採用した呼称ということになる。

袁智天皇が作った繡仏以外の、大きさの等しい残りの二帳は、「大般若四処十六会図像」（69行）と「華厳七処九会図像」（70行）である。この二つの繡仏は、天平一四（七四二）年に十代天皇のため、先の律師道慈法師や寺主僧教義などが造り奉ったものという（71～73行）。セットで作った以上、共通の性格・目的をもつ図像だろう。「華厳七処九会図像」は、敦煌莫高窟壁画から類推して、須弥山を中心に如来説法の九場面を描いた図だ［石田一九八八］。次節〈布薩などのイベント費〉項で述べる華厳会の本尊だ。「大般若四処十六会図像」も、大安寺における国家的年中行事として天平九年に認可された大般若会で使ったのだろう。「十代天皇」は現天皇である聖武天皇を含め、先帝一〇代と理解すると、大安寺の前々身となる百済大寺を創建した舒明天皇以下、皇極（＝斉明）、孝徳、天智、天武、持統、文武、元明、元正、聖武の各天皇が該当する。

由来と材質による仏像格差

以上に述べたように、丈六如来を中心に三六像を配した巨大な繡仏は、譲位後、重祚以前の皇極（斉明）天皇が率先して作成した孝徳朝のもので、大安寺が所蔵する仏像群のなかで最も古い。当然、本尊に準じる仏像として礼拝供養されたはずである。

大安寺所蔵の繡仏のなかには、丙戌（六八六）年七月に、浄御原宮御宇（天武）天皇のために皇后（持統天皇）と皇太子（草壁皇子）が作り安置した菩薩像一帳もあった（77～79行）。『日本書紀』によれば、天武天皇が病に臥したのが同年五月。以後、川原寺で薬師経を説くことに始まり、亡くなる九月九日までの間は、回復を祈願した燃灯供養・悔過・読経・出家・大解除・大赦などの仏教行事・神祇祭祀が目白押しとなる。そのなかには七月是月条「諸王臣等、為天皇、造観世音像、則説観世音経於大官大寺」の記事もある。皇后・皇太子が奉造した繍菩薩像と、諸王臣が奉造した観世音像は別物だが、同じ七月のことなので、資財帳の繍菩薩は観音菩薩像の可能性もある。しかし、資財帳はその大きさを明記せず、列記順も後出である。『大安寺縁起』は天武天皇が病気になった時の草壁皇子の対応を特記する（45～49行）ので、この繍菩薩像の由来はひけを取らないが、大安寺における仏像としての格は、孝徳朝の繍仏に劣ることになる。

『大安寺資財帳』においては、孝徳朝・聖武朝の巨大繍仏（64～73行）と天武朝の繍仏（77～79行）との間に、年代・由来不詳の織絨仏一帳と画仏像六帳を置くので（74～76行）、刺繍・織物・絵画という技法上の違いや由来の違いは、必ずしも大安寺における仏像の格と関係しないようにみえる。先述したように『法隆寺資財帳』では金堂仏像群や五重塔舎利を荘厳する壁画を仏像としてカウントしていないが、『大安寺資財帳』では壁画も仏像として扱っている。

すなわち、平城京大安寺造営を推進した道慈の影像を、大安寺金堂東登楼第二門の諸羅漢に描き加えたという『今昔物語』第一一巻第五話の記述を信じれば、羅漢像九四躯（89行）は回廊壁画だったことになる（次章一節〈門を守る仏たち〉項参照）。回廊壁画にも寺院荘厳の機能があるとしても、主題の羅漢は本尊のおわす金堂、金剛力士が守護する門など、建物が構成する仏教秩序にしたがっており、壁画自体が礼拝対象となりうる。少なくとも、大安寺に深くかかわる道慈像を描き加えたのならば、回廊壁画に荘厳以上の意味があったことは確実である。

つまり、荘厳具か礼拝対象かの区別は、仏像の描法や材質が左右するのではなく、その仏像が存在する時間的・空間的な場のなかで、どのように位置づけられているかが問題となるのだ。壁画と同様、壁にはめ込んだ磚仏も堂内荘厳具であるが、磚仏自体を厨子に納めて礼拝すれば荘厳具ではない。『法隆寺資財帳』においては金涅押出銅像三具（図9）を所蔵する仏像二一具のなかでカウントしている。しかし、押出仏は磚仏と同じ原型に薄い銅板を当てて型取りした製品が多く［大脇一九八六］、壁面装飾に使えば仏像としてカウントしない可能性もある。

原則通りとは限らない

以上、繍仏を例に解説したように『大安寺資財帳』は、品目ごとの冒頭に「合＋品名＋数」と総数を明記し、割注や一段下げた行で、その寸法や由来を説明するのが原則である。ただし、本節でその原則を説明するために、64行からの繍仏記事を例示し、その前段55〜63行の仏像記事を使わなかった。同部分が原則に合致しないからである。55行「合仏像玖具」の割注で、内訳を「壱拾漆躯」「丈六即像弐具」と記す。しかし、九具の内訳を「仏像○躯」で表記するなら、その後で二具分を特記するのは統一性を欠く。しかも、55〜64行のなかで仏像数九具の帳尻を合わせるのは至難の業だ。足立康さんは、この部分を次のように訂正した上で自説を展開する［足立一九三七b］。

図9　法隆寺の押出仏（7世紀後半）［奈良博1983］

『法隆寺資財帳』は保有する仏像のなかに金埿押出銅像三具を計上する。しかし，法隆寺押出仏は東京国立博物館所蔵の献納宝物だけでも10点を数える。三具の押出仏は，法隆寺に残る木造黒漆塗厨子に納めた阿弥陀五尊像や，金銅製舟形後屏に押出天蓋と阿弥陀五尊像を釘留めしたものなど，礼拝対象として整えた押出仏をさすのだろう。図示した後者は，法隆寺に残された舟形後屏の釘孔位置から，もともとは献納宝物の押出仏を付けていたことがわかったものである。舟形後屏の裏面には舎利瓶を供養する二比丘などを毛彫りする。

合仏像玖具　壱拾漆躯
　丈六即像弐具
　　右淡海大津御宇　天皇、奉造而
　　　請坐者

このように訂正すると、九セット一七体の仏像のうち、二セットだけを淡海大津宮御宇（天智）天皇が造って寺に安置したことになる。原文のままなら、九セット一七体すべてが天智天皇が造った仏像で、うち二セットが丈六仏、すなわち高さ一丈六尺（約四・八m）の仏像を中尊とする本尊級の仏像だったことになる。

資財帳で仏像を列記する場合、寺や施設にとって重要な意味がある本尊級の仏像を冒頭に置くのが一般的である。原文のままなら、大安寺では天智天皇が造って安置した仏像一七体すべてが特記すべき存在だったことになるが、81〜83行でも天智天皇が奉造請坐した仏像を挙げるので、一貫性を欠く。とくに、80行「合菩薩像八帳並画像」と品目+員数を挙げ、一字下げて81行で「即四天王像四躯在仏殿」、84行で「壩四天王像二具在南中門」と記載する。八枚の画像の内訳が、四体の即像（＝脱乾漆像）や二具の壩像（＝塑像）であるはずがない。つまり、81・84行は、80行の内訳にならない。記載内容に混乱があるのだ。しかし、55〜57行を足立説のように訂正すれば、天智天皇が造った丈六仏二セットが大安寺の中心本尊だったことになる。

大安寺本尊の由来

大安寺の丈六仏のなかでも、金堂本尊の釈迦如来像は、衆生の願いをよくかなえてくれる仏像として、平安時代前期には著名だった［中野二〇〇〇］。『日本霊異記』には、聖武天皇御狩場の鹿を食べて捕えられた家族が、大安寺本尊に誦経・祈願し罪を免れた話［上巻三二話］、大安寺の西に住む貧しい女人が、釈迦丈六に花・香・灯を供えて福分を祈願し、富を得た話［中巻二八話］などが載っている。さらに、中世には、手本とすべき釈迦像の基準作としても大安寺本尊は著名で、よく模刻された［片岡一九九七］。東寺観智院本「諸尊図像」（2巻本）の上巻「釈迦」条は、「大安寺釈迦像、左手、膝上に置き、右手、掌を揚げて施無畏とす。天下、これを以て規様と為し、皆、此の様を用う」と注記している（図10）。

なお、即（普通は土偏に塞。則・塞とも表記する）像、すなわち乾漆仏は、興福寺阿修羅像・東大寺法華堂の不空羂索観音像のように天平仏の遺例が多い。しかし、聖徳太子墓（大阪府太子町磯長廟）や推定藤原鎌足墓（高槻市阿武山古墳）に納めた棺が乾漆棺（夾紵棺）なので、天智朝に乾漆仏があっても不思議ではない。森田克行さんは、乾漆棺・乾漆仏の実例を網羅し、七世紀における漆部氏の動向から、阿武山古墳＝藤原鎌足墓説を傍証しようとしている［森田二〇一三］。

一方、『大安寺縁起』は、近江宮御宇（天智）天皇が造った丈六仏について、まったく言及せず、後藤原宮御宇（文武）天皇が九重塔・金堂とともに丈六像を造ったと記す（50～52行）。しかし、資財帳に列記された仏像のなかに、文武天皇が造った丈六仏はない。前章三節で述べたように、藤原京の大官大寺は大火災で焼失。金堂は完成していたが、塔や回廊は造営中だった。素直に解すれば、文武天皇が造った丈六仏は、大官大寺金堂もろとも焼失したはずだ。しかし、天智

図10　基準作例としての大安寺釈迦如来像
［東寺観智院蔵本「諸尊図像」釈迦白描図と解説『大正新修大蔵経図像』第3巻681頁］

天皇が作った丈六仏は健在だった。つまり、天智天皇の丈六仏は、大官大寺の前身である高市大寺あるいは百済大寺から直接運搬されたと考えたほうがよい。この丈六仏を平城京大安寺へ運搬したときの梱包材については、本章三節〈引越時の仏像梱包材〉項で解説する。

釈迦如来の世界

足立さんは、資財帳が成立した時点において、大安寺金堂（仏殿）の諸像が釈迦を中心とした立体的浄土世界、すなわち霊山《りょうぜん》（霊鷲山《りょうじゅせん》）浄土を構成していた事実に着目する。金堂にある天智天皇発願の彫像としては、丈六即像一具（釈迦三尊乾漆像）と即四天王像四躯（81〜83行）が確認できる。しかし、天平一四（七四二）年以降、即宍色菩薩二躯、即羅漢像一〇躯、即八部像一具がこれに加わる（86〜88行）。いずれも本尊級ではない乾漆仏で、釈迦如来の眷属《けんぞく》である十大弟子（羅漢像）と天龍八部衆を含むので、足立さんが考えたように、天智天皇発願の釈迦如来を中心とした群像が、天平一四年にいたって完成したと理解できる［足立一九三七b］。

丈六仏（釈迦）を中心に脇侍菩薩八部等が群像を構成するのは、先述した袁智（斉明）天皇発願の繍仏（65〜68行）も同じだ。金堂の立体霊山浄土群像は二七体まで確認できるが、繍仏の霊山浄土群像は三六像からなる。袁智天皇発願の繍仏がどこに安置されていたか、資財帳は沈黙する。飛鳥寺の銅繍丈六仏像各一躯は、造立年代からすれば、いずれも金堂に安置したと考えざるをえない［『日本書紀』推古天皇一三・一四（六〇五・六〇六）年四月一日条］。一方、藤原京薬師寺・平城京薬師寺では、金堂に金銅製薬師三尊、講堂に繍仏の阿弥陀三尊を安置した［足立一九三九］。大安寺金堂に乾漆仏による立体的霊山浄土と繍仏による霊山浄土の両方を安置した可能性も、繍仏は講堂本尊だった可能性も否定しにくい。また、天智天皇が造った大安寺の釈迦如来は二具あったと資財帳は記載するので、講堂にも釈迦三尊を安置した可能性もある。

足立説のように資財帳の本文を訂正すると、大安寺本尊について、さまざまな推定・憶測が可能となる。しかし、そのように書き直しても「合仏像玖具」の帳尻は合わない。足立説に対し、水野柳太郎さんは「濫りに史料を改変するべきではない」と批判する［水野一九九三］。その水野さんも、80～81行目の間には「数行の脱落があったかもしれない」と考えている。また、天智天皇が造った丈六仏二具のうちの一セットは、実は文武天皇が天智天皇の丈六仏を模倣して造ったもので、大官大寺大火災から救出され大安寺講堂の本尊になったという説もある［三好二〇〇二］。史料は事実をすべて網羅しているわけではないから、間隙をぬえばどのような想像も可能となる。しかし、三好さんが考えたとおりなら、丈六仏一具は「後藤原宮御宇　天皇奉造」と記すべきで、その事実を隠蔽する理由は見あたらない。いずれにせよ、仏像にかんする『大安寺資財帳』の記事は、本来の形をかなりそこなっており、容易に手直しできない状態にある。

保有経典の由来Ⅰ

『大安寺資財帳』は、まず仏像を列記する。これは『法隆寺資財帳』も同じで、「天平十九年帳」に共通した原則がそこにある。それは財産目録の冒頭に、仏教の根幹となる三宝、すなわち「仏」「法」「僧」の具体的内容と員数を記載するという原則である。この原則は、以後の資財帳では稀薄になる。少なくとも、保有する仏像や経典の内容と員数を列記しても、寺にいる僧尼の人数までは記載しない。僧尼数は、寺の基本財産である仏像数・経典数と比べて変動しやすいから当然である。しかし、寺の財産を分類する基本概念が「仏」「法」「僧」であるという原則は、以後の古代寺院資財帳においても根強く踏襲される。

『大安寺資財帳』の55行「合仏像玖具」から、91～92行「右平城宮御宇　天皇、以天平八年歳次丙子、造坐者」までが、大安寺が保有する「仏」すなわち仏像の具体的内容。93行「合一切経一千五百九十七巻」以下、107行「合典言四巻　書法一巻」までが大安寺が保有する「法」すなわち経典の具体的内容である。

経は仏の教えであるが、一切経（93行）は教理を体系的に叙述した論、精細な注釈である疏（䟽）、出家者の生活規範となる律も含む。大安寺が保有する経典においては、元正（平城宮御宇）天皇が養老七（七二三）年に請坐した一切経と持統（飛鳥浄御原宮御宇）天皇が甲午（六九四）年に請坐した金光明経・金剛般若経が主体となる（93〜103行）。縁起では持統天皇を藤原宮御宇天皇と記したが（49行）、藤原宮遷居は持統天皇八（六九四）年一二月六日、すなわち甲午年のことである。一方、『日本書紀』によれば、諸国に金光明経一〇〇部を送り、各国の官物を布施として、毎年正月上玄の読経を義務づけたのは同年五月一一日のことである。時系列的に記すならば、経典を請坐した時の持統天皇は、後飛鳥浄御原宮御宇天皇と表記すべきである。

法隆寺が保有する金光明経一部八巻も甲午年に飛鳥浄御原宮御宇天皇が請坐したもので、同年に金光明経一〇〇部を諸国に配布したという『日本書紀』の記事を裏づける。ただし、金剛般若経一〇〇巻は養老六年に元正天皇が請坐、仁王経二巻や観世音経一〇〇巻・心経七五〇巻は平城宮御宇天皇が請坐したもので〔『法隆寺資財帳』〕、元正天皇が請坐した大安寺一切経一五九七巻にはおよばない。しかし、法隆寺が保有する経典には、人々坐奉の雑経一二〇〇巻、天平七年に法蔵知識（経典作成を目的に集まった宗教結社）が作成した大般若経一部六〇〇巻や華厳経一部八〇巻があり、保有経典数は法隆寺が大安寺を凌駕する。上宮王家の氏寺に由来し、長年、仏教拠点として活動した法隆寺前史の重みが、そこに反映されているといえよう。

保有経典の由来Ⅱ

しかし、金光明経や仁王経など、天皇請坐による護国経典の存在を強調するのは「天平十九年帳」の特徴である。七六一年『法隆寺東院資財帳』には、上宮聖徳法皇御持物や上宮聖徳法王御製の経疏を中心に、天平九年に光明皇后、天平一八年に橘夫人が請坐した経典や、法延・賢廣等の法隆寺僧や律師行信が奉納した経典がならび、法隆寺東院成立の歴史的背景が保有経典に反映されている。しかし、そこに天皇請坐の護国経典はない。七六七年『阿弥陀悔過料資財帳』では、天平一三年三月に完成し安置した阿弥陀浄土変にかかわる来集物として、阿弥陀経三八巻・観無量寿経一巻・双観無量寿経二巻、天平宝字六（七六二）年三月の悔過会の時に奉納した観無量寿経一巻・阿弥陀経三八巻、時々に奉納された花厳経・法華経などを列記する。主体となるのは阿弥陀悔過会にかかわる経典で、天皇請坐の護国経典を含まない。また、七八〇年『西大寺資財帳』の「経律論疏第四」は、弥勒堂・薬師堂・十一面堂東楼など保管場所と納めた厨子の形状や法量を傍書して、多数の経典・律論疏を列記するが、その由来や奉納者については沈黙する。さらに、七八八年『多度神宮寺資財帳』は大般若経一部六〇〇巻以下、一二種の経典・論などを列記するが、由来や奉納者の名はない。

天皇請坐による護国経典の存在を明記した「天平十九年帳」は、霊亀二（七一六）年五月詔を受け、公認寺院としての正当性を強調した可能性がある。寺院が保有する幡の由来に公認寺院の象徴的意義があり、のちにその意義が薄れていく事実は、本章三節〈公認寺院の象徴＝幡〉項から〈幡の変質Ⅱ〉項で述べる。経典にかんしても、八世紀になると、皇后宮職や東大寺の写経所の活動が顕著になり、入唐僧などが持ち帰った各種経典を手本にして、基本経典が組織的に量産され、天皇請坐という由来を強調する意味が薄れたのである。「天平十九年帳」における天皇請坐の護国経典も、複数寺院に配布している以上、製作した写経所があったはずだ。しかし、基本となる経典の数も限られ、写経組織も規模的に未成熟であったために、天皇請坐を強調する結果になったのである。

八六七年『安祥寺資財帳』は、太皇太后御願、従一位藤原女御願、尚侍従三位廣井女王願の経典類を列記する。安祥寺願主である太皇太后（藤原順子）を中心とした文徳天皇の後宮ファミリーが奉納したものである。多くの仏像や幡などの荘厳具、花盤・花瓶などの供養具も同様だ。開基である恵運は、唐から多数の経典を招来したが［「恵運禅師将来教法目録」『大日本仏教全書』第二冊］、安祥寺が保有する経典はそれを含まない。一方で、五大虚空蔵菩薩《こくぞうぼさつ》や阿闍梨付法物など、恵運が唐から持ち帰った仏像や法具は安祥寺資財として登録されている。恵運招来の経典類はより公共性の強い場所で、基本文献として活用されたとみてよいだろう［上原編二〇〇七］。

僧の員数に彫像も含む

108～109行「聖僧一躯」「合見前僧捌佰捌拾漆口」が大安寺に所属する「僧」の員数である。人数単位が「口」なのに、聖僧は一躯と数えている。躯は仏像の数量単位だから、聖僧は僧の姿をした彫刻で、具体的には仏弟子である羅漢の筆頭、賓《びん》頭《づ》盧《る》尊者像、あるいは文殊菩薩を表現した像であるという。八八三年『観心寺資財帳』では、五間檜皮葺講堂に安置した仏像群の一つに唐聖僧像一躯を（図11）、八九〇年『広隆寺資財交替実録帳』「仏物章」では、檜皮葺五間金堂に安置した仏像群の最後に、高さ三尺一寸（約九二cm）の聖僧一体を、九〇五年『観世音寺資財帳』「仏経章」では、観世音菩薩像とともに講堂に安置する聖僧一躯を計上する。また、京都市南区の東寺（教王護国寺）食堂には、本尊の千手観音像等より古くから聖僧像が安置されていた。大安寺の聖僧像がどこにあったかわからないが、他の古代寺院では、講堂や食堂に安置する例が多かったといえる。

図11　観心寺聖僧座像（高37.8cm，9世紀，唐時代）
『観心寺資財帳』記載の，講堂に安置した唐聖僧像一躯に該当。現在は金堂にある。ほぼ全身を一材から彫り出し，白土下地で肉身は肌色に彩色。袈裟に緑青が残り，瞳に別作りの木製珠をはめ込む。両手で持つ如意は後補らしいが，資財帳から如意は布薩で使用した道具とわかるので，聖僧は戒師を補佐して布薩を見守った可能性がある。［奈良博1991］

　聖僧像の具体例については、伊東史朗さんや奥健夫さんが論究・分析している［伊藤一九七八、奥一九九三］。また、僧尼に食事をふるまう法会（供養）において、聖僧が居並ぶ僧尼の上座を占めた事実も史料から明らかにされている

〔吉田一九九三〕。加えて、次節で述べる僧尼が心身を清める月二回の布薩行事においても聖僧がかかわった〔奥一九九三、吉川二〇一〇〕。一方、聖僧像の意義づけは、古代日本仏教界における論争になっていた。

大乗戒壇創立をめざして南都仏教に論争を挑んだ最澄の『顕戒論』（八二〇年）は、寺院を一向大乗寺、一向小乗寺、大小兼行寺の三つに分類して、一向大乗寺の必要性・優位性を説く。『同』中巻「文殊の上座を開顕する篇」の冒頭で、一向大乗寺は文殊菩薩を、一向小乗寺は賓頭盧和尚を上座に置き、大小兼行寺は文殊と賓頭盧を両上座に置くと区別した上で、博引旁証の議論を展開する。天竺（インド）の優婆塞《うばそく》・国王・長者は、法会に賓頭盧を上座に招いたが、影像を作る根拠にはならない。しかし、大唐の制度を参照すれば「文殊上座、食堂に置かずんば、遠くは天竺の法に背き、近くは大唐の制に違せん」と最澄は強く主張する。一四世紀半ばに編纂された東寺関連資料集『東宝記』も、東寺聖僧像が賓頭盧か文殊かと長々と論じている。

古代寺院における聖僧

『大安寺資財帳』は、仏法僧に続く動産財の目録で、各品物が仏法僧のいずれに帰属するのかを明記する。そのなかで「聖僧分」とした大量の品々が目をひく。保有する動産財が多いのは、寺のなかで重視された証拠である。すなわち、銀銭一〇五三文のうち一三八文（120行）、銭六四七三貫八二二文のうち二八貫一九〇文（131行）、養老六（七二二）年に元正天皇が納賜した聖僧供養具一〇口（白銅鉢一口・白銅多羅《たら》二口・白銅鋎《わん》七口）と匙一枚・箸一具（137行）、鉢三口のうち鉄鉢一口（140行）、鋎二三二口のうち三口（143行）、多羅六八口のうち二口（145行）、飯鋎一〇合のうち三合（146行）、塔鋎二四合のうち二合（147行）、合子三八合のうち白銅製品一合（166行）、匙三一枚のうち木葉状匙二枚（168行）、鍺《はし》一二具のうち一具（169行）、糸一三五二絇五両二分のうち七二端（198行）、交易絲一三七〇斤一三両二分のうち一一斤（200行）、綿五八八屯のうち八屯（203行）、交易綿二四四四斤三両のうち七斤（205行）、坐具二五枚のうち一枚（255行）などが聖僧に帰属した大安寺の資産である。

後述するように、金属製鉢・多羅（皿）・鋎（鋺）などは超高級品で、一般の僧侶は使えない。仏と聖僧だけに許された特別の飲食供養具（供食具）である。律令制下の食卓を復元する場合、天皇家の食器に金属器を展示することが多い。なお、塔鋎（塔鋺）とは、蓋のつまみが塔の九輪状をなす容器で、正倉院宝物の赤銅塔鋺や中国洛陽市の唐墓から出土した塔鋺（図12）には、抹香を入れた痕跡があったという。香を焚いて嗅覚で仏を荘厳するための供香具の一つだ。蓋のある容器は「合」あるいは「具」、蓋のない容器は「口」と、数える単位が異なっている点に注意されたい。

図12　金銅製塔鋺（高16cm，河南省洛陽市龍門禅宗七祖荷沢神会墓出土，唐時代）［中日新聞社1986］図録は「鎏金青銅塔形合子」と呼ぶ。正倉院にそっくりなものがある。出土した時，身に香の灰が残っていた。

『大安寺資財帳』で聖僧に帰属する財産は、銭や布帛・糸などの交換・消耗財を除くと、残りは超高級な食器と坐具だ。大安寺のどこに聖僧像を安置したかわからないが、飲食供養の場で、なみいる僧侶の上座に聖僧がいたことは疑いない。なお、九〇五年『観世音寺資財帳』は聖僧物として銭・金・朱砂・刺床・銅盤などを計上している。『大安寺資財帳』と同様、交換・消耗財と坐具と食器である。八八三年『観心寺資財帳』は、物品ごとの帰属を明記しないのが原則なのに、金銅製の匙と箸（金塗鈚・金塗鉗）のみを聖僧料として特記しており、食事の場で聖僧が区別される存在であったことがわかる。ただし、広隆寺においては聖僧物に登録した品物はない。

姿のない聖僧とその活躍の場

一方、『法隆寺資財帳』は、列記した仏像群や僧侶の員数に聖僧像を含んでいない。しかし、それに続く動産財の目録では、銀銭・銭・供養具および金属製容器・坐具・机・香など、『大安寺資財帳』にほぼ匹敵する聖僧分の物品が並ぶ。また、七八八年『多度神宮寺資財帳』においても、「仏物」項で列記した仏像群に聖僧像がないにもかかわらず、「法物」項で「聖僧御座両面一床」、「鋪設」項で「聖僧御坐単茵壱枚」を計上する。『法隆寺資財帳』の場合は、像種を明記しない「木像」や「檀像」のなかに聖僧像が含まれていた可能性も否定できない。しかし、少なくとも『多度神宮寺資財帳』や以下に述べる七六七年『阿弥陀悔過料資財帳』においては、像を作らず、上座を空けるだけで聖僧の存在を示す天竺や中国の古い方式を採用した可能性が高い。つまり、聖僧像の有無にかかわらず、古代寺院において僧侶の上座を占める「聖僧」が重要な位置を占めていたのである。

聖僧物に高級食器が多いことや、最澄が展開した議論から、聖僧の居場所は飲食供養の場に限るようにみえる。しかし、資財帳や考古資料から、食堂作法以外の場で聖僧が活躍したことがわかる。『阿弥陀悔過料資財帳』は、天平一三年三月に造り終え、後の東大寺上院地区にあった阿弥陀堂に納入した阿弥陀悔過会（本尊に懺悔・祈願する仏教儀式）に用いる資財として、聖僧榻《しじ》（腰掛）一前・褥《じょく》（敷物）一枚・貫簀一枚・覆《ふく》一条などの座具を計上する。これに並べて、道師榻一前・褥一枚・短畳一枚・貫簀一枚を列記するので、阿弥陀悔過会においては、法会を主導する道師の上座に聖僧がいたと推測できる。同資財帳冒頭の仏像群末尾には、香炉を持った羅漢《らかん》像二躯を記載する。聖僧候補者である賓頭盧（毗頭盧）和尚は仏弟子＝羅漢の筆頭である。しかし、この羅漢像二躯は八角宝殿内に阿弥陀三尊を中心に各種仏像を配した「阿弥陀浄土変」の一部、すなわち阿弥陀浄土を表現した群像を構成するので、聖僧像としてカウントできない。ふだんは阿弥陀堂以外に安置されていた聖僧像が、法会時に出張する可能性も排除できないが、天平一三年段階では東大寺もその前身となる大養徳国金光明寺も発足していない。つまり、この阿弥陀悔過会において、道師上座にいた聖僧は、姿無き聖僧であった可能性がきわめて高い。

読経の場における聖僧

天平一三年以前から、一般的供食以外の法会に聖僧がかかわった事実を示すのが、天平九（七三七）年「和泉監《いずみのげん》正税帳」（『大日本古文書』第二巻など）である。すなわち、天平九年に消費した穎稲《えいとう》六一九三八束四把八分の支出項目の一つとして、正月一四日の恒例行事である金光明経八巻と最勝王経一〇巻の読誦料を計上する。具体的には、二寺において仏聖僧四躯と読僧一八口に合わせて一八巻の経典を読ませる物供養料に稲五〇束一把六分を挙げ、内訳を「仏聖僧並読僧十八口合二十二躯、躯別飯料四把、雑餅並油等料一束八把八分」と割注で示す。飯料を計上するので供食儀礼をともなうが、法会の主目的は経典読誦にある。仏聖僧を「躯」で、読僧を「口」で数え、合計時には「躯」で表示するので、この場合は聖僧像が存在したと考えてよかろう。なお、天平九年時点で、後の和泉国府所在地（現和泉市）付近にあった「二寺」候補地としては和泉寺跡・池田寺跡・坂本寺跡などがある〔歴史館いずみさの二〇〇二〕。

正月に金光明経・最勝王経を読誦するのは、神護景雲元（七六七）年に始まる御斎会《ごさいえ》の前史である。すなわち国家安寧・五穀豊穣を願い、正月七日から一四日までの七日間、宮中の大極殿に高僧を招き、金光明最勝王経を講読し、吉祥天悔過《きちじょうてんけか》をおこなう法会である〔吉田一九九三〕。『延喜式』巻一三「図書寮」式「正月最勝王経斎会堂装束」条には、本尊である盧舎那仏の前に配置する諸道具のなかに、塗丹榻《とたんしじ》（赤く塗った腰掛）一脚・短帖一枚・白褥一條・漆《うるし》案《あん》（漆塗の机）一脚・帊一條・帯二條・金銅鉢一口・盤四枚・鐃《にょう》（金属製の打楽器）四口・箸一具からなる聖僧座一具が準備されていた。この場合の聖僧像の有無はわからない。

東大寺にもいた聖僧

八世紀後半の東大寺にも聖僧がいた。すなわち、正倉院宝物の二彩大平鉢《おおひらばち》［磁皿甲第十一号］（図13）の底部外面には「戒堂院聖僧供養盤　天平勝寶七歳七月十九日　東大寺」の墨書銘がある。聖武天皇御生母中宮御斎会に用いた供養具で、磁皿甲第十二・十三号、磁皿乙第一号も、かすかに残る墨書銘などから、同時期に同じ法会に用いた奈良三彩陶器と考えられている［正倉院事務所一九七一、高橋二〇〇二］。これも聖僧が用いた供食具だが、メインとなる法会にも聖僧は列席したはずだ。供食時だけの参加では、「食い逃げ」になりかねない。

聖武天皇生母すなわち藤原宮子の御斎会とは、『東大寺要録』で梵網会《ぼんもうえ》と呼ばれる戒壇院北堂でおこなった年中行事である。鎌倉時代に再建された東大寺戒壇院の古図によれば、戒壇院北僧房は中央に談義所を置き、両脇に房が続く［浅野・鈴木一九五七］。この談義所が戒壇院北堂に該当し、講堂・食堂をも兼ねた施設と考えられている［岡田一九八五］。聖僧像の安置場所としてふさわしい。ただし、東大寺戒壇院は、天平勝宝六（七五四）年五月〜七年九月の間に造営が進み、造営供養は同年一〇月一三日におこなっている。少なくとも、天平勝宝七年七月一九日にはまだ竣工していなかった。しかし、梵網会にも、聖僧が参画したことだけは間違いない。

また、唐将来の観心寺聖僧像（図11）は、後補ではあるが両手で如意《にょい》を持す。岡寺《おかでら》所蔵の木心乾漆義淵《ぎえん》僧正像（国宝）は聖僧像の可能性が強く［伊東一九七八］、両手の形状から如意を持した可能性が高い。次節の〈布薩などのイベント費〉項で述べるように、大安寺・多度神宮寺・広隆寺・観世音寺の資財帳では、如意は布薩《ふさつ》における戒師の持物で、聖僧が布薩の戒師を務めた可能性が指摘できる。このほか、八九〇年『広隆寺資財交替実録帳』に登場する聖僧一体も、広隆寺金堂で執りおこなった大般若会にかかわったと推測できる［上原二〇一二a］。

なお、聖僧は平安時代の宮中仏名会《ぶつみょうえ》にも現れる。『延喜式』巻一三「図書寮式」は、「御仏名装束」として、御持仏一龕・蒔絵《まきえ》案一脚・平文《ひょうもん》案二脚・仏供《ぶっく》案一脚・金銅花瓶二口・菊削花二枚・一万三千仏像二鋪・十六仏名経一部・平文案三脚・聖僧座褥一条・聖供案一脚・幡十六旒・仏供礼版《らいばん》一基・磬《けい》一枚・拝経案一脚・錫杖《しゃくじょう》四枚・如意一

図13　正倉院宝物二彩大平鉢（磁皿甲第11号）**と墨書銘**

古代寺院にかならず居た聖僧は，生身の人間ではなく，彫像もしくは座す場所により存在を示した。通常は食堂で居並ぶ僧侶の上座を占めたと考えられているが，彫像の持物や資財帳の記載とともに，布薩をはじめとする法会にも聖僧の座があったことを，この墨書銘は推測させる。

柄を計上する。仏名会は九世紀に始まった新しい法会である。一〇世紀には、一部の古代寺院において聖僧の存在が軽視されるようになる。しかし、宮中では、新規の法会にも聖僧の座が準備されていたのは注意してよい。

聖僧の没落

聖僧像が文殊菩薩か賓頭盧和尚かという最澄以来の論争については、傍目八目的な立場でいうと、僧形像を文殊菩薩と認識しにくい。大安寺・観心寺・広隆寺・観世音寺などの古代寺院にあった聖僧像を、下座に居並ぶ僧侶達が文殊菩薩と認識したとは思えない。資財帳の記載通り、名無しの権兵衛さんでも聖僧と理解するのが正当だ。しかし、強いて優劣をつけるなら、釈迦の弟子たち、すなわち羅漢の筆頭となる賓頭盧和尚像説なら誰もが納得できる。

賓頭盧尊者（和尚）像は、東大寺大仏殿や信濃善光寺本堂など、現在も信者の列が絶えない寺院仏堂の入口に「なで仏」として置かれている。禁酒の誓いを破ったので、堂内に入れてもらえないのだともいう。頭をなでれば頭がよくなり、万病にも霊験あらたかのため、摩滅して顔つきも定かでない。古代寺院の食堂で、一定の作法で食事をとる僧侶達の上座におわした聖僧、重要な法会で導師と並んで座を占めた聖僧が、いつの間に信者に頭をなで回される存在になったのか。あるいは、その間に歴史的断絶があるのか、興味はつきない。

想像をたくましくすれば、八世紀後半以降、鑑真・行信・良弁像などの肖像彫刻が現れる。賓頭盧尊者か弥勒か特定できない聖僧像より、開基・開祖・祖師の肖像のほうが、寺院にとってはるかに重要な意味を持ちうる。小野佳代さんは、唐招提寺の鑑真像、法隆寺東院の行信像を主題に、それ以前の羅漢像を中心とした「奈良時代の人々からすれば誰も見たことのない人物」の姿とは異なる、個々の寺院に直接かかわる肖像彫刻出現の意義を強調する［小野二〇一三］。基本的には賛成だが、「天平十九年帳」において、他の誰よりも多種多様の寺院資産を保有する聖僧を、十大弟子で表現したような羅漢一般と同次元で評価するのは誤りだ。少なくとも、安置する場や法会の場、あるいは礼拝する意義において、聖僧と羅漢一般は厳然と区別されていた。

また、京都の東寺や法金剛院にあるような僧形文殊菩薩像の存在から、最澄の主張がある程度まで容認されたと理解すれば、それは聖僧像＝賓頭盧尊者像の没落に拍車をかけたかもしれない。九五七年『近長谷寺資財帳』によれば、高一〇七㎝、口径六〇㎝弱の鐘を吊した三間鐘楼に「毗頭盧一柱」が安置されていた。鐘楼は仏堂や食堂に比べて開放的な建物で、すでに賓頭盧尊者は仏堂から排斥されつつある。日本古代仏教における聖僧＝賓頭盧尊者の没落の徴候は、意外と早くから生じていたかもしれない［上原二〇一二a］。

動産財の内訳と帰属

近年、ウェブや年報で組織・施設を広報する場合は、職員名簿も付けることがあるが、財産目録作成に際し、施設に所属する職員数は記録しないのが、むしろ普通だろう。動産にしろ不動産にしろ、財産はあるていど固定的なのに、所属職員数は日ごと月ごと年ごとに変動する。寺にいた僧の数を冒頭に掲げるのは「天平十九年帳」独特の方式で、以後の寺院資財帳は採用しなかった。だから、天平一九年段階の大安寺に、八八七人もの僧がいたという情報（109行）はきわめて貴重だ。八八七人の内訳が、僧（得度を受けた正式の僧）四七三人と沙弥（まだ正式の免許のない半人前の僧）四一四人というわけだ。

同じ年に作った『法隆寺資財帳』と比較すると、仏像数や経典数では、法隆寺は大安寺にひけをとらない。寺としての伝統は法隆寺がまさるので、長年にわたり蓄積した成果と言えよう。しかし、法隆寺にいた僧は一七六人、沙弥は八七人、合わせて見前僧二六三人で、大安寺の三分の一にも満たない。僧の員数は、寺の規模、すなわち寺が保有する財産の質や絶対量をも反映する。以下、その視点から、『法隆寺資財帳』をしばしば引用し比較することになる。

『大安寺資財帳』は、擁する三宝＝仏法僧に続けて、以下の順で動産財を列記する。

A　金、銀、金銀箔、銀銭、水銀、白鑞（白鑞＝錫）、銅、鉄、鍬、銭などの金属の地金や手工業原料および交換財（110～134行）。

B　養老六年に元正天皇が納賜した供養具、および鉢、鋺（鋺）、多羅（皿）、飯鋺、塔鋺、白銅大盤、白銅漿鉢、壺、酌、水瓶、香杯、香炉、単香・香鑪・其盤、鐘、磬、鏡、合子、匙、鐇（金属製の箸）、火炉（火鉢）、鉄炉、錫杖、誦数（数珠）、釜、銅斗や升、銅井樽、鈴などの供食具（食器）、貯水・供水具、供花具、供香具、供音具（梵音具）、荘厳具、採暖具、煮炊具（調理具）、計量器等（135～181行）。おもに金属器であるが、数珠は石・牙・木製品が主体で、蓋付きの容器である合子にも木製品がある。

C　朱沙（赤色顔料。辰砂 HgS）、金青（濃青色顔料。岩群青、藍銅鉱など）、緑青（濃緑色顔料。岩緑青、孔雀石など）、白緑（淡緑色顔料。粒子の細かい緑青）、空青（白青。淡青色顔料。粒子の細かい金青）、胡粉（白色顔料。鉛白や炭酸カルシウム＝貝殻粉など）、丹（赤色顔料。鉛丹）、烟紫（赤紫染料。臙脂か）、雌黄（雄黄が橙黄色顔料＝鶏冠石 AsS をさすので、雌黄は黄色系有機染料か）、紺青（青色顔料か）、甘草（マメ科多年草。生薬・甘味料）、太黄（大黄。タデ科植物。生薬・黄色系染料）などの無機顔料・有機染料・薬物（182～193行）。

D　調絁、交易絁、糸、交易絲、綿、交易綿、細布、長布、庸布、交易布、紺布などの糸・布帛で、衣類などの製品になっていない状態のもの（194～216行）。糸や布帛には衣料など織物原料という一面はあるが、むしろ代用貨幣、すなわち交換財としての一面を強調すべきだろう。

E　朱芳（蘇芳。マメ科灌木。薬物・橙色染料）、麝香（麝香鹿の分泌物。芳香薬物）、白檀（ビャクダン科半寄生の熱帯常緑樹。香木）、沈香（ジンチョウゲ科の辺材に沈着した黒色樹脂。芳香薬物）、浅香（沈香の一種か）、薫陸香（樹脂化石。薫香料）、丁子香（常緑喬木チョウジの花蕾。芳香薬物）、衣香（衣裳にたき込める香）、百和香（種々の香料を練り込めた香）、青木香（ウマノスズグサ科あるいはツヅラフジ科植物ともいう）、零陵香（マメ科一年草の茎葉）、蘇合香（マンサク科植物樹脂か。香の調合剤）、甘松香（オミナエシ科多年草の根茎。芳香薬物）、霍香（シソ科パチョリの葉。芳香薬物）、蠵（蠟）蠋などの薬物・香料（217～232行）。

F　灌頂幡、宝帳、盖、小幡などの布帛製あるいは金属製の荘厳具（233～247行）。

G　机敷物、机帯、丈六覆帛絁、仏張柱褁布、火炉坐敷物、袈裟、坐具、衣、織絰纏、綵帛、高麗八部、秘錦、錦など、仏を祀り法会をおこなう時に使う高級織物や布帛製の敷物など（248〜261行）。なかには寺院移転にともなう仏像の梱包材も含む。

H　厨子、韓櫃《からびつ》、赤檀小櫃、四角機匣、漆涅圓牒子、皮筥、草筥などの箱・容器類（262〜268行）。

I　雑琴、笙《しょう》などの楽器類（269〜270行）。

J　屏風、机、安几などの調度品（271〜273行）。

K　麈尾、如意、脇息、籌、船、経台、経褁、持盖、帯、頭形、褁、捋綱、裳、被、偏袒、手衣、巾、褥、沓、雑絁端、織絨並氈、種種物覆、種種物袋、衣屏、垣代帳、綱、絁帳、布帳、塔分古帳長布など、おもに僧の持物・調度や衣類・覆い・袋などの布帛製品（274〜307行）。

L　鎧、大刀並横刀、小刀、弓、胡禄《ころく》、箭、鎗、鉞、鉾などの武器・武具類（308〜316行）。

M　金銀・水精等の玉類、鏡台や鏡を吊す紐、冠、銀墨用の硯を含む「雑物」（317〜331行）。

N　大般若会や大唐楽の調度品および聖武天皇が納賜した伎楽具（332〜350行）。

現在なら正倉院にしか残っていない豪華絢爛な品々を、大安寺が数多く所蔵していたことに驚く。しかし、その大部分は布帛・繊維製品、木製品などの有機物で、考古遺物として出土することは期待できない。また、金属製品や鉱物など腐朽しにくくても、あまりに高価な品々は、むざむざと地下に埋もれるままに放っておく代物ではない。古代寺院跡を掘っても、出土するのは瓦や土器・土製品など、資財帳に掲載されることがほとんどない安物ばかりだ。考古学者は、それを遺構の年代や変遷、文化系統や技術系統、遺構の性格などを考える材料、すなわち歴史資料として活用する。先人たちがそれを貴重品と考えていなかったことが、むしろ幸いしたのだ。

『大安寺資財帳』は、これらの動産財を計上する際に、それぞれに仏物・菩薩物・四天王物・法物・聖僧物・僧物・通物などの帰属を明記する。寺院を構成する三宝＝仏法僧にもとづく帰属表示だ。『法隆寺資財帳』では仏分・

法分・僧分・通分など表記法は多少異なるが、各資財の帰属を表示する点は同じだ。「天平十九年帳」以後の寺院資財帳では、『法隆寺東院資財帳』『多度神宮寺資財帳』『安祥寺資財帳』は、寺にいた僧の数は記録しないが、冒頭に保有する仏像と経典を列記する点で「天平十九年帳」の基本原則を踏襲している。ただし、『多度神宮寺資財帳』以外は、財産を仏法僧別に分類していない。とはいえ、不動産重視、建物施設重視の立場から、建物ごとに保有する仏像や資財を挙げる『西大寺資財帳』方式が主流となる平安時代以降でも、財産が仏法僧のいずれに帰属するかという「天平十九年帳」の基本原則は、『広隆寺資財帳』『観世音寺資財帳』の章立てに反映されている。

二　仏法僧に帰属する動産Ⅰ（金属類）

大安寺と法隆寺の金と水銀

　A項の地金や交換財の量を『法隆寺資財帳』と比べると、大安寺が財政的に恵まれていたことがわかる。すなわち、法隆寺が保有する地金・交換財は、金一両一分、銀銭一〇七文、水銀一七九一両三分、白鑞《びやくろう》（鏋）一〇一斤八両、黒鑞（鏋）五一斤、雑鉄六三六斤、銭三五二貫八三二文にすぎない。大安寺は法隆寺の五〇〇倍以上の金、一〇倍以上の銀銭、一七倍強の錫、一八倍強の銭を保有していたことになる。ただし、銀・銀墨・銀箔・銅・鍬の品目は『法隆寺資財帳』になく、黒鏋は『大安寺資財帳』にはない。以下、金と水銀に注目して、大安寺と法隆寺の地金保有形態が、各寺の仏法僧の存在形態と密接にかかわる事実を指摘する。

　大安寺が保有する金は五二一両一分で、その内訳は練（錬）金四五〇両、生金九両二分、沙（砂）金・消金六一両三分である。また、帰属の内訳は仏物四七〇両一分、菩薩物一一両、僧物一両、通物三八両、温室物一両である（110～114行）。一方、金箔三七五〇枚は通物で、水銀二三一斤五両も通物である（118・121行）。これに対して、法隆寺が保有する金はわずか一両一分で、重さ一分の金箔一枚は観世音菩薩分、残りの生金一両は通分である。金保有量の絶対的格差は、大安寺と法隆寺の経済力の差を反映しているが、法隆寺が保有する水銀は一七九一両三分と大安寺の約七・三倍で、寺格差を反映しない。それでは、水銀の保有量差は何に起因するのか。

水銀は顔料になる朱砂（辰砂）から精製するが、『法隆寺資財帳』は朱砂を一三種の綵色物《さいしきぶつ》（絵具）の一つとして登録し、『大安寺資財帳』でも朱沙一三二斤一分を別記する（182行）。したがって、交換財以外で想定できる水銀のおもな用途は、合金（アマルガム）用、とくに鍍金用と判断できる。とすれば、法隆寺・大安寺が保有する鍍金製品、すなわち金銅製品に注目する必要がある。古代寺院が保有する大形の金銅製品とは、いうまでもなく金銅仏である。

現在の法隆寺金堂では、釈迦三尊、薬師如来、阿弥陀如来の金銅仏が本尊的な存在である。『法隆寺資財帳』においても、保有する仏像二一具五躯四十帳のうち、筆頭の金埿銅薬師像・金埿銅釈迦像各一具、金埿銅像八具、金埿押出銅像三具、宮殿像二具（一具は金埿押出千仏像、一具は金埿銅像）は確実に金銅製品で、金埿灌仏像一具も金銅製品を含む可能性が高い。これらの修理・維持管理には、大量の水銀が不可欠である。もちろん金自体も必要だが、経済的に随時調達するか寄付（施入）を募るほかなかったのだろう。

一方、大安寺で主体となる仏像は即像、すなわち乾漆仏で（55・81・86〜87行）で、請坐の由来が不詳の金埿銅像一具（58・59行）以外に、金銅仏を含む可能性が高い金埿灌仏像一具（62行）を加えても、金銅仏の数は法隆寺よりはるかに少ない。大安寺で主体をなす乾漆仏の修理や維持管理に必要なのは金箔である。大安寺は三七五〇枚の金箔以外に、三二二〇枚もの銀箔を保有していた（118・119行）。金銀を地金ではなく箔状態で保有しているのは乾漆仏をはじめとする寺の保有財産にかかわる修理料の可能性が高い。

九〇五年『観世音寺資財帳』仏経章では、金堂本尊の鋳銅製阿弥陀丈六仏の割注で「御衣金薄所々剝落、准方一尺」と修理に必要な金箔量を検注する。また、講堂本尊の観世音菩薩にかんしても「呉衣金薄所々剝也」と注記する。また、同書聖僧物章では、沙金五両の割注で「塗講堂花瓶十二口料減金廿両代所納」と消費実績を記載する。『大安寺資財帳』が通物・仏物という漠然とした枠で金箔・銀箔を保有するのは、仏像だけでなく花瓶・箱など金・銀を必要とする金銅製品や漆製品についても、臨時の営繕・修理に対応する可能性を意識したのだろう。

なお、観世音菩薩分とした法隆寺の金箔一枚は、天平四（七三二）年に聖武天皇が請坐した観世音菩薩像八帳に対応するので、仏画修理料と推定できる。また、法隆寺が保有する水銀のうち、通分一五四九両以外の二四二両三分を塔分として登録しているのは、九輪《くりん》・覆鉢《ふくばち》・露盤《ろばん》などの塔金物《とうかなもの》の鍍金修理料と判断してよいだろう。次章一節で述べるように、天平一九年段階の大安寺に塔はないので、塔金物修理料としての水銀は不要である。

地金や交換財の使途

金・水銀と同様、通物として計上した銅・鉄・鍬も、営繕・修理や生産活動に備えた可能性が高い。もちろん地金価値を考えれば、交換財（流動資産）にも活用できる。また、帰属を明記しないが、白鑞（鑞）が鉛と錫の合金ならば（122行）、破損した金属器のハンダ付けに使用する修理料と理解できる。ちなみに『法隆寺資財帳』の白鑞一〇一斤八両の内訳は塔分四六斤八両、通分五五斤で、黒鑞五一斤は仏分である。『大安寺資財帳』に欠く黒鑞が仏分なのは、法隆寺特有の金銅仏修理料の可能性を考えてよいだろう。なお、鍬は考古学でU字形刃先と呼ぶ鍬や鋤の刃先となる鉄器で、むろん農作業や土木作業に用いる実用の道具だ（図14）。しかし、七・八世紀の正史を見るとイベントや宴会時の報償に、大量の鍬を与えることが多く、季禄などの給与にも鍬を含むので、これも交換財だったことがわかる。大安寺が保有した六六七枚もの鍬（126行）が、すべて寺院内でおこなう農作業や土木作業のための道具と考える必要はないだろう。

これに対して地金の多くや銭貨などの交換財の使途は、より限定されている。とくに銭貨では消費目的や消費場面を明記するものがある（128～134行）。たとえば、三宝分類の「僧物」という大枠ではなく、修多羅《しゅだら》衆《しゅう》銭・三論衆銭・律衆銭・摂論衆銭・別三論衆銭など、衆派・学派ごとに銭を分配しているのは注目すべきだ。古代寺院が仏教の総合大学ならば、工学部・理学部・文学部など、学部ごとに銭貨を配当したと理解できる。配当が衆派・学派規模や寺院

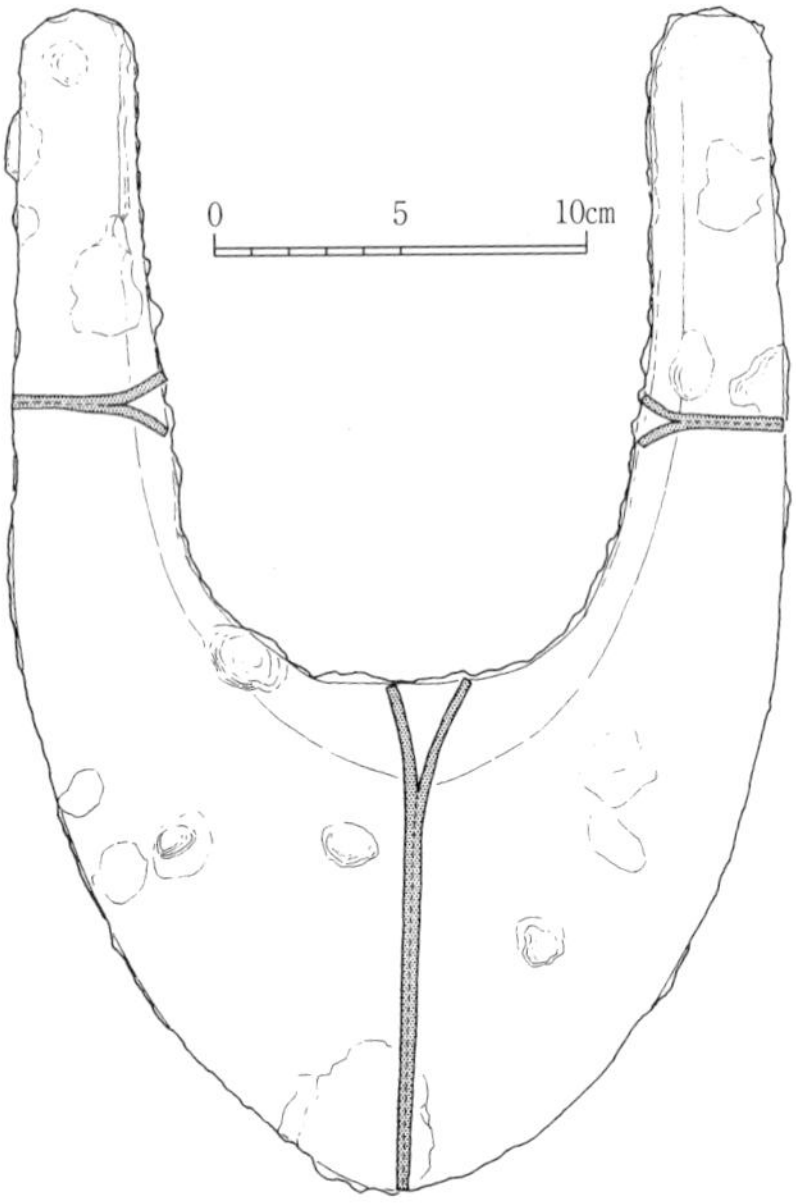

図14　伯耆国庁跡出土の鍬［倉吉市教委1976］
史料では鉄製の鍬刃先だけを「鍬」と呼ぶ。本例は土坑内から５枚重ねで出土した未使用品である。

における規模や重要度に比例するなら、南都六宗に名を残さない修多羅衆が、他衆を圧倒する事実が問題になる。なお、『法隆寺資財帳』に修多羅衆の名はないが、銭の使途として律衆・三論衆・唯識衆（法相宗）・別三論衆をあげる。しかし、最大配当は別三論衆の一二〇貫で、大安寺別三論衆の三分の一強にすぎず、大安寺修多羅衆の一割に満たない。寺院の経済力差が、学派への配当金額差を反映するのも現代の大学に通じるといえよう。

なお、銅銭が衆派・学派別の配当金や、後述のイベント費・維持管理費・慈善活動費などの交換財であるのに対し、銀銭は仏物・菩薩物・四天王物・聖僧物である（120行）。天平一九年段階に銀銭は流通していないので、仏や聖僧が所有する宝物・財産とみなされたのだ。仏物の銀銭八八六文のうち、九二文を「古」と記すのは、和同銀銭ではなく、無文銀銭であろう。とすれば、天武天皇一二（六八三）年四月の富本銭発行にともなう無文銀銭の廃止（自今以後、必用銅銭。莫用銀銭）［『日本書紀』］以前に、百済大寺か高市大寺に奉納されたものだ。

修多羅衆とは何か

修多羅とは梵語のスートラ（経）に由来する語であるという。「修多羅衆」という呼称自体、単一経典・教学の専攻を意味する南都六宗とは命名原理が異なるのだ。『大安寺資財帳』の記載法をみても、八世紀中頃以降に南都六宗と総称された三論や律、あるいは南都六宗に含まれなかった摂論や別三論などの学派と、修多羅衆が異なる立場にあったと推定できる。すなわち、資財を仏法僧で分類した『大安寺資財帳』は、割注で内訳を列記する時も、仏物を先に挙げ、法物・僧物や通物は後に記すのが原則である。ところが、修多羅衆銭は仏物銭と法物銭との間に記載され、法物銭の後に記載した三論衆銭・律衆銭・摂論衆銭・別三論衆銭とは、明らかに一線を画している（128〜129行）。

修多羅衆を南都六宗の法相（法性）宗や成実宗の異名とする説もあった［石田一九三〇、井上一九六一］。南都六宗には、それぞれが奉ずる根本経典・教学がある。しかし、造東大寺司が所有する経典の出納簿［『経疏出納帳』『正倉院文書』］に散見する修多羅衆は、南都六宗とは異なり、あらゆる経典（一切経）の出納・講読に関与し、天平勝（感）宝元（七四九）年閏五月二〇日の詔勅［『東大寺要録』巻七、『続日本紀』など］により、八世紀中頃には大安寺・薬師寺・東大寺・元興寺・興福寺・法隆寺・弘福寺・四天王寺・崇福寺・新薬師寺・法花寺・豊浦寺にもいたことがわかる。なかでも東大寺修多羅衆の衆務をつかさどる大学頭・少学頭は、六宗と兼務・重層し、組織規模も六宗より大きい。しかし、一切経の講説・転読・管理を専門とする集団のため、東大寺を核とする南都六宗体制の確立にともない衰退・消滅したと、消極的な評価を与えることが多かった［林一九七五、藤野一九七七・一九八二、鬼頭一九九三］。

修多羅衆の評価向上

しかし近年は、八世紀の護国法会体系にかんして、東大寺を軸とする華厳経を元にした一切経《いっさいきょう》、すなわちすべての仏教聖典の講説・転読体制を「大修多羅供体制」と呼び［中林一九九四］、奈良仏教の特色を「一切経主義」［山下二〇〇二］と規定するなど、修多羅衆の評価が著しく高まっている。さらに中世文書に散見する「大供」が古代の「大修多羅供」に由来することが判明し［鈴木一九九六］、中世興福寺の維摩会や薬師寺の最勝会に連なる事実も指摘されている［堀二〇〇三］。このような古代・中世仏教史の鍵となる修多羅衆の初出が『大安寺資財帳』にほかならない。

『大安寺資財帳』修多羅衆銭の具体的使途はわからないが、基本的には一切経講説などの法会や必要な経典の写経などに消費したと考えてよいだろう。のちの史料であるが、『日本霊異記』には、大安寺の西里に住む楢磐嶋が大安寺修多羅分の銭三〇貫を借り、越前敦賀津で交易した話〔上巻第二四話〕、大安寺の西里に住む女人が、大安寺本尊に福分を願ったところ、「大安寺大修多羅供銭」「大安寺常修多羅供銭」「大安寺成実論宗分銭」などの短籍がついた銭四貫文が次々ともたらされ、寺に返却に行くと封印した「入蔵銭」や「銭器」から銭四貫が消えていた話〔中巻第二八話〕、大安寺僧の沙門弁宗が大修多羅供銭三〇貫を借用し、返済に困り長谷寺本尊に助けを求めた話〔下巻第三話〕などが掲載されている。

『日本霊異記』の説話は、大安寺修多羅衆の資金が豊富であった事実が、一般にもよく知られていたことを示す。「大修多羅供銭」が寺院の看板となるような大規模法会の資金ならば、「常修多羅供銭」は修多羅衆の日常的な宗教活動資金ということになる。それらの衆派配当金は、衆派ごとに銭器に納め、木簡で所属や使途を明示していたが、しばしば貸付（銭出挙）にも流用したことを『日本霊異記』の説話が語っているのだ。

布薩などのイベント費

一方、涅槃《ねはん》分銭・華厳《けごん》分銭・盂蘭盆《うらぼん》分銭・木叉《もくしゃ》分銭（129～130行）は、涅槃会・華厳会・盂蘭盆会および布薩などの仏教行事や法会に要する費用、すなわちイベント費を分野ごとに記載したと理解できる。大枠でいえば法分銭に近い。涅槃分が三二貫と他より高額だが、盂蘭盆分には交易絁・布（200・214行）や地方が貢納した穎稲（497～499行）などもあてているので、かなりの額になると考えてよい。なお、華厳衆（宗）が存在しないのに、一八貫文もの華厳分銭を計上している（130行）のは、華厳宗を伝えた審祥《しんしょう》が大安寺に居たことに関係するのかもしれない。しかし、華厳会に使う「華厳七処九会図像」は、天平一四年に道慈や教義が作成しているので（70～73行）、国分寺造営詔などの時代的風潮を反映しているとみたほうがよいだろう。いずれにしても、東大寺の大仏開眼供養以前、すなわち東大寺が華厳宗の拠点として台頭する以前に、大安寺がイベント費として華厳分を計上しているのは注目すべきだ。

木叉分銭が布薩費用だというには、多少の説明が必要である。木叉とは波羅提木叉《ハラダイモクシャ》（梵語のプラーティモークサの音訳）の略語で、出家者が遵守すべき教団の規律（具足戒）やそれを記した戒本をさす。それが守られているかチェックするのが半月ごとの布薩（梵語 posadha）である。戒師が戒本を読み上げ、全員出席を義務づけられた出家者は、身に覚えがあれば告白し懺悔する。また、布薩の前日、毎月一四・二九日には、温室や浴室で湯浴みをして身を清める［『三宝絵詞』］。ただし、平安時代の東大寺では、毎月一四日と二九日に講堂で大乗布薩をおこない、毎月一五日と三〇日には小乗布薩をおこなったという［『東大寺要録』巻四、諸会章「正月」条］。

七八八年『多度神宮寺資財帳』は、布薩調度として脇息《きょうそく》一前、如意一柄、籌《ちゅう》八〇隻、浄水丸笥《まるけ》二口、袋七口、漆塗持櫃二合を計上する。袋と櫃は道具入れだから、布薩行事で使う道具は前四者だ。また、八七三年『広隆寺資財帳』や八九〇年『広隆寺資財交替実録帳』は、如意一枚、籌五〇枚、鍱瓶（澡瓶《そうびょう》すなわち洗い浄めるための水の容器だが、金属製なので金偏で表記）一口を布薩料とし、九〇五年『観世音寺資財帳』布薩物章は、如意一隻、白銅鍕持《ぐんじ》一口、白銅香炉一柄、白銅

図15　如意を持す行信（高89.7㎝，脱乾漆，法隆寺夢殿，８世紀）
僧綱所大僧都法師として「天平十九年帳」を監修した行信（517行）は，天平11年，聖徳太子を偲んで斑鳩宮跡地に法隆寺東院を造営した。夢殿の八角石造仏壇東北隅に安置された行信像は，唐招提寺鑑真像とならぶ数少ない奈良期開祖像である。如意（後補）を持す姿は東大寺良弁像と共通し，布薩戒師を務める姿を表した可能性がある。［『法隆寺と斑鳩・生駒の古寺』集英社，1984］

水瓶一口をあげる。錍持（君持・軍持とも記す）は水瓶の梵語だが、香炉は他の資財帳にはない布薩物だ。一方、『大安寺資財帳』は、銭以外に水瓶四五口のうちの四口（152〜153行）と如意一六枝のうちの三枝、籌一具、船一一口のうちの五口を木叉分とする（275・277・278行）。つまり、如意・籌と澡瓶など浄水容器の三点セット、あるいは276行の脇息も含めた四点セットが、八世紀中頃の平城京大安寺、八世紀後半の伊勢国多度神宮寺、九世紀後半の広隆寺における木叉料・布薩調度・布薩料・布薩物として共通することになる。

観世音寺の布薩物は籌を含まないが、後述のような木札なら消耗品扱いで記録しなかった可能性が高い。如意は高僧の威儀具といわれるが（図15）、多度神宮寺・広隆寺・観世音寺の資財帳では、布薩の道具として登録した一本に限るので、基本的に戒師を務める僧の持物と判断できる。大安寺の残り一三枝の如意は仏物なので、僧侶の持物ではない。つまり、如意は通説のように僧の威儀具として一般的に用いた道具ではない。法隆寺東院の行信像、東大寺の良弁像、観心寺の聖僧像など、如意を持した古代僧形彫刻は布薩の戒師を務める姿をかたどったと解してよい。また、「法物章」で布薩料を計上することから、広隆寺の布薩会場は講堂（法堂）と推測できる。古代寺院を構成する建物施設の役割分担を理解する上で有益である［上原二〇一二a］。

木叉と布薩

『法隆寺資財帳』は木叉分の備品として、白銅水瓶八口、袈裟《けさ》三領、革箱一合を計上する。浄水用器は共通するが、如意や籌を含まない。『法隆寺資財帳』に記載もれがあるのか、如意や籌を使わずに布薩をおこなったのか検討課題である。ただし、如意も籌と同様に木製・竹製ならば、資財帳に登録しない可能性がある。現在、行信像が持す如意（後補）は竹製に見える。少なくとも『法隆寺資財帳』に如意は登録されていないので、如意が基本的に布薩の道具だという上記の論証に反する直接の史料とはならない。また、八六七年『安祥寺資財帳』は「荘厳供養具」項で、白銅澡瓶二口を布薩料として計上するが、他の布薩の道具はない。ただし、白角如意二柄を説法具として登録しており、資財帳において、如意の用途を布薩に特定できない唯一の例となる。

なお、籌とは数取りの木札や竹棒で、列席者に配って参加を確認したという。奥健夫さんは布薩行事次第を説明した『四分律刪繁補闕行事抄巻上四』「説戒正儀篇第十」〔『大正大蔵経』第四十巻三四〜三八頁〕を引用し、僧侶達に配る籌を水で清める浴籌のとき、外にいる聖僧を勧請し、聖僧の入堂を確認した後に籌を数え、布薩をおこなうという作法を復原している〔奥一九九三〕。『東大寺要録』巻九の雑事章第十之三「大乗布薩作法」は、戒本を読誦するに先立ち香水を打ち、維那による洗籌や参加僧への籌の授受・返還、参加僧数の確認などの儀式次第を台本化する。内容は難解で、私には十分な解説はできない。布薩に聖僧が参加したことは間違いないが〔吉川二〇一〇〕、同行事における聖僧像のあつかい方や、姿無き聖僧の場合の対処法などは必ずしも明らかでなく、宗派・時代によって作法の省略・改変もなされたらしい〔小寺一九八一〕。

本来、布薩参加者は出家者に限定される。しかし、『三宝絵詞』下巻「僧宝五」話によれば「六月につごもりの程は、おとこ・女寺に来りて籌をうく。功徳のためなり」とのことで、六月三〇日の布薩だけは一般公開で、参詣者に水無月祓の蘇民将来札のように、籌を配布したらしい。一〇世紀後半には、出家者限定の法会が有名無実化しつつあったのか、それとも、もっと前から一部の一般公開があったのかは、今後の検討課題である。なお、『多度神宮寺資財帳』の籌八〇隻が布薩参加者数を反映するなら、寺院規模から見て出家者数とは思えない。俗人への籌配布は、八世紀末までさかのぼるのかもしれない。

さらに、「天平十九年帳」が木叉分と記した布薩関連費や備品が、『多度神宮寺資財帳』以降、布薩調度・布薩料・布薩物と名を変える事実も説明を要する。布薩隆盛の背景には、唐僧鑑真等が新たな戒律体系を伝えた事実が想定できる〔石田一九六八、小寺一九八一、奥一九九三〕。名称変更もそれが作用した可能性が高いだろう。しかし、『大安寺資財帳』における木叉分の品目が、多度神宮寺・広隆寺・観世音寺の各資財帳にみる布薩調度・布薩料・布薩物とほぼ共通する事実は、八世紀後半以降に布薩行事が一般化したという認識が必ずしも妥当ではないことを示す。少なくとも、鑑真来日以前と以後で、木叉・布薩の道具立てに大きな変化がなかったことは確実である。

布薩と悔過会

布薩と同様、おのれの罪を発露懺悔して現世利益を祈願する法会が悔過《けか》会である。仏教大学『仏教大辞彙』(一九一四年)や『望月仏教大辞典』(一九三三年)では、布薩にかんしては豊富な経典・戒律・論蔵を引用して、具体的作法に至るまで解説するのに対し、悔過にかんする出典は少なく、解説も布薩の半分に満たない。一方、宗教史・建築史・美術史・芸能史などの立場からは、悔過会に注目した研究が多く、布薩がほとんど議論の俎上にのぼらないのと対照的である。それは正史に悔過会の記録が頻発するのに、布薩はほとんど取り上げられないこと、および東大寺二月堂のお水取りなど、現在に残る正月行事(修正会・修二会)の多くが悔過会に由来するからである［山岸一九八〇・一九八四、佐藤二〇〇二］。

祈雨のため蘇我馬子が大寺(常識的には飛鳥寺だが、百済大寺の可能性もある)南庭で仏菩薩像と四天王像を厳飾し、衆僧に大雲《だいうんきょう》経を読ませて悔過した記事［『日本書紀』皇極天皇元(六四二)年七月二七日条］をはじめとして、正史には悔過会の実施記事が少なくない。悔過会は薬師悔過・吉祥悔過・阿弥陀悔過・十一面悔過など、特定の本尊や仏像を対象にして、限定された寺院において、天皇皇族の追善供養や病気平癒、疫病や物怪の退散、五穀豊穣などを目的に実施することが多い。それが正史に記録される理由でもある。これに対して、布薩は不特定多数の寺院で開催する月二回の行事で、基本的に正史に記録されることはない。悔過会も修正会や修二会のように定例化して年中行事になれば正史から姿を消す。しかし、布薩にかんしては、八・九世紀を通じて、官大寺から地方の神宮寺に至るまで、同じ形式の法会が広くおこなわれていたことが前項の検討で明らかになった。その役割や変遷を解明することは、古代寺院における法会・資財・施設建物の有機的な関連を理解する上で、悔過会以上に重要な意味を持つはずである。

阿弥陀悔過会

定例化した阿弥陀悔過会の資財目録が、七六七年『阿弥陀悔過料資財帳』である。また、七八八年『多度神宮寺資財帳』も流動資産となる稲一五九〇束の三分の一弱にあたる五四〇束を阿弥陀悔過料に計上する。前者の悔過会を実施した東大寺上院地区阿弥陀堂の本尊は、八角宝殿内にしつらえた極楽池において、楽器を奏でる音声菩薩や香を焚く羅漢群像をしたがえた阿弥陀三尊。パノラマ風の阿弥陀浄土で、絵画なら阿弥陀浄土変相図と呼ばれる。一方、多度神宮寺の本尊は、満願禅師敬造の丈六阿弥陀三尊像である。つまり、阿弥陀悔過が阿弥陀三尊を本尊とする仏堂で開催されたことは間違いない。ところが両資財帳を比較しても、阿弥陀悔過会に必須の共通資財は、経典名にいたるまで抽出できず、わずかに前節で述べた聖僧が、両悔過会に関与したことが指摘できるにすぎない［上原二〇一二b］。すなわち、八～一〇世紀初頭の布薩は、中央官大寺から地方の神宮寺にいたるまで、ほぼ同じ道具を使って開催しているのに対して、同じ八世紀後半の阿弥陀悔過会は、読誦する経典にいたるまで定型化していないのである。

これは同じ罪障懺悔をともなう法会でありながら、仏教辞典において布薩と悔過会のあつかいが異なる点にも符合する。つまり、律令制下のもとで仏教が地方に伝播したとき、定式化した法会のスタイルを伝えたのは布薩であり、悔過会はそれほど定式化していなかった可能性が高い。逆にいうと、悔過会は地方の民俗行事と結びつき、独自の形態・芸能を生む余地が大きかったのである。

釈迦誕生を祝う

仏教行事や法会などのイベント費にかんして、『法隆寺資財帳』は銭二貫二五六文、貢納穎稲三七九束七把、穀四六石九斗二升を灌仏分として計上する。毎年四月八日におこなう釈迦の誕生日を祝う行事費だ。ところが、大安寺は金渥灌仏像一具を保有している（62行）にもかかわらず、灌仏会費を計上しない。一方、『大安寺資財帳』において銭一七貫五〇一文（130行）、交易布一六段一常一〇尋（214行）、穎稲一万七二四九束四把四分（497行）をあてた盂蘭盆分を、『法隆寺資財帳』はイベント費としてまったく計上していない。これは大安寺では灌仏会を、法隆寺では盂蘭盆会をおこなっていなかったことを意味するわけではない。

灌仏会と盂蘭盆会は推古天皇一四（六〇六）年、すなわち元興寺金堂の釈迦如来（飛鳥大仏）が完成した年に、寺院における主要な法会としてセットで位置づけられた（「自是年初毎寺、四月八日七月十五日設斎」『日本書紀』）。天平一九年時点で元興寺が保有した「灌仏之器」は、欽明天皇七（五三八）年に百済国聖明王がもたらしたもので、蘇我稲目没後の仏教弾圧時に隠蔵され伝世されたものと信じられていた（『元興寺縁起』）。大化三（六四七）年に七色一三階の冠位制を新たに定めたとき、新制の冠は、即位式や元旦の大会、外国使節の接待および灌仏会と盂蘭盆会で着用することを義務づけている（「此冠者、大会、饗客、四月七月斎時、所着焉」『日本書紀』）。

法隆寺・大安寺・西大寺などの寺院資財帳は、誕生仏を中心とした灌仏調度を登録している。七、八世紀を通じて、灌仏会と盂蘭盆会が寺院でおこなうメインイベントであったことは、灌仏会の主役となる誕生仏が、日本列島各地に分布する事実［松田妙子二〇〇二］からも推測できる。この二つの法会がセットとみなされていたならば、大安寺の盂蘭盆分、法隆寺の灌仏分は両イベント費の総称として資財帳に記載した可能性を考えた方がよいだろう。

大般若会と結びついた灌仏会

ただし、大安寺の灌仏会費用にかんしては、別の解釈も可能である。本章三節〈大般若会の背景〉項から〈大般若会の実態Ⅱ〉項で述べるように、毎年四月六、七日におこなう大安寺大般若会は、諸国が進上した調庸各三段を布施として実施する勅許が出ている。特別枠の国庫補助金を使って法会を開催することが許可されたわけだ。そのため、『大安寺資財帳』は、大般若会調度を品目ごとに分散記載せず、別枠で一括記載する（332〜340行）。翌四月八日におこなう灌仏会も、その延長で国庫補助金を流用した可能性も否定できないだろう。

なお、大安寺大般若会を四月六・七日、東大寺大仏開眼供養を天平勝宝四（七五二）年の四月九日に実施したよう

図16　東大寺灌仏調度（像高47.5cm，灌仏盤径89.4cm，金銅製）
天平勝宝４（752）年の大仏開眼会は，仏教渡来200年目の釈迦誕生日に計画されたが，なにかの理由で翌日になったらしい。この灌仏調度も開眼会にあわせて製作されたとする説もあるが，確かな証拠はない。灌仏盤外面には禽獣・人物・草花・山岳・神仙などを線刻する。［奈良研1978］

に、八世紀の大規模な法会を、灌仏会とセットで実施することがしばしばあり、そのいくつかは年中行事化する。庇を貸して主屋を取られたわけではないが、七世紀における寺院法会の筆頭となる灌仏会や盂蘭盆会が［中林一九九四］、古代寺院の法会として次第に衰退する一つの原因はここにある。少なくとも、元興寺・法隆寺・大安寺・西大寺など八世紀の寺院資財帳に登録された灌仏像や灌仏調度（図16）は、八世紀末以降の寺院資財帳ではほとんど姿を消す。それは七世紀後半を中心に数多く製作された古代誕生仏の遺例が、平安時代にはほとんど存在しない事実にもよく符合する。ただし、寺院灌仏会が衰退しても、承和七（八四〇）年以降には宮中灌仏会が恒例となっており、灌仏会自体がなくなるわけではない［上原二〇一〇・二〇一一］。

維持管理費など

菩薩分銭・聖僧物銭・功徳天女分銭・四天王物銭・八部物銭（130〜131行）は、それぞれの供養費、あるいは関連する基本資産や備品の維持管理費と理解しておく。イベント費は○○分銭と表記するので、菩薩分銭・功徳天女分銭は供養など法会実施に要する費用、聖僧物銭・四天王物銭・八部物銭は資財自体の維持管理費と区別できるかもしれない。塔分銭・温室分銭（132行）は塔や温室における消費活動の費用と解釈できそうだが、後述のように天平一九年段階には、塔は着工すらしていない。敷地だけが確保されているので、敷地の整備費とすれば、交易絁・綿（196・203行）も含めて一貫七五九文が穏当な数字かもしれない。

温室分銭は一〇三貫四九〇文と高額で、綿・長布・庸布（203・209・212行）や地方からの貢納穎稲（500〜502行）も、温室分として別に計上されている。燃燈分銭と並記されているので、湯沸かしなどに必要な燃料費も含んでいると解釈できる。箜篌《くご》分銭は、箜篌（ハープ）の修理費用とも解釈できるが、大安寺が所蔵する楽器（269〜270行）に箜篌を計上していないので、新規購入費と理解しておこう。ただし、次節〈寺に音楽は禁物か〉項で述べるように、「天平十九年帳」の楽器登録には微妙な配慮があり、一概にいいきれない点が残る。

慈善活動費

功徳分銭・義物銭・悲田分銭・衣田分銭（133行）は、寺がおこなう布教・慈善活動費であろう。功徳分は交易絁・糸・綿・交易布（196・198・214行）や地方の食封・出挙・墾田地・水田からもたらされた稲（494〜496行）の使途にも、悲田分物・悲田分は銀（115〜116行）や綿・細布・長布（202・207・209行）の使途にも、衣田分は交易布・綿・細布・長布（200・203・207・209行）の使途にもあがっており、とくに悲田分・功徳分が占める割合は馬鹿にならない。同じ「天平十九年帳」でも、『法隆寺資財帳』は水田六九町四段九八歩を「功徳分料」に計上するが、銭や糸・布帛類、貢納稲などの交換財の使途に、功徳分・義物・悲田分・衣田分などはあがっていない。慈善活動費は、大安寺に特徴的な宗教活動を反映する流動資産と評価できる。

悲田は三福田の一つで病人・貧窮者に施し福果を得るための出費。功徳は仏の果報を得るための善行をさし、俗人が寺や僧に施す場合が多いが、功徳分銭は大安寺の出費による功徳だから、禅定修行の一環として架橋など公共事業費などを考えるべきだろう。義物銭も義倉などの用例に照らせば、窮民対策費と思われる。衣田も悲田と並記されているので、慈善活動費と理解しておく。つまり、官寺の筆頭となる大安寺は、布教・慈善活動にかなり力を入れていたことになる。その拠点となる建物施設が禅院で（376～378行）、当該分野はハード面もきわめて充実している。『法隆寺資財帳』には禅院の記載がないので、大安寺における慈善活動費（ソフト面）の充実と禅院（ハード面）の充実は相関しており、法隆寺の流動資産（交換財）の使途に、功徳分・悲田分などを計上しないのは、単にそれを僧分・通分などの一般会計として記載した結果でないことは明らかである。禅院については、第三章一節〈禅院の構成と機能〉項で述べる。

交換財としての銭貨

以上に解説したように、『大安寺資財帳』動産財の冒頭にあがった項目のうち、とくに銭貨は近々消費する予定の交換財（流動資産）が、かなりの比重を占めている。供養具をはじめとする備品、あるいは次章一節で述べる建物施設とは異なる消耗財だ。博物館などでは建物施設や展示物・収蔵品は基本財産、展示ケースや映像器具類は備品で、年度ごとの収支決算とは区別する。寺院の機能を考えるなら、仏像や経典、建物施設は基本財産、供養具をはじめとする金属器や荘厳具は備品となる。近々消費する銭貨や稲米は、別枠の収入・支出で処理するのが普通であるが、「天平十九年帳」はこれらを明確には区別しないのである。

古代寺院資財帳が流動資産をどう扱っているのかは、比較検討を要する。当面する銭貨に関しては、「天平十九年帳」が動産財の冒頭に置くのに対して、以後に成立した資財帳ではあつかいが軽い。すなわち、七六一年『法隆寺東院資財帳』では、帰属や使途を明記せず、稲米とともに動産財の末尾に銭一七〇貫九八五文を計上する。また、九〇五年『観世音寺資財帳』では、仏物章で二六七文、法物章で九〇文、観世音菩薩物章で七文・聖僧物章で一二三文、通三宝物章で五八七文の銭を計上するが少額である。法物章では九〇文の銭について「見在八十六文、欠四文」と割注し、「今校見在」と存在を確認しており、銭貨を交換財として使うそぶりもない。

これ以外の古代寺院資財帳では、銭貨の記載自体がない。もちろん、皇朝十二銭（富本銭を含めると十三銭）の流通が、地域的・時代的に限定されていた事実も配慮せねばならないが［三上二〇〇五］、寺院資財帳で記録する動産財においては、基本財産や備品を重視し、近々消費する交換財、流動資産は記帳しなくなったのだと理解できるだろう。なお、七八八年『多度神宮寺資財帳』では、稲一五九〇束にかんして、通修理料・西塔修理料・同法阿弥陀悔過料・講経料・悲田料など、『大安寺資財帳』がおもに銭貨に与えた具体的な使途を明記している。しかし、『多度神宮寺資財帳』には、銭貨の記載はない。この場合は、八世紀後半の伊勢国桑名郡においては、銭貨を寺院の維持管理費、イベント費、慈善活動費に使うほど流通していなかったと解釈したほうがよいだろう。

交換財の消費期限

近々消費する予定の交換財（流動資産）といっても、現代のように会計年度が決まっているわけではない。「天平十九年帳」では、交換財の消費期限はわからないが、実績を踏まえて作成した資財帳には関連情報が残る。たとえば、九〇五年『観世音寺資財帳』では、聖僧物章で計上した沙金五両にかんして「一両は本帳に注があり、四両は斉衡四年から相伝わる（一両注本帳　四両斉衡二年相伝）」と割注しており、四両が斉衡二（八五五）年すなわち半世紀も前から確保されていた流動資産とわかる。加えて「講堂にある一二口の花瓶に鍍金する材料として二〇両を支出した（塗講堂花瓶十二口料減金廿両代所納）」と消費実績・収入由来も記載する。

また、同資財帳の通三宝物章で計上した加納綿にかんしては、従貞観十四年迄千六年《ママ》三宝施料、従貞観十六年迄干元慶二年料、従元慶三年迄于六年料、従元慶七年迄于仁和四年料と、貞観一四（八七二）年以降、仁和四（八八八）年に至るまでの数年ごとの恒常的な出費を記録する。それに加えて、大宰府が出した元慶六年七月二日牒旨、元慶六年三月廿三日牒旨、元慶八年潤（ママ）七月五日牒旨、寛平七年三月五日牒旨、寛平八年十一月十四日牒旨を受けて、それぞれ新造高座料、遭去年八月八日大風　倒大門新造料、遭去年八月八日大風　倒損戒壇院新造料、堂塔修理料、修理料など、調度品や建物施設の新造費・修理費として臨時出費したことも明記している。

『大安寺資財帳』においても、「天平十九年帳」をお手本（恒式）にして次の資財帳を作成したならば、その時点で現存する各交換財を計上し、前帳との差異が生じた出費や収入の内訳を明記するのが原則だったと考えてよいだろう。ただし、修多羅衆銭を貸し付けて得た臨時収入が、公費として記載される性質のものか、担当者の裁量経費となるものかは明らかではない。いずれにしても、各衆派への配当金やイベント費・宗教活動費にかんして、年度内の完全消費をめざして、突如、盛大なイベントを開催したり、臨時職員を雇って写経料を消費するような、愚劣な出費法をとらなかったことだけは確実である。

元正天皇が納めた金属器

Ｂ項にあがる金属器の大半は、仏物・聖僧物・菩薩物で、僧物・通物は少ない。とくに、元正天皇が養老六（七二二）年十二月七日に納賜した白銅鉢一口、白銅多羅二口、白銅　七口の計一〇口に匙一枚・箸一具を添えた「仏供養具十口」「聖僧供養具十口」（135～139行）は、最高級の食器セット［関根一九六九］を使って、仏や聖僧を供養したことを示す。七八八年『多度神宮寺資財帳』は供神料器、すなわち多度神（多度大菩薩）神像への供食器として漆塗轆轤椀二合と漆塗盤四合を計上するのに対し、金泥銅火炉や銅金泥香杯・銅火炉などを法物と位置づける。八世紀には、金属器は仏法にかかわる道具と意識されていたのである。

元正天皇は同年同月四日に、同じ食器セットを法隆寺にも納賜した。『法隆寺資財帳』は各々の寸法まで記録する。

『大安寺資財帳』は備品が膨大なため、個々の説明は『法隆寺資財帳』より簡略で、金属器にかんしては鐘（160行）以外は寸法を記録しない。元正天皇が法隆寺に納賜した白銅鉢は径七寸一分（二一・〇cm）、深四寸一分（一二・一cm）、多羅二口は各径八寸（二三・七cm）、深一寸（三cm）、七口の鋺（鋺）のうち一口は径六寸三分（一八・六cm）、深二寸（五・九cm）、二口は各径五寸三分（一五・七cm）、深二寸、四口は各径五寸（一四・八cm）、深一寸七分（五・〇cm）、箸（鉗）は長八寸一分（二四・〇cm）、匙（鈚）は長七寸五分（二二・二cm）である。『法隆寺資財帳』は匙も箸も金偏のつく文字で表記し、仏分・聖僧分それぞれ「白銅供養具壹拾貳口」の計二四口を計上する。『大安寺資財帳』では、元正天皇が納賜した供養具で割注記載した箸以外の箸には金偏がつく（169行）。匙と箸がないと食器にならないので項目に挙げたが、大安寺の「合供養具弐拾口」においては、金属器ではない匙と箸は財産としてカウントしていないのである。

養老六年一一月一九日、元明天皇一周忌供養のため、華厳経八〇巻・大集経六〇巻・涅槃経四〇巻・大菩薩経二〇巻・観世音経二〇〇巻を写し、灌頂幡《かんちょうばん》八首・道場幡一〇〇〇首・着牙漆机（象牙の薄板を漆で帖った机）三六・銅鋺器一六八・柳箱《やなぎばこ》八二を造り、一二月七日に京および畿内諸寺で僧尼二六三八人を屈請して斎供することを命じる［『続日本紀』］。ほぼ同時期に、大安寺・法隆寺に同じ最高級の食器（供養具）が二セットずつ納賜された理由はここにある。大安寺の「仏供養具十口」「聖僧供養具十口」も、法隆寺と同形同大の規格品と考えてよい。匙や箸もセットならば、当然、白銅製品であるべきで、天平一九年までに大安寺納賜分が木の匙や箸に化けて「供養具」としてカウントされなかったとすれば、どこかで不正があったのではないかという疑いが生じる。

同じ時に法隆寺に納賜した品々

元明天皇一周忌のために準備した灌頂幡（秘錦大灌頂一具）は『大安寺資財帳』も明記している（239〜241行）。しかし、経典や道場幡・着牙漆机・柳箱は『大安寺資財帳』では特定できない。経典は、翌年三月に元正天皇が請坐したという一切経（93～95行）に含まれているかもしれない。また、道場幡・着牙漆机・柳箱は小幡（246行）・机（272行）・草筥（268行）のなかに該当候補があるかもしれない。

一方、『法隆寺資財帳』は秘錦灌頂一具だけでなく、金剛般若経一〇〇巻、法分の小幡一〇〇首と緋綱四条、仏分の練絁帳四帳、法分の香机褥《こうづくえのじょく》（香を焚く机に敷く布）・経机褥各一枚と紫羅綾花覆帳等、聖僧分の漆塗机一足、法分の漆塗筥五合、法分の韓櫃五合も、養老六年一二月四日に元正天皇が納賜したことを明記する。年月日がない観音経一〇〇巻、心経七五〇巻も、元正天皇がこの時に納賜した可能性がある。経典名・物品名が『続日本紀』と必ずしも符合しないが、寸法にいたるまで詳細に記録する『法隆寺資財帳』の筆録者の方が、『大安寺資財帳』の筆録者より、細部に目が行届いているのだ。もっとも、大安寺は保有する財産が多すぎて、細かなことまで気にかけていられないという事情があったかもしれない。そうした『大安寺資財帳』記載上の手抜きは、以後も『法隆寺資財帳』との比較から、さらに明確になる。また、そうした手抜きが、大安寺の経済基盤をゆるがした可能性は、次章二節の墾田地にかかわる分析で明らかになる。

なお、養老六年に元正天皇が各寺に納賜した経典や供養具の数が『続日本紀』の記載通りで、銅鋺器一六八口に白銅製匙や箸も含むならば、二〇口あるいは二四口ずつ大安寺・法隆寺などの諸寺に納賜した場合、銅鋺器の納賜先は八ヶ寺が限度となる。これは、灌頂幡八首の納賜先の数と同じである。銅鋺器一六八÷八＝二一なので、各寺が仏分・聖僧分の二セット偶数個を必要とし、二〇口を納賜された六ヶ寺と二四口を納賜された二ヶ寺の区別があったと理解すれば、前項末尾で可能性を指摘した「不正」は冤罪だったことになる。つまり、元正天皇が大安寺に納賜した白銅製品は鉢・多羅・鋺で、匙と箸は食器セットとして体裁をととのえるために、大安寺が新たに付け加えたものだった。したがって、納賜した供養具二〇口のなかに、匙と箸はカウントしなかったのである。しかし、納賜した供養具二〇口以外に、寺が準備した匙と箸を、仏供養具・聖僧供養具として別項目で記すのが記載法として丁寧であり、『大安寺資財帳』における記載の手抜きが、筆者にもあらぬ疑いを抱かせたといえる。ただし、木でできた匙や箸は、資産としてカウントする価値がないという判断を、資財帳筆録者が下した点には注意を要する。

金器と銀器

元正天皇が納賜した金属器（供養具）は、すべて白銅である。現在「白銅貨」と言えば銅とニッケルの合金だが、古代の白銅は青銅と同様、銅と錫と鉛の合金で、錫量が多いと白く硬く仕上がる。叩くとよい音がするので響銅（佐波里）ともいう。伝世品や出土品で判断すると、資財帳で白銅と記した金属器には、鋳造で回転成形した鋳物・挽物と、槌起整形した打物とがあるらしいが、記事内容から必ずしも区別できない。

一方、大安寺が所有する金属器には、金銀器もあった。正倉院宝物でも金製品は大仏開眼会で聖武天皇や光明皇后が着用した礼服御冠の残欠（北倉一五七）ぐらいだから、金器を持つ大安寺の経済力は大変なものだ。すなわち、仏物二一八、菩薩物一、聖僧物三、通物一〇の合わせて二三二口の鋺（鋺）のうち、仏物の一口が金器、一五口が銀器、通物の一口が銀器（141〜143行）だった。また、仏物三一、聖僧物二、菩薩物一、通物三、温室分物三〇の合わせて三七口（本文では三八口、ケアレスミスだ）の多羅のうち、仏物三口が銀器（144〜145行）。さらに、仏物九、温室分物四の合わせて一三口の壺のうち、仏物の五口が銀器（150行）であった。また、仏物三六、通物一の合わせて三七合の香杯のうち、仏物の一合が銀器（154行）。仏物一八、法物一、常住僧物一、高麗通物四の合わせて二四具の香炉のうち、仏物の一具が銀器（155〜157行）。仏物二七、聖僧物一一の合わせて三八合の合子のうち、仏物三合が銀器（165〜167行）。仏物二九、聖僧物二の合わせて三一枚の匙のうち、仏物の三枚が銀木葉匙だった（168〜169行）。以上を通観すれば、金銀器は基本的に仏物で、菩薩物・聖僧物・法物・通物も含む銅製品とは一線を画していたと思われる。ただし、鋺一口（143行）だけが通物の銀器だった。

〈元正天皇が納めた金属器〉項で述べたように、『大安寺資財帳』は、金属器などの備品の寸法を記載しないことが多い。また、飯鋺・塔鋺・酌などは材質さえ明記していない（146・147・151行）。にもかかわらず、金器・銀器に関しては、一つずつ重量を明記する。例外は上述した通物の銀鋌と銀製数珠（175行）だけだ。貴金属製品は、地金価値を重視したのである。細部まで目が行届いた『法隆寺資財帳』では、金属器の材質をほぼ網羅的に記載するが、金器は存在せず、わずかに天平八年二月二二日に皇后宮、すなわち光明皇后が納賜した「丈六分銀多羅」二口が目に付く。大安寺と法隆寺が保有する備品の材質格差は歴然としている。なお、『法隆寺資財帳』では、金属器などの容器は、原則として口径と深さを記載する。しかし、銀多羅は大きさを省略し、重量を記載している。地金価値を重視したという理解は、『法隆寺資財帳』にもあてはまる。

金銀器の由来

大安寺が保有した金銀器には、舶来品が多かったかもしれない。しかし『法隆寺資財帳』の銀多羅は光明皇后の納賜品であった。これに関連して、天皇・後宮などの内廷にかかわる手工業分野を担当した内匠寮に、奈良・平安時代を通じて、金銀銅鉄手［天平年間「内匠寮解」『大日本古文書』第二巻四五八頁］や金銀工［大同四（八〇九）年八月二八日太政官符「定内匠寮雑工数事」『類聚三代格』］がいた事実は重要だ。『延喜式』巻一七「内匠寮」には、御飯笥・酒壺・杓・酒台・盞《さん》・水鋺・盤の銀器製作に要する銀・炭・和炭・油の量と、製作に加わる火工・轆轤《ろくろ》工・磨および夫の功数が列記されている。舎利容器や正倉院宝物など、七〜八世紀の古代日本の金銀器にも鍛造品（打物）と鋳造品（鋳物）とがあるが［小林一九六二］、『延喜式』が例示した銀器製作は、杓以外は轆轤工が参加しているので、鋳物を回転整形したことがわかる。

内匠寮は神亀五（七二八）年に設置された令外官である［『続日本紀』神亀五年八月甲午］。金工・玉石工・木工・画師など各種工人からなる内匠寮は、七世紀後半〜八世紀初頭に金銀工をはじめとする各種手工業分野を組織し、飛鳥寺だけでなく「石川宮鐵」「大伯皇子宮物」「内工釘五十」などの需要にも応じた飛鳥池遺跡を継承した可能性が高い［上原二〇〇六a、十川二〇〇八］。大安寺の金・銀器のなかに内匠寮の製品があったとすれば、資財帳が明記しない天皇・皇族が大安寺に納賜した品々はさらに数を増すことになるだろう。

食器としての供養具

B項で列記した金属器のうち、元正天皇が納賜した供養具と共通する鉢、鋺、多羅（140〜145行）、匙、鐥（167〜169行）は、基本的に食器と理解できる。飯鋺、白銅漿鉢（146・149行）も、呼称から食器に含めてよいだろう。漿はオモユ・粥をさすという［関根一九六九］。塔鋺（147行）は、先述したように、供香具の可能性が高い。白銅大盤・壺・酌・水瓶は、水や汁物を供する食器と考えてもよいが、温室で使用したり（150行）、聖水を供したり、花を生けたりするので、貯水・供水具、供花具、入浴具、調理具などの広い範囲で機能を想定しておこう。多羅も「温室分物」があるので、すべて食器だったわけではない（145行）。「天平十九年帳」は、備品を機能別・分野別に整理する点においても不徹底なのである。

正倉院宝物においては、口径二九㎝弱、高一九㎝前後の銀製鉢四口に、飯粒がこびりついたものがあったので［関根一九六九］、元正天皇が大安寺や法隆寺に納賜した供養具の白銅製鉢より一回り大きい銀製鉢にも、食品を盛ったことは確実だ。しかし、『大安寺資財帳』の金属製食器の大部分は仏物・聖僧物・菩薩物で、一般僧侶が使用できる僧物や通物はほとんどない。すなわち、鉢三口のうち所属不明は一口、鋺二三二口のうち通物は一〇口のみ、多羅六八口のうち通物三口・温室分物三〇口、塔鋺二四合のうち通物は二合、白銅大盤五口のうち通物は二口のみだ。これで、八八七人もいた大安寺の僧や沙弥の食事をまかなうことは、絶対に不可能だ。

焼物の器はどこに

『大安寺資財帳』は、考古学者がおもな研究対象にする焼物の器について言及しない。木の匙や箸は資産と認めないという価値観がはたらいたとすれば、土器も同様だった可能性が高い。しかし、換金価値の少ない消耗品を「天平十九年帳」が財産・備品と認識しなかったわけではない。『法隆寺資財帳』は、通分雑物三五種に甅一〇〇口、瓱一〇〇口、缻一二〇口、食器四〇口、田笥二〇〇口、飯擧《めしあげ》二具、粕擧《かすあげ》二具、餅擧《もちあげ》二具、樽九口、円船一口、橧《こしき》三口などの貯蔵具、食器、調理具を計上する。調理に不可欠な鉄釜一三口は、金属器の項目に挙がるので、法隆寺の場合は僧二六三人分の食器・調理具は、やや少ないながらも準備できそうだ。

『法隆寺資財帳』は保有する甅一〇〇口と瓱一〇〇口の大きさを一つ一つ記録する。甅は口径九寸～二尺三寸（二六～六八cm）、深二尺七寸五分～四尺二寸（八一～一二四cm）だから大甕、瓱は口径一尺一寸～一尺五寸（三三～四四cm）、深一尺五寸～二尺四寸（四四～七一cm）だから一回り小さい甕で、いずれも貯蔵容器と考えられる。大きさを記載しない缻一二〇口も貯蔵用甕だろう。

古代・中世の都市遺跡では、室内にほぼ同大の甕を整然と並べた貯蔵庫跡（埋甕遺構）がよく発見される。西大寺食堂院東檜皮厨推定地（図17）でも埋甕遺構を検出したが、覆屋の建物構造がはっきりしない［奈良市教委二〇〇六、奈文研二〇〇七b、神野二〇一二］。法隆寺でも二〇〇個以上の甕が並ぶ貯蔵施設を想定してよいだろう。甕の内容物を記録しないのは、本章三節〈覆いや袋の機能〉〈箱は空っぽではない〉項で述べるように、「天平十九年帳」が袋・箱など資財収納具を別記し、その中身がわからないことが多い事実に対応する。ただし、厨（台所）関係の貯蔵庫にあったはずの塩などの調味料や、稲米以外の食材について、資財帳はほとんど記録していない。稲米以外は資産とみなさなかったのである。

なお、九〇五年『観世音寺資財帳』においても、大衆物章で厨・竈屋・水屋・備屋・碓屋・板倉などの建物施設、鉄釜・机・飯櫃・斗・升・臼・碓などの備品とともに、甕四〇口を計上する。観世音寺にあった給食センターにおける食料貯蔵容器と判断してよい。一方、七八八年『多度神宮寺資財帳』太衆項では、板葺竈屋や草葺厨などの建物施設と並べて、甅二口、油缶一口、缶四口を登録する。多度神宮寺の台所では、油缶だけが貯蔵内容物がわかる容器だ。甅の収納量は一斛、油缶は二斗五升、缶は三口が三斗、一口が一斗五升だった。小規模寺院では、食糧貯蔵容器とし

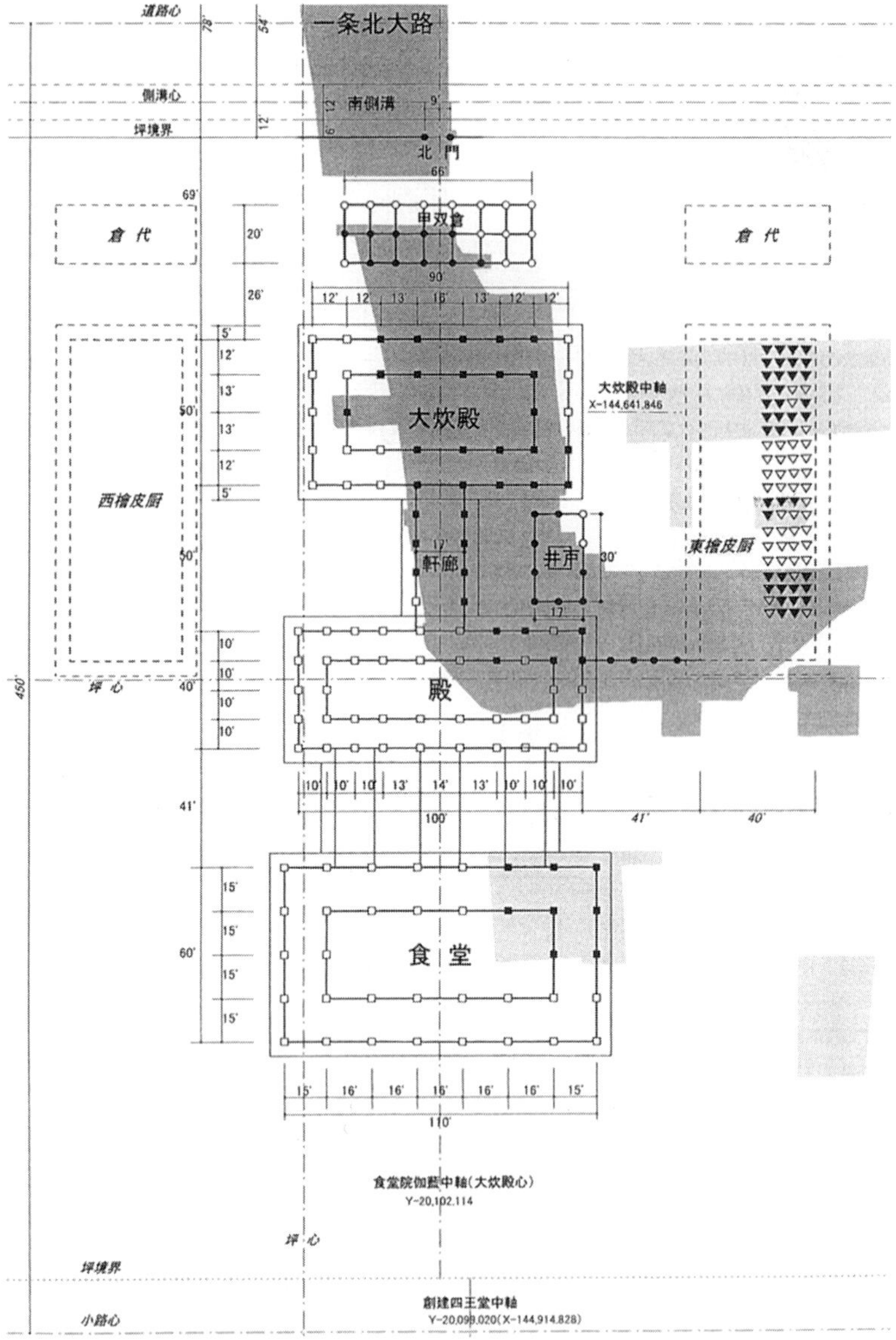

図17　西大寺食堂院建物配置図（1/900）［奈文研2007b に加筆］（1' = 1尺　□礎石　○掘立柱　▽埋甕・黒塗は検出済み　濃いアミは奈文研調査地　薄いアミは奈良市調査地　斜体文字は推定値と推定施設名）

西大寺食堂院は寺院地東北隅を占める。食堂院東檜皮厨の建物施設は明確ではないが，南の奈良文化財研究所調査区と北の奈良市教育委員会調査区の両方で，埋甕遺構を検出した。これが一体なら，東西４個南北20列，計80個の甕が東檜皮厨内の東寄に整然と並ぶことになる。

て、大きさの異なる甕が七口あれば充分だったのだ。食糧貯蔵用大甕の保有量が寺院規模に比例するならば、大安寺の給食センターには数百の大甕が並んでいたはずである。とすれば、その記載がない『大安寺資財帳』は、やはり土器を資産と認識していないことになる。

一方、食器・田笥の寸法や材質について『法隆寺資財帳』は記載しないが、これらが僧が食事をとる際の食器と考えてよいだろう。鉄釜や榴（甑）で調理し、飯擧などで盛りつける。としても、金属製の各種食器が多数準備されている仏や聖僧との、あまりに大きい落差が気にかかる。

僧たちの日常食器Ⅰ

大安寺の食堂は長さ一四丈五尺（約四三m）、広さ八丈六尺（二五・五m）と大規模である（357行）。しかし、八八七人の僧が一斉に食事をとるには狭すぎる。東大寺二月堂の修二会（お水取り、十一面悔過）の時、法会を主導する練行衆だけが「別火」で食事をとるように、上座に聖僧像を置き食堂でとる食事は、選ばれた僧による特別な食事と考えた方が無難だろう。その食事には、数少ない通物の金属器を食器に用いた可能性もある。

時代はやや降るが、大安寺僧房にかかわる日常の食事風景を彷彿とさせる説話が『三宝絵詞』にある。中巻「法宝一八」話は法華八講、すなわち八人の講師が法華経八巻を朝夕一巻ずつ、四日間にわたって読誦・供養する法会の起源を説く。その冒頭が以下の文章である。

「昔、大安寺に栄好といふ僧あり。身まづしうしておこなひつとむ。坊よりいづる事なし。老いたる母を寺の外にすゑたり。一人の童を室のうちにつかふ。七大寺、古は室に釜・甑をおかず。政所に飯をかしきて露車につみて朝ごとに僧坊の前よりやりて、一人の僧ごとに小飯四升をうく。栄好是をうけて四に分ちて一をば母にたてまつる、一を来る乞者にあたふ、一をばみづからくふ、一をば童にあてたり。まず母におくりて、まいるよしを聞きてのちにみづから食ふ。師食ひてのちに童くふ。」以後、話は栄好の死、親友の勤操が友の死を秘し、代って栄好の母に食事を分け与えていたが、母の知るところとなって母が死ぬ。これを機会に同法の人七人を誘って始めたのが法華八講であるという形で、法会の起源が説明される。

僧たちの日常食器Ⅱ

つまり、『三宝絵詞』が成立した頃は、僧房でも煮炊きするようになったが、昔は、僧たちの食事は朝一回、給食センターから配給された。炊いだ飯を車で運んでいるので、食器は朝に配布し夜に回収したのではなく、各僧各室で自己管理したはずである。つまり『大安寺資財帳』が日常食器をリストアップしなかったのは、単に安物の消耗品だったからではなく、備品に準じても各僧各室に帰属したため、実体を把握しにくかったのだと考えることもできる。『法隆寺資財帳』が甅や瓱の寸法を一つひとつ計測しているのに、食器・田笥は員数だけで寸法を省略しているのも同じ理由かもしれない。ただし、甅・瓱の大きさを記録するのに『法隆寺資財帳』は何十行も費やしており、それより数が多い缻や田笥の大きさを一つひとつ記録するのはひかえた可能性もある。

『三宝絵詞』方式でいえば、法隆寺にいた僧一七六人、沙弥八七人のうち、直接小飯四升を配給されるのは僧である。田笥が飯の受皿となることは、有間皇子の辞世の句「家なれば笥に盛る飯を草枕旅にしあれば椎の葉に盛る」（『万葉集』一四二）を引用するまでもないだろう。田笥は「瓦」偏が不要な曲物容器と考えるのが合理的だ。二〇〇口は僧数にほぼ対応する。おかずの問題もあるので、沙弥や童への分配法や食器四〇口の具体的機能については保留しておきたい。

『大安寺資財帳』において「瓦」偏がついて材質を明記しない水瓶（152〜153行）は、焼物の可能性、とくに奈良三彩など高級施釉陶器やガラス器の可能性も否定できないが、四六口中の四一口が仏物・菩薩物・木叉分物で、「漢軍持」「胡軍持」「柘榴瓶」「洗豆瓶」等のニックネームがある容器は、金属器の可能性が高いだろう。『法隆寺資財帳』の水瓶一六口は白銅製と明記する。聖水や花を仏に供える供水具・供花具として機能したはずである。なお、軍持が水瓶の梵語、木叉分物が布薩調度をさすことは、本節〈布薩などのイベント費〉項で述べたとおりだ。

仏物としての鏡

B項の金属器のなかで、大安寺が破格の寺院だったことを示すのが、鏡保有量だ。大安寺には一二七五面もの鏡があった（162〜164行）。内訳は花鏡二五九面、円鏡二八六面、方鏡六面、鉄鏡七一面、雑小鏡六五〇面で、通物とした三面の形状・材質・大きさはわからない。二〇％を占める花鏡は、奈良時代に通有の隋唐鏡（唐式鏡）だ。考古学者は、古墳から多数の鏡が出土すると「威信財」と呼んで、被葬者の政治権力・経済力を推しはかる指標にする。しかし、一古墳の出土量は多くても四〇面前後だ。八世紀前半の大安寺は、その三〇倍以上の鏡を保有していた。なお、奈良県桜井茶臼山古墳は盗掘で粉々になった鏡破片から、八一面以上の鏡を副葬していたと判明した。それでも大安寺の一五分の一にすぎない。

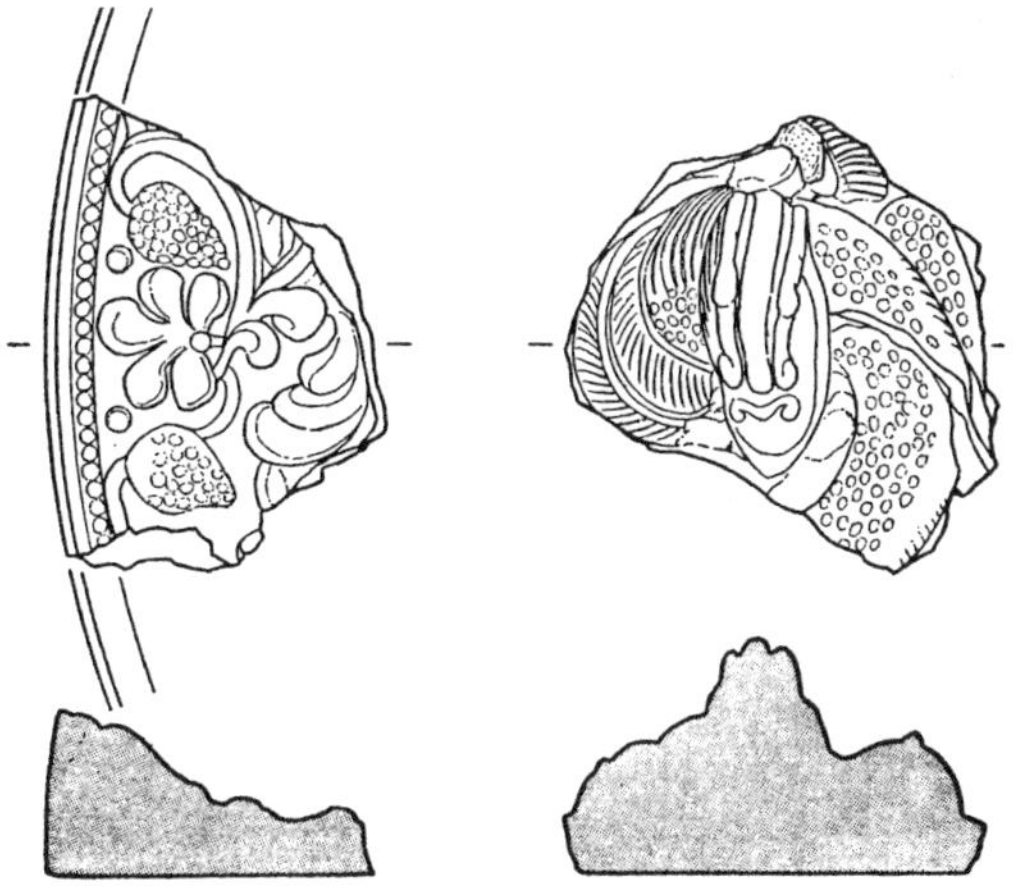

図18　大安寺出土海獣葡萄鏡片実測図（実大）［松村1984］
右は復元径13.6㎝の日本製中型鏡，左は径20㎝を超える初唐の大型鏡だ。資財帳記載鏡の一つになるか判然としない。

金属器は高価なので廃棄せず、地金として再利用する。集落・寺院・官衙遺跡の発掘で、金属器がめったに出土しない理由の一つである。弥生・古墳時代の鏡が「副葬」という異常な習俗のおかげで大量に残った事実は、肝に銘じておく必要がある。大安寺の発掘で出土した鏡は、海獣葡萄鏡《かいじゅうぶどうきょう》の小破片二点にすぎない（図18）［松村一九八四］。出土したのは、講堂と金堂との間に広がる焼土層の中［八賀一九六七］。以下に述べるように、大安寺が保有した鏡は、おもに「仏物」だから、出土地点

図19　東大寺法華堂西の間の蓮華形（8世紀前半）

東大寺法華堂の天平彫刻群の上に格天井に，9枚の鏡を嵌め込んだ蓮華形3基が取り付けられている。鏡は原則として仏物なので，鏡を嵌めた蓮華形は天蓋と同義だ。中央間の蓮華形は新しいが，本来は本尊となる三尊仏に対応する形で蓮華形を配したと私は考えている。［上原1996］

もそれにふさわしい。しかし、これは千面を超える鏡の九牛の一毛にすぎない。出土鏡および寺院・神社の伝世鏡を加えても、日本に現存する奈良時代の鏡は数百面程度だ。大安寺の鏡が伝世されていれば、古代日本の鏡研究はまったく様変わりしていただろう。

大安寺が保有した鏡は、威信財でも化粧具でもない。一二七五面のうちの一二七〇面が仏物で、二面が菩薩物、三面が通物である。東大寺に残る数少ない天平建築の法華堂（羂索堂・三月堂）は、もとは大養徳国金光明寺（大和国分寺）金堂だった可能性が高い［上原二〇〇一b、高橋二〇〇九・二〇一〇］。堂内にひしめく天平仏像群の上方を見上げると、天井に取り付けた三基の天井倒蓮花《とうれんげ》（天蓋）に気づく。細部に違いはあるが、径八〇cmほどの大形蓮華形の周囲に径二〇数cmの小形蓮華形がめぐり、各蓮華形の中房に大小の鏡計九面を嵌め込んでいる（図19）。中央の倒蓮華は後補とのことであるが、『東大寺要録』巻四の諸院章第四「羂索院」条では、羂索院正堂宝物等として鏡四七面を計上し、うち三六面が天井に、八面が柱にあると記載する。これを根拠に、法華堂の倒蓮華は四基だったとする説もある［中野一九八〇］。いずれにしても、仏堂内部の荘厳あるいは仏像自体の荘厳具として、鏡を用いたのだ。

鏡を嵌め込んだ蓮華形

創建時（天平宝字二〈七五八〉年）の東大寺大仏殿においては、建物の外周をめぐる裳層、すなわち庇の下にさしかけた下層屋根の、四隅間を除く二八間の天井中央に蓮華形を取り付けたが、鏡を嵌め込んでいない。一方、翌年から造営工事が進んだ法華寺金堂では、母屋（身舎）天井には五間の柱間ごとに径六尺の倒蓮華を取り付け、その中央の三個に鏡を嵌め込んだ。ただし、庇の天井においては、隅を除く一四間の柱間ごとに径五尺一寸の倒蓮華を取り付け花弁を漆や金箔で装飾したが、鏡を嵌め込んでいない［福山一九五二］。

つまり、天井倒蓮華は仏堂自体の荘厳や礼拝空間の荘厳にも用いるが、鏡を嵌め込むのは本尊を安置した身舎の天井倒蓮華形に限られた。鏡を仏物と位置づける意義はここにある。つまり、鏡を嵌め込んだ天井倒蓮華形は、仏像にさしかける天蓋と同じ機能を果たしたのである。東大寺法華堂は、梵天・帝釈天を従えた不空羂索観音が本尊であるが、天蓋下に天部を安置する例は寡聞にして知らない。大安寺の鏡も、通物三面を除けば、仏物あるいは菩薩物だ。おそらく、法華堂天井における天蓋の存在は、不空羂索観音以前に、大養徳金光明寺金堂の本尊である釈迦あるいは盧舎那仏を本尊とする脇侍が存在したことを反映しているのだ。なお、本項で法華寺金堂とした建物は、通説では阿弥陀浄土院金堂と記述することが多い。しかし、次章一節の〈極先瓦で飾った建物〉項で述べるように、法華寺金堂の可能性が高いと考えている。

史料を博捜して、古代寺院が仏像の荘厳具として多くの鏡を保有した事実を明らかにしたのは斉藤孝さんである[斉藤一九六二]。以下、本書の主題の一つである、寺院格差や時期差による違いに注目しつつ、斉藤さんの分析成果を再検討して、古代寺院における鏡の意味を考える。

仏像を直接荘厳した鏡

『大安寺資財帳』からは、鏡のほとんどが仏物だったことはわかるが、具体的な使い方はわからない。鏡にかかわる雑物として、鏡台四足（323行）や鏡懸糸一三条（326行）も計上しているが、どこでどのように使ったのか、具体的な使用法を推測できない。仏物としての鏡の具体的な使途がわかるのが、七八〇年『西大寺資財帳』である。『西大寺資財帳』は、基本財産や備品の一部を建物施設ごとに列記するので、備品を使う場所も特定できる。

たとえば、西大寺金堂院薬師金堂の中尊は、高さ八尺（二三七㎝）で、七尺五寸（二二二㎝）の蓮華座上に座す。この薬師如来座像は「着鏡五十六面」、すなわち五六面の鏡を装着していた。この中尊光背（挙身光）は高さ一丈六尺（三一四㎝）で、光背に配した化仏《けぶつ》や音声《おんじょう》菩薩《ぼさつ》には大小七二面の鏡が着いていた。さらに、金銀雑玉で身を飾った脇侍菩薩二躯は、六頭の獅子が支える高さ六尺（一七八㎝）の台上に座す高さ五尺八寸（一七二㎝）の像で、三八面の鏡が台に着いていた。また、脇侍菩薩の光背は高さ八尺五寸（二五二㎝）で、各々七二面の鏡を装着していた。

つまり、西大寺薬師金堂の本尊である薬師三尊は、合わせて三一〇面もの鏡で荘厳されていたのだ。

京都府木津川市（旧加茂町）にある浄瑠璃寺の九体阿弥陀像（一二世紀）のうち、北二体の木製光背には、各々一三枚の鏡を嵌め込み、反射によって頭光・身光を表現する。高さ一五〇cmに満たない阿弥陀如来像のためか、『西大寺資財帳』の光背に取り付けた鏡七二面には遠くおよばず、これを根拠に八世紀の鏡による仏像荘厳法を類推するのは難しい。何よりも四〇〇年のヒアタスがある以上、『西大寺資財帳』の文脈のなかで、鏡による仏像荘厳法を検討する必要がある。

八世紀の西大寺における鏡による荘厳は、特定の仏像に集中している。西大寺薬師金堂には本尊薬師三尊以外に、十一面観世音菩薩像二躯、馬頭《ばとう》観世音菩薩像一躯、得大勢至《せいし》菩薩一躯、不空羂索《ふくうけんじゃく》観世音菩薩一躯、孔雀明王菩薩像二躯、摩訶摩由璃菩薩像一躯、梵天王像一躯、天帝釈像一躯、羅漢像三躯、四天王像四躯などの等身大の乾漆仏一七躯や、六角殿内に安置した観世音菩薩塑像一躯、金銅釈迦仏像一躯・多聞天王像一躯・摩耶夫人像一躯・花樹一根・龍形一頭・塑像帝釈像二躯・神王像二躯からなる灌仏調度一具、般沙尸棄塑像一躯、あるいは補陀落山《ふだらくさん》浄土変（観音菩薩が住む浄土の有様を描いた絵画）一幅、薬師浄土変一幅などの障子絵がひしめいていた。しかし、これらの仏像や絵画には、荘厳具としての鏡の記載はない。

鏡で荘厳する仏像・しない仏像

ならば、本尊だけ多数の鏡で荘厳したのかといえば、そうではない。西大寺金堂院弥勒金堂の本尊である像高八尺・台座高一丈の弥勒菩薩像および両脇侍菩薩像は、各々、宝冠に方三寸（八・九cm）の鏡を嵌め込んでいた。しかし、光背には鏡を装着していなかった。また、同じ弥勒金堂に安置した菩薩像一〇躯、音声菩薩像二二躯、羅睺羅《らごら》像二躯、羅漢像一躯、天女像一〇躯、天人像一〇躯、窣度跋提神像一躯、神王像五躯、龍王像六躯、胡人像四口も鏡で荘厳していなかった。ただし、同じ弥勒金堂内にある高さ一尺七寸（五〇・三cm）の「水精弥勒菩薩一躯」を安置した六角漆殿の裏には円鏡一面を装着していた。

また、西大寺十一面堂院の十一面堂に安置した高さ一丈一尺（三三六㎝）の十一面観世音菩薩像や不空羂索菩薩像の瓱形（手に持った花瓶か）には一二面の鏡を装着し、高さ一丈六尺の光背には各々七八面、八二面の鏡を着けていた。しかし、十一面堂安置仏で資財帳の筆頭に挙がった阿弥陀三尊（中尊高二尺八寸）や自余の八躯の仏像、薬師・観音・四天王などの仏画は、鏡で荘厳していない。ただし、十一面堂にあった七基の厨子の一つには、蓋の裏に花鏡一面を着けた「六角漆殿」が納められ、一基の厨子は裏に径六寸五分（一九・二㎝）の華鏡が着いていた。

以上、『西大寺資財帳』を根拠とすれば、『大安寺資財帳』が仏物として登録した鏡の多くは、特定の仏像の身体や光背に直接装着して荘厳したと推測できる。この場合は、雑物項の鏡懸糸一三条（326行）が装着具の一部であった可能性もある。一方、鏡台四足（323行）も仏物ならば（329行）、身体や光背に直接付ける以外に、仏前に鏡を置く荘厳法を考えてもよい。ただし、このような鏡の使用法は、後述するように『法隆寺資財帳』では確認できず、寺格差・時代差あるいは礼拝方式の差も配慮しておかねばならない。なお、久保智康さんは、奈良時代における多数の鏡による仏像荘厳の典拠を『華厳経』に求めている［久保二〇〇九］。しかし、仏像ごとに鏡による荘厳の有無を検討しても、『華厳経』との対応関係は必ずしも認めがたい。

天蓋に嵌めた宝飾鏡

『西大寺資財帳』には、東大寺法華堂に現存する倒蓮華形（天蓋）に嵌め込んだ鏡のような使途はない。しかし、『大安寺資財帳』は、仏物と認識した鏡を仏像と別記登録したのに、仏像とは切り離せない光背や如来・菩薩像に普遍的な天蓋を記録しない。光背や天蓋は仏像と一体のものと認識したのだろう。『法隆寺資財帳』も法隆寺金銅釈迦三尊像の光背や天蓋を別記登録しないので、この認識は「天平十九年帳」で共通していたようだ。とすると、天蓋にはめ込んだ鏡があっても、『大安寺資財帳』がカウントしなかった可能性も残されている。

斉藤さんは、東大寺法華堂と同様に天蓋に嵌め込んだ鏡として、前述の法華寺金堂「天井倒花料鏡」以外に、筑前観世音寺の講堂本尊である観世音菩薩像天蓋を飾った鏡に注目している〔斉藤一九六二〕。九〇五年『観世音寺資財帳』仏物章によれば、貞観三（八六一）年の点検時に仏物として白銅鏡三三面（うち二面は破損）を記録したが、現在三六面を数える。そのうち宝鏡一九面（現在二〇面）は径三寸三分（九・八㎝）から八寸三分（二四・六㎝）。円鏡一四面（現在一六面）は径三寸（八・九㎝）から九寸（二六・六㎝）をはかる。一方、講堂本尊の観世音菩薩物として、径六寸七分で鏡背を獅子鳥形花等の文様で飾った円鏡、径四寸八分で鏡背を龍鳥螻雲形等文様で飾った花鏡、径一尺二寸（三五・五㎝）の螺鈿《らでん》花鏡、の計三面の鏡があった。このうち正倉院宝物鏡にも類例がある螺鈿花鏡は、「著観世音菩薩宝蓋」と使途を明記する。

天蓋に嵌め込む鏡は鏡面で本尊を照らすので、せっかく鏡背を繊細な螺鈿で装飾してもかいがない。しかし、筑前観世音寺クラスの寺が螺鈿花鏡を保有できるなら、明細がない大安寺保有鏡一二七五面のなかにも、正倉院に匹敵する宝飾鏡があったと期待してよい。正倉院螺鈿背鏡はいずれも中国鏡である〔成瀬二〇〇九〕。資財帳が唐鏡保有を明記するのは多度神宮寺と近長谷寺であるが、いずれも通常の銅鏡であろう。なお、筑前観世音寺本尊の天蓋鏡には後日談がある。

観世音寺本尊天蓋鏡の由来

康平七（一〇六四）年五月一三日、太宰府観世音寺が焼亡し、治暦二（一〇六六）年一一月二八日、瓦葺五間四面講堂を再建供養する〔『扶桑略記』〕。本尊の金色丈六観音像は新造だが、丈六不空羂索塑像は猛火の底から「常住之相」で現れたもので、補修してもとの位置に安置した。火災で焼け締まった塑像仏が、本来の姿をとどめたのだ。

一〇九五年頃の『観世音寺宝蔵実録』によれば、「第二韓櫃」にあった鏡の一部を再建「講堂中尊天蓋料」に流用した。すなわち第二韓櫃の鏡三三面のうち、七寸花形一面、六寸花形一面、七寸丸一面、五寸丸二面の計五面が「治暦二年八月四日、下用中尊御天蓋料」として韓櫃から取り出され、『観世音寺宝蔵実録』作成時には二八面が残っていた。斉藤さんは、講堂本尊復興時に天蓋に流用した鏡は「確かに奈良朝以来の荘厳法を伝えたもので」「かかる鏡の付け方が少なくとも官大寺の内では平安時代の後半にまで伝統化されていたことを物語る」と評価している。

なお、『観世音寺宝蔵実録』は、前帳では三七面の鏡を計上したが、うち四面は海賊に盗まれ、現在は三三面を残すと説明する。しかも、目録中には黒漆筥に入った径九寸の螺鈿鏡がある。天蓋に嵌め込んだ螺鈿鏡が火災をまぬかれるはずはない。寸法も異なるこの鏡は、九〇五年に本尊天蓋に嵌め込んだ螺鈿花鏡ではなく、以後、観世音寺が入手したと判断できる。しかも、再建講堂の天蓋鏡には使わずに、専用の黒漆筥に納めて保管したのだ。華麗な鏡背文様の鏡を天蓋に嵌め込むことを躊躇したのだろうか。

いずれにしても、盗難・被災や信者による奉納など、備品には出入りがある。『観世音寺資財帳』で貞観三年の点検時に三三面だった仏物の鏡が、延喜五年には三六面に増えているのもその結果だ。当然のことだが、『観世音寺資財帳』が仏物として記録した鏡は、『観世音寺宝蔵実録』の第二韓櫃の鏡と完全に一致するわけではない。

以上、『大安寺資財帳』『西大寺資財帳』や『観世音寺資財帳』『観世音寺宝蔵実録』において、仏像を荘厳した鏡を概観した。仏像の違いによる鏡の有無や使途の違いには、経典や儀軌、仏堂内における主客、寺院の伝統や施主の嗜好などが作用した可能性を指摘できるが断案はない。しかし、本尊級の主要な仏像を多数の鏡で飾り立てたり、天蓋に鏡を嵌め込む例が、大安寺・西大寺のような八世紀に造営された天皇発願の都城内大寺院、あるいは八世紀前半に完成した地方の筆頭官寺＝観世音寺に限られている事実には、注意すべきだろう。

数が少ない法隆寺鏡

少なくとも『大安寺資財帳』『西大寺資財帳』『観世音寺資財帳』を根拠に、古代寺院が一般的に多数の鏡を保有していたと考えるのは誤りである。『法隆寺資財帳』によれば、法隆寺が保有する鏡はわずか六面で、大安寺・西大寺・観世音寺との格差は歴然としている。『大安寺資財帳』は鏡の平面形で花鏡・円鏡・方鏡に分類し、鉄鏡もあったことを記すが、寸法や文様まではわからない。これに対して『法隆寺資財帳』は寸法や鏡背文様だけでなく、一部、入手経路についての情報も記載する。

すなわち、天平一九年段階で法隆寺が保有した白銅鏡六面のうち、四面は丈六分、残りは仏分と塔分であった。丈六分四面のうち、二面は天平八年二月二二日、すなわち聖徳太子の命日に、皇后宮（光明皇后）が納賜したもので、径一尺五寸六分（四六・二cm）と一尺五寸五分（四五・九cm）と大きさがわずかに違うが、いずれも鏡背文様は「海磯形」。一面は光明皇后の異父姉で、兄藤原房前の妻「無漏（女）王」が同日に納めた径九寸八分（二九・〇cm）の「花形」鏡。鏡背文様は「禽獣形」。残りの一面は、長屋王の娘「円方（女）王」が納めた径九寸七分（二八・七cm）の鏡で、鏡背文様は「禽獣形」とある。いずれも女性が納めた鏡で、直径が地位に比例する点に注目すべきだろう。明治一一（一八七八）年に法隆寺から皇室に献納され、現在東京国立博物館が保管する「法隆寺献納宝物」中の国宝「海磯鏡」二面（目録番号N74・75）は、大きさもほぼ光明皇后が納賜した鏡と一致する（図20）。

図20　法隆寺献納宝物「海磯鏡」（唐代，白銅製　東京国立博物館蔵）

『法隆寺資財帳』は仏像の寸法を記載しないの

で、丈六分の鏡の納賜対象は特定しにくい。現在、法隆寺金堂中央にある国宝「銅造釈迦如来及両脇侍像止利作」（釈迦三尊像）中尊は高八七・五㎝だから、丈六仏とはいいにくい。松浦正昭さんは、『法隆寺資財帳』の丈六は、中国唐代の用例にならって光背と台座を含めた「通光座高」を示すと考えて金堂本尊の釈迦如来を当てる〔松浦二〇〇四〕。しかし、『大安寺資財帳』の丈六像（52・55行）が通例の用法ならば、同時代でも丈六の計測法がまちまちだったことになるのだろうか。仮に松浦説にしたがうと、釈迦三尊・薬師如来・阿弥陀如来の金堂三本尊のうち、釈迦と阿弥陀には七世紀の創建当初の天蓋が残る。しかし、そこに鏡は使われていない。「丈六分」の鏡がいずれも天平期に納められたもので、次節〈由来が分かれば中身もわかる〉項で述べるように、鏡筥に納まっていたとすれば、鏡で仏身や光背・天蓋を直接荘厳する方式は、八世紀になってから流行した可能性もある。法隆寺が建った七世紀に、仏像を直接鏡で荘厳することがなかったとすれば、大安寺と法隆寺の鏡の保有量差は、単なる寺格差や経済力差の反映とはいいきれないことになる。

塔にかかわる鏡

法隆寺が保有した残り二面の鏡のうち、仏分の鏡は径四寸八分（一四・二㎝）、塔分は径五寸八分（一七・二㎝）で、いずれも鏡背文様は「禽獣形」だ。法隆寺が保有するようになった由来は記載されていないが、七世紀以来、寺にあった可能性を考えてよい。

法隆寺五重塔では、地下深く据えた心礎に舎利容器と舎利荘厳具を埋納していた（図21）〔法隆寺国宝保存委員会一九五四〕。その舎利荘厳具は海獣葡萄鏡一面を含み、塔分鏡の鏡背文様「禽獣形」が合致する。しかし、径は一〇・一㎝で、資財帳記載の鏡よりも一回り小さく、別物と判断できる。五重塔初層にある塔本塑像群は、和銅四（七一一）年に寺が造ったもので、これ以前に地下深く納めた舎利荘厳具の存在は、資財帳筆録時に忘れられていたのかもしれない。しかし、埋納して半世紀も経っていないので、一つひとつの資財の大きさや重さを律儀に記録した『法隆寺資

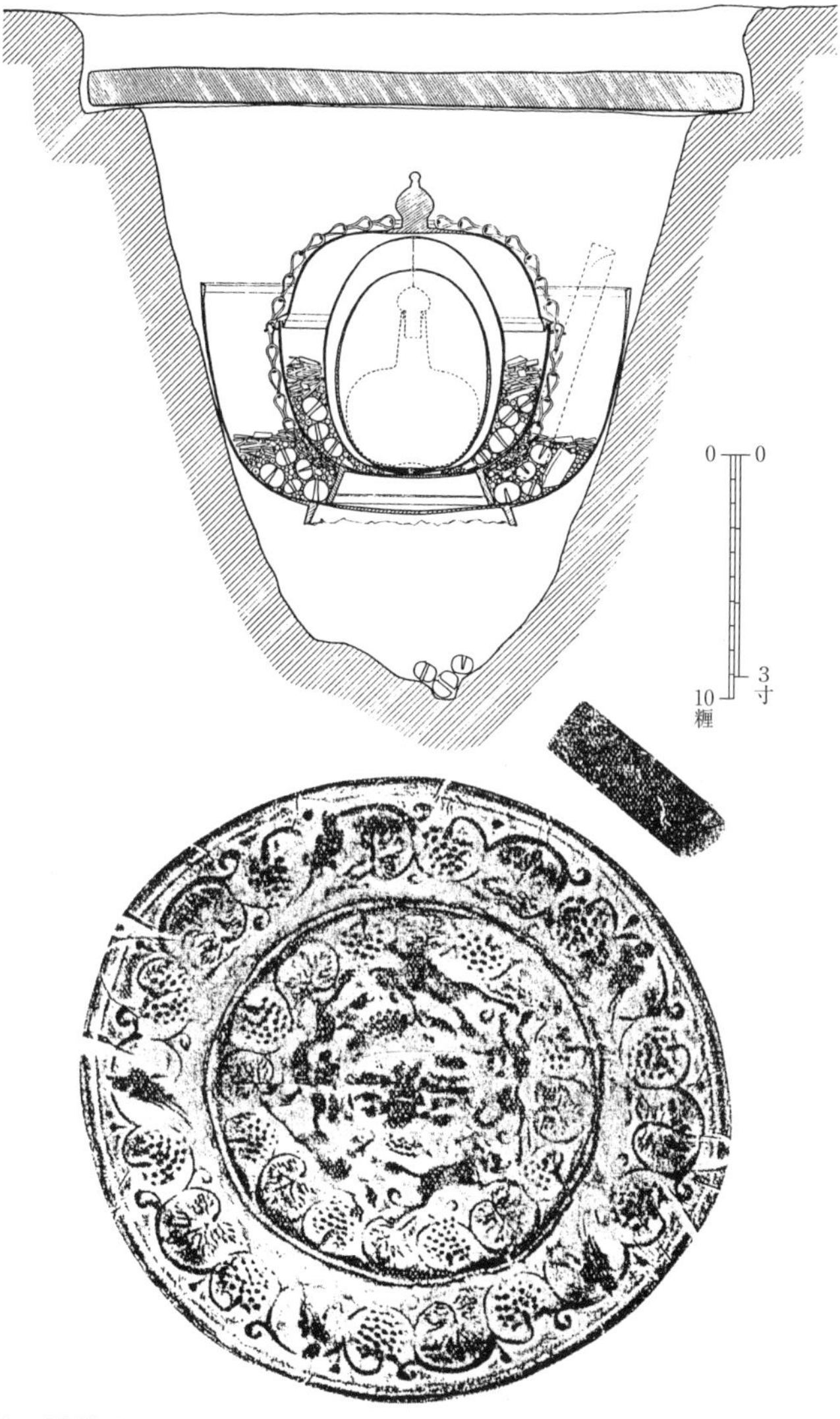

図21　法隆寺五重塔地下心礎に安置した仏舎利と荘厳具の鏡拓影［法隆寺国宝保存委員会1954］

現在の法隆寺西院伽藍の五重塔心柱の下に深さ約3mの空洞があり，地下まで延びる心柱を受けた当初心礎に，珠玉や銅鏡を副え，響銅製大鋺・金銅製合子・銀製卵形容器・金器卵形容器・ガラス瓶を入れ子にして仏舎利が安置されていた事実は大正15（1926）年に確認されたが，充分な調査はなされず再埋納された。とくに海獣葡萄鏡の評価が法隆寺論争に一石を投じることから再調査の声が上がり，昭和の法隆寺大修理にともない，法隆寺主導で昭和24（1949）年，秘宝奉拝·調査がおこなわれた。

図22　白塔と荘厳鏡（内蒙古自治区赤峰市巴林右旗白塔子）

白塔は慶州城内にある某寺を構成する八角七層磚塔。慶州城は遼（契丹）の皇帝聖宗等を葬った慶陵を守護し祀るための都市（奉陵邑）で，聖宗の子である興宗が1031年に築城した。頂部相輪（塔刹）内にあった２基の建塔碑によれば，白塔造営は重熙16～18（1047～49）年に進展。塔匠都作頭である寇守輦をリーダーとし，瓦工・木工・鋳工・鍛工・画工・石工など250名を超す各種工人が造塔に加わった［上原2005a］。そのなかに鋳鏡匠作頭賈重仙が主導する鏡作工人11名もいた。白塔の梁や組物・門や相輪に嵌め込んだ銅鏡千余枚は，彼らが製作したものだろう。

財帳』の筆録者が、実見できない埋納物の登録を割愛した可能性もある。いずれにしても、舎利を納めガラス瓶・卵形金器・卵形銀器・金銅製合子・白銅鋺を入れ子にした舎利容器自体の記載がない事実によっても、『法隆寺資財帳』筆録者の立場は想像できる。

仏分の鏡が仏像自体を荘厳したのならば、『法隆寺資財帳』塔分の鏡は、埋納した舎利を荘厳したのではなく、塔自体を荘厳した可能性がある。時代は降るが、中国遼代の塼塔に、相輪や塔身に多数の鏡を嵌め込んだ例がある（慶州城白塔、図22）。現在なお、朝日や夕日を反射して美しい。日本でも、文和五（一三五六）年に造営された奈良市霊山寺三重塔は、水煙に鏡を嵌め込んでいる。なお、七八八年『多度神宮寺資財帳』では、「塔貳基」のうち瓦葺西塔にかんして、径六寸三分（一八・六㎝）で若紫帯のついた「唐鏡」一面と鏡二一面とを計上している。このうち二一面の鏡は、塔に取り付けた可能性を考えてよいだろう。

資財帳成立時に、大安寺の塔はまだ建っていないので、塔を鏡で荘厳する計画があったかどうかわからない。また、『西大寺資財帳』は、塔にかかわる資財を記録した巻が残っていない。しかし、『観世音寺資財帳』塔物章に鏡はなく、鏡はすべて仏物だった。つまり、仏像荘厳に鏡を多用した八世紀の官大寺では、塔を鏡で荘厳することはなかったと考えられる。

堂内荘厳具などに付けた鏡

仏像の荘厳具として鏡を多用するのは、大安寺・西大寺・観世音寺など、八世紀における官大寺や地方大寺院の特徴であるという推測を検証するため、以下、他寺の資財帳における鏡の量やそのあつかい方を瞥見する。

まず、七六一年『法隆寺東院資財帳』においては、高座宝頂二具に「着小鏡二面」の割注がある。『大安寺資財帳』では大般若会の調度品に高座二具があり（337行）、『法隆寺資財帳』でも法分雑物として高坐三具を計上する。また、『多度神宮寺資財帳』『観世音寺資財帳』では法物として、『広隆寺資財帳』『広隆寺資財交替実録帳』は仏物として、

図23　興福寺講堂維摩会（『春日権現験記絵巻』14世紀初頭）
図中では，須彌壇の前に対峙する高座（論議台）にすわる講師・読師による問答が進行中だ。左方奥の堂内では僧たちが床几に腰をかけ，右方手前の堂外では大衆たちが聴聞する。高座は多角形で隅に幡がさがり，頂部を鳳凰像で飾る（宝頂）。高座の間には机と礼盤を配し，須彌壇周囲をめぐる机には盛花と灯明が並ぶ。（宮内庁三の丸尚蔵館蔵）

さらには『近長谷寺資財帳』でも高座二具とその付属品を計上している。

高座は落語家が座る席ではない。本義は、法会を主導する僧尼が座る一段高くしつらえた席だ。唐招提寺講堂に入ると、須彌壇前方の左右に、屋根が付いたテニス審判台のような椅子が対面している。読師台・講師台と呼ばれる一対の登高座である。学侶代表の読師が講師と向き合って問答し、両側にひかえた学侶が聴講する姿は『春日権現験記絵巻』に描かれた興福寺維摩会も同じだ（図23）。白雉三（六五二）年四月一五日、沙門恵隠を難波宮内裏に招請し、無量寿経を講義させたとき、沙門恵資を論議者とし、千人の沙門を作聴衆とした。講者と問者（論議者）を対置しているので、宮中法会でも一対の高座を用いたことがわかる。斉明天皇六（六六〇）年五月には、勅を受けて、百の高座、百の納袈裟を造って仁王般若経会をおこなったというから、法会で高座を設ける問答スタイルは、七世紀中葉には一般化したと理解できる［『日本書紀』］。

法隆寺東院の高座は白木製で「机橋礼盤二足」とセットをなし、色とりどりの錦や綾の敷物が付属していた。高座宝頂は『多度神宮寺資財帳』や『近長谷寺資財帳』を参考にすると、張木（骨）に錦・綾や白絹を張った傘状を呈し、頂部を宝珠（瓶）で飾った。高座宝頂に付けた法隆寺東院の鏡は、法会を荘厳する小道具、すなわち法物の一つといえる。なお、多度神宮寺や近長谷寺の高座宝頂には、小幡や定幡を四流ずつ取り付けていた。

一方、七六七年『阿弥陀悔過料資財帳』では、長一丈一尺二寸（三三二㎝）幅八尺（二三・七㎝）の「金銅切物幡八首」を、鏡・水精などで飾っていた。これも法会に際しての堂内荘厳具だ。また、八九〇年『広隆寺交替実録帳』によれば、辛櫃に納めた法物「灌頂」三具を点検すると、大破した部品に「鏡形二十一枚」が含まれていた。鏡そのものではないが、これも法会に使う堂内荘厳具に取り付けた鏡の例だ。七世紀に創建されたが、八一八年に全焼しているので、広隆寺の資財には古い伝世品は多くないようだ。

荘厳具以外の鏡

八六一年『宇治院資財帳』は、芝鍋・金臼・堂鎰など、実用的な金属器しか登録していない。八六七年『安祥寺資財帳』は、阿闍梨附法物として「鏡子一面」、荘厳供養具として径一尺一寸（三二・六㎝）で螺鈿花箱に入れた「花鏡」一面を計上する。八八三年『観心寺資財帳』では、檜皮葺宝蔵に白銅香炉や白銅多羅などの金属器や多数の朱漆器が保管されているが鏡はない。九三七年『信貴山寺資財帳』では、錫杖・金剛鈴などの密教法具はあっても鏡はない。九五七年『近長谷寺資財帳』には、本施主の孫である飯高朝臣乙子が施入した方一尺の唐鏡一面がある。立派な鏡なので大切に保管されたことだろう。

九五〇年『仁和寺御物実録』では、印仏・経典・法具・茶碗などを納めた「筥甲御厨子」のなかに、「鏡印仏」一面を納めた黒漆筥があった。鏡面に仏像を線刻した鏡像だろうか。また「岐佐木御厨子」の甲・乙・丙の三基には、鑪や銀製・金銅製の火舎、火取、香筥や香壺、箸匙、小刀などからなる供香具一式を箱に納め、六ないし八セットずつ保管していた。その供香具一式においては、火鏡筥に納めた火鏡一枚を計上する例が多い。中国では太陽光から火を取る発火具として「火鏡」がある。仏前や堂内に香を焚き込める道具とすれば法会具、すなわち法物だが、「火鏡」に実用的な意味があるとすれば、これまで述べた荘厳具とはまったく機能が異なる。

以上、瞥見したように、八世紀でも官大寺に比べてやや格が落ちる寺院では、多数の鏡を仏像の荘厳に使用することはなく、立派な鏡は箱に入れて保管した。また、他の道具を飾り立てる場合は、高座や幡などの法会に際しての堂内荘厳具を鏡で飾る傾向がある。この場合の鏡は法物である。一方、九世紀の密教寺院では鏡は顕著でなく、個人の持物、もしくは箱に納めて保管する傾向がある。一〇世紀には、鏡面に仏像を描いたり、供香具としての鏡など、新傾向が萌芽する。

大安寺が保有した膨大量の鏡の使途を検討するため、他寺の資財帳を渉猟した。仏物として仏身・光背・天蓋などを直接鏡で荘厳するのは、大安寺・西大寺・観世音寺など八世紀に成立した官寺の特徴である可能性は高い。一方、塔身を鏡で荘厳する方式は官寺になく、多度神宮寺西塔で想定される塔身荘厳用の鏡は例外である。なお、この検討を通じ『大安寺資財帳』が保有する財産を使途別ではなく、仏像は仏像、鏡は鏡と、品物の種類ごとに記載する傾向が顕著である事実も鮮明になった。つまり『大安寺資財帳』の備品の使途を解明するには、他寺の資財帳や同時代史料と対比して、品物ごとに歴史的文脈を示すという方法を採用するほかないのだ。

仏物主体の香炉

法会においては、鉢・鋺・多羅などの供食具（図24）を駆使した味覚効果、香杯や香炉などの供香具（154〜159行）を使った嗅覚効果、鐘・磬・錫杖・鈴（160・161・173・181行）の単調なしらべ、すなわち供音具・梵音具による聴覚効果、鏡を使った光の視覚効果など、五感のすべてにうったえて仏や堂内を荘厳し、供養・読経効果を増幅させた。これらの機能にかかわる金属器等を、おもに仏物・聖僧物・常住僧物・法物として登録するのは当然である。

図24　入れ子になった鋺（総高14,3㎝，正倉院宝物，南倉47第１号）

奈良時代の金属容器のなかでも特徴的なのが，入れ子になった鋺だ。夫婦茶碗あるいは幼児碗を加えた大中小のセットを見慣れた目にも，大きさの異なる鋺を多数使いわける場面は想像しにくい。正倉院宝物では入れ子になった鋺を「加盤」と呼び，高台付被蓋鋺で外側を覆うものと，大きさの違う無高台無蓋鋺を入れ子にしたものとがある［正倉院事務所1995］。大安寺が所蔵する232口の鋺（141～143行）にも加盤があるはずだが，セット表記や大きさ表記がないので確言できない。『法隆寺資財帳』は維摩像分五重鋺１牒を計上しており，入れ子にした鋺セットを牒（帖・畳）と呼んだことがわかる。法隆寺の塔分22口のうちの20口２牒，通分14口のうち10口１牒に加えて，丈六分11口のうち６口の口径・深さが漸減するので，所蔵白銅鋺58口のうち41口が加盤を構成したことになる。また，905年『観世音寺資財帳』においては，法物章で白鋺12口為２帖，通三宝物章で白銅鋺94口為12帖に関して，各個体の大きさや重量を明記する。加盤を構成しない観世音寺白銅鋺は９口にすぎない。ほかに，867年『安祥寺資財帳』が荘厳供養具に計上した白銅七盛打鋺１畳在蓋も加盤だ。

香炉は身と蓋が一体なので「具」「合」と数える。これに対して次項で解説する蓋がない炉（火舎）は「口」でカウントする。大安寺が所蔵した香炉二四具（155〜157行）のうち、一八具が仏物で、そのうち一具が銀製、一具は鍮石（真鍮・黄銅）製、一具は牙製、一具は赤銅製、一三具は白銅製だった。法物の香炉一具も鍮石製で、常住僧物一具・高麗通物四具の材質は明記されていない。高麗通物の意味ははっきりしないが、朝鮮半島で作った香炉なのだろうか。いずれにしても、『大安寺資財帳』においては、香炉は仏物が主体を占めていた。

香炉の材質はいろいろだ。銀製香炉の重さを明記するのはセオリーどおり。黄銅《おうどう》（真鍮）製香炉は『法隆寺資財帳』や天平宝字五年『法隆寺東院資財帳』、貞観九年『安祥寺資財帳』にも記載されているが、他の金属製品で鍮石製と明記したものはない。黄銅は銅と亜鉛の合金で、とくに亜鉛が二〇％以上を占めるものをいう。身近なものでは五円玉、トランペット・サクソフォンなどの金管楽器がある。黄銅製品は江戸時代以降に出現すると教わった記憶があるが、正倉院宝物には塔鋺（合子）や柄香炉に黄銅製品があり、楽器の螺鈿装飾のなかに黄銅製針金を用いた例、装飾鏡の鏡背装飾に螺鈿やトルコ石・ラピスラズリ・琥珀などとともに黄銅粉をちりばめたものがあるという［成瀬二〇〇七］。これらは基本的に唐からの舶来物である。

牙製香炉はなかなか想像しにくいが、象牙製品だろう。正倉院宝物には、象牙製のモノサシ（紅牙撥鏤尺《こうげばちるのしゃく》）や碁石（紅牙・紺牙《こんげ》撥鏤碁子《きし》）が知られている。大安寺の香炉も染めた象牙を彫刻した撥鏤製品だろうか。『大安寺資財帳』には、ほかに牙製の数珠がある（174〜175行）。赤銅は銅に少量の金・銀を加えた合金。『大安寺資財帳』には赤銅製品はほかに見あたらないが、『法隆寺資財帳』では塔分香炉一具が赤銅製品である。

火にかかわる通物金属器

『大安寺資財帳』の金属器には、通物と登録したものもある。これらについても、通物と認識した理由を考えておく必要がある。たとえば、鉄炉六口はすべて通物だった（172行）。おもに暖を採る火鉢のような機能を考えたい。『大

図25　正倉院宝物白石火舎（径40cm，中倉164）

正倉院中倉には同形同大の白石火舎が二つあった。身は大理石を轆轤挽き仕上げ，上向獅子形の5脚は鋳銅製。脚の間には鋳銅鍍金の輪違遊環を配す。

安寺資財帳』は、鉄炉と火炉（170〜171行）を区別する。一般には、炉を含めて「火舎香炉」と呼び、供香具として一括することが多い。『大安寺資財帳』の火炉一七口は、仏物一〇口（二口は金銅製）、法物一口、温室分一口、通物五口（一口は白銅、一口は銅）で、仏物の比重が高い。これらは香炉機能が想定できる。材質を明記しない一三口が何でできているのか知りたいが、正倉院には石製で脚だけ鋳銅製の火舎もある（図25）。『法隆寺資財帳』は鉄炉を区別せず、火炉九口の内訳を、仏分白銅一口・法分白銅四口・塔分白銅一口、温室分鉄一口・通分鉄二口と記す。仏分・塔分など仏にかかわる火炉が白銅製で、温室分・通分が鉄製と材質で区別できる点は注意すべきだろう。大安寺・法隆寺ともに、香炉にはない温室分が鉄炉の配置場所を示すとすれば、火鉢説の一根拠となる。

　釜三三口も温室分一口を除けば、残りはすべて通物だった（176〜177行）。基本的には調理用具で、温室分は湯釜である。『大安寺資財帳』は寸法を明記しないが、一般には湯屋や温室で使用する湯釜は超特大で、調理用釜は小さい［上原二〇〇五b］。釜の多くは鋳鉄製なのに、大安寺では銅釜が一〇口と多い。『法隆寺資財帳』では、一四口の釜のうち銅釜は一つだけで、温室分と記す。鋳造素材としては鉄より銅が適しており、大型品も作りやすい。大型の鋳鉄製品が日本で広く作られるようになるのは中世以後のことだ。しかも、銅は高価なので、法隆寺では調理用鉄釜の三倍以上の容積をもつ湯釜だけを銅で作ったのだ。大安寺で調理用釜に銅製品が少なくないのは、経済的に恵まれていたことのほかに、八八七人分の食事を準備するために、調理用にも大釜が必要だという特殊事情があるかもしれない。熱伝導率は銅の方が優れているので、高価でも大量に煮炊きする場合、銅の大釜を使えば、燃費節減にもなるだろう。

計量原器となる通物金属器

銅斗並升三口もすべて通物である（178〜179行）。斗・升は言うまでもなく計量器だ。度（寸法）・量（容積）・権衡（重量）の統一は「国家」成立の前提条件である。各計量器をモノサシ・マス・ハカリと呼ぼう。『扶桑略記』舒明天皇一二（六四〇）年一〇月に、はじめて斗升斤両を定めたとある。大安寺の前々身である百済大寺の造営がはじまった翌年のことだ。また、『続日本紀』大宝二（七〇二）年三月八日条では、はじめて度量を天下諸国に頒つとある。大宝令施行にともなって、全国規模での度量権衡の統一をはかったのだ。これを統一しなければ、商取引だけでなく、班田収授法をはじめとする徴税も実行できない。

『雑令』によれば、度量権を用いる役所には、皆、銅でできた様（測定原器）を支給したという。大安寺の銅斗並升三口が、これに該当する可能性がある。内訳は二斗マスと一斗マスと、もう一つは明記していないが一升マスだろうか。『法隆寺資財帳』は度量二〇衡の内訳を、呉量四衡・福量四衡・俵衡四衡・斗四口・升四口と五種セットで記す。衡でカウントしたのが重量原器、斗升が容量原器とすれば、『大安寺資財帳』は重さ・長さを測定する原器を記載せず、『法隆寺資財帳』は長さを測定する原器を記載していないことになる。

しかし、『法隆寺資財帳』は甕の口径や深さに至るまで、寸法にこだわる。また『大安寺資財帳』は金器・銀器の重量を厳密に計る。モノサシやハカリが法隆寺や大安寺にないはずがない。計量原器とは呼べない木のモノサシや石錘によるハカリは、資産としてカウントしない可能性もある。九〇五年『観世音寺資財帳』用器章において、東院築鑿や築障鉾・儛錐《まいぎり》・檜皮針《ひわだばり》などと並記した長一尺七寸九分と一尺九寸五分の「曲戸」二勾が「曲尺」の誤記ならば、官給の計量原器ではなく実用工具としてのモノサシである。また、資財帳作成時に持ち歩いた道具は、うっかり記載漏れになる可能性もある。いずれにせよ、資財帳がすべてを網羅・記録したわけではない。

たとえば、『大安寺資財帳』にはないが、『法隆寺資財帳』は金属器の末尾に、鑰《やく》四〇口、鏁子《さし》三〇口、銅印七面を計上する。鑰は倉庫などの建物の錠、鏁子は箱・櫃などにつける小さな錠だ。これらは寺院地内だけでなく、所々庄において使用しているものを含む。銅印にいたっては法隆寺寺院地内にあるのは一面だけだ。物品管理や帳簿管理など、寺務遂行に不可欠の道具のはずであるが、『大安寺資財帳』は一切無視している。

釣瓶にした通物金属器

逆に『法隆寺資財帳』になく『大安寺資財帳』にあるのが銅井樽二口である（180行）。井樽とは井戸水を汲み出す容器、すなわち釣瓶《つるべ》で、通物として登録する。奈良時代には、木製刳物をタガで固定し金属の吊金具を付した釣瓶（図26）の出土例があるが、これもレアもので、銅製バケツの実物はまだ知られていない。一般の井戸では、頸を紐でくくった土器を釣瓶に使うことが多かったようだ［本田一九九九］。

『大安寺資財帳』は、僧房院に二口の井屋（370行）、太衆院に一口の井屋（381行）の存在を明記する。帳尻が合うという理由で、銅井樽を僧房院井戸の備品とするなら、僧物で登録しない理由づけが必要になる。僧房院の井戸は六角形の立派な井戸で、講堂の西でその痕跡が見つかっているが［杉山一九六三、上野一九八四］、井屋自体は確認できなかった。井屋は長さ一丈（約三m）、高さ九尺（約二・七m）の覆屋で、飲料用の井戸ならこの程度の覆屋があって当然だ。一方、太衆院の井屋は、長さ七丈七尺（二二・八m）、広さ三丈（八・九m）、高さ一丈四尺（四・一m）だから、広い建物内に井戸（一基とは限らない）があると理解できる。大量の水を消費する温室院（374～375行）に専用の井屋はないのは、太衆院の井屋と共用だったのかもしれない。

それにしても、大安寺のような広大な寺院地に井戸が三ヶ所だけというのは信じがたい。山寺では湧水を中心に伽藍が展開する場合があるが、平地寺院では仏地に井戸を設けないのが普通である。それでも、賤院や苑院、花園院などには労働者や作物のためにも井戸は不可欠だ。もっとも『法隆寺資財帳』は、井戸についてまったく記載しない。地下水の流れが変わると廃棄したり掘り直したりするので、財産としてカウントしにくい物件なのかもしれない。『大安寺資財帳』も井戸にともなう建物、すなわち井屋を財産として登録しているのであって、井戸自体をカウントしているわけではない点は注意するべきだろう。

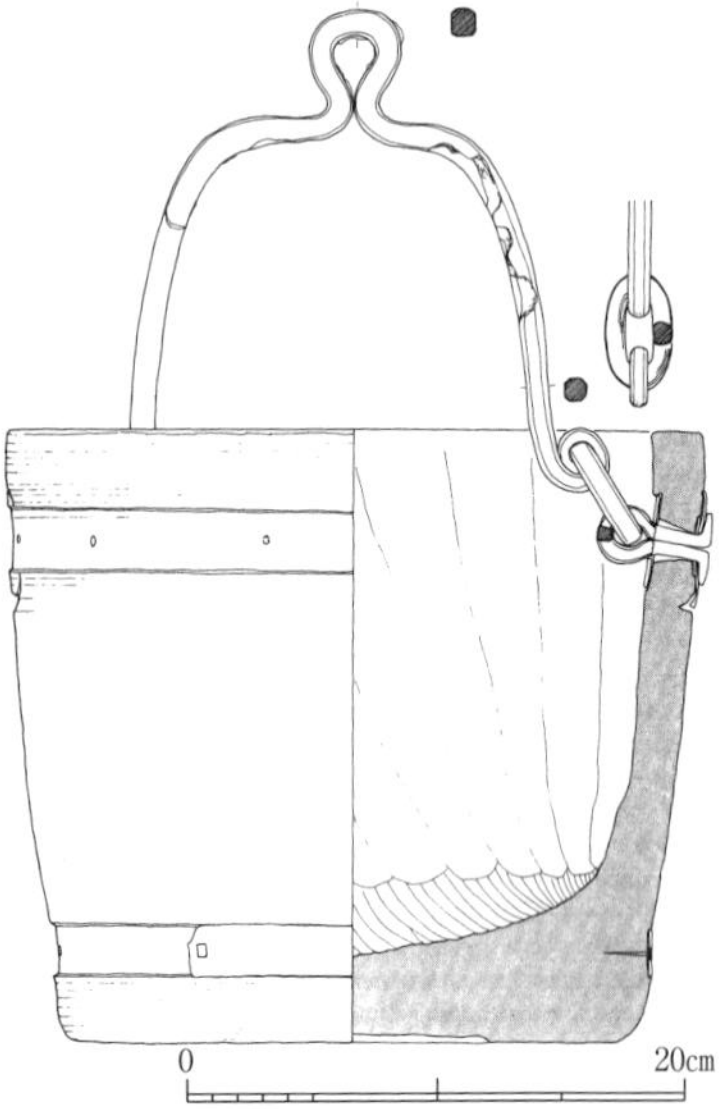

図26　釣瓶（身高24cm，平城京左京五条二坊十四坪 井戸 SE03出土，8世紀末）［奈良市教委1980］

同坪は8世紀中葉に内裏に似た建物配置の一坪敷邸宅を形成する。SE03は正殿西方に付設した井戸で，当初は横板井籠組の大型井戸だったが，後に内側に方形縦板組の井戸を作る。井戸内に残った釣瓶は，芯持松材を竪木取りにし，内面を刳抜き，外面は横方向に削り，上下に鉄製タガを巻き角釘で固定する。吊金具は釣瓶縄の位置がずれないように頂部をΩ状に加工し，遊環をはさんで上部タガの両側に穿孔して円形座金具で固定する。

三　仏法僧に帰属する動産Ⅱ（布帛製品・木製品など）

顔料・染料・薬品

地下に埋もれた有機物は残りにくい。C項のなかの顔料は別にして、染料や薬草、D項の布帛や糸、E項の香木、G項の高級布帛製品、H項の箱製品、I項の楽器、J項の調度品、K項の僧の持物や調度、衣類をはじめとする布帛製品は、普通なら考古資料として残らない。しかし、日本には正倉院という世界に誇るタイムカプセルがある。正倉院には、前章で取りあげた資財帳記載の金属器や鏡の実物、というよりも、その中でも特別の高級品が保管されているだけでなく、布帛製品・木製品・革製品などの有機物や、通常ならば消費しつくすはずの無機顔料・有機染料や薬物・香木までが残る。とくに顔料・染料や薬物・香木の一部にかんしては、天平勝宝八（七五六）年六月二一日、聖武天皇の七七忌にあたり、二一合の櫃に納めた六〇種の薬物を盧舎那仏《るしゃなぶつ》に奉献した目録（東大寺献物帳のうちの『種々薬帳』）との対照が可能で、同帳未掲載の「帳外薬物」も含めた体系的な分析・研究がなされた［朝比奈編一九五五］。

それに加えて、宮内庁正倉院事務所は、正倉院宝物の保管と後世への伝承を目的に、分析成果を毎年公表している。その成果と対照すれば、寺院資財帳の登録品その物ではないにせよ、実体に肉薄するための材料が得られる。たとえば宝物を着色した無機顔料に関しては、X線回析や蛍光X線分析により具体的使用箇所が解明されている［成瀬二〇〇四］。しかし、一方で解明すべき課題も数多い。金青（183行）が藍銅鉱・岩群青であることは分析できても、それがアフガニスタン産のラピスラズリかどうかという問題は一編の論文になる［東野一九八八］。

しかし、本書の目的は、資財帳に記された資産が、古代寺院の宗教活動や経営活動とどう関係するのか解明することにある。資財帳が登録する品物の材質・形状・色調よりも、資財帳の文脈のなかで、その品物がどのように位置づけられ、寺院資産としてどのように活用されたのか、すなわち古代寺院の活動や経営において果たした役割を解明することを目的とする。正倉院宝物に照らして、品物の実体を叙述することは必要最小限にとどめた理由である。以下においても、一つひとつの品物の実体より、顔料・染料・薬草・糸や布帛・香木などの大枠で論を展開する。

不慮の備え

Ａ項の金属の地金や貨幣の項目で述べたように、金箔・銀箔のように仏物・通物という大枠で所属を示した地金は、おもに臨時の営繕などに備えた手工業材料である。これに対して、銭の一部は具体的使途が決まっている交換財・流動資産で、同じ性格は糸や布帛、貢納稲などの一部でも想定できる。この論理を適用すれば、朱沙から太黄《だいおう》にいたる顔料、染料、薬草（182〜193行）は交換財でなく、臨時の営繕に備えた手工業材料、あるいは、いざという時の医療薬と評価できる。事実、『法隆寺資財帳』は、同黄・丹・朱砂・緑青・胡粉・烟子・雌黄を「合綵色物壹拾参種」として一括し、「合薬壹拾肆種」として麝香《じゃこう》や甘草《かんぞう》をカウントしている。

つまり、朱沙から紺青までは（182〜191行）、仏像や建物をはじめとする基本財産や、各種工芸品からなる備品を、営繕・維持管理する上で必要な彩色材料である。ただし、すべてが仏物である緑青・烟紫・雌黄・紺青、すべてが通分（通物）である白緑・空青、仏物と通物とが混在する朱沙・金青・胡粉・丹という区別が、彩色対象の帰属と厳密に対応するかどうかは断言できない。一方、甘草・太黄（大黄）は、『倭名類聚抄』で膏薬・丸薬・湯薬として頻出するので、両者がとくに見前僧に帰属するのは、一種の常備薬だったと理解できる（192〜193行）。大安寺と同様、『法隆寺資財帳』も、僧・沙弥を合わせた二六三人を「見前僧」と記載する。

なお、鉱物塊や粉末の顔料、乾燥した植物根や粉末の染料は、通常は重量（両斤）で表示する。しかし、烟紫の計量単位は「枚」である（189行）。『法隆寺資財帳』も、烟子一四八枚を計上する。『種々薬帳』記載の紫鉱《しこう》は無機顔料ではなく、ラックカイガラムシの樹脂状分泌物で、濃赤色の有機染料＝臙脂《えんじ》の原料と判明した〔朝比奈編一九五五〕。音が通じる烟紫（烟子）が臙脂をさすなら、紫鉱が重量表示である事実と齟齬する。友禅染では綿に吸収させ乾燥した臙脂を熱湯で戻して染料とするとの由で、原料の紫鉱と染料の烟紫（烟子）とは用語上でも量表記上でも区別した可能性がある。なお、紫色染料の貝紫（帝王紫）も布などに染みこませて流通したという。

糸や布帛の用途

D項の調絁から紺布にいたる糸・布帛類（194〜216行）は、先述したように、イベント費、布教・慈善活動費など近々に消費する交換財・流動資産を含むが、大多数は仏物・聖僧物・通物という消費目的を限定しない大枠でくくっている。糸・布帛類は、金属地金や顔料、染料、薬草と同様、幡などの荘厳具や僧の衣料、あるいは乾漆仏の作成や修理の材料、漆を漉す道具など、寺院内部で消費する布帛製品の原料として確保したと考えることもできる。しかし、金属地金や顔料、染料、薬草よりも寺院内で消費する度合は弱く、交換財・流動資産の面が強い。その多くが通物であること以外に、寺院内に糸や布帛を製品に仕上げる部署がないからだ。

『大安寺資財帳』の太衆院や政所院の項（379〜385行）では、手工業担当の部署や施設の存在を明記していない。賤院（353行）にいた寺奴婢は、裁縫や原始機・地機による平織、あるいは簡易な土木・建築事業に関与したかもしれないが、袈裟や褥などの高級織物の生産や、堂塔施設の造営を主導できたとは思えない。しかし、天平一九年段階ならば、大安寺造営組織（＝造大安寺司）がまだ活動中だ。彩色作業を含む営繕事業はそこに依頼できる。地金や金箔・銀箔、顔料、染料を、手工業材料と判断した理由でもある。

しかし、この頃から活動を開始した、古代日本における最大の寺院造営組織である造東大寺司では、鋳所・木工所・造瓦所・造仏所・写経所などの工房組織や、木工・画工（画師）・仏工・鋳工・瓦工・葺工・浮工・漆工・土工・檟工・轆轤《ろくろ》工などの工人を確認できる［河本一九四九、清水一九六四］。しかし、紡績・紡織にかかわる工房・工人は存在しない。造寺司が建設担当部局である以上、当然であろう。紡織工房が手近になければ、寺院が保有する糸・布帛を原材料にして、織物や繊維製品を作るには外注するしかない。

寺院を運営する三綱や造寺司は独立組織だから、外注に際しては文書を取りかわす必要がある。東大寺造営に必要な瓦を興福寺造瓦所に依頼した時は、造東大寺司が興福寺三綱務所宛の牒を発給している〔「天平勝宝八（七五六）歳八月一四日　造東大寺司牒」『大日本古文書』第四巻一八〇頁〕。また、摂津職管下の四天王寺・梶原寺造瓦所において、造東大寺司が必要とする瓦二万枚を作成した時は、太政官符によって摂津職に依頼している〔天平勝宝九歳三月一六日　摂津職解」同書、第四巻二二四～五頁〕。三綱と造寺司とは緊密な関係にあったかもしれないが、緊密でない組織に外注した場合は、文書交換だけでなく作業進行状況の調査などの手間も大変だ〔小林一九六四〕。保有する糸や布帛を提供して、織物や染色を外注しても、それ自体が原料になるとは限らないとすれば、糸・布帛は交換財として機能したこととほぼ同義になる。

糸や布帛の分類と香木

『大安寺資財帳』は、糸・布帛類（194～216行）を、調絁と交易絁（194～196行）、糸と交易糸（197～200行）、綿と交易綿（201～205行）、庸布と交易布（211～215行）などの入手手段で分類する。綿の内訳も、割注で調・庸を区別する（202行）。『法隆寺資財帳』は、糸・布帛を生絁・絲・綿・長布・商布に分類しており、布だけに商布（交易布）の項目があるが、絁・糸・綿には『大安寺資財帳』のような入手由来の細目がない。

大安寺が保有する布帛に、調絁や庸布を含むのは、大安寺大般若会が恒例化した時、「諸国進調庸各三段物」を布施にあてたこと〔『続日本紀』天平九（七三七）年四月八日条〕に由来する可能性がある。しかし、『大安寺資財帳』における布帛の割注には、大般若会のイベント費を計上していない。なお『法隆寺資財帳』は、布単帳（カーテン）七六帳を分類するとき、細・麁の区別を明記する。『大安寺資財帳』の布帳は細布を長布と並記する（304～306行）ので、布の形状にもとづく呼称に見える。しかし、正倉院宝物において、貢納国郡、貢納者、寸法、年紀、国郡司名などを含む調庸銘をもつ染織類では、目の細かい布を細布と呼んでおり〔松本一九七四〕、『大安寺資財帳』の細布も布目の精粗による分類呼称の可能性もある。

E項の朱芳から蠟（蠟）蠋にいたる香料は（217～232行）、供養や法会で消費する供香具である。おもに交換財である糸・布帛類の帰属は、通物が他を圧倒するのに対し、香料の多くを仏物・法物とする事実が、それを反映する。『法隆寺資財帳』は薬一四種の筆頭に麝香を挙げる。『大安寺資財帳』が列記した香料にも薬物機能がある。しかし、甘草・太黄のように帰属が見前僧ではないので、常備薬ではなく供香具ととらえてよいだろう。なお、蠟蠋（232行）は蝋燭と解釈して、灯火具と理解するのが一般的だが、重量で表示し本数でカウントしないのが不可解だ。また通物なので仏前に捧げる灯明とは解釈できず、香料と並記する理由も説明しにくい。正倉院の蜜蝋のように、手工業材料と理解できるかもしれない。

公認寺院の象徴＝幡

F項の灌頂幡一二具から小幡二一三具は（233～247行）、仏堂内や法会を荘厳する道具である。しかし、幡には寺格を示す象徴的意味があったようだ。寺院資財帳作成の契機となった霊亀二（七一六）年五月一五日詔［『続日本紀』］に

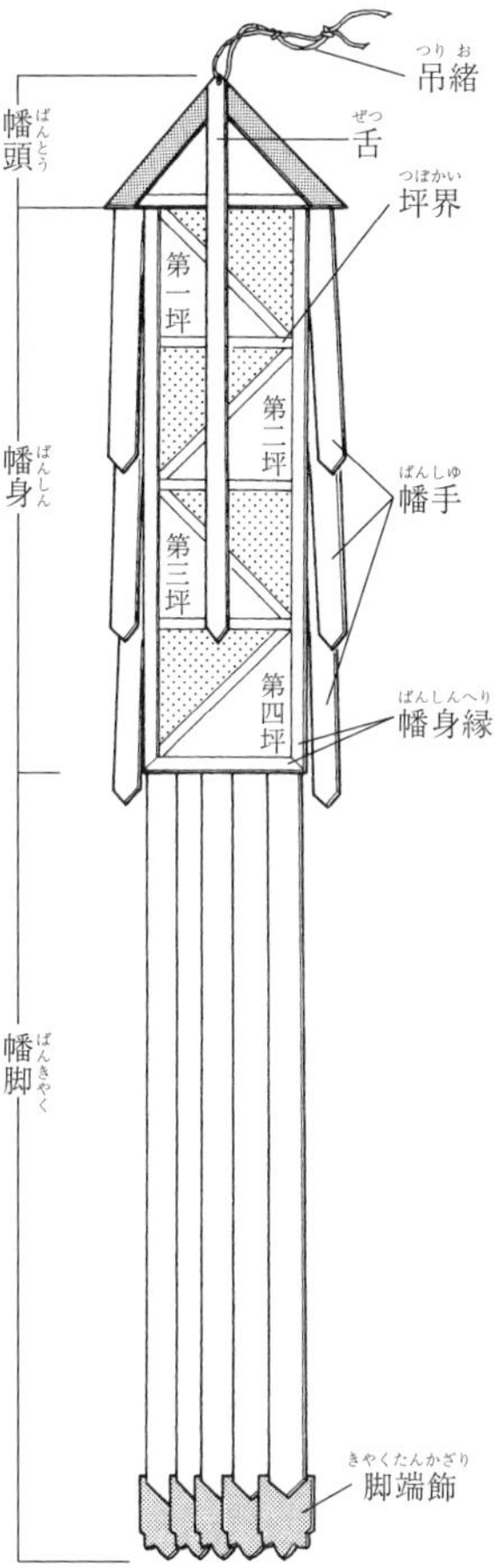

図27　染織幡の部分呼称［奈良博2011］

仏の威徳を顕示する幡は，仏教伝来とともに日本列島にもたらされた。幡は素材（錦・綾・糸・金銅幡など），色（白・赤・五色幡など），大小，使用場所（堂幡・高座幡など），用途（灌頂幡・葬送幡など），図柄（種子幡など）で分類される。正倉院には絞り染め（纐纈）や板締め染め（夾纈）などの染織幡やその残欠が多数残る。

よると、草堂からはじまった諸国寺家は、寺院として公認され、土地を確保するために「額題を争い求め、幢幡わずかに施して、すなわち田畝に訴える（争求額題、幢幡僅施、即訴田畝）」という手段をとった。つまり、八世紀前半における寺院公認のシンボルは、額と幢幡であった。

『大安寺資財帳』は、とくに灌頂幡の由来を重視する（233〜243行）。灌頂はインド王の即位式や立太子式で頭頂に聖水を注ぐ儀式で、仏職にかかわる重要な通過儀礼にも適用された。とくに、真言密教で阿闍梨が授ける秘密灌頂は著名である。『大安寺資財帳』が幡の筆頭に挙げた灌頂幡一二具のうち、組大灌頂一具は舒明天皇が庚子（六四〇）年に、繡大灌頂一具は持統天皇が癸巳（六九三）年に、秘錦大灌頂一具は元正天皇が養老六（七二二）年に納賜したもので、残りの九具も人々が奉納したものだった。繡・秘錦は布帛製品（図27）、組大灌頂は金銅製だろう（図28）。

図28　法隆寺献納宝物「金銅灌頂幡」（7世紀後半）
法隆寺献納宝物灌頂幡は，方形天蓋中央に透彫金銅板を連ねた大幡を垂下し，天蓋四隅には小幡を，天蓋周囲にも舌などの垂飾がめぐる超豪華品である。片岡御祖命納賜不知納時と資財帳が注記した金埿銅灌頂一具に相当する。百済大寺創建時に舒明天皇が納賜した組大灌頂一具も同様の構造だった可能性がある。（東京国立博物館蔵）

六四〇年は大安寺の前々身となる百済大寺造営の年だから、まさに創建時に納賜された幡だ。六九三年の繍大灌頂幡は、一〇月二六日の仁王会で納賜したとあり、同月二三日～二六日の四日間にわたり仁王経を百国に講じた『日本書紀』の記事に対応する。七二二年は元明天皇一周忌供養の年で、同幡を八ヶ寺に配布したことは前節〈元正天皇が納めた金属器〉〈同じ時に法隆寺へ納賜した品々〉項で述べた。これら大灌頂幡は、すべて天皇の納賜品である。しかも、小幡（246～247行）のように、仏物・法物の帰属表示がない。寺院の象徴的存在だったからだろう。なお、灌頂幡と小幡の間に記載した宝帳（244行）や小幡を付けた蓋《きぬがさ》（245行）は、絁や布の帳（303～336行）や持蓋（281行）と区別して記載している。これも寺宝としての意義が異なる可能性がある。

法隆寺資財帳との違い

『法隆寺資財帳』は、六九三年の仁王会に際し納賜された備品として、経台一足、紫の蓋（盖）一具、黄と緑の帳三帳を計上し、ほかに天平元（七二九）年の仁王会で納賜された紫沙覆一帳・浅緑沙机敷一帳と漆塗筥二合、高座一具、および仁王経二巻を計上している。いずれも法分なのは、仁王会という法会で使った道具だからだ。『続日本紀』によれば、天平元年六月一日に朝堂と畿内七道諸国において仁王経を講じている。つまり、宮廷における盛大な法会のために準備した品々を、イベント終了後に有力寺院に寄付したのである。先述したように『法隆寺資財帳』はこれをこまめに記録するが、『大安寺資財帳』は大雑把である。

基本財産となる仏像（55～92行）・経典（93～107行）・食封（389～394行）・論定出挙（395～398行）・墾田地（399～469行）を除外すると、『大安寺資財帳』において寄贈者名を明記した備品は、元正天皇による供養具（135～139行）と、聖武天皇が天平二（七三〇）年七月一七日に納賜した大唐楽調度と伎楽二具（341～350行）、および本項の主題である大灌頂三具だけである。正史や『法隆寺資財帳』を参照する限り、大安寺に寄贈された品がこれにとどまるとは思えない。少なくとも、小幡二一三頭は七二二年納賜品を含む可能性が大きい。逆にいえば、大灌頂幡は大安寺にとって特別な意義があるので由来を特記したのである。天皇勅願の大安寺は必要な備品を自前で調達し、法隆寺と異なり寄贈品は少ないのだという意見が出るかもしれない。しかし、その主張を認めた場合は、天皇が納賜した大安寺灌頂幡がさらに存在感を増すことになる。

『法隆寺資財帳』によれば、大安寺を上まわる一四具もの灌頂幡を、法隆寺は法分として所蔵していた。その一つが大安寺同様、七二二年に元正天皇が納賜した秘錦灌頂である。法隆寺献納宝物の広東大幡（目録番号N24）がこれに該当する〔木内・沢田一九七六〕。ほかに「片岡御祖命納賜、不知納時」の金銅製灌頂幡一具（目録番号N54）があり、他の一二具は人々が奉納したものだった。数はまさっても、寄贈者の格は法隆寺が劣る。しかも、『法隆寺資財帳』では養老六年の元正天皇納賜品、天平六（七三四）年の光明皇后納賜品を含む小幡一四八首と緋綱四条を、法分として上記の灌頂幡より前に記載する。『大安寺資財帳』のように、天皇が納賜した大灌頂幡を寺院の象徴的存在とみなしていないのだ。実は、八世紀前半に公的寺院のシンボルとして特記された幡は、遅くとも八世紀後半には、その意義をほとんど喪失していた。なお、七二二年に元正天皇が法隆寺に納賜した小幡一〇〇首を、『続日本紀』は道場幡と記載する。前者は大きさにもとづく表記、後者は使用場所による表記である。つまり、仁王会で堂内荘厳具として位置づけた幡を、『法隆寺資財帳』は使用場所を特定せず登録しているのである。

幡の変質Ⅰ

天平勝宝八（七五六）年一二月己亥、越後、丹波、丹後、但馬、因幡、伯耆、出雲、石見、美作、備前、備中、備後、安芸、周防、長門、紀伊、阿波、讃岐、伊予、土佐、筑後、肥前、肥後、豊前、豊後、日向等二六ヶ国に、灌頂幡一具、道場幡四九首、緋綱二条を頒下して、聖武天皇一周忌御斎会の荘飾にした。使用後は金光明寺に収置して、永く寺物とし、法会などに用いるよう指示する〔『続日本紀』〕。元明天皇一周忌供養で用いた幡などを平城京内外八ヶ寺に納賜したシステムを、西日本規模に拡大したものだ。北陸道で越後一国のみが加わり、山陽道播磨国、南海道淡路国、西海道筑前・大隅・薩摩・壱岐・対馬国が抜けている意味はわからない。少なくとも、掲載国で国分寺造営が進捗していた証拠として、しばしば本記事が引用されるが、適切な理解とは思えない。幡の頒布に寺院公認の意味があるとすれば、これが最後の例となるが、国分寺において幡がどのような扱いを受けていたか不明である。

七六一年『法隆寺東院資財帳』は糸交幡六二流を計上。七六七年『阿弥陀悔過料資財帳』は、天平一三（七四一）年三月に造作を終えた灌頂四具・堂幡二七首・小幡四四首、天平宝字六年三月の法会時に奉納した小幡四四首、三綱が新造した金銅切物幡八首を計上する。このうち堂幡一首と小幡一首は行方不明（失物）である。これらの幡は他の備品と一括で記録し、寄贈者を特記しない。「天平十九年帳」のように、納賜者を重視した形跡がないのだ。また、七八〇年『西大寺資財帳』は幡蓋厳具だけで第二巻を構成していたが、同巻は散逸した。ただし、薬師金堂にあった薬師浄土変を描いた障子絵と観世音菩薩塑像は、それぞれ長九尺五寸の小幡四流と長四尺七寸の小幡六流で荘厳していた。また、呉楽の治道や獅子の衣裳として桙幡・尾幡、高麗楽器や楽衣服として広幡や幡を計上する。七八八年『多度神宮寺資財帳』は法物として小幡一四旒・灌頂幡五具を計上するが、他の法物と一括で記載され、灌頂幡を小幡に先行記載する配慮もない。

八六一年『宇治院資財帳』には幡はない。貧乏寺だから仕方ない。八六七年『安祥寺資財帳』は説法具として金銅幡八流、荘厳供養具として五層円灌頂二流・五層円幡四〇流・錦板幡二四流・繍幡八流・天井幡二流・内陣幡四〇流・角幡四流・外陣幡三六流・飛炎幡三六流を計上する。ここでは仏堂内の部所ごとに懸ける幡が特化している。つまり、堂内各所を専用の幡で荘厳し、法会を盛り上げる工夫が極致に達しているのである［山岸二〇〇七］。なかでも、金銅幡八流と五層円灌頂二流は、安祥寺の願主である太皇太后宮が、五層円幡四〇流と錦板幡二四流は従一位藤原女御が施入したものだが、他の説法具や荘厳供養具と並記され、『大安寺資財帳』のような納賜者を特別視する記載法はとらない。

八七三年『広隆寺資財帳』や八九〇年『広隆寺資財交替実録帳』は、仏物として（おそらく本堂所用の）故尚蔵永原御息所が奉納した幡八流、故安倍弟澄命婦と城部淡海刀自が奉納した幡三二流、法物として灌頂三流を計上。八八三年『観心寺資財帳』では、宝蔵に幡二四流を保管していた。また、九〇五年『観世音寺資財帳』は穴幡二流を計上する。つまり、荘厳具として幡は普遍的でも、『大安寺資財帳』のように寺院公認の象徴的な存在として別記することはない。この事実は、奇跡的に残った法隆寺献納宝物と正倉院宝物における染織幡の比較からも追認できる。

幡の変質Ⅱ

正倉院に残る一〇〇〇点を超える染織幡（図27）には、法隆寺献納宝物からの混入品がある。また、東京国立博物館が所蔵する法隆寺献納宝物は、正倉院にあるはずの聖武天皇一周忌斎会用道場幡をなどを含む［東博一九九九］。献納時、正倉院に仮置した時に生じた混乱である。しかし、両者は形態・材質・文様や墨書銘から区別できる［松本一九八一、木内・沢田一九八〇］。すなわち、法隆寺系幡は三角を呈する幡頭の頂角が鋭角的なのに、正倉院系幡は正三角形または鈍角に近い。法隆寺系幡は坪が縦長なのに、正倉院系幡は概して正方形をなす。法隆寺系幡はおおむね坪内を一枚裂とするのに、正倉院系幡は継分・区画・裁文飾りが多い。法隆寺系幡は綾と単色絁が大多数を占め、錦・臈《ろう》纈《けち》・纐纈《こうけち》をわずかに含む。これに対して、正倉院系幡は錦・綾・羅・夾纈《きょうけち》・臈纈・纐纈など多彩である。法隆寺系幡の錦・綾文は幾何学的直線文と西方的連珠文であるが、正倉院系幡は幾何学紋様は少なく、唐花・唐草・絵画風文など文様が豊富で、とくに唐花文が多い。等々である。

両者の違いは、法隆寺系幡が七世紀後葉～八世紀前葉に属し、正倉院系幡がおもに八世紀中葉に属することに起因する。すなわち時期差によるもので、とくに形態・材質・文様の違いは起源地である中国大陸・朝鮮半島からの文化的影響の結果である。すなわち、前者は初唐あるいは新羅の影響、後者は盛唐の影響である。一方、法隆寺系幡と正倉院系幡にみる墨書銘の違いは、日本古代寺院における幡の扱い方の違いを反映し、幡の機能や意義の時期変遷を示す材料となる。

法隆寺系幡の墨書銘は「阿久奈弥評君女子為父母作幡□」（南倉185第一二九号櫃第70号幡類残欠）、「巳未年十一月廿日過去尼道果／是以児止与古誓願作幡奉」（目録番号N319－9）、「癸亥年山部五十戸婦為命過願造幡已」（目録番号N319－10）など、幡の寄進者名と作幡年月日・作幡理由を記す。これに対して、正倉院系幡には、添付した墨書小紙箋に「日佐嶋主」「浄原王」「浄日女」「宇祢非王」などの寄進者名があるが、舌や脚に直接墨書した銘や本体に縫いつけた白綾に墨書・朱書した銘は「大弁財天女堂幡 長九尺広九尺 東大寺 天平勝宝六年五月三日」「東大寺堂上階幡 身長八尺□長一丈広一尺七寸広□□□□ 天平勝宝四年四月九日」「平城宮御宇 後太上天皇周忌御斎道場幡／天平勝宝九歳歳次丁酉夏五月二日己酉右番／東大寺」など、幡を使用した場所・年月日や法会名を記載したものがほとんどを占める［松本一九八一、正倉院事務所一九九七］。

このような幡の墨書銘の変質は、前項で述べた資財帳における幡登記法の変遷にほぼ対応する。すなわち、七世紀後葉～八世紀前半は、誰が幡を奉納したのかが特記事項で、灌頂幡以外に使用する場所や法会に関する情報はない。とくに天皇が納賜した幡を、寺院公認の証しとして重視したと推定できる。ところが、九世紀中葉の安祥寺では堂内の荘厳場所によって幡を区別しており、荘厳具としての幡の機能が顕在化・明確化している。法隆寺系幡と正倉院系幡にみる墨書銘の違いは、まさにこうした幡の機能や意義の変遷に連動しているのである。

引越時の仏像梱包材

G項の机敷物や机帯（248・250行）は、J項の机や安几（272～273行）の付属物、火炉坐敷物（253行）は、B項の火炉（170～171行）の付属物のはずである。しかし、机は仏物五足・法物九足、安几は法物二足であるのに対し、机敷物は仏物五条・法物一・通物一、机帯は仏物二条・法物一八条で数が合わない。また、火炉の仏物一〇口・法物一口・温室分一口・通物五口に対して、火炉坐敷物は仏物一条・法物一条と対応しない。とくに、数少ない机敷物に通物があるのに、数多い机も安几も仏物・法物に限られるのはつじつまが合わない。検討課題である。

丈六覆帛絁（251行）は、字義通りに解すれば、丈六仏を覆う絹織物である。仏張柱裹布（252行）は、明確ではないが、仏像付属物にかぶせる布袋である。『大安寺資財帳』としては珍しく、大きさを明記している。前者は五丈以下、七尺以上（長さ一一・一～一四・八m）の絹織物二七枚、後者は一一・八mの布袋一枚と一四・八mの布袋二枚である。巨大なので、寸法を特記したのだろう。このような大量の巨大な帛絁や布袋を、須弥壇上の丈六仏等にかぶせる理由がないし、かぶせたなら何重にもなる。大安寺に安置した仏像は、さほど多くない（55～64行、81～92行）。

解決の鍵は、このような巨大な帛絁や布袋が、『法隆寺資財帳』など、他の寺院資財帳にはまったく姿を見せないことにある。つまり、この帛絁や布袋は、大安寺の特殊事情を反映する資財と考えられる。大安寺の特殊事情とは、いうまでもなく、平城京大安寺が藤原京大官大寺、高市地の高市大寺、百済地の百済大寺へとさかのぼり、過去に移転をくり返したことだ。さらに、大安寺では天智天皇奉造の乾漆の丈六仏（55～57行）や四天王像（81～83行）、あるいは由来不明の金銅仏一具（58～59行）が、安置した仏像群の中心を占める。旧寺の仏像である。これらは、奈良盆地南端から平城京へ移座されたことになる。

巨大な仏像を移動するには、現在なら像を囲む木枠を組み、緩衝材として発泡スチロールや薄様紙・布などを駆使して梱包する。古代でも木枠や布帛がおもな梱包材であろう。像を囲む木枠が仏張柱とすれば、仏張柱裹布とはそれをすっぽり覆う袋と考えられる。つまり、仏像本体は帛絁でくるみ、木枠全体を麻布袋で覆ったのである。木枠は移転が済めば解体・転用される。しかし、大安寺では、梱包材となった布帛は転用せず、「仏分」として保管した。巨大かつ大量の布帛は、この仏像移座にともなう梱包材だったと考えて大過あるまい。

仏像運搬と寺院移転用資材

天平一九（七四七）年正月一九日、仏像一躯と菩薩二躯とからなる三尊仏を甲可寺造仏所から金光明寺造仏官に運搬した［河本一九四九］。紫香楽宮から平城宮への還都にともなう後始末である。本尊は本体と手、螺髪、光料飛天、化仏、彫花惣、塔などに分解し、油衣六匹、布五端、綱料商布一〇段、蓆六張で梱包して担夫九五人が運び、脇侍は本体と手、塞蓮華座、八角木坐に分解して油衣三匹、布二端、綱料布五段、蓆五枚で梱包して担夫六九人が運んだらしい［「甲可寺造仏所牒」『大日本古文書』二―五七六〜七］。本尊の本体は六〇人、菩薩二躯の本体は四〇人がかりで運んでおり、木枠を組んだ形跡はない。

時代差、運搬物の形状・法量・材質、運搬手段などの差異が、仏像梱包法の違いや労力に反映される。大安寺丈六仏は乾漆仏なので、金銅仏・塑像仏・木彫仏に比べて軽量のはずだ。しかし、破損しやすい点は、塑像仏に次ぐだろう。木枠を組んだり、巨大な帛絁や布袋を使用したのは、乾漆仏という特徴に対応するのだろう。いずれにせよ、旧寺から大安寺への仏像運搬が大仕事だったことは確実である。

『大安寺資財帳』は、上述した仏像とその梱包材以外にも、飛鳥・藤原の地から平城京へ移転した歴史を示す資財を登録する。K項の桴綱一六条（285行）と塔分古帳長布一八九端（307行）である。『寧楽遺文』が改訂したように「桴」が「桴」ならば、桴綱は移転時に組んだ筏の引綱をさす。他の寺院資財帳にはみない資財だ。寺院造営時にも建築資材の運搬で筏を組むが、これを管理するのは造寺司や津・木屋（475・478行）などの港湾担当部署で、寺が通分として筏の引綱を保管することはない。移転資材だから残ったのだ。つまり、寺院の移転は寺院運営組織である三綱の責任下で実施したから、移転資財が資財帳に記録されたのであり、移転先の造寺司や運送業者が主体的に関与したならば、これらの資財は資財帳に記録されなかったはずである。

塔分古帳は塔で使用する古いカーテンだ。しかし、『大安寺資財帳』が成立した時点で、大安寺塔はまだ建っていない。旧寺、おそらくは火災に遭っていない百済大寺か高市大寺の塔で使用した帳が、移転にともない平城京大安寺に運ばれたのだろう。松田和晃さんは、この帳や銭一貫七五〇文（132行）、巾一条（290行）が塔分として、交易絁二疋（196行）、綿四屯（203行）が塔分物として登録されている事実から、『大安寺資財帳』が大安寺塔院が完成した神護景雲元年以降に加筆されたと推定する［松田一九九一］。しかし、天平一九年段階で塔は建っていなくても塔院は存在し、その管理費は必要である。また、本項で述べたように古帳も旧寺所用品とすれば加筆説は成立せず、『大安寺資財帳』の完成を新しくみなす根拠にはならない。

覆いや袋の機能

K項には持物や衣類以外に、種種物覆二三条、種種物袋二八口（297～299行）がある。移転時の梱包材とは別の覆いや袋である。これらの大きさを記載しないのは、移転時の梱包材が特記すべき大きさであった証拠になる。種種物袋二八口は、坐袋二口・屏風袋一六口・宝頂袋二口の合わせて仏物二〇口と温室分屏風袋八口とからなり、中身との対応が推定できる。各種資財を使わないとき、覆いや袋にくるんで収納・保存したのである。

ちなみに、仏物である坐袋二口は、255行の坐具二五枚のうちの仏物一八枚すべて、あるいはその一部を納めたと考えることができる。しかし、仏物の屏風袋一六口は271行の屏風一九帳に仏物が一帳しかないので、中身との対応が明確ではない。袋だけ仏物で中身が通物ということはありえないとすれば、空の袋があったことになる。なお、宝頂が宝帳（244行）と同義なら、仏物紫羅と菩薩物横宝帳を宝頂袋二口の中身と同定できるが、『法隆寺東院資財帳』などにみる高座に付属する宝頂（高座の屋根頂を飾る宝珠など）と理解すれば、大般若会の調度品にある高座二具と対応する。いずれにしても、覆いや袋だけを、まとめて別記するのは「天平十九年帳」独自の記載方式である。

七六一年『法隆寺東院資財帳』は、厨子の鈎《かぎ》を納めた鈎納革箱一合の割注に納錦袋、経副香三種の割注に納袋六口と記載しており、品物を入れた袋を割注で記載する方式を一部に採用している。この方式は『大安寺資財帳』のように覆いや袋、あるいは次項で述べる箱類をまとめて別記するよりは、収納した資財の実体にそくしている。少なくとも、資財帳をもとに財産を管理するには『大安寺資財帳』の記載方式は不適格である。

進化する財産記載法

以前の記録と照らしつつ、保有財産の現状を検収した七六七年『阿弥陀悔過料資財帳』の記載法は、『法隆寺東院資財帳』よりもさらに進化している。すなわち物品の材質や形状を解説した割注の分量に応じて、同じ行あるいは次行の一字下げで、物品の収納袋・収納箱を対照・登録するのである。一部を例示すると、

琴一面　純金目　納錦袋一口　裏緋
箏一面　桐和作　納黒紫袋一口　裏緋　着柱袋
琵琶一面　桐面後漢　紫檀槽並転手及頸　樫伏手横返手　大唐
　納赤紫袋一口　裏浅緑甲纈

この記載によって、純金目の琴一面が裏緋の錦袋に、桐和作の箏一面が裏緋で琴柱《ことじ》を入れるポケットを付けた黒紫袋に、上面が桐製、槽・転手・頸が紫檀製、伏手横返手が樫製で大唐後漢渡来の琵琶一面が裏浅緑の甲纈《こうけち》染の赤紫袋に収納されていたことを知るのである。

『阿弥陀悔過料資財帳』は、壊れて使い物にならない「破不用物」や行方不明の「失物」を抽出明記しており、財産の検収台帳の役割をはたしたことが明確である。検収に際して、まず目にするのは琴や箏や琵琶ではなく、それを納めた袋である。台帳と対照するには、収納袋・収納箱の形状が明記されていなければならない。この点において『大安寺資財帳』の記載方式は、明らかに不完全といわざるをえない。

箱は空っぽではない

H項では、厨子、韓櫃、小櫃、機匣、圓楪子、皮筥、草筥の箱・容器類あわせて三一七合と一楪を計上する（262～268行）。厨子とは前面が観音扉になった箱、韓櫃（辛櫃）は上蓋と脚がついた大きな箱である。小櫃は脚がなく置台（机）とセットになり、明櫃とも言ったらしい（図29）。匣は化粧具等を納める小さな箱、圓楪子は瑪瑙やガラス

製の壺形容器。皮筥（革筥）は獣皮を漆で固めた漆皮箱、草筥は柳などの植物を編み上げた箱の総称である。

H項は箱だけを列記する。しかし、大安寺に空箱が山積みになっていたと誤解してはいけない。「天平十九年帳」は、仏像は仏像、鏡は鏡と、品物の種類ごとに資財を記載する。K項の種種物覆や種種物袋の場合と同様、箱にもそれぞれ収納した中身があったと考えるべきだ。

もちろん厨子に納めず須弥壇に直接安置した仏像や、仏前に置いた香炉・花瓶もあっただろうが、経典をはじめとする品々を、むき出しで保管したはずがない。厨子や韓櫃・小櫃はその収納容器だ。場合によっては、布でくるみ、袋に入れ、筥に収めて、棚に並べ整理する。しかし、収めた厨子・櫃・筥や袋の形状や色彩・文様がわからないと、

図29　正倉院宝物黒柿両面厨子と古櫃二態（中倉162，北倉178・183）
容器や包装は物品の劣化を防ぐ。かつては校倉という建物構造が正倉院宝物の輝きを守ったと強調されたが，科学的データによれば，辛櫃や明櫃が湿気や温度を一定に保ち，加えて定期的な虫干し（曝涼）が功を奏したらしい。

必要な物を取り出すことはできない。これを是正するには、箱の表に内容物を記録するほかない。物品と収納袋や収納箱を別々に台帳に記載する『大安寺資財帳』の方式は、箱で財産を管理する方法が確立していないことを示す。くり返しになるが「天平十九年帳」は、物品管理台帳としては欠陥が多いのだ。

七八〇年『西大寺資財帳』は、画像や経典・文書、楽器・衣裳などを列記した後に、それを納めた厨子・櫃の形状や大きさ、数量を付記する。品物を主体にして財産目録を作り、かつ収納箱と対応させるなら、『西大寺資財帳』方式は悪くない。しかし、財産を管理するのなら、箱ごとに内容物を列記した方が手っ取り早い。つまり、箱に番号を振って、順番に箱の中身を列記すればよいのだ。この場合は、仏法僧の帰属表示はおざなりになる可能性が高い。箱ごとの物品管理を徹底したのが、九五〇年『仁和寺御物実録』や嘉保年間（一〇九四〜六年）『観世音寺宝蔵実録』であった。前者では御厨子の種類ごとに甲乙丙で区別し、後者では韓櫃に番号を振って箱ごとに収納物を列記する。もちろん仏法僧分類は無視している。つまり、古代寺院資財帳は、古代日本における帳簿管理技術の発展、物品整理技術の発展をも反映しているのである。

由来がわかれば中身もわかる

『大安寺資財帳』と同様、物品と収納袋・収納箱をそれぞれの項目で別々に挙げるが、『法隆寺資財帳』は、箱類の項でも納賜者の名前や納賜の年月、箱の大きさや帰属を記載する。煩瑣な記載法であるが、品物を専用の箱に納めて奉納したならば、両者の対応関係をかなり絞り込める。たとえば、天平八（七三六）年二月二二日に光明皇后が法隆寺に納賜した箱に、丈六分白筥二合、丈六分革箱一合（長一尺二寸、広八寸五分）がある。一方、同日に納賜した物品には、前節〈金器と銀器〉〈数が少ない法隆寺鏡〉項で説明した白銅鏡二面と銀多羅二口以外に、沈水香・浅香・薫陸香・青木香の四種の香がある。いずれも丈六分だが、鏡も多羅も平面円形なので、長方形の革箱は容器として不適だ。とすれば革箱には四種の香が納まっていた可能性が高い。革箱は漆皮箱だから、白筥（白木の箱？）のように香が移る心配がないのも、この推定を裏づける。とすれば、大きさがわからない白筥は、鏡か多羅の容器となる。

さらに、元正天皇が養老六年一二月四日に納賜した容器として、『法隆寺資財帳』は漆塗筥五合、韓櫃五合（うち二合は長三尺四寸、広二尺二寸。一合は長三尺七寸、広二尺三寸。二合は長三尺、広二尺一寸）を法分として登録する。一方、同日に納賜した物品は前節〈同じ時に法隆寺に納賜した品々〉項で述べた金剛般若経一〇〇巻、仏分と聖僧分の白銅供養具二四口、法分の秘錦灌頂一具と小幡一〇〇首・緋綱四条、仏分の練絁帳四帳、法分の香机褥・経机褥各一枚と紫羅綾花覆帳等、聖僧分の漆塗机一足である。

つまり、経典をはじめとする法分の物品を収納する箱はあっても、仏分・聖僧分の品々を納める箱は納賜されなかったのだ。そのうち帳や机は調度品なので箱は不用としても、鉢・多羅・鋺などの金属製容器からなる仏分・聖僧分の供養具は、むき出しで棚に並べたか、法隆寺が準備した箱に納めたことになる。正倉院にも如意などの僧具や鏡専用の箱はあるが、金属製容器や奈良三彩容器に専用の箱はない。とすれば、天平八年に光明皇后が法隆寺に納賜した丈六分白筥には、銀多羅ではなく白銅鏡が入っていたことになる。

『法隆寺資財帳』のように、煩瑣でも納賜者の名前や納賜年月日、寸法、所属を物品・容器ごとに明記すれば、物品と収納用器との対応がある程度まで絞り込める。しかし、仏法僧にかかわる所属情報しかない『大安寺資財帳』の箱・容器類は、椹《さわら》の実のような形をした白玉四丸が入ったガラス製の漆埿圓牒子一口（266行）以外は、中身を推測することは絶望的である。なお、椹の実のような形をした白玉は、一八種の雑物のひとつに登録されている（328行）。しかし、同項目の白玉は一三五丸をかぞえ、残りの一三一丸がどこにあるのかわからない。

箱の入手方法

多くの資財があれば、それを整理するための箱が不可欠となる。宮内悊さんは、古今東西の箱を比較して、社会活動や日常生活のなかで箱が果たした役割を明らかにしている［宮内一九九一］。それでは、財産管理・保存に必要な箱を、古代寺院はどのような方法で調達したのだろうか。前項で述べたように、『法隆寺資財帳』から、白筥・革筥・漆塗筥・韓櫃などの箱は鏡・香・幡・経典などの専用容器として、資財と一緒に納賜されたことがわかる。寺がみずから調達・準備した箱ではなく、納賜者が調達・準備した箱である。

天皇や皇族が納賜した物品には珍しい舶来品も少なくないだろうが、その専用容器が日本製の場合もあったはずだ。金銀器生産への関与を想定した内匠寮（前節〈金銀器の由来〉項参照）には、各種の箱の製作部署もあった。すなわち、大同四（八〇九）年に定めた内匠寮雑工数は長上工二三人、番上工一〇〇人で、番上工には革筥工四人、黒葛筥二人、柳箱工四人を含む［大同四（八〇九）年八月二八日太政官符「定内匠寮雑工数事」『類聚三代格』］。

『延喜式』巻一七「内匠寮」は、革筥と柳箱の製作に要する材料や手間（功数）を明記する。すなわち、筥四合、衣筥六合、剣緒筥一合、巾筥二合、唾巾筥二合、櫛筥四合、刀子筥一合の合わせて二〇合の革筥を製作するには、牛皮・鹿皮各一〇張以外に、漆・熟麻・帛・石見庸綿・掃墨・信濃調布・小麦・伊予砥・青砥・橡絁・苧・絹・油・鐵・調布・炭・和炭・歩板などの材料が必要で［小林一九六二］、製作には工七一〇人日、夫五一人日を要した。つまり、革筥工四人がフル稼働しても、二〇合を作るに半年近く要することになる。なお、歩板は筥形料とのことで、木型の中に水に浸して軟らかくした皮を押し込んで形を作り、乾燥させ漆で固めたことがわかる。一方、柳筥一六八合を作るには山城国が進上した柳一〇三連以外に、筥を織るための生糸、巾料となる調布、柳を浸す料となる商布が必要だった。ただし、柳筥一合は河内・近江国の調としてもカウントされている［『延喜式』巻二四「主計（上）」］。

革筥（漆皮箱）が内匠寮など中央の官営工房でおもに製作されたのに対し、明櫃や韓櫃などの大型の箱はおもに地方で製作され中央に貢納された。とくに摂津国は大・中・小の明櫃（小櫃）と折櫃（曲物の大型櫃）を調として毎年一七二五合も貢納し、西海道を除く駿河・越後以西の諸国は庸として韓櫃を貢納した［『延喜式』巻二四「主計（上）」］。また、櫃の製作を担当した「櫃工」は、天平宝字六（七六二）年に稼働した造石山寺所にも所属している。つまり、古代寺院が保有した明櫃・韓櫃などの大型の箱には、地方が貢納したもの、寺院が自前で作成したものがあり、なかには市販品もあっただろう。専用小箱とは異なり、規格性に富んだ既製品が主体なので、並べて分類整理するのに適していたのだ。多賀城城外出土の辛櫃を検討した柳澤和明さんは、井戸枠などに転用された各地出土の古櫃を集成し、正倉院などの伝世品、文献史料なども駆使して、その生産・流通体制や古櫃の形態変遷などに、多角的に肉薄している［柳澤二〇一〇］。

楽器を使う場面

Ⅰ項の、雑琴、笙などの楽器類（269〜270行）は、『法隆寺資財帳』が記載しない物品である。一方、七八〇年『西大寺資財帳』は、多種多様の楽器を計上している。すなわち、「楽器衣服第六」項において、呉楽器二具のなかに鉦盤《しょうばん》二口・呉鼓六〇具など、大唐楽器一具のなかに、箏《そう》一面と琴柱一三枚、琵琶一面と黄楊撥《つげのばち》一枚、箜篌《くご》一張、方響一台と鎚二枝、斑竹製の合笙・竽《う》各一口、篳篥《ひちりき》二口、簫《しょう》一口、斑竹製の尺八・横笛各一口、羯鼓《かっこ》一面、腰鼓《ようこ》一面、雞楼《けいろう》一面と罰二枝、倒鼓一柄、揩鼓《かいこ》一面、古楽鼓一面、大鼓一面、百子《ひゃっこ》一連、唐漆琴一面など、唐楽器として箜篌・琵琶・箏・方響・笙・横笛各六つ、尺八八管、大篳篥、小篳篥、百子、腰鼓・羯鼓・雞楼・鞀鼓・大鼓各六つ、古楽鼓一面など、高麗楽器一具のなかに箜篌一面、横笛二口、大鼓二面、小鼓五面、百子一連などである（図30）。

これらの西大寺の楽器は、弥勒堂内の木台に据えた金銅鼓一面以外は、すべて呉楽（伎楽）・大唐楽・唐楽・高麗楽など、屋外の無言仮面劇や外来系舞楽にかかわる資財として計上している。『大安寺資財帳』にも、大唐楽調度や伎楽二具（341〜350行）があるが、細目に楽器を挙げない。『法隆寺資財帳』も伎楽一一具を計上するが、獅子二頭から酔胡七面にいたる計二四の仮面と衣服だけを列記し、楽器はカウントしない。天平一九年段階では、楽器を伎楽具と認識しなかったのかもしれないが、伎楽や外来系舞楽に鳴物は不可欠だ。少なくとも、七八八年『多度神宮寺資財帳』以降は、伎楽や外来系舞楽を構成する楽具の一要素として、必ず楽器名を挙げている。

ただし、七六七年『阿弥陀悔過料資財帳』は、伎楽や外来系舞楽の調度がないのに、琴・箏・琵琶・新羅琴・和琴・合笙・横笛を計上する。阿弥陀堂の本尊は、宝殿の中に乾漆の阿弥陀三尊・音声菩薩一〇躯・羅漢二躯を配し、阿弥陀浄土の有様を立体模型的に表現した「阿弥陀浄土変」である。それを中心に繰り広げた阿弥陀悔過行事における効果音として、これらの楽器を使用したのだろう。つまり、この場合も法会における効果音として、楽器が機能を果したのである。

なお、鉦盤・方響・雞楼や各種の鼓は打楽器、箏・琴・琵琶・箜篌は弦楽器、合笙・竿・篳篥・簫・尺八・横笛は管楽器で、正倉院に実物も一部あり、絵画表現例などから形状や使用法を推測できる。文字を見ただけでわかりにくい百子は、拍板《はくはん》の別名とされる。拍板は板きれ同士をぶつけて音を出す楽器で、エイサーなど沖縄伝統芸能で片手に握って使う四つ竹や三板は著名だ。しかし、「連」でカウントする『西大寺資財帳』の百子に関しては、小さな板をたくさん連ねた編木《びんざさら》を想定するのが妥当だ。片手で握って音を出す拍板は埴輪にも表現され〔宮崎一九九三〕、細かく割って束ねた竹の先をこすり付けた簓《すりざさら》と見られる鋸歯状刻みをもつ木製品は弥生時代中期からある（図31）。しかし、百子（編木）部材と考えられる付札木簡のような形をした板きれは奈良時代以降の出土例しかないので〔高島・石守一九九二〕、唐楽や高麗楽などの外来系舞楽とともに、新たに日本列島に伝わり広まった可能性が高い。なお、八八三年『観心寺資財帳』の百子は「枚」でカウントするので、昔ながらの拍板かもしれない。

寺に音楽は禁物か

『法隆寺資財帳』が楽器を計上しないのは、単なる記載もれ、あるいは楽器持参の楽人を招聘する体制をとったためと強弁することもできる。しかし、具備した伎楽具一式に楽器が含まれないのは不自然である。そこに音楽に対する微妙な配慮がある。『僧尼令』九条は「僧尼作音楽、及博戯者、百日苦使。碁琴不在制限」と明記する。僧尼が音楽や博打にうつつを抜かしたら、百日間の懲役というわけだ。令を遵守する限り、寺はおおっぴらにオーケストラを備えるわけにはいかない。しかし、伎楽、唐楽・高麗楽などの無言劇や外来系舞楽は、法会参加者へのサービスでは

奚婁
揭鼓
簫
篳篥
揩鼓

五絃
箏
尺八
横笛

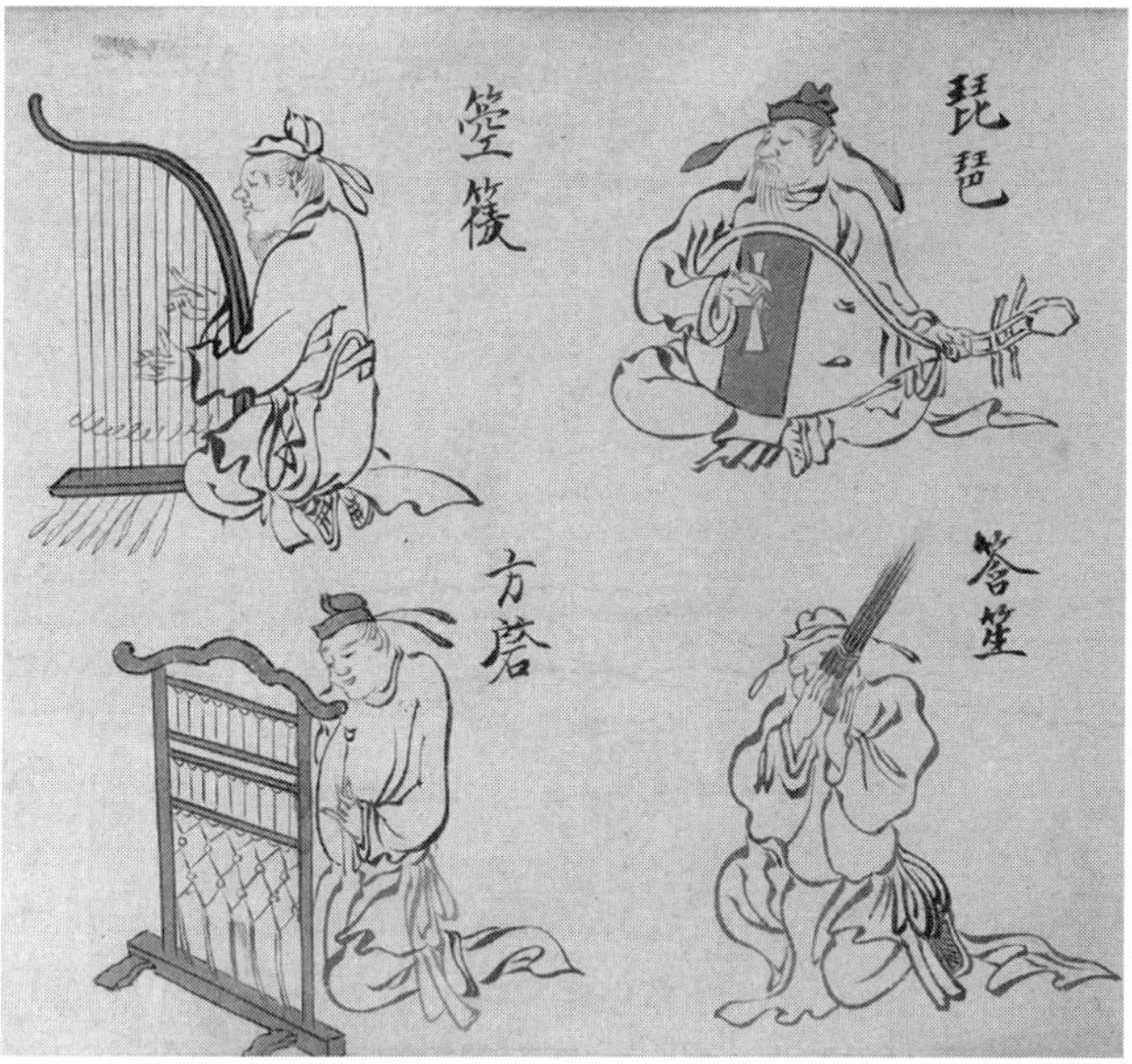

図30　大唐楽演奏図［『信西古楽図』東京藝術大学大学美術館蔵］
「以少納言入道本信西追加入別記」と追記があるため『信西古楽図』と呼ぶことが多い。しかし，「舞図」「唐舞絵」が本来の呼称で，原本は唐からの将来品とする説，日本製と考える場合も，成立年代を奈良時代，平安前期，平安後期，院政期とみる説など色々だ。福島和夫さんの研究により，日本にある十数例の伝存諸本はすべて15世紀中頃に書写された陽明文庫本を祖本とすることがわかった［福島2006］。掲載図は江戸後期の考証学者藤原貞幹が写した模本による。冒頭には腰鼓から方磬（方響）に至るまでの14種の楽器演奏図を描く。その楽器名は五弦を除くと『西大寺資財帳』に記載された大唐楽器一具の楽器名とほぼ一致する。ただし，『西大寺資財帳』大唐楽器一具にある竿・唐漆琴・百子やいくつかの鼓の演奏図はない。いずれにしても，８世紀の外来系舞楽を考える上で有効な絵画資料である。

なく、仏を供養する手段である。そこには楽器が不可欠だ。また、阿弥陀悔過行事でも楽器は効果音として期待された。平安時代に大きな法会をおこなう時の楽人は、雅楽寮が派遣したが、楽器や舞具は各寺が保有した。つれづれなるままに楽器演奏に長じた僧侶が現れたとしても、琴も笙も仏物であると『大安寺資財帳』が明記した理由であろう。

『法隆寺資財帳』が楽器を記載しなかった理由が、『僧尼令』九条を配慮した結果ならば、同時期に成立した『大安寺資財帳』にも同様の配慮があるはずだ。『大安寺資財帳』は、楽器を二種に集約した。雑琴二五面と笙三管だ。雑

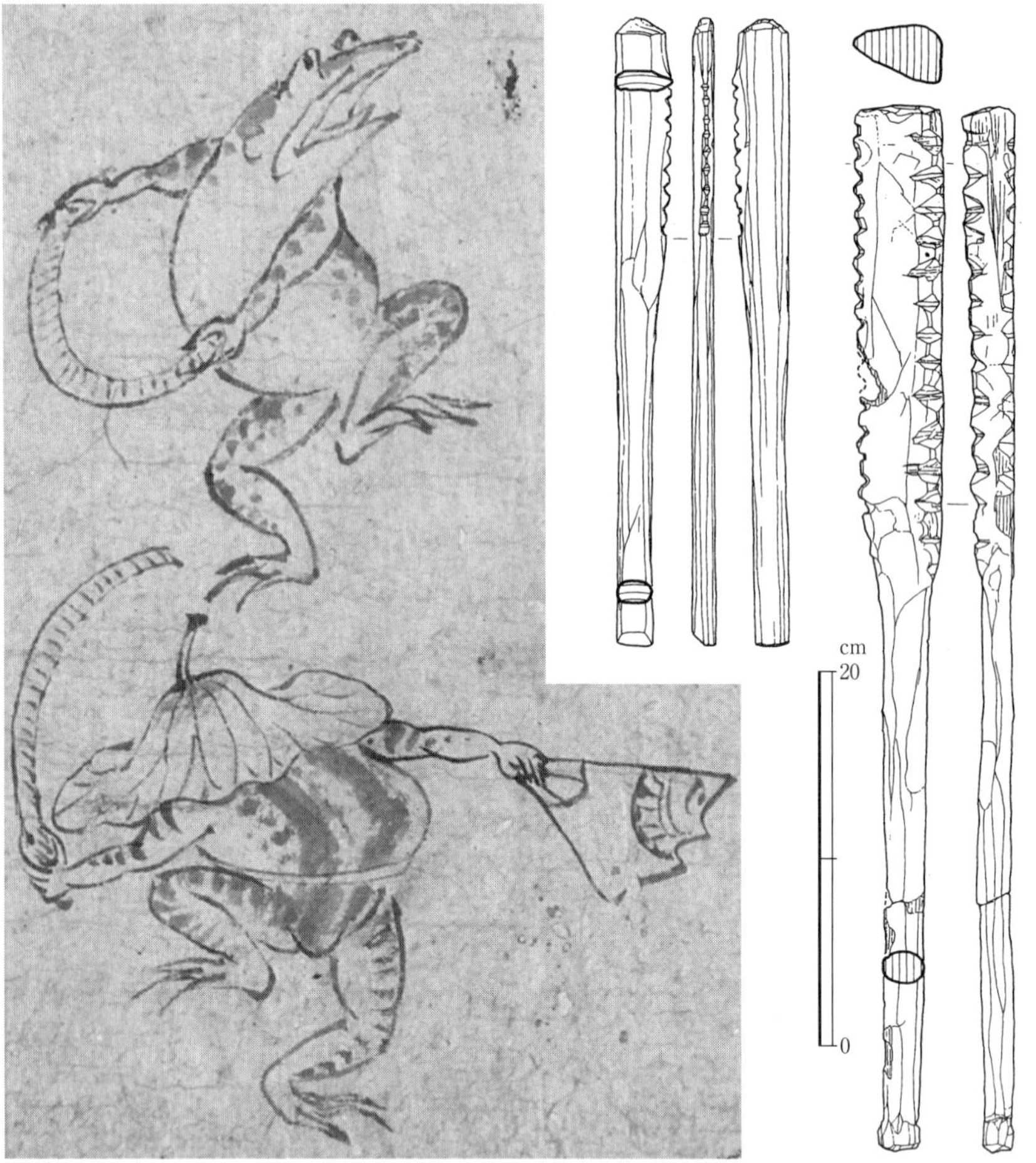

図31　ササラ二態　左：編木で拍子を取って踊る蛙［『鳥獣人物戯画』高山寺蔵］　右：簓（奈良県平城宮下層 SD6030・5世紀前半，滋賀県湖西線 VA 区1号住居・6世紀後半）［奈文研1993］

鋸歯状の刻みを付けた棒に，先を細かく割って束ねた竹をこすり付けて音を出すのがスリザサラ（簓），短冊形の板を紐で連ね，振動させて打音を発するのがビンザサラ（編木）だ。同じササラでも，発音の原理も楽器としての系統も異なる。

琴二五面の内訳は琵琶一〇面、箏琴六面、琴四面で、五面は未記帳である。未記帳の五面の楽器も気になるが、同じ弦楽器とはいえ、琵琶も「雑琴」で一括できるか疑問である。他の資財帳では琵琶を琴に含めた例はない。『大安寺資財帳』は『僧尼令』九条の、琴は制限外とする規定に着目した可能性がある。寺院資財帳は財産管理簿として寺院でも活用されるが、「天平十九年帳」は申告書類的性格が濃厚である。楽器申告に際して『僧尼令』九条の例外規定を最大限活用しようとして、同じ弦楽器である琵琶も琴と言いくるめようとしたのだ。例外規定が違反行為を助長する突破口となるのは、古今東西かわらない。

ただし、「天平十九年帳」作成者の心配をよそに、律令政府は寺院が仏物として様々な楽器を保有することに、きわめて寛大だった。僧尼の歌舞音曲を禁止しても、伎楽などは法会にともなうイベントとして不可欠で、招聘楽人や寺奴婢による歌舞音曲は古代寺院につきものと認識されたのだ（本節〈イベントを彩った伎楽と舞楽〉参照）。

寺に武器・武具は必要か

L項には鎧三具、大刀並横刀六〇柄、小刀二九九柄、弓一二枝、胡禄《ころく》七口、箭《や》四九隻、鎗二柄、鉞《えつ》三柄、鉾《ほこ》九柄を計上する（308〜316行）。大安寺が武器・武具を保有したことを示す史料だが、古代寺院に軍事機能があったと主張する研究者は気づいていないようだ。もっとも、これを根拠に大安寺が武装していたと主張すると、大半の他の寺院資財帳は武器・武具を登録しないので、逆に大多数の寺院は非武装であったと認めることになる。また、鎧三具が通物である以外は、すべて仏物として登録されている事実も、大安寺武装説を主張するには著しく不利である。僧兵の萌芽に結びつけるなら、武器は僧物でなければならない。また、僧兵軍団を組織するには、鎧三具はあまりに少ない。私は中世寺院に起源する軍事機能を、古代にさかのぼって適用するのは時代錯誤と考える［上原二〇〇六b］ので、この説明法は採らない。

大安寺の武器・武具を説明する一方途は、聖武天皇没後七七日の天平勝宝八（七五六）年六月二一日、光明皇后が東大寺大仏に献納した聖武天皇遺愛の品々に、「御大刀壹佰口」「御弓壹佰張」「御箭壹佰具」「御甲壹佰領」という大量の武器・武具が含まれている事実にある〔「国家珍宝帳」『寧楽遺文』〕。聖武天皇の護衛儀仗兵が一〇〇人だったのに対応するという。正倉院宝物の起源となる奉納物だが、武器・武具の大半は藤原仲麻呂の乱の時に持ち出されてしまった〔「双倉北雑物出用帳」『続々群書類従』第一六〕。神仏に武器・武具を奉納する風習は、安芸厳島神社に奉納された平安時代後期の鎧など、各時代に認められる。大安寺は舒明天皇以来、天皇家の氏寺だったわけだから、皇族の誰かが仏に奉納・納賜した品々に、武器・武具を含んでいたと理解することは可能である。ただし、『大安寺資財帳』は、他の資財も含め、奉納者・納賜者の名をほとんど記録しない。と言っても、仏への奉納品とすると、鎧だけ通物である事実が説明しにくい。

もう一つ、これらの武器・武具を伎楽・唐楽・高麗楽などの無言仮面劇や外来系舞楽の道具の一部と理解すること

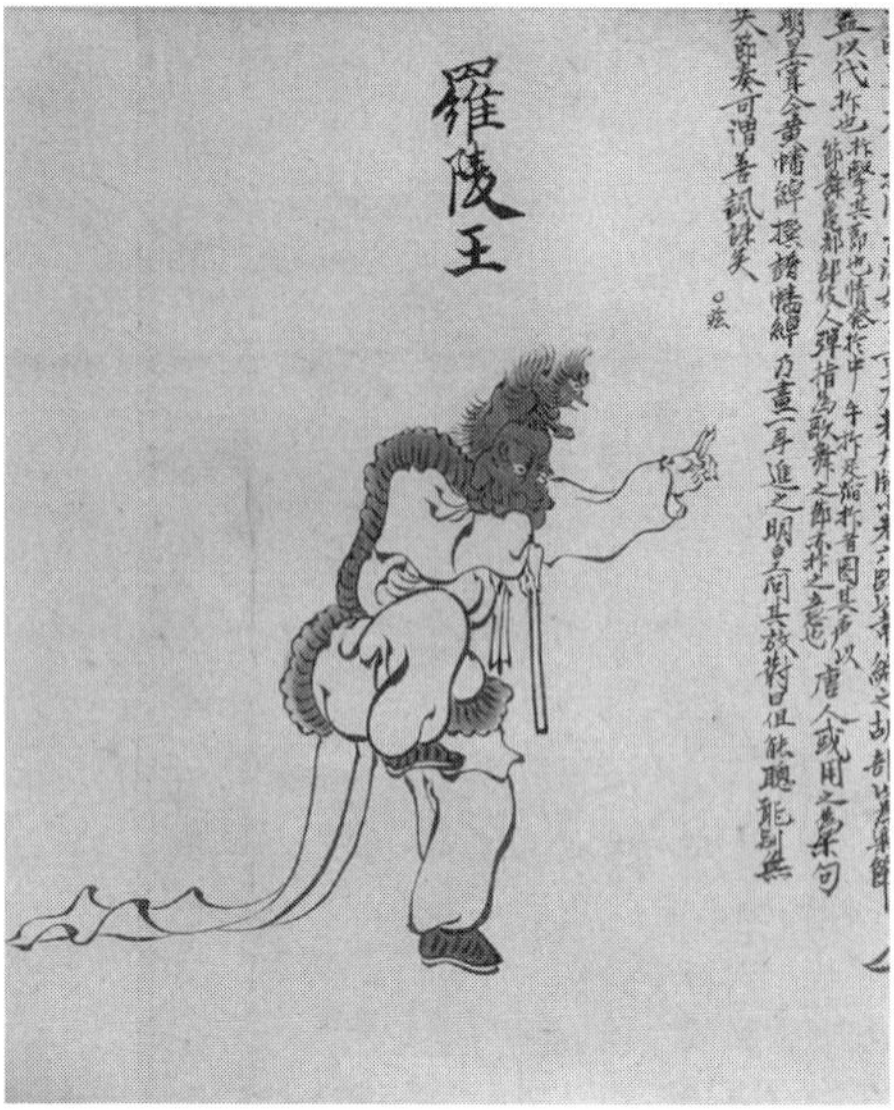

図32　羅陵王と倍臚〔『信西古楽図』東京藝術大学大学美術館蔵〕
羅陵王の舞姿は『西大寺資財帳』のように武装していないが，武装した倍臚は『教訓抄』巻4も描写する。

もできる。『大安寺資財帳』は大唐楽調度と伎楽二具を計上する（341〜350行）。大唐楽調度には羅陵王《らりょうおう》・老女などの面と、靴・帯を含む衣裳のみが列記され、先述した楽器類や武器・武具は含まない。しかし、七八〇年『西大寺資財帳』では、「羅陵王装束一具」として、面・衣裳以外に冑《かぶと》一頭、施甲《よろい》一領、木釼《もっけん》一口、桙《ほこ》一竿を計上する。甲冑で身を固め剣と鉾を携えた羅陵王の姿は、『信西古楽図』と異なるが、倍臚《ばいろ》をはじめ武器を持し、武具をまとった舞人は同書にも描かれる（図32）。木釼・桙は舞楽仕様の武器を推測させる記載法だが、七八八年『多度神宮寺資財帳』も楽具項で、高麗犬一頭や楽器・衣裳・骨笏以外に「金泥大刀壹柄」「金泥箭女小刀参口」を計上する。『大安寺資財帳』は大唐楽調度や伎楽具の帰属を記載しないが、前項の楽器にかんする考証を根拠に仏物と考えるなら、武器・武具類のほとんどが仏物である事実に整合する。ただし、鎧だけ通物である理由はやはりわからない。

仏物主体の雑物

『大安寺資財帳』は、金銀・水精などの玉類、鏡台や鏡を吊す紐、冠、銀墨用の硯などを、M項で雑物二八種として一括する（317〜331行）。329行の「以上仏物」が、それ以前の二四品目を説明しているのなら、紺玉三九六丸と縹玉一果と又縹玉五〇〇丸が通物である（330〜331行）以外は、雑物のほとんどが仏物だったことになる。とくに金・銀・水晶や赤・白・紺などの玉類が多い。鏡を懸ける糸一三条（326行）が、仏像に鏡を装着するためのものならば、これらの玉類も菩薩像などに懸けて像を荘厳した可能性が高い。銀髪剃（320行）があるからといって、「坊さん簪買うを見た」の類だと邪推してはいけない。

この推定を裏づけるのが、宍色菩薩天冠銅二枚（331行）である。これは即宍色菩薩二躯（86行）に対応しており、仏殿（金堂）に安置した宍色菩薩乾漆像二体がかぶる冠を、『大安寺資財帳』は雑物と位置づけて、M項で計上したのである。『西大寺資財帳』など、以後に成立した寺院資財帳ならば、仏像を列記した項目で、各仏像の説明として割注などで示すべき記事である。品目ごとにまとめることを強く意識した「天平十九年帳」は、仏像ごとのまとまり、箱ごとのまとまりなどに関する情報を大きく欠落しているのである。なお、列記された雑物の中で、銀烏皸と玉盌曲（321・322行）がどのような品物か、現在の私の知識では想像できない。

大般若会の背景

N項に挙がった大般若会調度（332〜340行）は、奈良時代における大安寺大般若会を検討する上で重要である。多度神宮寺・広隆寺・観世音寺などの資財帳にみる布薩調度を除外すると、一つの法会に使用する資財をまとめて別記した例は稀である。七六七年『阿弥陀悔過料資財帳』は、阿弥陀悔過という法会にかかわる資財を記した独立の資財帳として例外的な存在だ。大般若会調度品を列記した『大安寺資財帳』N項の存在が貴重な理由である。現在知られている大般若会は、漢訳仏典中最大の大般若経六〇〇巻を転読あるいは真読する行事で、本尊として釈迦三尊（釈迦如来、文殊菩薩、普賢菩薩）と般若経誦持者を守護する十六善神をまつる。大安寺では、現在も修正会として正月三ヶ日に大般若会を催している［大安寺ＨＰ］。

古代日本の大般若会については、大宝三（七〇三）年三月一〇日、藤原京の四大寺、すなわち大官大寺、薬師寺、川原寺、元興寺において大般若経を読ませ、一〇〇人に得度させたのが初見で、神亀二（七二五）年正月一七日には、災異を除くために六〇〇人の僧を招き、宮中で大般若経を読誦させている［『続日本紀』］。大安寺大般若会にかんしては、律師道慈が大安寺伽藍に災事がないことを願い、私的に浄行僧を招いて毎年大般若経一部六〇〇巻を転読させていたが、天平九（七三七）年四月八日、諸国が進上した調・庸各三段を布施とし、僧一五〇人を招いておこなう「護寺鎮国、平安聖朝」を目的とする同行事の恒例化を願い出て、勅許を得ている［『続日本紀』］。大安寺伽藍の災事とは、二〇数年前の大官大寺焼亡が念頭にあったことは、第一章三節で述べた。

大安寺の保有経典には、元正天皇が養老七（七二三）年三月二九日に請坐した一切経一五九七巻がある（93〜95行）。このなかに大般若経六〇〇巻も含まれていたはずだ。また、雑経五七二巻のなかに、持統天皇が甲午（六九四）年に請坐した金剛般若経一〇〇巻がある（100〜103行）。金剛般若経も大乗仏教の根本思想である空の理法を説いたもので、日本では般若経典のなかでもっとも簡潔な般若心経に次いで広く読まれた。漢訳経典である大般若経は、玄奘三蔵が六六三年に完成したのに対し、金剛般若経は鳩摩羅什訳のものが古くから知られていた。大安寺の金剛般若経は、金光明経一部八巻と同じ時に請坐された（97〜99行）。持統天皇八（六九四）年五月一一日、金光明経一〇〇部を諸国に送り置き、毎年正月上弦（陰暦七、八日頃）に読誦すること、布施に各国の官物をあてることを指示する［『日本書紀』］。金剛般若経は正史に見えない。

道慈が大安寺大般若会の恒例化を願い出る直前に、国ごとに釈迦三尊造立と大般若経一部の書写を命じた詔が出ている［『続日本紀』天平九年三月三日条］。大般若会本尊が釈迦三尊であることは周知されていたと考えてよい。大安寺金堂の本尊は、天智天皇が奉造した乾漆丈六釈迦三尊であった（55〜57行）［足立一九三七b］。一方、大般若会のもう一つの本尊となる十六善神にかんしては、天平一四（七四二）年に道慈が教義等と奉造した「大般若四処十六会図像」が注目される。図様は明らかではないが、釈尊が王舎城鷲峰山、室羅筏城給孤独園、他化自在天王宮、王舎城竹林園で一六回の会場を設けて説法した話にもとづくという［堀池二〇〇四］。大安寺における大般若会恒例化の勅許を得たのち、「華厳七処九会図像」とともに新たに作成した繍仏である（69〜73行）。つまり、『大安寺資財帳』が成立した天平一九年段階には、大安寺大般若会は勅許を得た公的な法会として、経済的にも保証され、依拠する経典や本尊もすべて完備した状態にあった。

大般若会の実体Ⅰ

大安寺大般若会の法会空間には、本尊を安置した金堂内部だけでなく、中門・回廊で囲まれた金堂前庭も活用した。すなわち、金堂（仏殿）、中門、東西回廊の小門の四ヶ所と、東西回廊の四ヶ所、合わせて八ヶ所に額を懸けて法会空間を結界したのである（333行）。一五〇人以上の僧が参加する法会である以上、金堂内部だけでは狭すぎるだろう。

なお、額は「條」でカウントし、金堂に懸ける額は「繡」なので、細長い布帛製品の可能性が高い。

額につづく仏懸緑綱四条（334行）の用途は明確ではない。私は、二行後の仏懸横木二枝と合わせて、本尊と礼拝者とを結ぶ装置と見る。緑綱は『日本霊異記』に見る仏像礼拝作法に対応する。すなわち、東大寺の前身となる山寺で、金鷲《こんじゅ》優婆塞が執金剛神《しゅこんごうじん》塑像の脛に縄をかけて引き祈願礼拝した中巻第二一話、平城京右京の殖槻寺《うえつきでら》の近くに住んでいた孤児の娘が、観世音菩薩銅像の手に縄をかけて福を願った中巻第三四話、大安寺僧沙門弁宗が長谷寺で十一面観音菩薩の手に縄をかけて祈願した下巻第三話である。いずれも、仏の手や足に縄をかけ、礼拝したと記す。対象が本尊級仏像ではなく、個人的な祈願行為なので、大般若会のような公的法会で実施したか問題だが、参列者が綱を握って行為を共有する手法は、東大寺大仏開眼供養でも採用した［「開眼供養会」『東大寺要録』巻第二］。しかし、綱を結ぶ時、塑像や銅像は重いので支えられるが、軽い乾漆像に四条もの綱を付けて引くと横転しかねない。仏懸横木二枝（336行）は、綱を仏像に直接結び付けない装置と見る。ただし、水野柳太郎さんは、仏懸横木を「大般若四処十六会図像」と「華厳七処九会図像」（69〜73行）を懸ける装置と考えた［水野一九九三］。しかし、長さも幅も六m近くある繡仏を広げるなら、仏堂の壁や柱を利用するだろう。また、水野説を採ると、仏懸緑綱の用途が宙に浮く。加えて、「華厳七処九会図像」を使う法会のイベント費は、別途計上している（130行）ので、大般若会調度に含めにくい。

緋絁帳一条と紺布帳六帳・細布帳一帳（334〜335行）は、金堂や回廊・中門などの施設を荘厳し、法会空間を仕切ったとカーテン思われるが、具体的な使用法はわからない。布縄一三条（336行）が帳を張るための縄とすると、緋絁だけが条でカウントされているので縄は不用と理解して、紺布に各二条、細布に一条の縄を対応させることもできる。

経台二足（337行）に大般若経六〇〇巻を並べることは不可能だ。『西大寺資財帳』によれば、西大寺の大般若経二部一二〇〇巻は、長さ三尺八寸（一一二・五cm）、広さ二尺二寸（六五・一cm）、深さ一尺三寸（三八・五cm）の黒漆辛櫃四合に納まっていた。大安寺にも八四合の韓櫃のうち仏物が一八合、法物が七合ある（263行）。大般若会では、韓櫃二合に納めた大般若経六〇〇巻が登場したと考えてよい。とすれば経台二足は、大般若経の「転読台」ということになる。

大般若経転読というと、折本経を空中乱舞させるパフォーマンスを思い浮かべる。しかし、古代の経典は巻子本＝巻物だから、空中乱舞させるわけにはいかない。折本経の出現は中世以降だ。巻物なら机の上で転がせば、まさに転読だ。そういえば、経机・経台は現在でも両側が反り返って、巻物が転げ落ちにくい構造になっている。たしか両側が反り返っているのは、筆が転がり落ちない工夫だと聞かされた記憶があるが、筆は転がすものではない。筆立てがあれば、その危険は回避できる。やはり、転がす所作をともなう巻物の対処策と考えた方がよい。韓櫃から一巻づつ取り出して、経台＝転読台の上で転がし、また韓櫃に納めて、次の一巻を取り出す。これが大般若会におけるメイン・イベントとなる大般若経転読の基本所作と考えて大過あるまい。

ただし、東野治之さんは、来日直後の鑑真が「転読」のため華厳経借用を良弁に依頼している事実を、盲目の鑑真が日本仏教の水準を推しはかるため、弟子に交代で既存の華厳経を読ませたのが「転読」の実体であると解釈している［東野二〇〇九］。六〇〇人の僧を招いて宮中で大般若経を読誦させた場合［『続日本紀』神亀二（七二五）年正月壬寅条］は、まさに交代で全巻を読破したとしても、東野説にしたがうと、大般若経「転読」がどの時点で「交代読み」から「飛ばし読み」に意味が変化したのか、説明に窮することになる。

大般若会の実体Ⅱ

転読場所が金堂内の仏前としても、列席する関係者は、金堂前の広場で、本尊に結んだ仏懸緑綱四条をしっかり握って、法会の進行を見守ったはずだ。巻物を転がすだけでなく、開いて題目と最初の一行だけでも読むなら、一巻につき一分としても、全巻転読に一〇時間を要する。三〇秒でも五時間だ。いくらメイン・イベントでも、とてもつきあってはいられない。何か唱えながら巻物を転がすだけでも、それなりの時間が必要だ。経台＝転読台が二足あるのは、その対処策だろう。すなわち、一巻を転がしている間に、前巻を韓櫃に戻し、次巻をもう一つの経台の上に載せておく。これだけでも、かなりの時間短縮となる。

転読の間、法会を主導する高僧二人が、堂内の両側に置いた高座《こうざ》二具（337行）に座す。机六足、礼盤《らいばん》坐二具、火炉机二足、布巾三条、簾二枚（338～340行）も、転読の場にレイアウトしたはずだが、場所や位置関係は特定できない。火炉は大般若会調度に含まれないので、一七口の火炉（170行）のうち仏物一〇口から二口を使ったのだろう。この火炉は、火鉢ではなく香炉である。問題は、火炉机だけを大般若会調度として登録し、火炉本体は登録しないことだ。

同じことは高座についても言える。法隆寺西院、法隆寺東院、多度神宮寺、観世音寺、広隆寺、近長谷寺など、寺格を問わず、多くの奈良・平安時代寺院が高座を備えていたことが資財帳からわかる。高座は寺院でおこなう法会の必需品で（図23）、大安寺の高座も大般若会専用の調度品と解する必要はない。しかし『大安寺資財帳』は他の目的の高座を記載しない。勅許を得た法会として予算をきちんと消化している事実を示す目的で、高座をとくに大般若会調度と位置づけたのだろう。すなわち、大安寺大般若会勅許に際し、調庸各三段の布施を確保している。このような特別枠予算があったので、使途を明瞭化する目的で、備品一般の中に高座や火炉机を登録せず、大般若会調度として特記したのだ。そう理解すると「大般若会四処十六会図像」（69行）と同時に作った「華厳七処九会図像」（70行）を使用するイベント費として華厳分銭一八貫文を計上している（130行）のに、大般若会イベント費を計上していない事実にも整合する。

イベントを彩った伎楽と舞楽Ⅰ

大安寺には大唐楽調度（341～347行）と伎楽二具（348～350行）とがあった。ほかに獅子頭と虎頭各一口を別記する（283行）が、これらが伎楽・大唐楽などの楽具以外の機能を有したとは考えにくい。予備か重複登録だろうか。『延喜式』巻二一「雅楽寮式」によれば、四月六・七両日、雅楽寮の官人・史生各一人が、楽人を率いて大安寺大般若会に供奉した。また、その翌日の灌仏会、七月一五日の盂蘭盆会においては、伎楽人を東西二寺と大安・西大・法華・秋篠等の寺とに分けてあてるため、雅楽寮の官人は皆、寺に詣でて検校し、会の三日前に、官人・史生が大和国城下郡社屋村にある楽戸郷に行って楽人の分担を決めた。

外来系の伎楽や舞楽は、雅楽寮のプロデュースによって各種法会時に演奏したのである。大安寺も西大寺も八世紀段階から唐楽（大唐楽）や伎楽の調度を具備しており、雅楽寮の官人・史生の差配で楽人・舞人を組織する場合でも、用具は基本的に寺で準備したことが資財帳から推定できる。『僧尼令』九条に違反しない制度、すなわち僧尼が歌舞音曲に直接関与しない体制は早期に成立していた可能性がある。ただし、大安寺の伎楽一具が納賜された七月一七日は、盂蘭盆会の二日後なので、最初の法会で提供された伎楽具がそのまま残された可能性もある。

なお、東大寺では四月八日の灌仏会と七月一五日の盂蘭盆会に、大仏殿で伎楽会を開催した〔『東大寺要録』巻四の諸会章第五「四月」「七月」条〕。後者は前者の一・五倍以上の費用を要している〔『同』巻五の諸会章之余「四月用」「七月用」条〕。伎楽が推古朝に伝来したのなら〔『日本書紀』推古天皇二〇（六一二）年是歳条〕、その四年前に公式の寺院法会となった灌仏会・盂蘭盆会の荘厳装置として伎楽が位置づけられ、八世紀の南都寺院においても、その伝統を踏襲したと考えられる。しかし、前節〈釈迦の誕生を祝う〉項で述べたように、大安寺大般若会のような灌仏会の前後に実施する大規模法会が恒例化すると、灌仏会自体の意義が薄くなり、八世紀末以降の寺院資財帳から灌仏調度は姿を消す。九〇五年『観世音寺資財帳』はその四分の一以上を「伎楽章」が占め、面や衣裳・楽器等について詳細に記録する。しかし、同資財帳は灌仏調度を記載しておらず、史料的には一一世紀の観世音寺の伎楽は「正月修善上七箇日」「四月十五日安居初」「七月十五日蓮華会」の通算年三回にわたっておこなっていたという〔新川二〇〇九〕。

イベントを彩った伎楽と舞楽Ⅱ

本節〈寺に音楽は禁物か〉項で述べたように、古代寺院においては伎楽や舞楽を演奏し、仏をなぐさめ供養した。宮廷雅楽に吸収されなかった伎楽（呉楽）は衰退するが、法隆寺や正倉院には七〜八世紀の各種伎楽面が残る。成瀬正和さんは、正倉院伎楽面一七一口とその関連資料である奈良時代の東大寺伎楽面三〇口の計二〇一口について、製作者・製作地にかかわる墨書銘、耳を中心とする造形表現法、彩色に用いた無機顔料を根拠に、木彫面を八様式一四類、乾漆面を三様式に分類し、『法隆寺資財帳』『西大寺資財帳』『観世音寺資財帳』などが記載した面呼称（役柄）、すなわち治道《ちどう》・獅子・獅子児・呉公・金剛・迦楼羅《かるら》・崑崙《こんろん》・呉女・力士・波羅門《ばらもん》・太孤父・太孤児・酔胡王《すいこおう》・酔胡《すいこ》従《じゅう》の一四種との対応関係を明らかにした［成瀬一九九七］。これら役柄が演じる無言劇のあらすじも、人口に膾炙している［新川二〇〇九］。

雅楽には神祇祭祀や宮廷饗宴にともなう国風歌舞と、寺院法会にともなう外来系舞楽とがある。久米舞・国栖舞《くずまい》などが前者に属し、唐楽・高麗楽《こまがく》・林邑楽《りんゆうがく》などが後者に属する。仁明朝（八三三〜八四九年）、外来系舞楽は再編され宮廷雅楽として公家社会に定着する。唐楽・林邑楽は左、高麗楽・百済楽・新羅楽等は右に分類され、それぞれの楽家が固定し、左舞は狛氏、右舞は多氏と定められる。宮廷雅楽の有職故実化である。したがって、寺院資財帳には宮廷雅楽に再編されなかった伎楽（呉楽）の実体をさぐる材料だけでなく、宮廷雅楽に再編され大きく様変わりした可能性が高い外来系舞楽の、比較的初現的な姿が記載されているはずだ。『大安寺資財帳』にみる大唐楽調度（341〜347行目）はその好例である。

なお、『大安寺資財帳』からうかがい知ることはできないが、平安時代の大安寺は林邑楽で著名だった（図33）。貞観三（八六一）年三月一四日、東大寺大仏頭部新造時に開眼道師を務めた恵運《えうん》の記録［「恵運僧都記録文」『東大寺要録』巻三］によれば、開眼供養では雅楽寮・左右衛府と並んで「東大寺高麗並天人楽、山階胡楽、元興新楽、大安林邑、薬師散楽並緊那楽、法隆呉楽也」の諸大寺音楽が演奏された。また、貞観一六年三月一九日の貞観寺の道場新成を祝う大斎会でも、雅楽寮の唐高麗楽、大安寺の林邑、興福寺の天人等楽が演奏され、元慶七（八八三）年二月二一日には、渤海客徒に見せるため、林邑楽人一〇七人を大安寺で調習させ、大和国正税を彼らの給食に充てたという［『日本三代実録』］。林邑楽は天平八年に来日した天竺僧菩提僊那《ぼだいせんな》や林邑僧仏哲《ぶってつ》が伝え、遅くとも天平勝宝四（七五二）年の大仏開眼会で演奏されたという。しかし、津田左右吉さんは『大安寺資財帳』に林邑楽調度が記載されていないことからこれを疑問視し、菩提が大安寺に住んだことから生まれた付会・仮託と考える〔津田一九一六〕。

大唐楽調度

『大安寺資財帳』は、大唐楽調度として羅陵王・倭胡・老女・咲形・虎頭などの面と「衣具」を計上する（341〜347行）。しかし、七八〇年『西大寺資財帳』は、呉（伎）楽や高麗楽の調度や衣服以外に、大唐楽器一具・唐楽器・羅陵王装束一具・唐楽衣服の各項で、多数の衣裳や箏《そう》・琵琶・箜篌《くご》・方響《ほうきょう》・笙《しょう》・竽《う》・篳篥《ひちりき》・簫《しょう》・尺八・横笛・百子などの楽器を列記するにもかかわらず、面の記載は羅陵王面のみで、『大安寺資財帳』が計上した他の面の名がない。ただし、『西大寺資財帳』の「嗔面頭一面桐」が怒りの表情を表した面ならば、『大安寺資財帳』の咲形に対立する面、すなわち笑顔に対する怒りの顔が、西大寺の大唐楽に存在したことになる。いずれにしても、『大安寺資財帳』と『西大寺資財帳』の大きな差は、八世紀の外来系舞楽である大唐楽が、伎楽ほど固定的でなかったか、あるいは複数系統のものが渡来した可能性を示す。また、仁明朝以後の宮廷雅楽の実態を記録した『教訓抄』巻一は、羅陵王の由来、所作、台詞を記すが、倭胡・老女・咲形・虎頭の存在は指摘しない。つまり、『大安寺資財帳』ではなく『西大寺資財帳』に記録された大唐楽のほうが、仁明朝以降の外来系舞楽再編時に継承された可能性が高い。

天平二年七月一七日に聖武天皇が大安寺に納賜した伎楽具、およびもう一つの伎楽具は面呼称が省略されており、楽目の構成は不明である（348〜350行）。これも『大安寺資財帳』の記載が手抜きであることを示すが、伎楽の役柄は比較的固定しているので、「一具」と記せば具体的内容は推定できると判断したのだろう。新羅客等を饗応するために、川原寺の伎楽を筑紫に運んだように〔『日本書紀』朱鳥元（六八六）年四月一三日条〕、地方への伎楽伝播も迅速だった。『観世音寺資財帳』の「伎楽章」が記す種々の楽具は、その成果の一端である。しかし、伎楽・舞楽文化の流れは一方的ではなかった。

［『信西古楽図』東京藝術大学大学美術館蔵］
器奏者と鉾持，左群に迦陵頻舞を配す。福島和夫さんは林邑楽には該当しないという［福島2006］。

伎楽や舞楽の波及

正倉院には、讃岐・周防・長門など瀬戸内沿岸諸国の名や、相模国の名を墨書した伎楽面が残っている［成瀬一九九七］。地方で製作され、東大寺に貢納されたのだ。相模国製の伎楽面などは、見た目も中央作と違う［奈良博二〇一一］。国衙工房が面を作ったとすれば、国分寺クラスの地方官寺は、楽具をそろえていたのであろう。しかし、各地の古代寺院に、伎楽や舞楽が普及していたわけではない。資財帳を見る限り、伎楽・舞楽を催すための楽器や面装束を一セット以上そろえているのは、大安寺・法隆寺・西大寺・観世音寺・広隆寺・安祥寺など、中央官寺、地方官寺、宮都に隣接する有力氏寺、皇太后が発願した上級クラスの定額寺（山寺）で、そのほかの地方寺院や山寺では限られた楽器や面装束を具備するにとどまっている。

七八八年『多度神宮寺資財帳』は、楽具として太鼓一面、小鼓三面、高麗犬一頭、高麗冒子《こまぼうし》二頭、衣八領、半臂《はんぴ》二領、箏琴二隻、金泥大刀一柄、金泥餝《きんでいかざり》女小刀三口、珠冠一口、骨笏《しゃく》一枚を計上する。高麗犬・高麗冒子は面もしくは着ぐるみだが、メインとなる舞楽は珠冠をかぶり大刀あるいは金泥餝女小刀・骨笏を持した舞人群が構成し、楽器も太鼓・小鼓・箏琴に限られていた。また、八八三年『観心寺資財帳』は、太鼓一面、揩鼓《かいこ》二面、羯鼓《かつこ》二面、一鼓桐《こどう》一腰、二鼓一面、三鼓一面、鉦鼓代《しょうこにかわる》白銅小盤《はくどうしょうばん》一口、百子二枚と打物

図33　林邑楽

右群に太鼓などの打楽器奏者，中央に琵琶･笙などの弦・管・打楽

（打楽器）一式を備えているが弦楽器や管楽器がなく、面にいたっては進宿徳《しんしゅくとく》面一面にとどまる。進宿徳は『西大寺資財帳』では小宿徳、『安祥寺資財帳』では進蜀独と表記し、それぞれ大宿徳・退蜀独とセットをなす。『教訓抄』巻五は、退宿徳と進宿徳とを対置して、前者は人色ノ面で眉が白く、後者は面が赤く眉が黒いと記す。なお、『観心寺資財帳』では楽具と離して菩薩舞頭二〇具を別記する。これは法会に付帯するイベント用の舞楽具ではなく、浄土教来迎会や迎講《むかえこう》の行道《ぎょうどう》面のような宗教儀式具の可能性がある。

九三七年『信貴山寺資財帳』は、楽器として楇（鞨）鼓一面、揩（楷）鼓一面、三鼓一面、太鼓一面の四種の打物と貴得王《きとくおう》面と大小尊面各一を計上する。『教訓抄』巻五によれば、貴徳（帰徳）舞には潘子《ばんこ》（潘従）と呼ぶ従者がつくので、大小尊面はそれに該当するのかもしれない。いずれにせよ、大安寺・法隆寺・西大寺・観世音寺・広隆寺・安祥寺とは異なり、多種多様な楽器や面装束をセットで具備していない点に、多度神宮寺・観心寺との共通性がある。一方、面装束を含まない『近長谷寺資財帳』は、太鼓一筒、楷鼓一筒、干（鞨）鼓一筒、鉦鼓《しょうこ》一口と一通りの楽器打物をそろえる。面装束を持つ近隣諸寺と協力して舞楽などのイベントを催した可能性もある。

多度神宮寺の高麗犬、観心寺の進宿徳面、信貴山寺の貴徳王面など、特定少数の舞楽面が各地方寺院や山寺で選択された理由は定かではない。やや飛躍するが、多度神宮寺の高麗犬は東日本の祭礼に頻出する一人立獅子舞、鼻が大きく怒った顔の進宿徳面や貴徳王面は鬼や天狗を連想させる。法会の前後を彩る華やかな芸能披露というよりは、法会のクライマックスにおける山岳信仰・神仏習合にもとづく神の登場、あるいは法力効果で退散する邪鬼の姿を、これら特定少数の舞楽面で演じたと想定する余地はあると考える［上原二〇一二b］。

第三章　資財帳が語る大安寺の不動産

一　寺院地内の施設建物

不動産や固定資産の項目だて

以上の動産財について、『大安寺資財帳』は「以上資財等、天平十八年本記所定、注顕如件」（351行）と締めくくる。資財帳のもとになる基本財産としての仏像や経典、備品や消耗品等にかかわる記録＝本記は、一年前にすでに成立していたことになる。ただし、僧数や衆派別配当金・イベント費等、当面の銭貨をはじめとする交換財については、新たに実情を把握した上で予算書を作成したと理解したほうが現実的かもしれない。これに続いて『大安寺資財帳』は、以下の順序で不動産や固定資産について記載する。

Ａ　寺院地とその構成（352～353行）、寺院地内の施設・建物（354～388行）。
Ｂ　食封《じきふ》、すなわち田租の半分と庸調等が大安寺の収入源となる封戸（389～394行）。
Ｃ　論定出《ろんていすい》挙《こ》、すなわち利息付き貸稲の根拠となる元本＝固定資産（395～398行）。
Ｄ　墾田地と水田、いわゆる寺田で墾田地には未開墾地も含む（399～469行）。
Ｅ　薗地、具体的には平城京内に保有した畑地など（470行）。
Ｆ　各地の庄、具体的には旧寺地、津（港）、瓦窯所在地、蘇麻（杣）など（471～482行）。
Ｇ　各地からもたらされた糒《ほしい》・米・籾・稲の総量と稲の使途（483～502行）。

Ａにかんしては、建築史・美術史の立場からの研究が山積しており、Ｂ～Ｄにかんしては税制史・土地制度史・寺領庄園論などの各分野からの提言がある。Aについては、近年の発掘調査成果と対照した再整理が必要であるが、研究史が少ない動産にかかわる記載とは異なり、不動産や固定資産について、新たに加えるべき点はさほど多くはない。建築史の立場では、岡田英男さんが発掘成果と対照しつつ、大安寺伽藍にかんする諸説を整理した成果が有益である［岡田一九八四］。以下、本節では、Aを中心に近年の発掘調査成果を踏まえながら検討を加える。

敷地と建物

不動産財の冒頭（352～353行）では、平城京内で大安寺の寺院地が一五坊（慣例では「坪」）分を占めることを記し、割注で建物施設ごとの占有面積を列記する。すなわち、一五坊のうち四坊を塔院、四坊を堂と僧房などの伽藍地、一坊半を禅院・食堂と太衆院、一坊を池と岳、一坊半を賤院、一坊を苑院、一坊を倉垣院、一坊を花園院が占めるという。以下、大路で囲まれた方形区画（条坊）を一六分した単位を坪と呼ぶ慣例にしたがって記述を進める。

それぞれが占める位置関係については、平城京七条四坊一・二・七・八坪を占める塔院と、六条四坊三・四・五・六坪を占める堂并僧房等院＝伽藍地は遺構から確定し、六条四坊七坪と十坪の一部を占める墳長約一五四ｍの前方後円墳＝杉山古墳とその周濠が池并岳に相当することに異論はない。残りの禅院食堂并太衆院、賤院、苑院、倉垣院、花園院にかんしては、六条四坊二～七坪と十～十二坪および七条四坊一・二・七・八・九・十坪の合わせて一五坪を大安寺寺院地と考え、薬師寺における各院の記載順序や『山階流記』における興福寺門名の記載順序にならって、寺院地の南西から北上し右回りに施設名を記したと見る村田治郎説［村田一九五四］を根拠とした図34左図が通説となっている。しかし、この通説には異論の余地がある。

あらかじめ注意せねばならないのは、資財帳が成立した天平一九年段階に、平城京の大安寺伽藍はまだ完成していないことだ。とくに、寺院地の筆頭に四坊塔院（353行）を計上するのに、354行以下に列記した寺院地内施設・建物に塔はない。大安寺跡では、講堂・金堂跡などがある伽藍地と六条大路を隔てて、左京七条四坊一・二・七・八坪の地

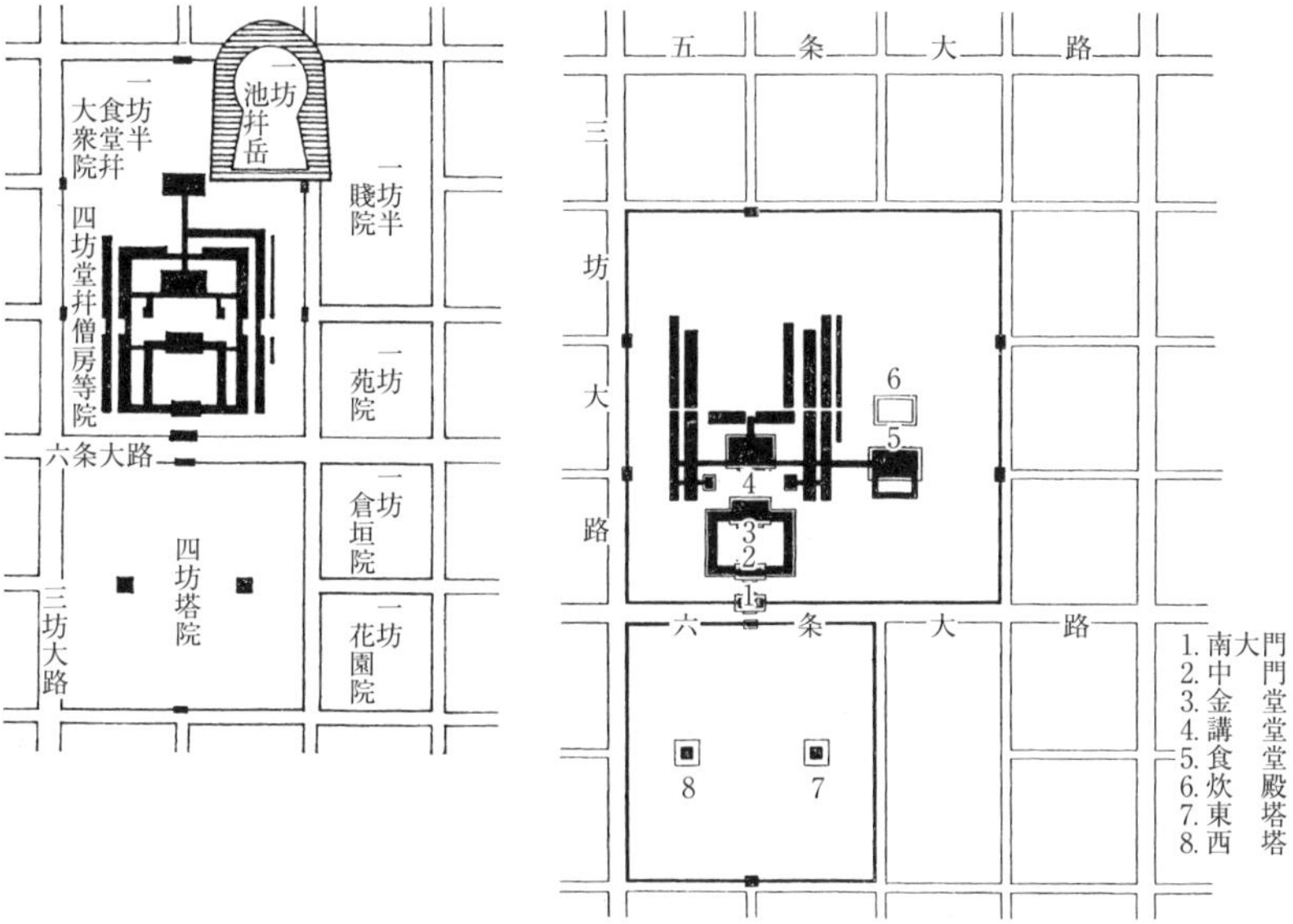

図34　大安寺の伽藍配置と占地にかかわる二つの案［大岡1966］

大岡實さんがおもに昭和前半期に推進した南都七大寺の研究成果は，昭和41（1966）年，教え子が中心となって一冊の書物にまとまった。そこには必ずしも大岡さんの研究成果に合致しない，当時の最新研究成果も盛り込まれた。本図もその例で，右図は大岡案，左図は同書が示した最新案である。左図は『大和古寺大観』（第3巻，岩波書店，1976年）等にも広く引用され，在りし日の平城京大安寺の勇姿として通説的な位置を占める。しかし，その後の発掘調査成果は，杉山古墳（一坊池並岳）の西南隅に食堂が存在する余地がない事実などを明らかにしており，再々検討が必要になっている。

に巨大な東西両塔跡が存在する。しかし、両塔は『大安寺縁起并流記資財帳』成立後に建ったのである。少なくとも、西塔創建瓦は確実に平安時代まで下る［奈良市埋文センター二〇〇七・二〇一〇］。

塔院の記載があって塔自体の記載がない事実を逆に考えると、『大安寺資財帳』の記載内容は天平一九年段階におけるリアルタイムの姿で、将来像とか失われた過去の遺産などは記載対象外だったと理解できる。その理解は、前節までの動産財の分析成果にもよく合致する。もちろん、失われた過去の遺産については、冒頭の『大安寺縁起』が語っている。一方、発掘調査で得られた所見の多くは、天平一九年以降の事業活動成果をも含めて、大安寺の施設・建物が長期間使用され廃絶した後の「結果」を示す。「結果」のなかには、廃絶後の削平や撹乱も含む。使用中の修復・再建痕跡がわかれば、それ以前あるいは創建時の姿が遺構から推測できる場合もあるが、発掘すれば大安寺の過去像すべてが明らかとなるわけではない。

寺院地内の建物

『大安寺資財帳』は寺院地の構成に続き、現存する建物を列記する。まず門・堂・楼・廡廊・井屋・宿直屋という建物の種類・性格別に、棟数や規模・外観を挙げ（354〜373行）、つぎに温室院・禅院・太衆院・政所院の各施設を構成する建物を列記し（374〜385行）、最後に倉を形状別にカウントする（386〜387行）。建物の種類・性格・形状別に項目を設定すれば、当然、建物群としてのまとまりは配慮できない。また、温室院など施設ごとに建物を列記すると、寺院地内の位置関係がわかりにくい。寺院地内の区画ごとに収容施設や建物を列記した七八〇年『西大寺資財帳』とは大きく異なる点である。そのために『大安寺資財帳』では、冒頭に挙げた寺院地構成と敷地内に存在する建物との関係がはっきりしない箇所がある。

門九口の場所は特定できないが、寺院地周囲あるいは寺院地内における築地塀や回廊などの囲繞施設の要所に建つことに異論の余地はない。堂三口のうちの金堂・講堂、楼二口（経楼・鐘楼）、金堂院を構成する廊一院、通路となる廡廊のうち楼・講堂にかかわる部分、僧房一三条、および僧房院にあると明記した井屋二口が、四坊堂并僧房等院＝伽藍地、すなわち六条四坊三〜六坪を占めることにも異論はない。また、堂三口のうちの食堂、および食堂前の廡廊や食堂に至る廡廊、禅院舎八口、太衆院屋六口が、一坊半禅院食堂并太衆院に所在する建物であることは資財帳が明記する。宿直屋六口や倉二四口にかんしても所在地を明記している。ただし、板倉三口・甲倉一口は、それぞれ太衆院・禅院に所在するので、太衆院屋や禅院舎としてカウントした建物以外に、倉庫が各院に加わることになる。

これに対して、温室院室三口と政所院三口の建物については、両院の所在区画が明記されていないので、伽藍内蓄物（388行）の一つであることは確実でも、どこにあったのかわからない。しかし、塔院・池并岳・賤院・苑院・倉垣院・花園院は、温室や政所が所在する場所としてふさわしくない。また、四坊堂幷僧房等院とあるが、金堂・講堂・僧房などが密集する伽藍地に、温室・政所が同居したとは考えられない。等は経楼・鐘楼を意識したのだろう。とすれば、温室・政所の両院は、一坊半禅院食堂幷太衆院の一角を占めたことになる。施設の機能から考えても、この推測が妥当であることは後述する。つまり、禅院・食堂・太衆院・温室院・政所院のある一坊半の敷地は建蔽率が高く、施設が稠密状態にあった。

大安寺の門

天平一九年段階にあった大安寺の門九口は、仏門二口と僧門七口とからなる（354〜355行）。寺院地の門を仏門と僧門に書きわけるのは『法隆寺資財帳』も同じだが、以後の資財帳はこの呼称を採用しなかった。「天平十九年帳」方式が踏襲されなかった一例である。

『大安寺資財帳』には仏門・僧門呼称以外に、南中門・中門・南大門の呼称がある。南中門には塑像の四天王像二具（84行）、金堂院東西廡廊中門には羅漢画像九四躯・金剛力士形八躯・梵王帝釈波斯匿王毗婆沙羅王像（89〜90行）があると明記しているので、神王金剛力士梵王帝釈波斯匿王毗婆沙羅王形がある仏門二口（355行）が南中門と中門に相当することは間違いない。

金堂院東西廡廊中門が、東西に回廊が取りついた金堂院の正面門、すなわち中門をさすことにも異論の余地はない。一方、南中門が中門の南にある門をさすならば、一般には寺院地を取り囲む築地塀に取りつく南大門を意味することになる。ただし、大安寺の場合は、六条大路の南に塔院が存在するので、塔院南門すなわち七条条間路に面した門が南大門で、六条大路に面した正面門を南中門と呼んだとする説もあった［杉山一九四〇、田中一九四四、毛利一九五二］。

しかし、六条大路の北にある二つの正面門跡には、資財帳の記載に対応する宿直屋（371〜373行）跡をともなうことが発掘調査で判明した［大岡ほか一九五五］。これを踏まえて、仏門二口は六条大路北にある二つの正面門、すなわち中門と南大門をさすと理解することが定説となった。そもそも『大安寺資財帳』は天平一九年時点の姿を描写しており、将来像は記載対象外なのだから、塔が建っていない塔院に南大門が存在するはずがないし、存在しない門を守る宿直屋もありえない。ただし、施設建物を列記した部分（354～388行）で書きわけた南大門と南中門（372行）においては、南中門は中門をさすことになる。仏像を列記した部分の南中門（84行）が南大門をさすという理解が正しいならば、一連の文書として一貫性を欠くことになる。しかし、文献史学の立場では認めたくないのかもしれないが、経験的にいえば、長い文書を作成していると、異なる文脈の中で、同じ用語の語義が変化することは少なくない。

門を守る仏たち

法隆寺では、和銅四（七一一）年に塔本塑像とともに金剛力士二躯を作り、中門に安置した（『法隆寺資財帳』）。現存する法隆寺中門仁王塑像である。しかし、興福寺や東大寺の金剛力士像は南大門に安置された。これに対して、天平一四（七四二）年に大安寺が作って南大門に安置したのは神王、すなわち四天王塑像二具であった（84～85行）。一方、金堂院東西廡廊中門には、天平八（七三六）年に聖武天皇が造坐した羅漢画像九四躯、金剛力士形八躯、梵王（梵天）・帝釈・波斯匿王・毗婆沙羅王像が安置されていた（89～92行）。

波斯匿王《ハシノクオウ》とは、仏陀の時代に中インドの舎衛城主だった王。毗婆沙羅王を頻婆沙羅《ビンビサーラ》王と解するならばマガタ国王をさす。二人の王の名は『仁王般若経』『小品般若経』などの般若経典に見られ、前章三節で述べた大安寺大般若会との関連を指摘する説がある［大和田一九九七］。しかし、大般若会は古代から現代にいたるまで広く実施された普遍的な法会であるのに対して、日本の他の寺院の回廊や中門に、こうしたインド国王像を安置した例を知らない。インド国王像を回廊や門に配したのは、大安寺大般若会とは無関係だろう。

インド舎衛国の祇園精舎は兜卒天の内院を模倣し、唐長安城の西明寺は祇園精舎を模倣し、道慈は聖武天皇の命を受けて西明寺を手本にして大安寺を作ったという［『扶桑略記』天平元（七二九）年条］。こうした伝承は、廡廊や中門にインド国王を安置するなどの特異な細部意匠が根拠になって生まれた可能性がある。また、道慈の影像を大安寺金堂東登廊第二門の諸羅漢に書き加えた［『今昔物語』第一一巻第五話］事実から、九四躯の羅漢画像（89行）は廻廊壁画であった可能性が高い。寺院廻廊を壁画で飾る方式も日本では聞いたことがなく、唐長安城内諸寺に類例がある［『歴代名画記』「記両京外州寺観画壁」］。これも道慈が西明寺を手本に大安寺を造営したという伝承を生む一つの原因になった可能性が高い［岡田一九八四］。

中門・南大門跡の発掘

資財帳は中門・南大門の規模を記録していないが、発掘で両門の規模や構造が判明している［大岡ほか一九五五、上野一九八四、奈良市教委一九九〇・九九・二〇〇一・〇二a、西崎二〇〇三］。中門跡では、凝灰岩切石による基壇（壇上積基壇）地覆石列の南辺および西北隅を検出。復原基壇規模は、東西約一〇〇尺（二九・六m）、南北約五〇尺（一四・八m）となる。基壇上で検出した一四ヶ所の礎石抜取穴から、建物規模は桁行五間八八尺、梁行二間三〇尺で、桁行中央三間の柱間は一八尺、両脇間は一七尺、梁行柱間は一五尺と判明（図35）。基壇端までの軒の出は、正背面は一〇尺、側面は六尺となるので、切妻造の一重門が推定できる。また、南辺地覆石列は中央三間に対応して階段の出を持つことから、中央三間に門戸があったとわかる。なお、基壇付近の瓦出土状況から、中門は二回焼失したと推定できるという。

一方、南大門跡でも北辺・東辺の基壇化粧の石列、および南辺で検出した掘込地業による基壇築成時に堰板をとめた添柱列から、東西約一一〇尺（三二・八m）、南北約五八尺（一七・二m）と、中門よりも一まわり大きい基壇規模が推定できた。基壇上で検出した一一ヶ所の礎石抜取穴から、建物規模は桁行五間八五尺、梁行二間三四尺で、柱間は桁行・梁行とも一七尺等間（図36）。基壇端までの軒の出は、正背面は一三尺、側面は一二尺となるので、入母屋造の二重門が推定できる。基壇北辺は中央三間に対応して階段の出があり、東側で階段の地覆石・羽目石などを確

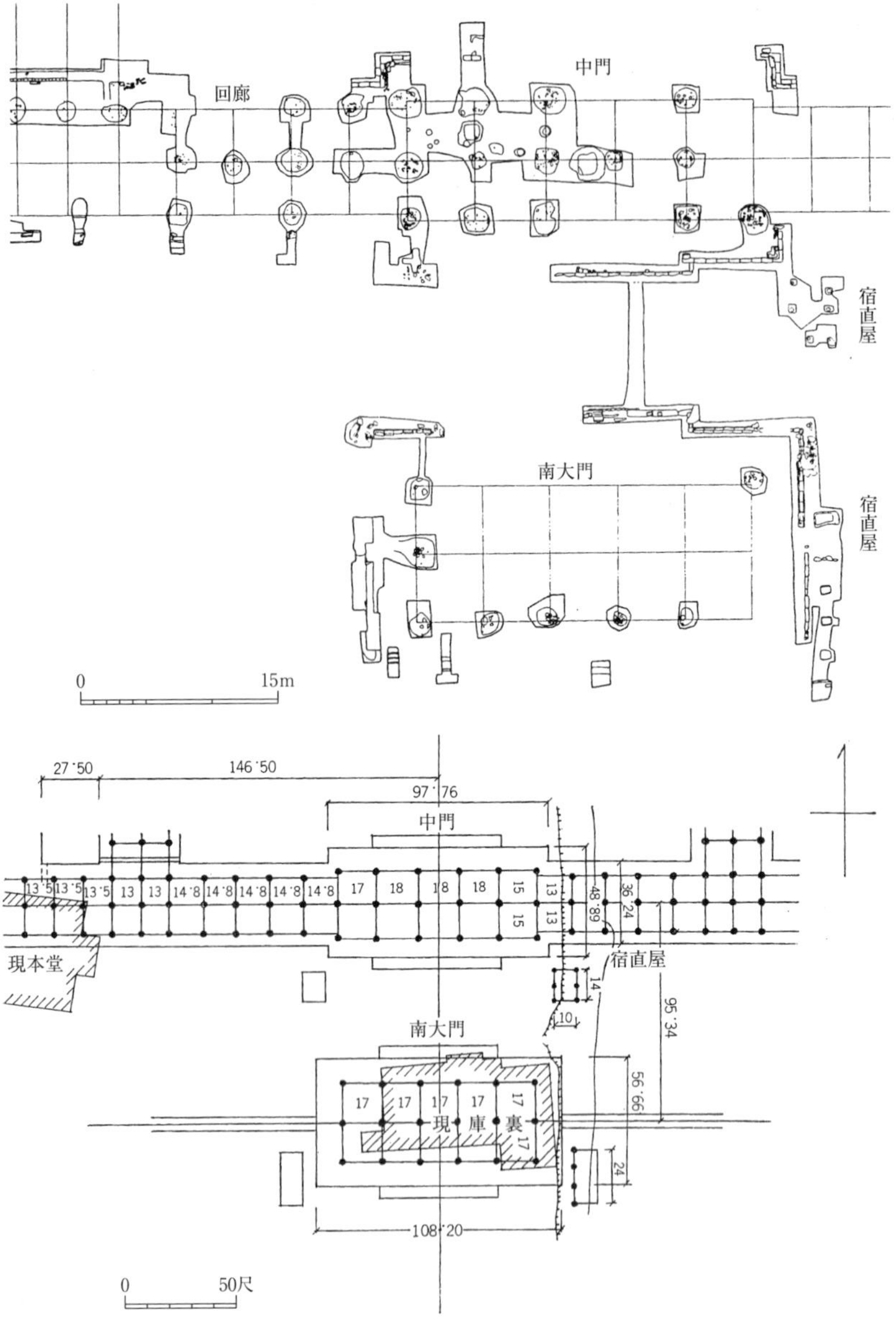

図35　南大門・中門の発掘調査区（部分）［上野1984］**と成果にもとづく復元図**［大岡1966］

1954（昭和29）年の大岡さんらによる南大門・中門地区の発掘調査が，考古学による大安寺解明の端緒となった。この調査で中門とそれに取付く南面回廊および南大門の位置と規模がほぼ判明した。南大門と中門の正面東側において，宿直屋の掘立柱を発見した意義も大きい。

認。南大門所用と推定できる完存する羽目石の大きさから、壇上積基壇の高さは約一・五mに復原できるという［奈良市教委一九九九・二〇〇二a］。

門番の仏たちはどこに

大安寺南大門跡の発掘で、北階段北側から被熱した塑像断片がまとまって出土した［奈良市教委二〇〇二a］。四天王が踏みつけた邪鬼特有の縮毛頭髪の表現をもつ断片を含むことから、天平一四年に寺が造り南中門に安置した「壻四天王像二具」（84～85行）の可能性が指摘された（図37）［奈良市埋文センター二〇〇七］。この結果、『大安寺資財帳』の仏像を列記した部分における南中門が南大門をさすことは、ほぼ確定したといえる。大安寺中門南階段の端と南大門北階段の端は、約一〇m離れているので、もともと中門に安置した四天王塑像が火災を受け、被災した破片が南大門に移動した可能性を完全に否定できない。

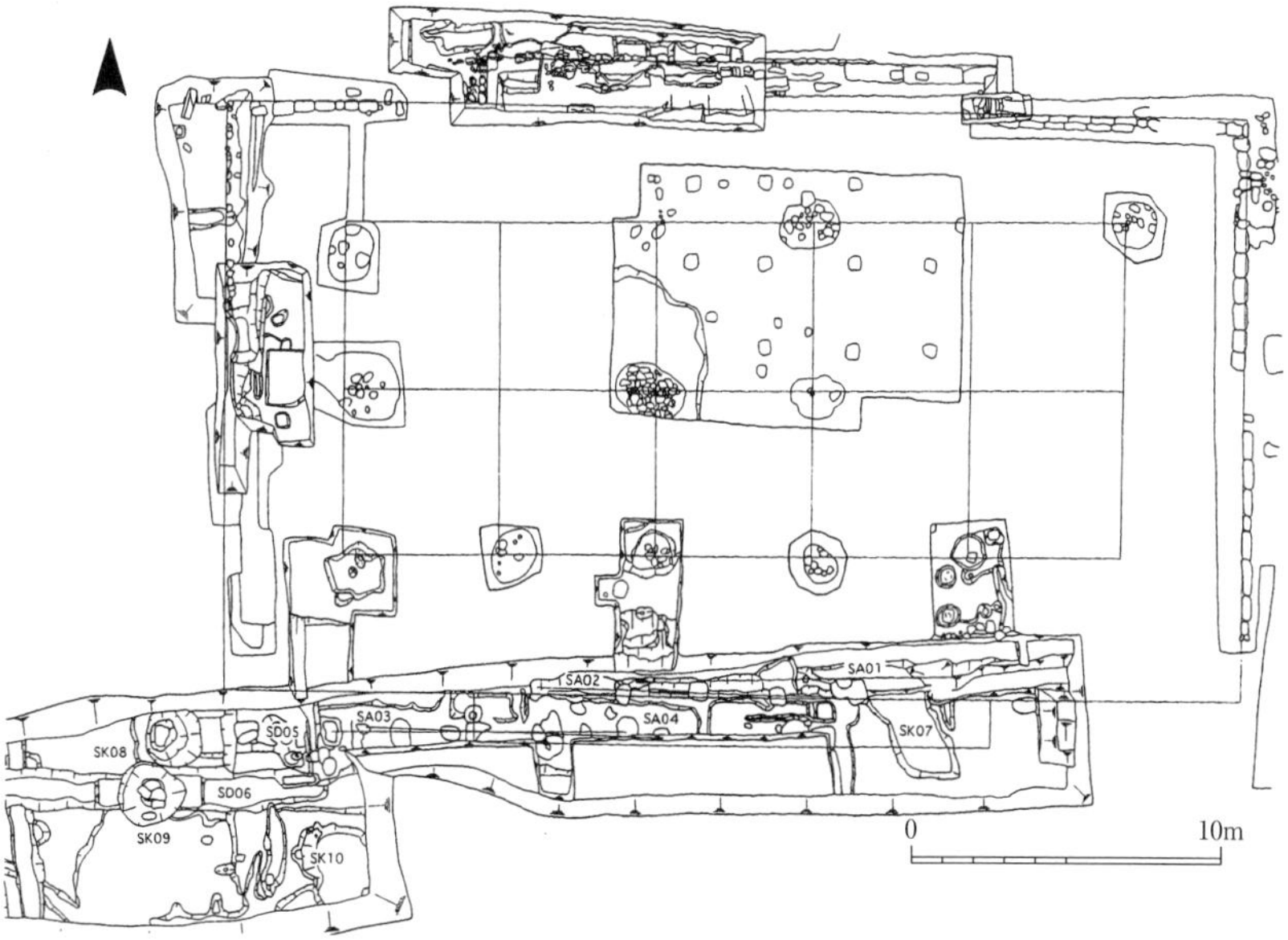

図36　その後の南大門の発掘成果［西崎2003］

宮殿や寺院官衙遺跡の発掘調査は長期間にわたるため，検出した遺構群の相互の位置関係を正確に把握する必要がある。南大門を再発掘したのは伽藍中軸線を決めることが目的だった。その結果，北階段の正確な位置や新たな礎石抜取穴を発見し，南大門中軸すなわち伽藍地中軸線が確定した。

しかし、そこまで無理な解釈をして、南大門に四天王塑像を安置したことを否定する理由は見あたらない。

ただし、入母屋造二重の南大門における四天王像の配置法がわからない。金剛力士（仁王）像ならば門を守護する形が定形化しているが、通常は中心仏像群の四方を守護する四天王像を門に配したらどうなるのか。また、切妻造中門とそれに連なる廡廊にひしめく羅漢画像九四躯、金剛力士形八躯、梵王・帝釈・波斯匿王・毘婆沙羅王像についても、羅漢画像九四躯が回廊壁画だった以外は安置法がはっきりしない。回廊に彫像を置くことはないとすれば、梵天・帝釈天は守護神として中門正面両脇間、インド国王は礼拝者として背面両脇間に安置し、それぞれ金剛力士二躯が守護したと解釈するのも可能だ。しかし、金剛力士が伽藍内部をにらみつけるのは好ましくない。いずれにせよ、

塑像Ａの衣紋

塑像Ｂの直毛表現

塑像Ｂの縮毛表現

図37　南大門跡出土の塑像片［奈良市教委2002a］
おもに南大門北階段の北側から48点の塑像断片が出土した。粘土製の塑像はそのまま埋もれれば土に戻るが，火災に遭って焼け締まったものは残る。塑像Ａは衣紋の皺やカーブを表現し，塑像Ｂは頭髪部破片である。塑像Ｂ端部の縮毛表現が踏みつけられた邪鬼の頭髪に特有なので，報告者は等身大の四天王像の一部と推定する。（奈良市教育委員会蔵）

南大門よりも小規模な中門に、仏像がひしめいていたことになりそうだ。

なお、資財帳成立から約二〇年を経た神護景雲元（七六七）年一二月一日の太政官符で、「金堂内仏菩薩并歩廊中門文殊維摩羅漢等像」修理のため大和国高市郡高市里の田二町、「大門中門四王并金剛力士等像」修理のため摂津国島上郡児屋里の田二町を大安寺に献入している〔『類聚三代格』巻一五「寺田事」〕。文殊維摩が歩廊中門の安置仏に加わっているが、基本は資財帳に記載された諸像を踏襲している。

宿直屋は瓦葺か

中門・南大門跡の発掘調査では、『大安寺資財帳』に記載された宿直屋（371～373行）に相当する掘立柱建物跡の一部を検出した。すなわち、中門の東南では、桁行二間、梁行二間の南北棟、南大門の東南では桁行三間の南北棟を確認している。『大安寺資財帳』の記載では、南中門宿直屋は長一丈四尺、広一丈、南大門宿直屋は長二丈四尺、広一丈で、それぞれ門の東西に建っていた。まさに門番小屋だ。位置も規模も資財帳の記載とほぼ合致する。南大門宿直屋は曲屋とのことだが、資財帳記載の規模表示では曲折部が南にあるのか北にあるのか決定できず、発掘区もそこまで及んでいない。

問題となるのは、南中門の宿直屋二口の頭に「葺瓦」の二字がある点だ。小規模な門番小屋に瓦を葺くのは、瓦葺中門と回廊にあわせて、正面観を整えるためだ。平安宮の四周には、南北大垣に各三棟、東西大垣に各四棟、計一四口の門が開き、宮の四隅と各門の間の計二二ヶ所に衛廬すなわち警備小屋があった。そのうちの南面する六棟の衛廬だけは瓦葺で、残りは檜皮葺であった〔『延喜式』巻四一、弾正台〕。これが施設の正面観を整える措置とすれば〔上原一九九七〕、大安寺の南中門（中門）だけでなく、南大門の東西に建つ宿直屋も瓦葺であってよい。また、金堂の東西にある宿直屋も、金堂が各所法会の場になり、金堂の前庭に多くの参列者を擁したとすれば、当然、瓦葺のほうがよい。『大安寺資財帳』において、南中門の二口宿直屋だけに「葺瓦」の二字があるのが実体を表現しているならば、その理由は今ひとつ明確でない。

大安寺金堂・講堂

『大安寺資財帳』は門に続いて、金堂・講堂・食堂三棟の堂規模（356～357行）、経楼・鐘楼二棟の楼規模（358行）、中門と金堂を結ぶ回廊規模（359～360行）、食堂前廡廊の規模（361～362行）、経楼・鐘楼や講堂・食堂を結ぶ廡廊の規模（363～365行）を列記する。

金堂は未発掘だが、位置はほぼわかっている。資財帳の記載通り、規模が長一一丈八尺（三四・九m）、広六丈（一七・八m）とすれば、講堂（長四三・二m、広二七・二m）より一まわり小さい。一二世紀前半に成立した『七大寺巡礼私記』は一一世紀の再建金堂を「五間四面瓦葺」と記載する。創建金堂も同規模なら、身舎桁行五間で四方に庇がつく桁行七間×梁行五間の瓦葺建物になる。古代寺院の金堂のプランは古くは正方形に近く、堂のまわりを行道礼拝したが、正面における仏事法会が常態化して長大なものになる［浅野・鈴木一九六一、上原一九八六］。大官大寺金堂は講堂と同じ大きさまで長大化した（桁行九間一五三尺、梁行四間七〇尺）が、平城京大安寺で再び講堂規模を下まわることになる。金堂規模は安置する仏像や施行する仏事法会に対応するわけだから、とくに大官大寺より縮小した事実を重視する必要はない。

講堂跡においては、南西隅の基壇裾と礎石根石および廡廊が取り付く西入隅部［杉山一九六三］、南西階段［八賀一九六七］、基壇北辺［奈良市教委一九八二］を検出している。発掘した時が離れているため整合しない点もあるが、延石前面で基壇規模は東西五〇m弱、南北三五m弱程度に復原できるという［岡田一九八四］。南西隅の礎石根石は下に焼土が入り込み、再建時に据え直しているが、創建時の位置を踏襲したと判断された。『七大寺巡礼私記』によれば、一一世紀の再建講堂は「五間四面瓦葺」との由で、金堂よりやや規模が大きいが、同じ柱間構成だった。

なお、『大安寺資財帳』は金堂院を構成する回廊を「廊」、そのほかの講堂や経楼・鐘楼、食堂を結ぶ通路や食堂前の廊を「廡廊」と呼んで区別する（359〜365行）。規模を比較すれば、前者は広二丈六尺（七・七m）、後者は広一丈〜一丈八尺（三・九〜四・三m）と差がある。金堂院回廊が複廊、他が単廊であったことは発掘調査でも一部が確認されている（図35など）。

唐三彩の枕

講堂と金堂の間は焼土層が堆積し、多数の遺物が出土した。とくに講堂前の土坑などから唐三彩の枕が多数出土し注目を集めた（図38）［八賀一九六七］。宮殿跡を含め、日本の古代遺跡からこれほど大量の唐三彩が出土した例はないし、陶枕の出土もめずらしい。岡崎敬さんは大宝二（七〇二）年に出発し、慶雲元（七〇四）年に帰国した第八次遣唐使、あるいは養老元（七一七）年に出発し、翌年帰国した第九次遣唐使がもたらしたと考え［岡崎一九七五］、巽淳一郎さんは第八次遣唐使とともに入唐し、第九次遣唐使と一緒に帰国。その後、大安寺創立に尽力した道慈がもたらしたと推定する［巽一九八四］。胎土の違いなどで、国産品が混在することもわかっていたが、近年は製作技法や釉薬を構成する鉛同位体比で産地が分析され、後述の彩釉榧先瓦をはじめとする奈良三彩の成立を示す資料と評価されている［神野二〇一三］。

なお、『大安寺資財帳』は陶枕を登録していない。貴重な舶来品でも記帳すべき重要な財産と認識されなかったのか、大安寺に施入されたのが七四七年以降なのだろう。また、大きさや出土地点を勘案して、頭を載せる枕ではなく、写経に際し腕を支える写経具という意見を、学生時代に故杉山信三さんから聞いた。たしかに、講堂で僧侶が枕を並べて昼寝する姿よりは、写経する姿のほうが絵になる。大安寺講堂が写経場として陶枕を揃えていたとすれば、史料で確認できる皇后宮職の写経所や東大寺写経所では、そうした道具を使用しなかったのか気になる。神野恵さんは日本国内における陶枕出土例が少ない事実、および大安寺唐三彩枕の装飾がきわめて多様である事実から、実用品ではなく文様意匠の図案見本である可能性を考えている［神野二〇一三］。神野説を認めると、なぜ陶枕が講堂前で集中的

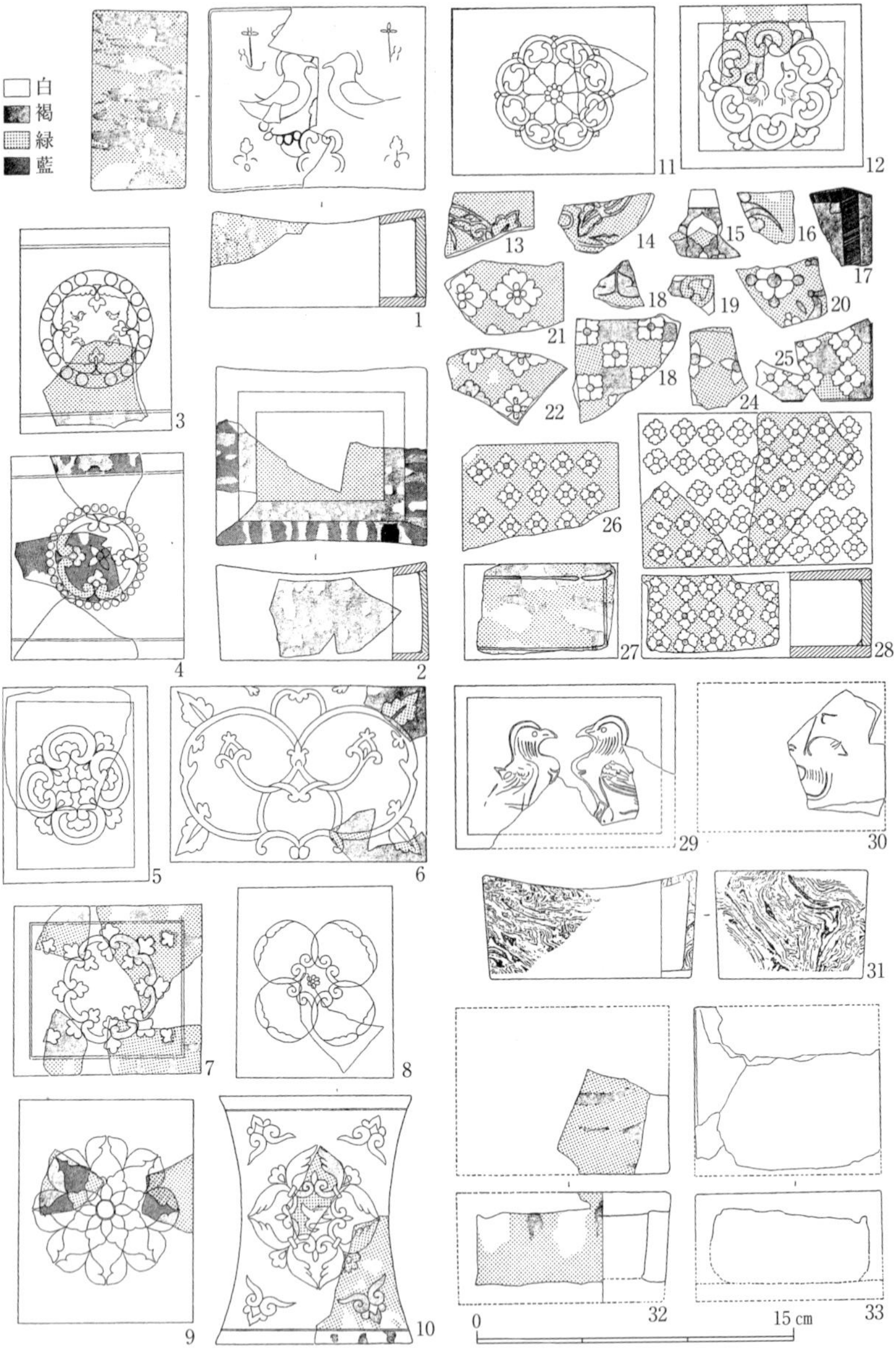

図38　講堂出土の唐三彩枕［巽1984］縮尺4分の1

出土した唐三彩枕は破片ばかりだが，長辺12cm，短辺9cm，高さ5cm前後に復元できる。上面に対葉文・唐草文・四弁花文・円文・花鳥文などを型押しして釉で塗り分けたもの，赤土と白土を練り合わせた交胎粘土のもの（31），胎土から国産品と考えられる厚手の製品（27・32・33）もある。

に出土したのかという問題が再浮上する。図案見本なら宝蔵などが保管場所として適当だろう。

講堂と金堂の間で出土した二彩釉棰先瓦

講堂・金堂間の焼土層からは、二彩釉の棰先瓦や二彩あるいは緑釉の丸・平瓦も出土した。棰先瓦（図39－1・2）は円形が地棰用、方形が飛檐棰用で、両方が出土すると二軒の屋根構造だったことがわかる。施釉瓦の多くは唐三彩陶枕と同様、二次的に火を受けている。報告はこれを延喜一一（九一一）年に講堂や僧房が焼けた（辛未大安寺講堂三百坊百二十間焼）という『一代要記』の記事と結びつけ〔八賀一九六七〕、その後の瓦や土器の整理成果も、その見解を踏襲する〔山本一九八四、巽一九八四〕。しかし、太田博太郎さんは『一代要記』が一三世紀後半の成立で、延喜一一年における大安寺講堂・僧房の火災が、他の史料で確認できないことから、この年代比定を疑問視する〔太田一九七九〕。伽藍中枢は清浄な法会空間なので、微妙な年代差を示す日常雑器はさほど多く出土しない。少なくとも、問題の焼土層がすべて延喜一一年直後に形成されたものか否かは、さらなる調査研究が必要だった。

太田さんは、大安寺が寛仁元（一〇一七）年三月一日の大規模火災で壊滅した事実を重視する。『扶桑略記』は「残ったのは塔だけ（所遺塔婆也）」、『日本紀略』は「釈迦如来一体だけがその火難をまぬかれた（釈迦如来一体免其火難）」と記載する。釈迦如来は名をとどろかせた金堂本尊をさすので、『七大寺巡礼私記』の「寛仁年中西塔并講堂食堂宝蔵経蔵鐘楼等凡二十余院払地焼亡」の記事は、金堂を記載し忘れたと理解できる〔太田一九七九〕。

一九九五年、下水道管敷設にともない、より金堂に近い場所で東西に長い発掘調査区が設けられた〔奈良市教委一九九六〕。遺構は検出できなかったが、層位関係が明確になり、金堂北辺近くで焼土層が二面検出された。地山直上に部分的に堆積した下層の焼土層からは、奈良時代の瓦片が出土し、下層の焼土層に掘り込んだ土坑からは九世紀後半の土器が出土した。この土坑上面には一〇世前半の土器を含む堆積土や土坑があり、これを覆って上層の焼土層が堆積していた。上層の焼土層からは大量の瓦塼類が出土した。つまり、かつて唐三彩陶枕や二彩釉棰先瓦が多数出土した講堂・金堂間の焼土層は上層の焼土層だった。一九九五年調査の報文も、上層の焼土層を延喜一一年に比定する。しかし、『一代要紀』が記す火災は講堂と僧房で、金堂を含まない。文献史料との対応性や被災規模から見て、上層の焼土層を寛仁元年の大火災に比定した方が無難である。出土遺物の再検討が望まれる。同地点では、さらに多くの二彩釉先瓦が出土し、より鮮明な文様復原図が描けるようになった（図39－12・13）。

榧先瓦で飾った建物

講堂・金堂間における焼土層の形成年代にこだわるのは、それが二彩釉榧先瓦や施釉丸・平瓦を葺いた堂の比定にもかかわるためである。山本忠尚さんは、これらの瓦を根拠に「創建時の講堂の屋根がきわめて色彩豊かであった」と想定する［山本一九八四］。しかし、二彩釉榧先瓦で荘厳したのは、本当に講堂の屋根なのだろうか。

大安寺講堂南西隅の調査でも、二彩釉榧先瓦が出土したが［杉山一九六三］、講堂基壇北辺の調査では軒瓦五点を含む多量の瓦が出土したにもかかわらず、施釉瓦は報告されていない［奈良市教委一九八二］。つまり、施釉瓦はおもに講堂の南から出土する。もちろん、講堂の正面屋根だけを施釉瓦で荘厳した可能性も残る。一方、金堂北東隅の下水工事にともなう立会調査で円形榧先瓦が出土しており［奈良市教委一九九六］、二彩釉榧先瓦の出土地点は、講堂南側だけでなく、金堂北側にもおよぶ。焼土層が寛仁元年大火にかかわるとすれば、施釉瓦の所用堂宇が金堂である蓋然性が増す。僧尼空間＝僧地の施設である講堂よりも、仏を祀る金堂のほうが基壇を高く造り、平面規模は劣っても建物の外観における荘厳性が高い。少なくとも、施釉瓦は金堂など仏地の施設で使用するほうが納得できる。

◀**図39　榧先の装飾**［奈良市教委1996，西大寺1990，井手町教委2005，奈文研2000］縮尺４分の１
垂木（榧）の先を透彫りした金属板（16）で飾る方式は現在まで継承されるが，焼物の榧先瓦は奈良時代以前に特有だ。大和飛鳥寺・山田寺・檜隈寺などの７世紀の寺には，軒丸瓦に似た蓮華文を配した榧先瓦があり，その影響は，東は下総結城廃寺，西は筑後井上廃寺まで及ぶ。一方，８世紀の平城京内寺院にみる彩釉榧先瓦の京外での出土例は，山城井手寺・播磨椅鹿廃寺など，ごく限られている。（1・2　大安寺金堂跡北辺出土彩釉榧先瓦　12・13 同復元図　3・4　西大寺塔跡近辺出土彩釉榧先瓦　14・15 同復元図　5～11 井手寺跡出土刻線彩釉榧先瓦　16 阿弥陀浄土院池跡出土金銅製榧先飾金具）

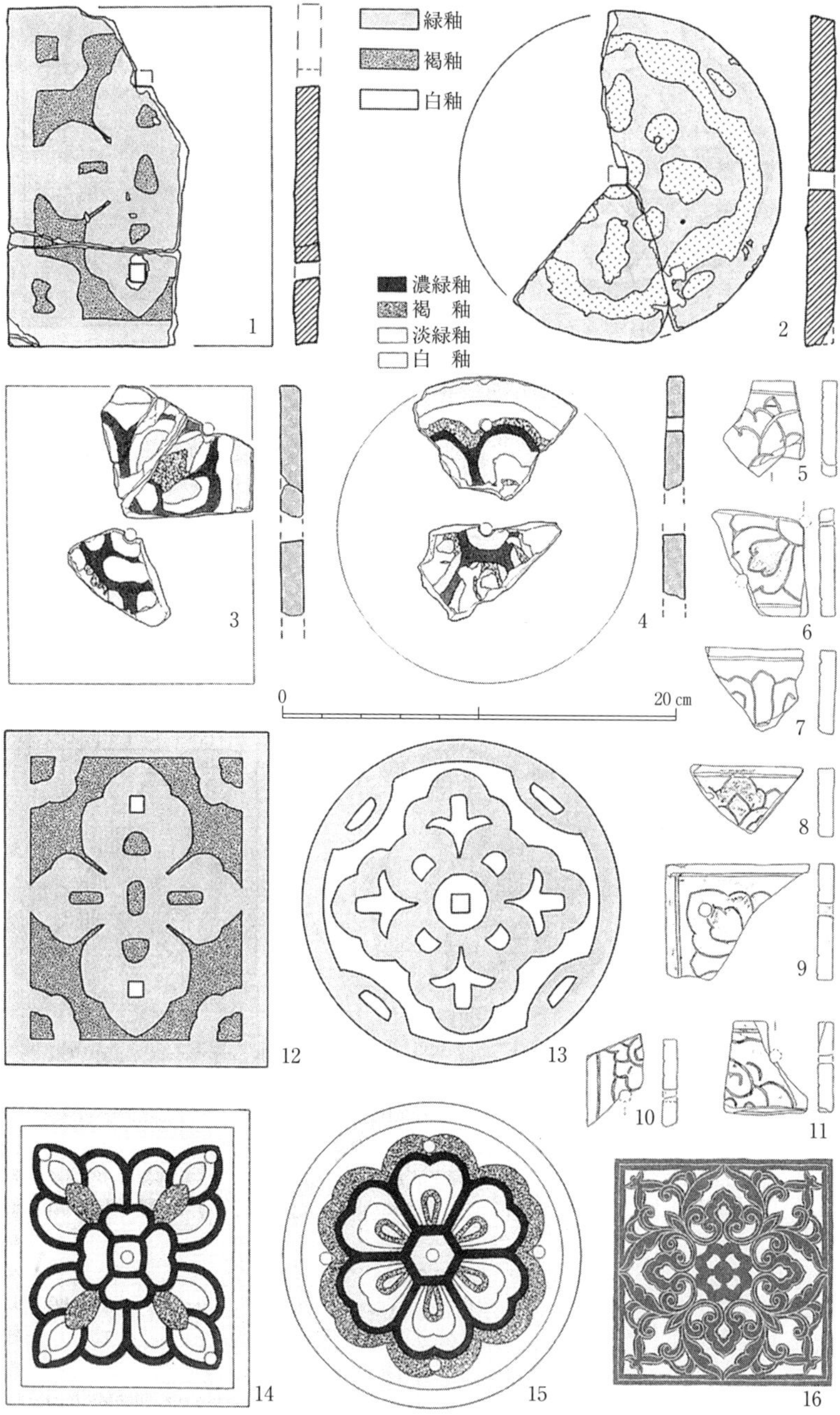
緑釉
褐釉
白釉
濃緑釉
褐　釉
淡緑釉
白　釉
0
20 cm
1
2
3
4
5
6
7
8
9
10
11
12
13
14
15
16

奈良三彩極先瓦は、大安寺以外では平城京西大寺や橘諸兄にかかわる井手寺跡（京都府綴喜郡井出町）でも出土した。西大寺では地極用と飛檐極用の両方が出土（図39-3・4・14・15）。東西両塔跡周辺に集中し、他区域では分布が稀薄であることから、塔を荘厳したことが確実である［西大寺一九九〇］。一方、井手寺跡では飛檐極用のみが出土している（図39-5～11）。所用堂宇を特定できないが、中心伽藍で使用したことは確実である［井手町教委二〇〇五］。

また、平城宮の東にある法華寺金堂あるいは法華寺阿弥陀浄土院にかかわる天平宝字四（七六〇）年頃の造営文書「造金堂所解」に、造瓦功数（労働に要した延べ人数）と賃金の記載で、「一貫七百文飛炎木後料玉瓦作工百七十人功人別十文」（『大日本古文書』巻一六―二九三）の記事がある。施釉極先瓦作成にかかわる記事だ。法華寺旧境内でも阿弥陀浄土院でも、施釉極先瓦は出土していない。しかし、阿弥陀浄土院では池の中から金銅製の飛檐極先飾金具が出土している（図39-16）［奈文研二〇〇〇］。施釉極先瓦と極先飾金具との併用は想像しにくい。瓦窯操業形態を根拠に、「造金堂所解」を阿弥陀浄土院金堂造営にかかわる文書とする説もあるが［奥村二〇〇四］、「飛炎木後料玉瓦」に該当する施釉極先瓦を使用した可能性は法華寺金堂のほうが高い。

平安時代に下るが、平安京内ただ二つの官営寺院、東寺と西寺でも中心伽藍から緑釉瓦が出土し、金堂（仏殿）所用瓦と考えられていた［木村一九三九］。しかし、西寺の発掘では金堂跡から緑釉瓦は出土せず［鳥羽離宮跡調査研究所一九七九］、防災工事で堂塔間に縦横にトレンチを設けた東寺の発掘調査では、緑釉軒瓦・熨斗瓦・丸瓦が講堂周辺で採取されたことから「天長二年（八二五）に建立された講堂のみに緑釉瓦が使われ、棟と軒先に使われていたとみた。なお西寺でも同様であることが判明している」と報じられた［教王護国寺一九八一］。一方、鈴木久男さんは、天長年間に空海が進めた東寺造営事業で使用した軒瓦が、中心飾に「左寺」銘を置いた唐草文軒平瓦とそれに組み合う複弁八葉蓮華文軒丸瓦である事実から、それに先行する瓦当文様に限って現れる緑釉瓦は金堂所用であると主張している［鈴木・上村・前田一九九六］。瓦の型式論的には鈴木説に加担したい。大安寺では金堂周辺の発掘調査が進んでいない。施釉瓦がどの建物でどのように葺かれたのかは、今後明らかになるだろう。

大安寺僧房

大安寺跡から出土する奈良時代の軒瓦は、①藤原京の大官大寺と同笵の大官大寺式軒瓦、②平城宮や平城京の瓦と同笵もしくは同文異笵の平城宮系軒瓦、③大安寺独特の大安寺式軒瓦、に大別できる［山本一九八四］（図40）。①の大官大寺式軒瓦および②の平城宮系軒瓦のうちで、大安寺伽藍地創建に際して使用した軒瓦については、次節で大安寺瓦屋を比定する時に再論する。本項では、③の大安寺式軒瓦と大安寺僧房の屋根葺材について述べる。

③の大安寺式軒瓦は、大安寺旧境内の発掘調査で最も多く出土し、大安寺のために独自に製作した瓦と考えられる。軒丸瓦（六〇九一・六一三七・六一三八型式）の花弁が単弁であること、軒平瓦（六七一二・六七一六・六七一七型式）の唐草が蔓状に連続すること、断面形が段顎であることなどが型式として共通する。かつては、文様から見て大安寺式軒瓦の年代を八世紀中頃以降とする説が有力だった。しかし、大安寺における出土量と平城宮系軒瓦の文様系譜や製作技術の変遷観を配慮して、大安寺が創建された天平年間のもので、大安寺創建に尽力した道慈が新たに導入した文様とする意見が有力化した［毛利光・花谷一九九一］。

大安寺伽藍地において発掘調査が最も進んでいるのは、僧房跡である。発掘データが皆無の時、大岡實さんは三面僧房概念の本義を根拠に、講堂の東西に東西太房南列を置く形で大安寺伽藍を想定したが（図41右）、堂並僧房等院が四坪を占める資財帳の記載とは明らかに齟齬する。発掘調査の結果、長大な僧房群は南へ延びて金堂院の東西にも展開し、資財帳の記載どおり左京六条四坊三〜六坪の四坪内に納まることが確実となった（図41左）。

平成五年度までに大安寺伽藍地で出土した瓦を整理した中井公さんは、大安寺僧房に葺いた軒瓦が基本的に六一三八Ｃ・Ｅ—六七一二Ａの組み合わせで、小型瓦六一三七Ａ—六七一六Ｃ・Ｄの組み合わせも僧房に葺いたことを示した［中井一九九七］。ところが、資財帳は僧房を構成する一三棟の太房・中房・小子房の規模を列記した後、「並蓋檜皮」と明記する（366〜369行）。天平一九年段階の大安寺僧房はすべて檜皮葺だったことになる。

僧房が瓦葺になった時

ここで解釈が分かれる。ひとつは大安寺式軒瓦を創建時の瓦と考え、檜皮葺屋根の棟だけに瓦を使う甍棟用だったとする理解である。もう一つは、創建時の僧房は檜皮葺屋根で、のちに瓦葺屋根に改修したとする理解である。しかし、奈良市教育委員会で大安寺僧房跡の発掘調査に長年携わってきた中井さんは、「いずれの調査でも、丸・平瓦を主体とする夥しい数量の瓦が出土している。そのほとんどが奈良時代のものなのである。僧房は檜皮葺きのはずではなかったのか。否、瓦の出土量は、南大門・中門・回廊・講堂などの調査の場合と何ら変わらない。僧房も本瓦葺きであったことは紛れもなしと考える」と断言する。

しかも、西中房南列のさらに西で発見された西小子房跡は、資財帳に記載がない。天平一九年以降に建った建物だ。そこでも大安寺式軒瓦が多数出土している。大安寺式軒瓦が天平一九年以降にも使用されたことは確実だ。中井さんは、さらに追究の手を広げる。東大寺西面回廊近くで出土した大安寺式軒瓦六一三八C—六七一二Aは、天平勝宝八（七五六）年の聖武天皇一周忌までの回廊完成をめざし、興福寺など他寺院に造瓦の応援を頼んだ結果と考えられる。中井さんは、大安寺・東大寺の同笵瓦における笵傷進行状況を比較し、大安寺式軒瓦の製作は天平勝宝八年には始まっていたと推測する。中井さんの推測が正しいならば、大安寺僧房の檜皮葺屋根は、資財帳が作られて一〇年も経たないうちに、総瓦葺屋根に改造されたことになる。

平安宮内裏の檜皮葺屋根の下で暮らし慣れていた清少納言は、方違で太政官の瓦葺屋根の下で一夜を過ごし、「瓦葺なので暑くってたまらず、御簾の外で寝ていたら、古い建物なので一晩中ムカデ落ちてきたり、大きい蜂の巣にブンブン蜂が群がって恐ろしいこと（屋のいと古くて、瓦葺なればにやあらむ、暑さの世に知らねば、御簾の外に、夜も臥したるに、古き所なれ

◀図40　大安寺で出土する奈良時代の主要な軒瓦［奈文研1996より抽出］縮尺６分の１
1993年までに実施した大安寺伽藍地内のおもな発掘で出土した奈良時代軒瓦のなかで主体的なのが大安寺式6138C・E-6712Aで，軒丸・軒平瓦とも40%以上を占める。18%・12%を占める小型瓦6137A-6716C・Dを含めれば過半数が同種の軒瓦となる。外区に唐草がめぐる軒丸瓦6091A・Bおよび同じ単位文様の唐草を配した軒平瓦6717Aは大安寺式軒瓦としてよく引用されるが出土量は10%に満たない。一方，大官大寺所用瓦6231-6661は，大安寺では軒丸瓦Ａ種，軒平瓦Ｂ種が主体で出土量の10%前後を占め，大安寺創建に際して棚倉瓦窯で生産した平城宮系軒瓦6304D-6664Aは，各21%・12%を占める［中井1997］。

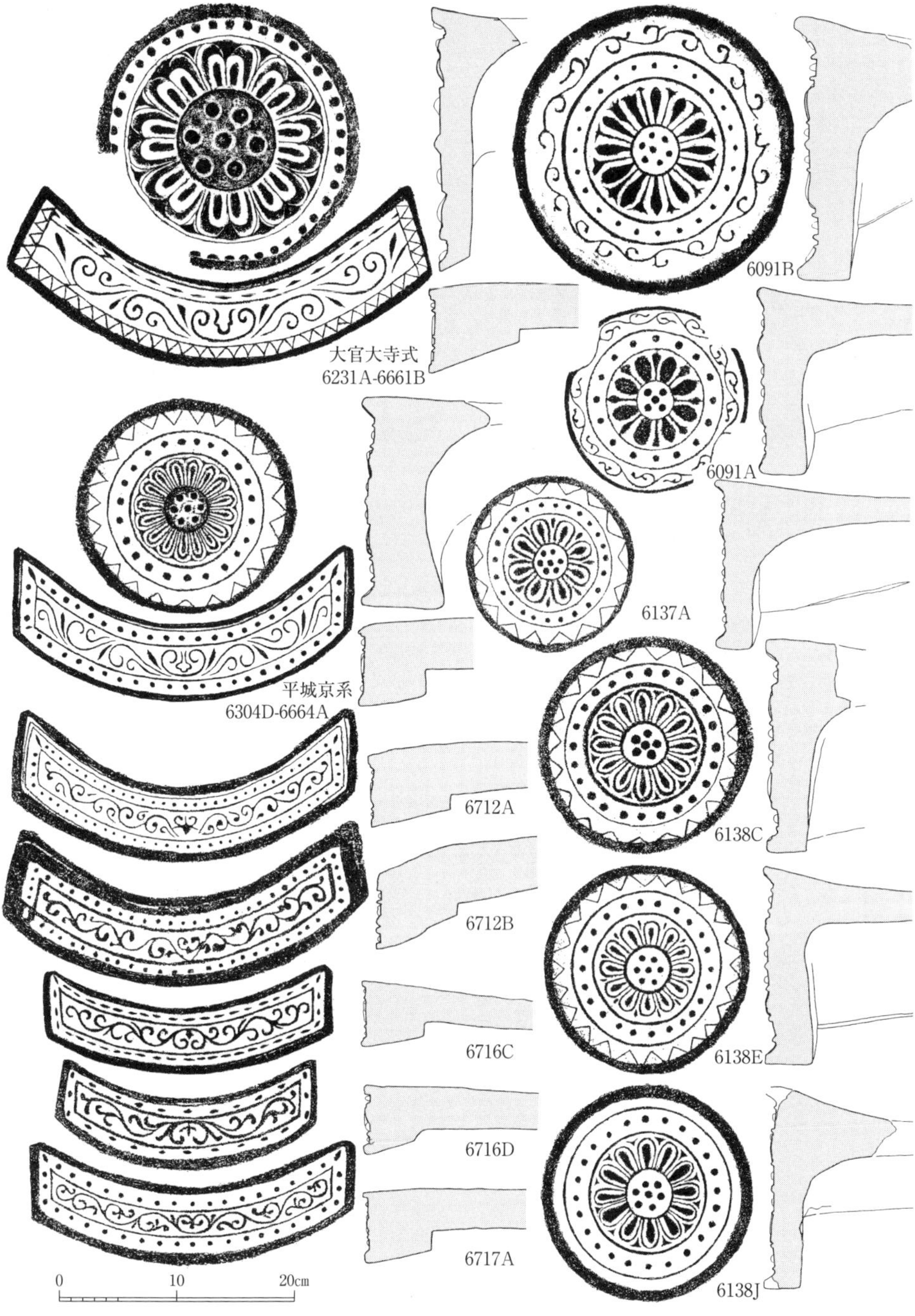

大官大寺式
6231A-6661B
6091B
6091A
平城京系
6304D-6664A
6137A
6712A
6138C
6712B
6716C
6138E
6716D
6717A
6138J
0
10
20cm

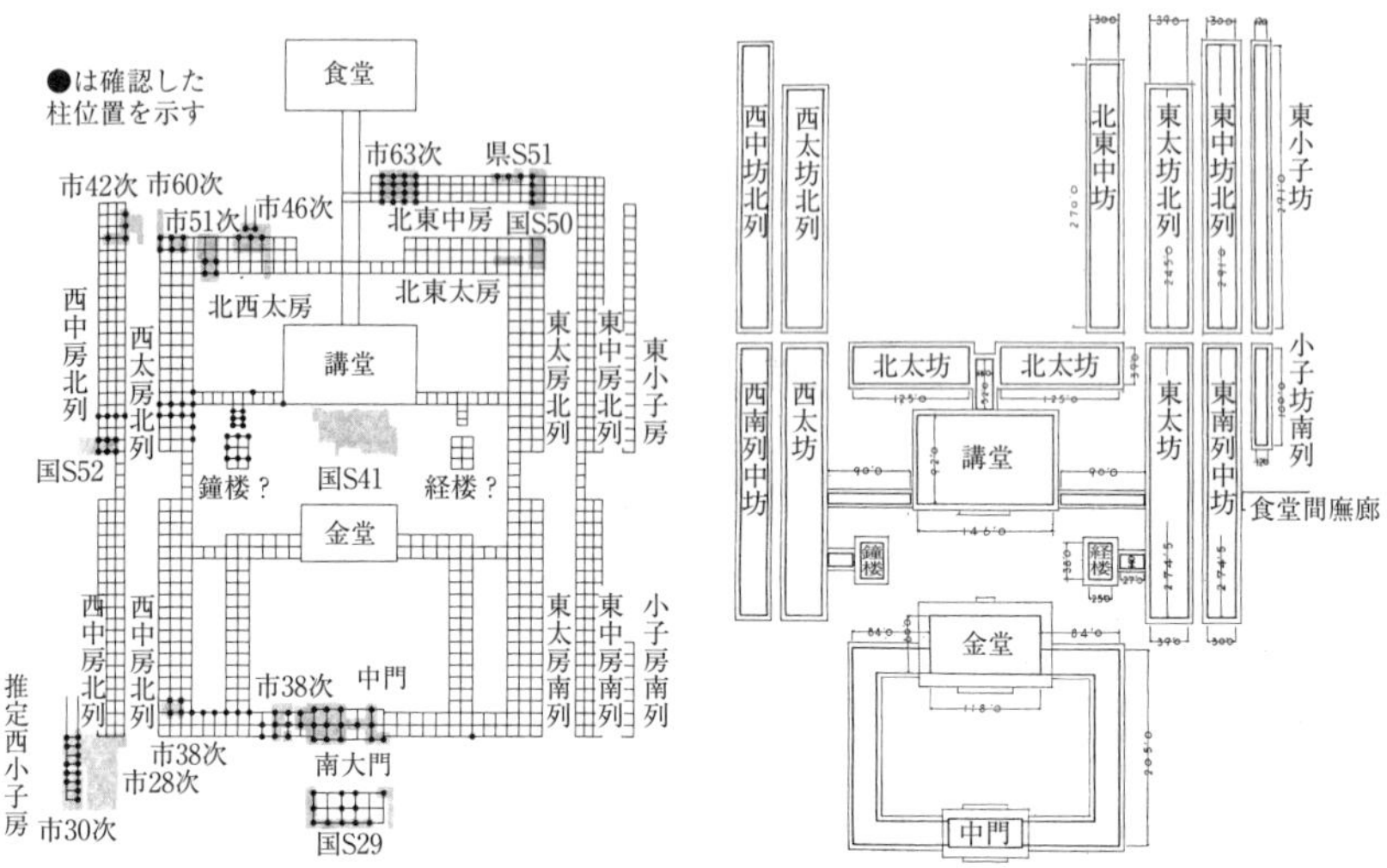

図41　大安寺僧房の構成案二つ［大岡1966，中井1997］
900人近くの僧がいた大安寺僧房がそれに見合う施設だったことは，資財帳記載の僧房規模からわかる。古代寺院の大規模僧房は，集会所になる講堂を囲むように配置することが多い。三面僧房である。大岡實案（右）は三面僧房の原理で大安寺僧房の構成を考えたが，４坪内に堂並僧房等院が納まらない。発掘の進展で僧房は金堂院の東西に延びることが確実となった（左図)。左図は平成５年までの発掘位置が示され，調査の進展状況がわかる。ただし，その後の調査研究で北に食堂が存在しないことも判明している。

ば、蜈蚣といふ物の、日一日落ちかかり、蜂の巣の大きにて、つきあつまりたるなど、いとおそろしき）」という感想を持つ［『枕草子』小学館・日本古典文学全集一一、一六五段「故殿の御服のころ」］。僧たちが日常起居する僧房は、檜皮葺のほうが快適だったはずだ。それを瓦葺に改造したとすれば、それは平城京筆頭寺院である伽藍地の外見を荘厳化する意味があったに違いない。

大安寺食堂はどこにI

資財帳が金堂・講堂とならぶ堂の一つにカウントした大安寺食堂は、金堂・講堂・僧房とは場所を異にし、禅院・太衆院とともに一坊（坪）半を占拠していた（353行）。古代寺院において食堂が重要な役割を果たした事実と、その衰退・消滅については、吉川真司さんが明らかにしている［吉川二〇一〇］。

大安寺食堂の位置に関しては、先述したように、左京六条四坊二坪と七坪西半分をあて、講堂の真北、杉山古墳を中心とした一坊池并岳の西側に置く伽藍配置図が流布している（図34左、図41左）。しかし、杉山古墳西側の発掘では、前方部西南部の墳丘を利用して六基の瓦窯（大安寺杉山瓦窯）を構築している事実だけでなく、古墳西側周濠が講堂の真北まで延び、推定位置に食堂が存在しえないことが確実になった〔奈良市教委一九九七〕。講堂真北ではなく、もっと西に食堂を想定する説もあるが〔岡田一九八四、鐘方一九九七〕、左京六条四坊三・四・五・六坪が四坊堂并僧房等院で、杉山古墳西周濠部までを一坊池并岳とすると、二坪と七坪西部に禅院食堂并大衆院を納めるための一坪半の空間は確保できない。さらに、食堂は講堂・僧房などの僧地と密接にかかわる施設だから、伽藍地西北隅のような僻遠の地に建てる理由がない。講堂の真北にない考古学的事実を説明するための、苦肉の案としか評価できない（図52左）。

かつて大岡實さんは、興福寺・東大寺と同様、大安寺食堂は講堂の真東にあったと想定した〔大岡一九六六〕。ただし、南都七大寺にかかわる大岡さんの仕事をまとめた同書では、すでに旧説となった大岡説とは別の大安寺伽藍復原図が幅をきかせており、大岡説の真意がわかりにくくなっている（図34右）。以下、食堂にかんする資財帳の記載と、大岡説の整合性を再評価する。

大安寺食堂はどこにⅡ

食堂には前面東西に各長五五尺、広一丈三尺、高一丈五尺の廡廊が付く（361〜362行）。これとは別に長九丈九尺、広一丈八尺、高八尺五寸の廡廊が食堂への通路となる（363〜365行）。大岡さんは講堂の東方に、すなわち左京六条四坊一坪の南半部に食堂を想定し（図42上）、『大安寺資財帳』の記載をクリアした。平安京の東寺や西寺においては、講堂北方にある食堂前面に中門・回廊が取り付いて、食堂院を構成する（図43）〔教王護国寺一九八一、鳥羽離宮跡調査研究所一九七九〕。しかし、食堂に通じる廡廊が別に存在する以上、大安寺食堂前廡廊は院を構成するのではなく、興福寺食堂と同様の双堂風の建築（図42下）〔奈文研一九五九〕、すなわち正堂前の礼堂（細殿）的機能を果したと考えられる。

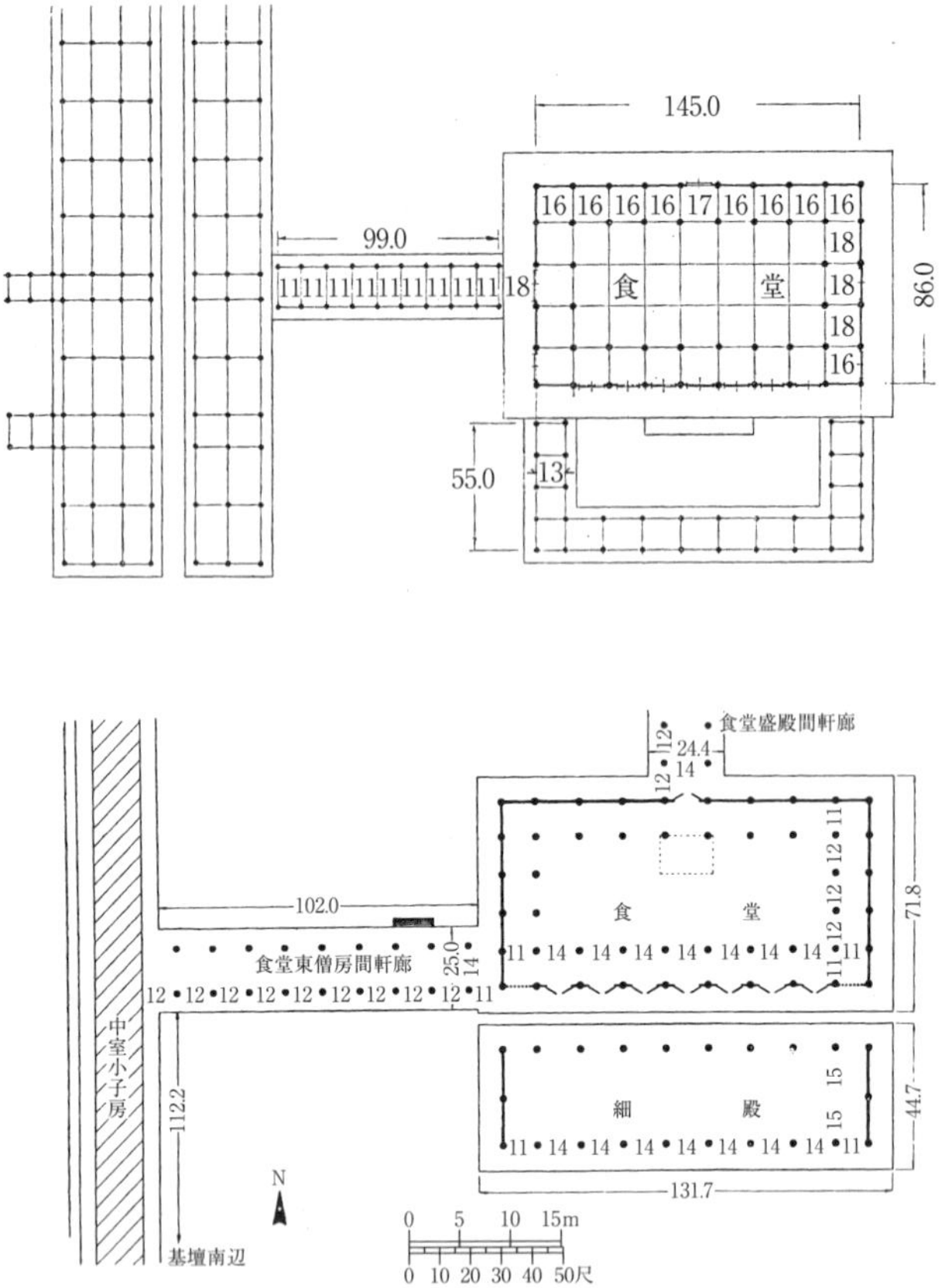

図42　講堂東方に立地する食堂　上：大安寺食堂大岡復原案［大岡1966］　下：興福寺食堂と細殿［奈文研1959］

大安寺伽藍地中枢部と食堂は，長９丈９尺，広１丈８尺，高８尺５寸の廡廊（軒廊）で結ばれていた（365行）。また，食堂前東西には，長55尺，広１丈３尺，高１丈５尺の廡廊があった（361～362行）。これを大岡説のように回廊風に復元すると，平安京東寺や西寺の食堂院（図43）の小型版にも見えるが，細殿（礼堂）がついた興福寺食堂のような双堂建築にも通じる。いずれにせよ，食堂を伽藍地の北部に想定すると，南に取り付く軒廊は食堂ではなく食堂前の廡廊にぶつかってしまう。大岡・亀田説のように，伽藍地の東部に食堂を置くほうが妥当な理由のひとつだ。

大安寺食堂を講堂の北方に推定し、通路となる廡廊（軒廊）を南の四坊堂并僧房等院から延ばした場合、食堂ではなく食堂前の廡廊（回廊）にぶつかってしまう。ぶつけないためには、軒廊を屈曲・迂回させるほかない。『大安寺資財帳』の記載を尊重する限り、大岡説のように講堂東方に食堂を推定し、一一坪南半部と一二坪を一坊半禅院食堂並太衆院と考えた方が無理が少ない。

大岡さんが食堂に推定した場所の南（七六―三区）を奈良県教育委員会が発掘し、凝灰岩切石基壇をもつ梁行一間、

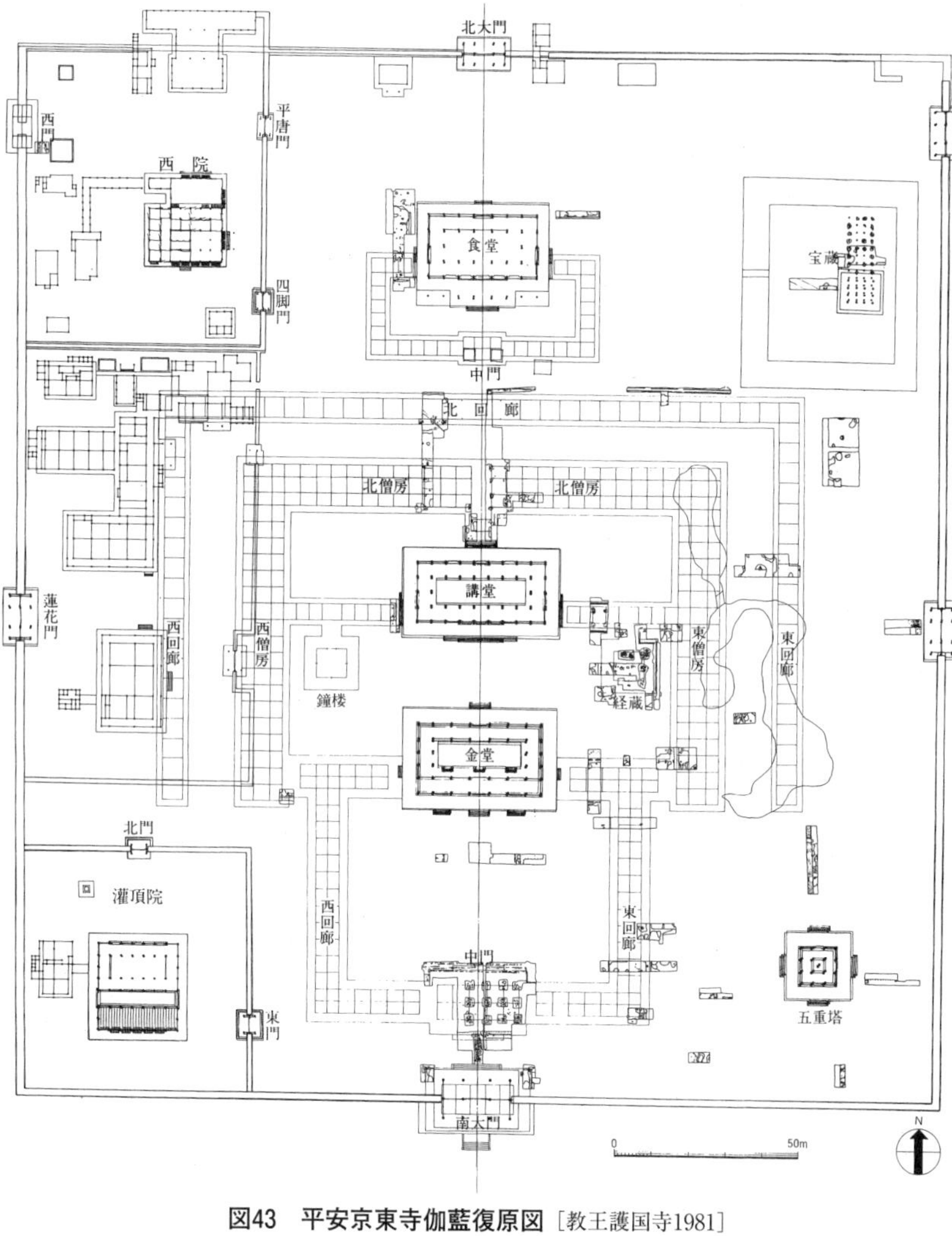

図43　平安京東寺伽藍復原図［教王護国寺1981］

平安京の東寺と西寺は，塔の位置が東西逆となる線対象で設計されたと考えられる。食堂は北面僧房の北で，前面に回廊がめぐる食堂院を構成する。平城京内の諸寺でも，薬師寺・元興寺・唐招提寺のように講堂の北に食堂を置く例が多いが，東大寺・興福寺のように講堂の東にあって軒廊で結ぶ場合や，寺院地東北隅で食堂院を構成する西大寺・西隆寺の例もあるので，大安寺食堂を左京六条四坊十一坪南半に推定するのは突飛な説ではない。なお，平城京外では，井出寺跡（橘氏の氏寺）において，講堂の東に食堂を推定する説がある［中島2010］。

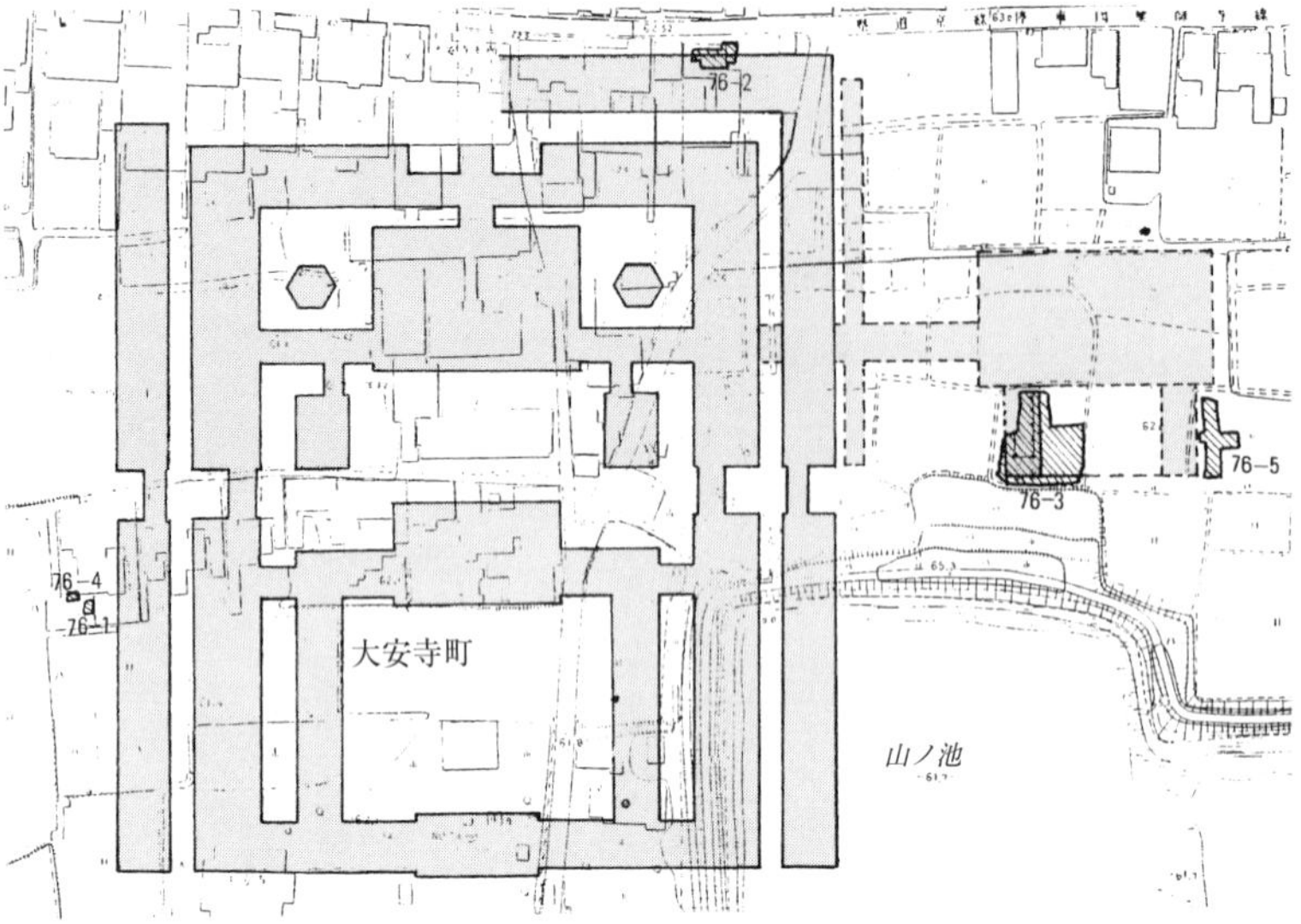

図44　奈良県教育委員会1976年発掘調査地［橿考研1977］

桁行四間以上で南北に延びる礎石建物跡を検出した（図44・45）。基壇南辺の東方にも凝灰岩切石とその抜取痕跡が延びる。同調査区では奈良時代後半を中心とした大量の瓦や三彩片、緑釉土器などが出土した。亀田博さんは、これを食堂前廡廊跡と考えた［橿考研一九七七］。ただし、食堂推定地の東端（七六―五区）には、さらに東へ延びる別の礎石建物跡があり、亀田案には問題が残った。食堂本体が不明である以上、拙速な結論は避けるのが賢明である。

しかし、発掘成果においては大岡説の蓋然性が高まった。少なくとも、奈良時代の基壇礎石建物が確認され、多量の瓦や施釉陶器が出土した左京六条四坊一一坪南半を、建物施設の記載が皆無である一坊半賤院にあてる通説が、著しく妥当性を欠くことは、誰もが納得できたはずだ。

太衆院の給食センター

考古学的証拠は必ずしも十分といえないが、食堂の位置にかんしては、大岡説の妥当性が高い。それは、伽藍地の東南方、左京六条四坊一一坪南半および一二坪の発掘調査で、奈良時代の遺構が比較的稠密であることがわかったからだ。一二坪南西の大半は芝池（山ノ池）によって破壊さ

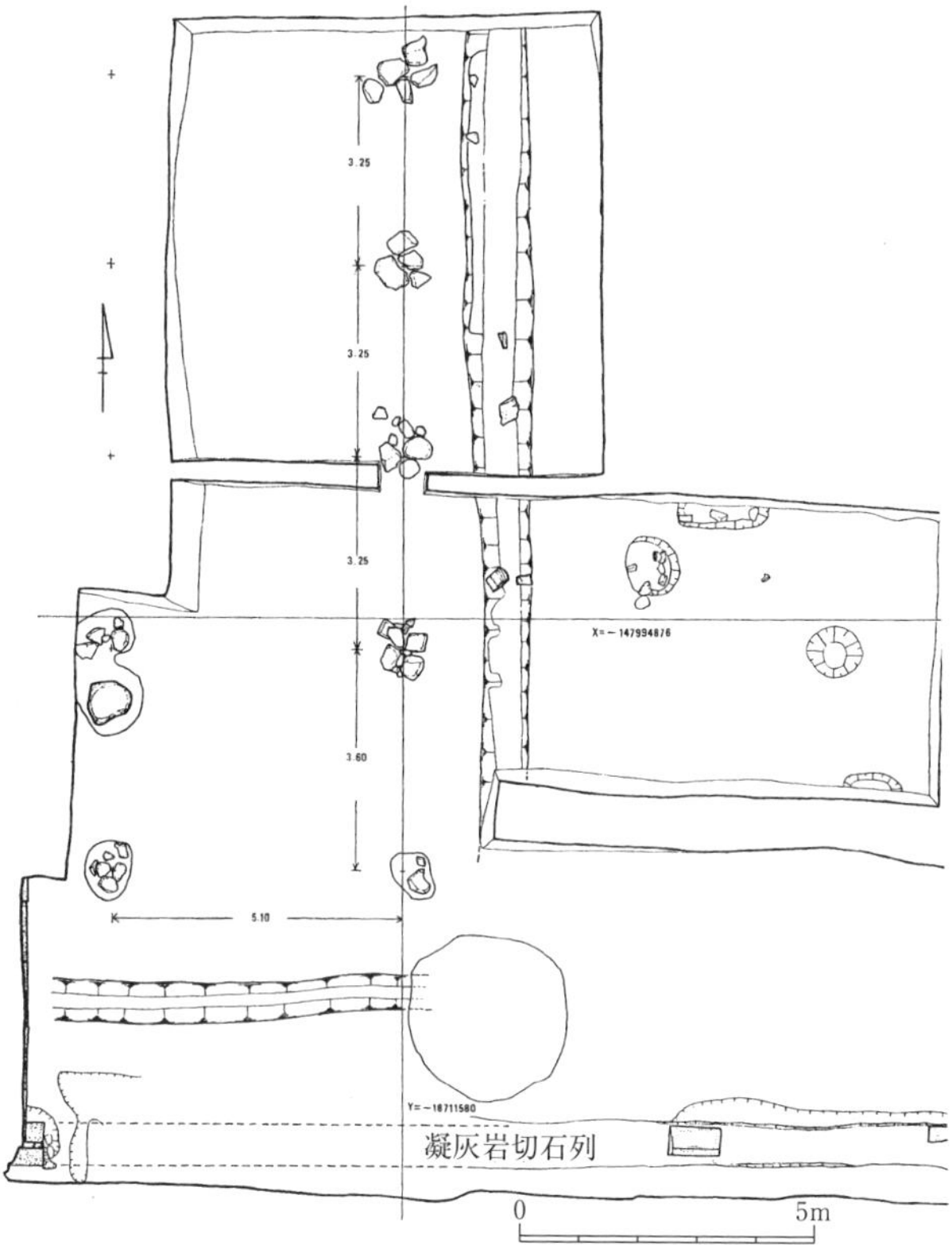

図45　奈良県教育委員会76-3区検出遺構図［橿考研1977］
基壇と礎石の根石を検出し，調査者は資財帳の食堂前廡廊に当てた。しかし，調査区南端で東西に延びる凝灰岩切石列の意味がよくわからない。大岡さんは食堂の南を回廊がふさぐように復原した（図42上）が，南回廊の存在を示す礎石根石は残っていない。

れ、今後の調査成果はあまり期待できない。しかし、食堂がある一坪半の敷地構成要素に禅院・太衆院も含むことを資財帳は明記する。さらに温室院・政所院も同じ敷地に存在した可能性が高い。つまり、一坊半禅院食堂并太衆院の建物施設の密集度は著しく高い。以下、『大安寺資財帳』からこの事実を再確認しつつ、破壊をまぬかれた遺構と対照しながら、禅院食堂並太衆院が一一坪南半および一二坪を占地した可能性を追究する。

大安寺太衆院には、厨一口・竈屋一口・維那房二口・井屋一口・碓屋一口以外に双倉四口・板倉三口の合わせて一三口の建物があった（379〜382・387行）。なお、386〜387行の倉の記載法は、双倉四口の内訳を分注で示した形をとるが、建物数で言えば合倉二四口の内訳に双倉四口を含めざるをえない。それでも内訳計は二三口にしかならない。

太衆院の竈屋は瓦葺で、倉を除く他の建物は檜皮葺だった。維那房とは寺院運営組織＝三綱の一つ都維那を冠した施設名だから、太衆院の寺務関係施設である。長七丈七尺（二二・八m）、広二丈八尺（八・三m）の同大の建物二棟からなり、太衆院の中でも伽藍中枢近くに立地したはずだ。これ以外の太衆院建物は調理にかかわる施設で、食堂や僧房に向けた給食センターの役割を担った。倉も米などの食料保管庫と想定できる。これらは機能的に見ても、食堂周辺に展開したはずだ。亀田さんが食堂と考えた場所の東方で、数棟の掘立柱建物・礎石建物・井戸などが検出された［橿考研一九七七、奈良市教委二〇〇二b］。太衆院関連施設の可能性がある（図46）。とくに総柱あるいは北・西庇付建物SB〇一の柱穴からは、大量の製塩土器が出土した。この地が給食センターの一角を占めたことを示す考古学的証拠と言ってよい。

大安寺は八八七人もの見前僧を擁した大寺院だから、給食センターの役割は半端ではない。前章二節〈僧たちの日常食器Ⅰ〉項で述べたように、童分も含め炊いた米を僧一人につき一日四升配給した。また、当時、各種造営工事現場では労働者一人一日二升程度の米を消費した。苑院・賤院・花園院等の労働者も含めると、大安寺では一日四〇石以上の米を消費することになる。

その調理現場も想像を絶する。厨は長二二丈（六五・〇m）、広五丈（一四・八m）、竈屋は長一一丈四尺（三三・七m）、広七丈二尺（二一・三m）と、とてつもなく巨大だ。竈屋内には一〇口の銅釜と二一口の鉄釜が並ぶ（176〜177行）。竈屋が瓦葺なのは、火災を配慮した措置である。『法隆寺資財帳』『観世音寺資財帳』においても、調理関連施設のなかで竈屋だけが瓦葺である。

大安寺では井屋も長七丈七尺（二二・八m）、広三丈（八・九m）、碓屋も長五丈（七・四m）、広二丈（五・九m）と巨大である。井屋には井戸、碓屋には唐臼（踏碓）が並んでいたはずだが、資財帳は記載していない。なお、横木

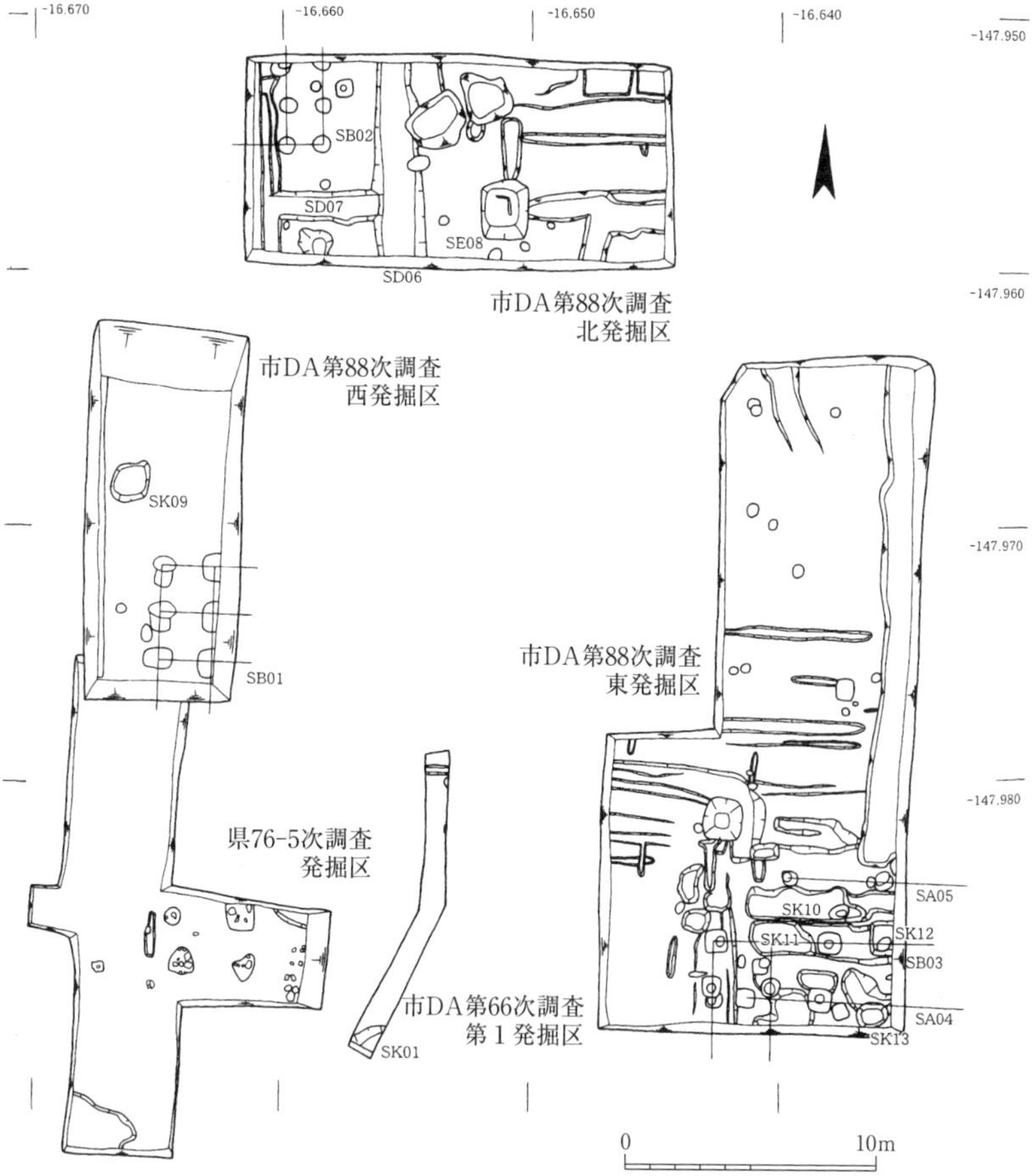

図46　奈良市教育委員会大安寺88次調査区遺構図［奈良市教委2002ｂ］

県が調査した食堂跡推定地の東では１棟の礎石建物，３棟以上の掘立柱建物，井戸・土坑などを検出している。掘立柱建物の規模は不詳だが，庇付あるいは総柱建物なので，同地が通説の賤院に該当しないことは誰の目にも明らかだ。西発掘区の掘立柱建物 SB01は，南北２間以上，東西１間以上の総柱建物で，柱穴から奈良時代の土師器・須恵器と一緒に大量の製塩土器が出土した。ほかに東発掘区の掘立柱塀 SA04・05の柱穴，北発掘区の井戸 SE08，溝 SD06・07，西発掘区の土坑 SK09からも，奈良時代～平安時代前半の土器と一緒に製塩土器が出土した。また，三ヶ所の調査区の中央南にある第66次調査区の土坑 SK01からも一括廃棄された製塩土器が出土したという。製塩土器は，基本的に生産地から大安寺に塩を運び込んだ時のもので，大安寺僧や寺院関係労働者に給食する時に直接製塩土器を使うことはない。つまり，第88次調査で製塩土器が大量に出土したことは，大安寺の給食センターがこの地にあったことを間接的に示す考古学的証拠である。西大寺食堂院の井戸 SD950においても，1000個体分を超す製塩土器が出土している［神野2012］。

端にはめた杵を、他端を踏んで上下させ、土に埋め込んだ臼で穀類を搗く碓（唐臼）は、奈良・平安時代と近世・近代の日本にあったが、中世には確認できない［奈文研一九九三］。史料では古代の寺院・官衙に碓屋の存在を確認できるが、遺構で碓屋や唐臼を据え付けた痕跡を確認した例はまだない。

太衆院の倉と禅院の倉

太衆院にあった双倉四口と板倉三口には、各地から貢納された一部の稲米などを収納した。少なくとも、毎日、碓屋で搗き、竈屋で炊飯し、厨で調理するのに必要な稲米は、太衆院内で確保したはずである。『大安寺資財帳』には双倉、板倉、甲倉の名がある。双倉は同形同大の二つの倉を連結して一棟としたもので、中間あるいは中空間と呼んだ連結部の間口は二つの倉と同程度の長さを確保していた。法隆寺綱封蔵《こうふうぞう》（三綱が品物の出し入れを管理する蔵）が唯一の遺例で、東大寺正倉院正倉も本来は双倉で中空間を倉に改造したとする説もあったが、現在は、当初から一棟三倉形式だったとする見解が有力である［清水二〇〇一］。

双倉が外観にもとづく命名であるのに対して、板倉・甲倉は壁材にもとづく命名である。『和名抄』によれば校倉は甲倉の俗用で、正倉院正倉のように断面がほぼ三角形の横木（校木）を積み上げた壁の倉。これに対して、厚板を積み上げた壁の倉が板倉である。これ以外に、各地の正税帳には「丸木倉」の名が、『法隆寺資財帳』には「土倉」の名がある。

『大安寺資財帳』に記載された倉にかんして注目すべき点は、稲米など食料の一時保管庫となる太衆院の倉が双倉・板倉で、禅院にあった倉が甲倉であることだ（387行）。禅院の倉には、修行・布教活動に必要な法具や僧具を保管したはずで、校倉造の正倉院正倉が米倉ではなく正倉院宝物の保管庫であった事実によく対応する。

禅院の構成と機能

大安寺禅院においては、長七丈（二〇・七m）、広四丈（一一・八m）の堂一口と、長六丈三尺（一八・六m）、広三丈八尺（一一・二m）の僧房一口、長五丈（七・四m）、広二丈（五・九m）の僧房二口、長一〇丈八尺（三二・〇m）、広一丈八尺（五・三m）の僧房一口、長四丈（一一・八m）、広一丈二尺（三・六m）の僧房一口の、合わせて六口の僧房を廡廊で結んだ檜皮葺建物群（376〜378行）、および甲倉一口（387行）が集まって院を構成していた。

僧房・講堂を拠点に修学に努める学侶に対し、山林修行や民間布教を得意とする禅師の拠点となるのが禅院である。天平一九年時点の大安寺が保有する銭や銀、糸や布帛、稲米の使途に関連して、功徳分・悲田分をはじめとする高額の布教・慈善活動費を計上しており（前章二節〈慈善活動費〉項参照）、大安寺禅院の施設建物がきわめて充実しているのはこれに対応する。禅院の甲倉に保管された修行・布教に持ち歩く道具を資財帳から特定するのは難しいが、収納用の功徳分韓櫃一合と悲田分韓櫃七合の存在は明記されている（263行）。

なお、初期禅院として、道照（道昭）が活動拠点とした飛鳥寺東南禅院は著名で、飛鳥寺の寺院地前面の一角を占める。少なくとも、大安寺禅院が所在する場所としては、寺院地内の北側よりも伽藍地の東南方、左京六条四坊一一坪南半および一二坪はふさわしいと考える。一二坪中央東端（八一―一次）や南東隅（八三―三次）の発掘調査では、小面積にもかかわらず、二時期以上の奈良時代の掘立柱塀や建物が検出された。柱掘形も大きく、礎盤に磚や熨斗瓦を使用する入念な建物を含む［奈良市教一九八二・八四］。大安寺禅院の一角の可能性がある（図47・48）。

僧はなぜ入浴するのか

資財帳では、温室院や政所院がどこにあったか明記していない。先に、これらは禅院食堂并太衆院と同じ敷地にあったと推定した。以下、機能面からこの推定が妥当であり、他の寺院資財帳からも類推できることを示す。

大安寺温室院には、長六丈三尺（一八・六m）、広二丈（五・九m）、長五丈二尺（二〇・九m）、広一丈三尺

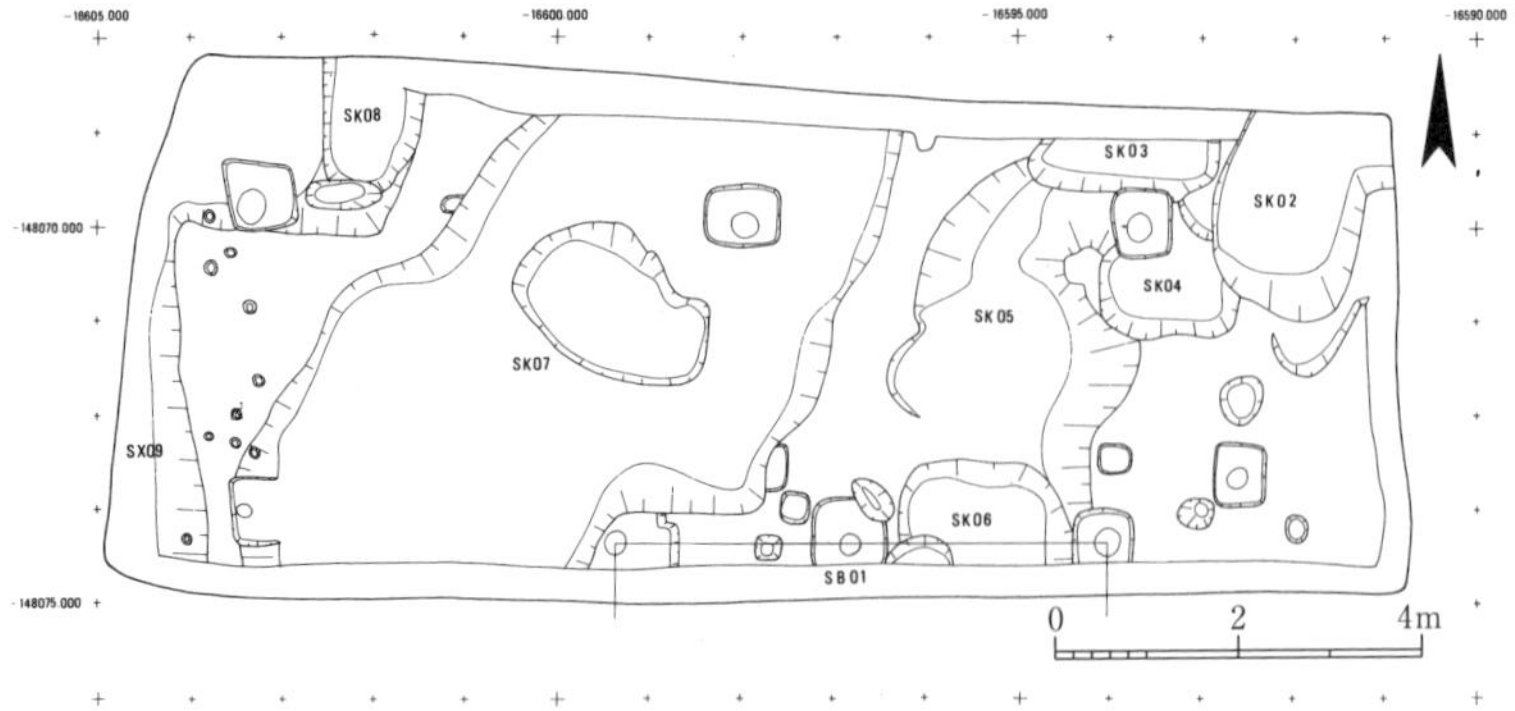

図47　奈良市教育委員会大安寺81-1次調査区遺構図［奈良市教委1982］

調査区南端の掘立柱建物は東西２間分だが，もっと西に延びる可能性もある。柱掘形は１辺80㎝と大きく，磚や熨斗瓦を礎板にして径１尺の柱根が残る。熨斗瓦が多数出土したことは，棟を瓦で覆った檜皮葺建物が近くにあったことを推測させる。檜皮葺建物としては格上の施設だ。通説では同地は苑院だが，こんな立派な掘立柱建物は苑院にふさわしくない。

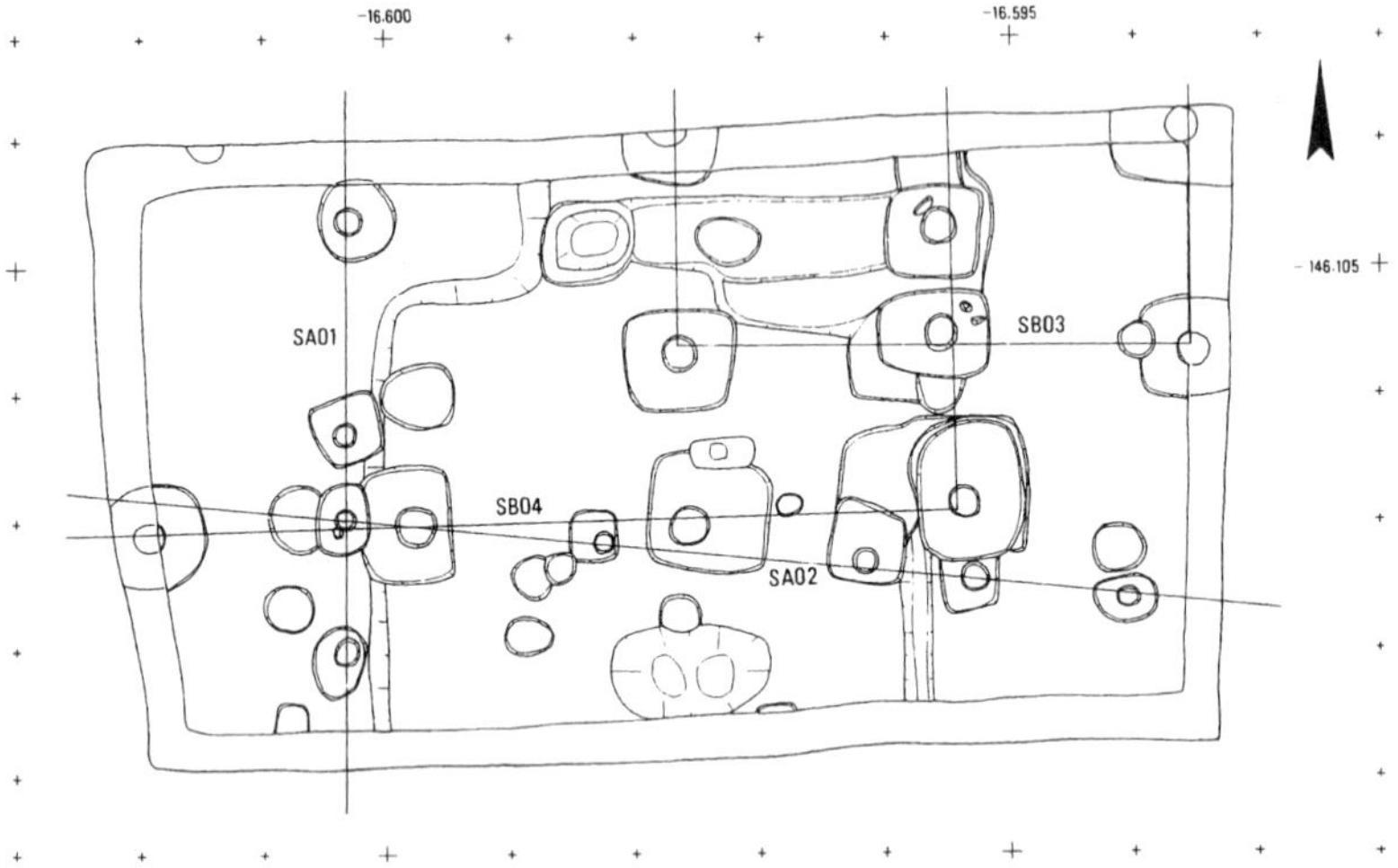

図48　奈良市教育員会大安寺83-3次調査区遺構図［奈良市教委1984］

81-1次調査区の南で発掘面積は小さいが，２条の掘立柱塀，２棟の掘立柱建物跡を検出している。建物の柱掘形は一辺１ｍ以上と巨大だ。

（三・八m）、長五丈（一四・八m）、広二丈（五・九m）の三口の檜皮葺建物（室）があった（374〜375行）。温室で使う鉄製湯釜は一口だけなので（176〜177行）、沐浴風呂にせよ蒸風呂にせよ、温室機能をもった建物は一口だけで、他は脱衣所・控室などだったと想像できる。以下に述べるように、温室は法会にのぞむ僧や布教活動などから戻った僧が身を浄める場であった［上原二〇〇五b］。

たとえば、天平九年八月二日、全国の僧尼に清浄沐浴させ、月内に二、三度、最勝王経を読ませている［『続日本紀』］。また、僧たちは半月ごとに集まり戒律の条文を読みあげ、自己の罪障を懺悔した。前章二節で述べた布薩である。布薩の前日には「大いに湯をわかしてあまねく僧にあむす」［永観二〈九八四〉年『三宝絵詞』］。つまり、身を浄めた上で、僧たちは心を清める布薩にのぞんだのである［上原二〇一二a］。さらに、禅林寺（永観堂）を開いた空海の弟子真紹は、貞観一〇（八六八）年に作った内規「禅林寺式」［『平安遺文』一五六号文書］の一四条において、集落に入って数日を過ごした僧は洗浴した上で仏堂に入るよう定めている。

以上、温室の機能から考えて、大安寺寺院地内における温室院の立地は、堂并僧房等院外で禅院食堂并太衆院に近接することが望ましい。少なくとも塔院・賤院・苑院・花園院に立地するはずはない。また、燃料を大量に消費する点でも、食堂周囲に配置された太衆院の厨・竈屋に隣接すれば、何かと便利なはずだ。左京六条四坊一一・一二坪の東南隅に禅院を想定すれば、その北にある太衆院厨や竈屋との間に大安寺温室院を置くのが、当時の寺院内施設にそくしていることは、次項で述べる他の寺院資財帳における温室・湯屋・浴堂のあり方からも想定できる。

なお、温室分に登録した大安寺資産は少なくない。銭（132行）・綿（201〜203行）・稲（500〜503行）は、燃料費などの流動資産（交換財）。釜一口や船六口（278行）、多羅三〇口（144〜145行）・壺四口（150行）・長布一二端（208〜209行）は浴室に必要な備品や入浴具。火炉一口（170〜171行）や屏風九牒（271行）・絁帳一張（303行）・布帳一〇張（304〜305行）は、控室でつかう採暖具や仕切。韓櫃四合（263行）や屏風袋八口（299行）は、それら備品の収納具と理解できる。金属製多羅が仏物に匹敵する量を占め、屏風や布帳なども温室院で使用する量がかなりを占める事実は注目してよいだろう。

温室院・政所院の所在

『大安寺資財帳』においては、寺院地内施設の中で温室院の占める位置がはっきりしないが、同じ年に成立した『法隆寺資財帳』においては、温室一口を僧房四口と太衆院屋一〇口の間に記載し、八六七年『安祥寺資財帳』では上寺の僧房・庫頭のつぎに浴堂一院を挙げる。また、九〇五年『観世音寺資財帳』は、常住僧物章と通物章の間に温室物章を設ける。以上の資財帳においては、大安寺と同様、寺院地の中で温室（院）や浴堂を比較的独立した施設として記載するが、七八八年『多度神宮寺資財帳』は湯釜や湯船を僧物で、湯屋は太衆（物）で登録する。また、八七三年『広隆寺資財帳』と八九〇年『広隆寺資財交替実録帳』は、通物章で倉・厨・炊屋等の施設とともに湯屋・湯釜・湯船を登録し、八八三年『観心寺資財帳』は太衆院として食堂・神殿・厨・炊屋・碓屋等の施設とともに湯屋・湯釜を記録する。つまり、古代寺院における温室・湯屋・浴堂が僧物・通物・太衆物のいずれに属するか、記録者にとってやや悩ましい問題だった。その意味でも、大安寺温室院は堂幷僧房等院の外、禅院食堂幷太衆院が占める場所に立地するのがふさわしいのである。なお、七八〇年『西大寺資財帳』は、温屋を「馬屋房」の構成施設として登録する。この問題は本節〈寺院地内で牛馬は飼えないか〉項で詳しく述べるが、本項では西大寺馬屋房が太衆院と大差ない施設であることだけ指摘しておく。

一方、大安寺政所院には、長七丈（二〇・七m）・広四丈（一二・〇m）と長五丈（一四・八m）・広三丈（八・九m）の檜皮葺建物、長九丈（二六・六m）・広五丈（一四・八m）の草葺建物があった（383〜385行）。政所は寺務を総括し、三綱の拠点となる。当然、その立地は先述した太衆院維那房（381行）に近接するはずだ。政所院を太衆院と別記するのは『大安寺資財帳』の特徴である。

『法隆寺資財帳』では太衆院屋一一口を構成する厨・竈屋・碓屋・稲屋・木屋・客房等と並べて政屋を記載し、『西大寺資財帳』では太衆院がなく、食堂院・馬屋房のつぎに政所院を登録する。また、『広隆寺資財帳』『広隆寺資財実録帳』は、通物章で倉と厨の間に板葺七間政所庁屋一宇を記載し、『観世音寺資財帳』は太衆物章で、倉・厨等ともに政所院の構成建物を列記する。つまり、政所（院）は太衆院の構成要素と理解するのが、古代寺院では一般的であった。

発掘成果から見た各坪の比較

以上、食堂前廡廊と覚しき遺構が検出され、奈良時代大型建物の密度が比較的高い左京六条四坊一一坪南半および一二坪こそが、『大安寺資財帳』記載の一坊半禅院食堂并太衆院に該当し、温室院や政所院も同じ場所にあった可能性を述べた。一二坪中央北寄りの六四次調査区では、奈良・平安時代の掘立柱建物や井戸・土坑が集中し、木簡や「東院」墨書土器をともなった〔奈良市教委一九九四〕。木簡も「白米二斗」「大豆五斗」など、食料調達にかかわる給食センターにふさわしい内容だ（図49）。太衆院や政所院の遺構と考えるが、同調査区南側の一二坪敷地内は、農業用溜池＝芝池で大きく掘削されている。芝池東岸の発掘（一一三次調査）では遺構は残っていなかった〔奈良市教委二〇〇八〕。つまり、太衆院・政所院などの寺務中枢施設について、今後の発掘調査で全貌が明確になる可能性はあまり期待できない。

一方、通説が禅院食堂并太衆院とした左京六条四坊二坪及び七坪西半は、池并岳に相当する杉山古墳が存在するため、一一・一二坪より多く発掘のメスが入った。とくに杉山古墳の墳丘を利用して構築した瓦窯跡にかんしては、整備事業を目的に発掘調査がおこなわれ、古墳も含めた膨大な調査成果が公表された〔奈良市教委一九九七〕。しかし、肝心の禅院食堂并太衆院関連の遺構はなく、これまで講堂の真北、二坪と七坪にまたがって想定されていた食堂東半部は杉山古墳周濠に該当し、食堂が存在しえないことだけが確実となった。

杉山古墳の整備発掘調査報告書が刊行された後も、二坪・七坪西半部では毎年のように奈良市教育委員会が発掘調査を実施している。平成一〇年度七九次調査、一一年度八四次調査、一二年度八九次調査、一三年度九三次調査、一四年度九七次調査、一五年度一〇三次調査、一六年度一〇九次調査、一七年度一一一次調査、一九年度一一七次調査などである。各調査成果の概要は奈良市教育委員会の概報や年報に譲るが（図50）、これらの発掘で奈良時代の井戸・溝や平安時代以降の掘立柱建物跡が検出されても、『大安寺資財帳』が禅院食堂并太衆院あるいは温室院・政所院として列記した稠密で大規模な建物群の姿は片鱗もない。

平成五年度の五七次調査区は攪乱が著しかったが、奈良・平安時代の掘立柱建物や井戸跡を検出し、瓦・土器・木簡以外にふいご羽口や鉄滓が出土した［奈良市教委一九九四］。杉山瓦窯の存在も考えて、寺院地西北部には工房（修理院）機能が顕著で、後になってそうした機能を容易に付与できる場所として、賤院・苑院の可能性が指摘できる。わずかな発掘成果ではあるが、二坪および七坪西半は、少なくとも『大安寺資財帳』の禅院食堂并太衆院には該当しないと結論して問題はないと考える。

その名は東院

以上の検討成果から、大安寺禅院食堂并太衆院および温室院・政所院が、左京六条四坊一一坪南半から一二坪に占地したという大岡・亀田説を踏襲した私見を認めるならば、食堂を含めて大安寺給食センターや寺務機能一切を担った地区全体は、資財帳以降、一般的にどのように呼ばれたのかが問題になる。まさか、禅院・食堂院・大衆院・温室院・政所院と、各機能を羅列したまるで寿限無のような呼称が、長期にわたって通用したとは思えない。

同地区の総称として、上述の六四次調査区で「東院」墨書土器が出土したことが注目される。一一坪南半から一二坪は、伽藍地から見てまさに東院だ。賤院や苑院ならば、そのまま地区総称として十分通用する。平城宮における皇太子の居住地区と同じ「東院」呼称を、賤院や苑院に当てるはずがない。この一事をとっても、当該地を賤院や苑院とする従来説が成立しないのは明らかだ。食

◀図49　奈良市教育委員会大安寺64次調査遺構図と井戸 SE02出土木簡［奈良市教委1994，三好・篠原1994］　芝池北側でも大規模な総柱あるいは庇付の掘立柱建物跡を検出している。井戸 SE02からは，題籤(1)，「白米二斗」(3)，「出水郷（カ）大豆五斗」(4)など文書保管や食料調達にかかわる木簡が出土し，同地が給食センターを含む禅院食堂并太衆院の地であったことを間接的に実証した。鹿の絵などを描いた曲物底板(2)には習書文字もある。

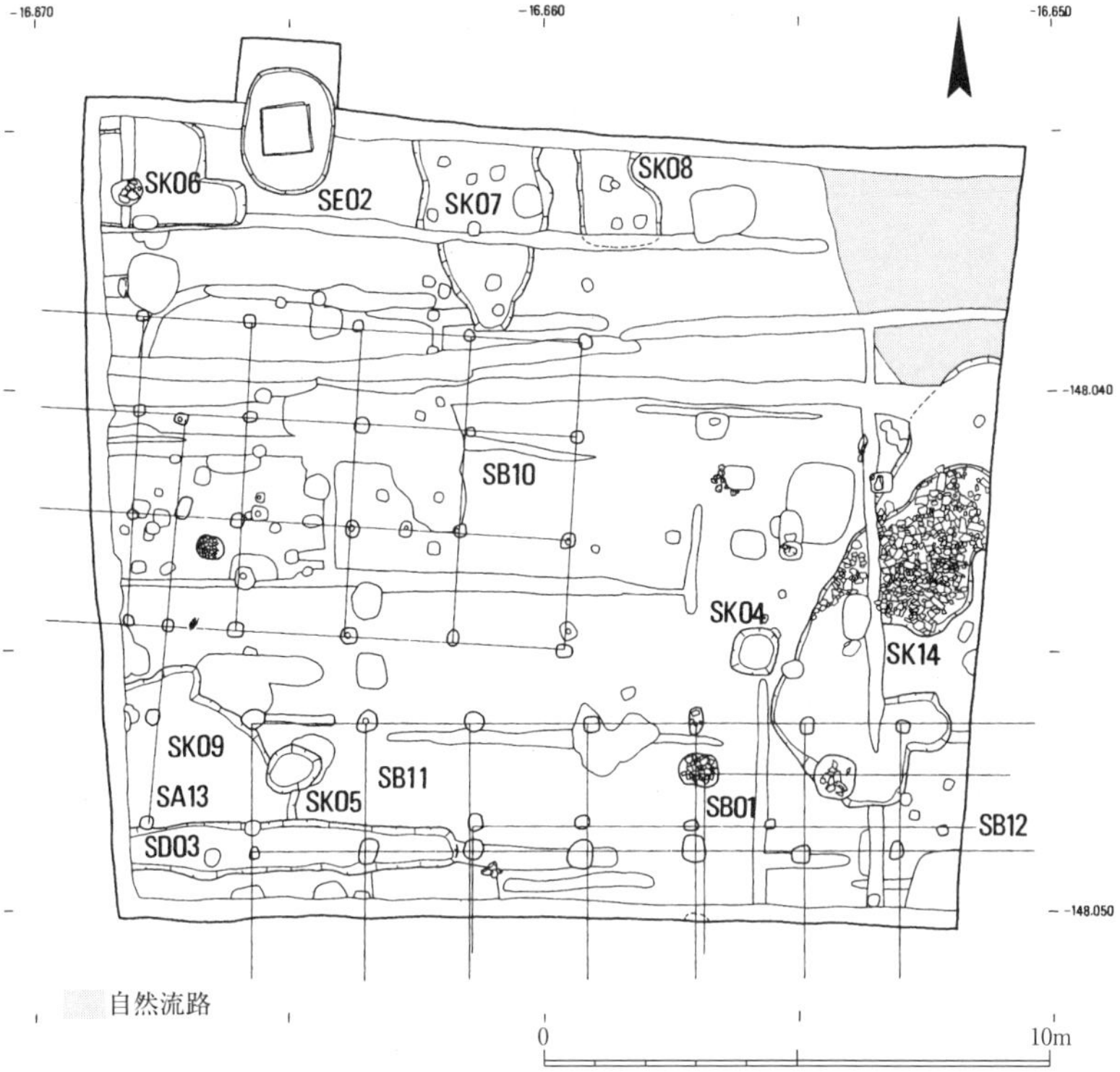
-16.670
-16.660
-16.650
-148.040
-148.050
SK06
SE02
SK07
SK08
SB10
SK04
SK14
SK09
SB11
SA13
SK05
SB01
SB12
SD03
自然流路
0
10m

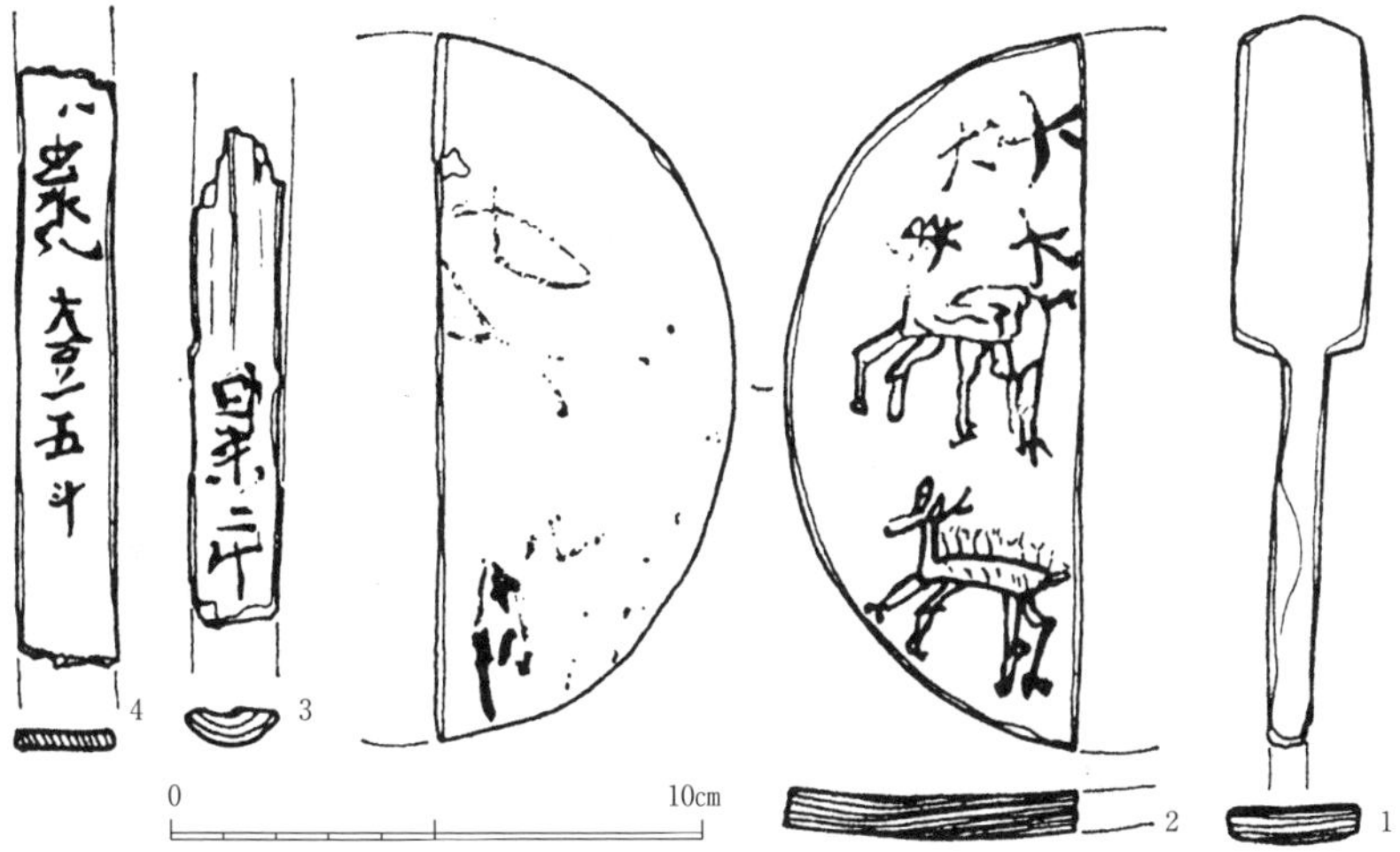
4
3
2
1
0
10cm

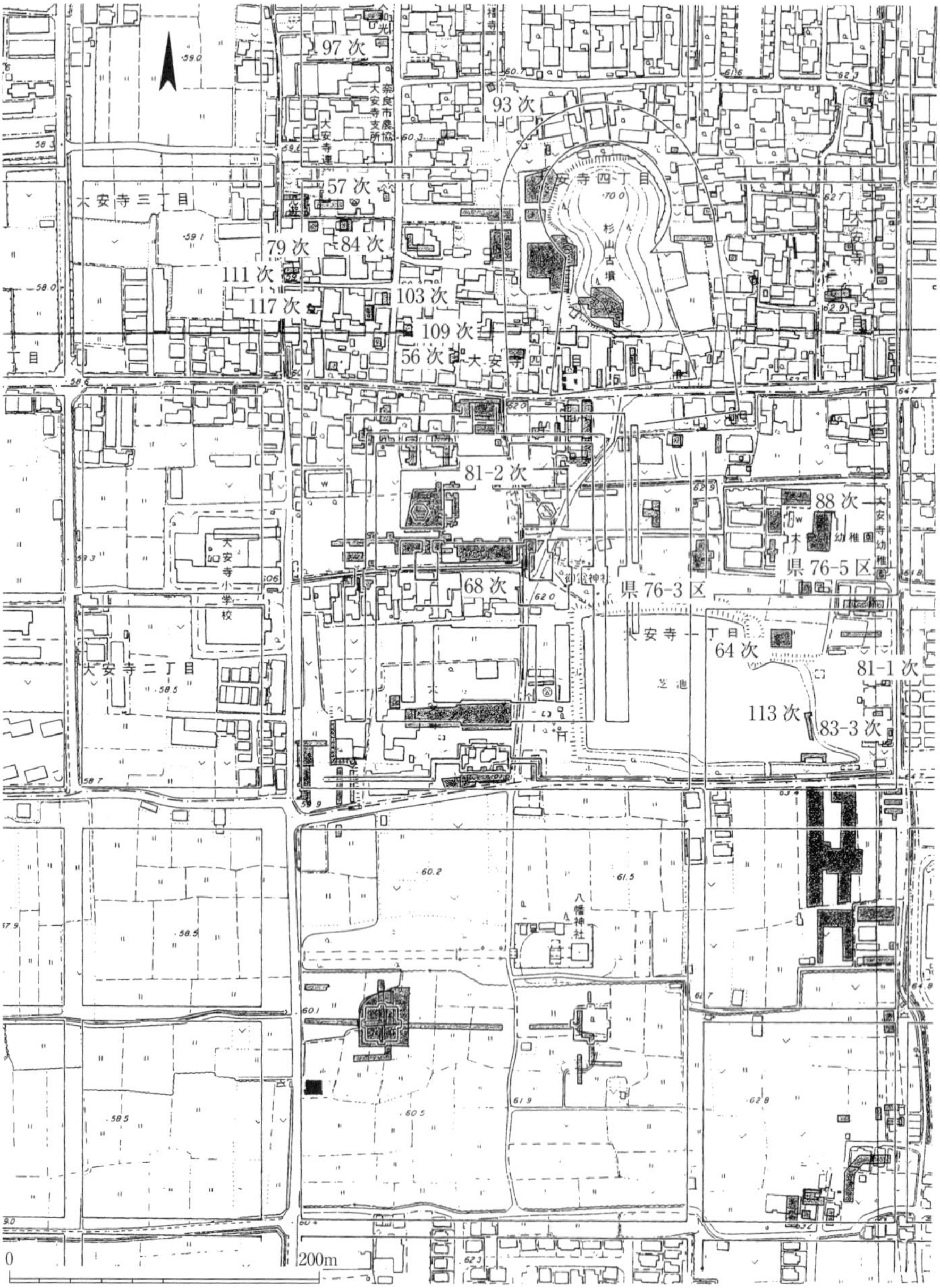

図50　大安寺寺院地の発掘調査地点［奈良市教委2011を改変］縮尺5000分の1

大安寺の旧境内は，奈良市教育委員会が継続的に調査しデータを集約している。アミかけ部分が発掘済みで，今後の調査に期待する点が多い。本書で引用した調査地点の次数を明記した。

堂のような重要建物を内に含み、各種寺務や給食センターの役割を果たした地区だからこそ「東院」の総称が必要になったと考えられる。「東院器」墨書土器は東面中房の調査（七〇次）でも出土している［奈良市教委一九九六］。しかし、東僧房を東院と呼ぶことはありえない。一一坪南半から一二坪にあった給食センター＝東院から支給された土器だろう（図51）。

東院についての異論

上記の見解は資財帳の記載と発掘成果から導いた私見である。しかし、大安寺東院の所在地を伽藍地東方、すなわち左京六条四坊十二坪にあてる点は同じでも、その成立年代や歴史的評価にかんしては異論がある。奈良市教育委員会が杉山古墳の発掘成果をまとめたとき、鐘方正樹さんが「総括」で述べた見解である［鐘方一九九七］。すなわち、大安寺東院は、光仁天皇の第二皇子で、皇太子となり不遇の死を遂げた早良親王（崇道天皇）が、長年住み慣れた東大寺羂索院（法華堂）から神護景雲二（七六八）年に移り住んだ場所であった［醍醐寺本諸寺縁起集「大安寺崇道天皇御院八嶋両処記文」］。宝亀六（七七五）年に淡海三船が作ったとされる「大安寺碑文一首並序」も、「今上天皇之愛子

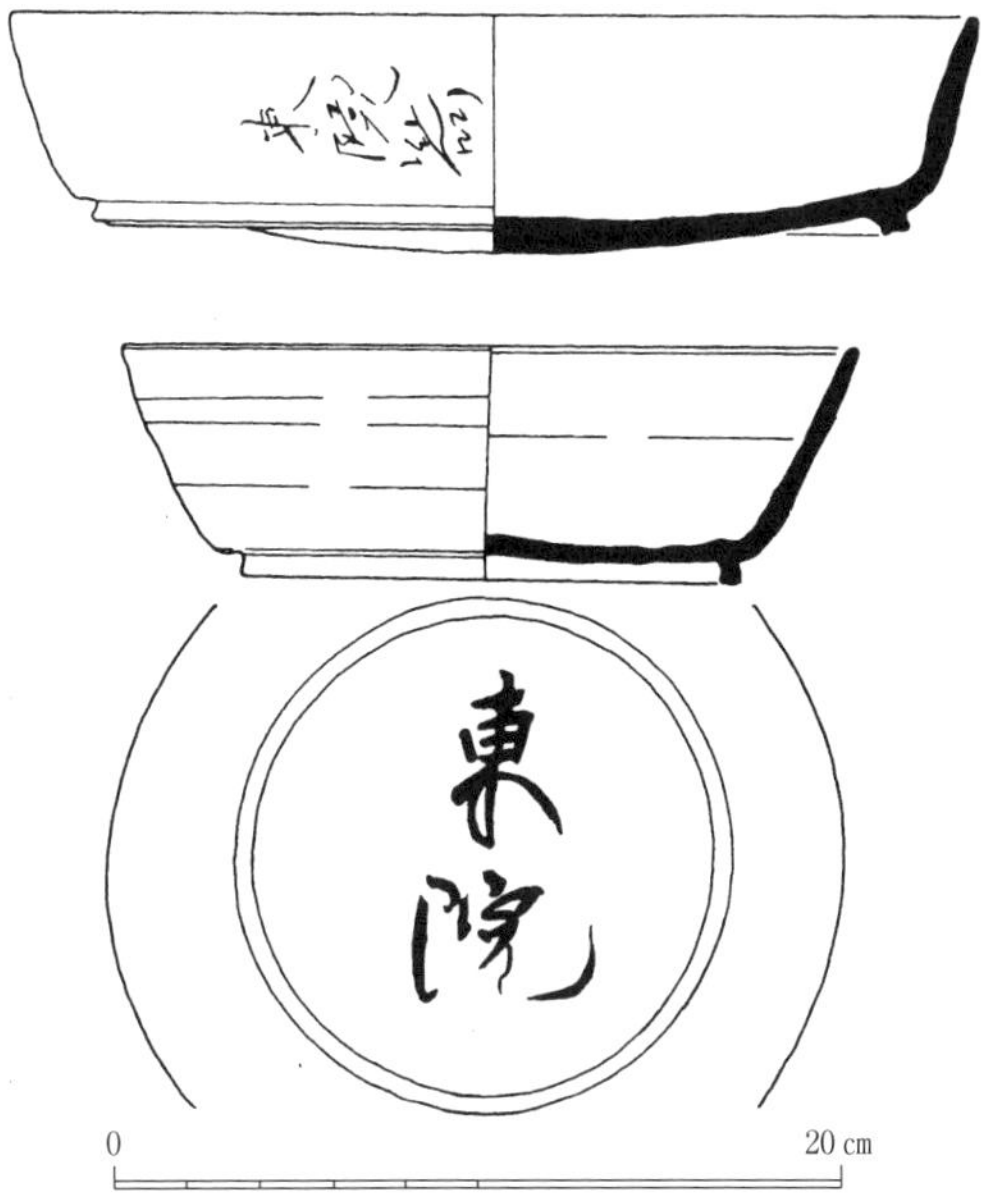

図51　「東院」墨書土器［鐘方1997］

「天平十九年帳」は寺院地内区画を機能や施設名で呼ぶが，8世紀後半以降，方位で指示する方式が一般化する。資財帳で禅院食堂並太衆院と呼んでいた区画は東院と名を変える。

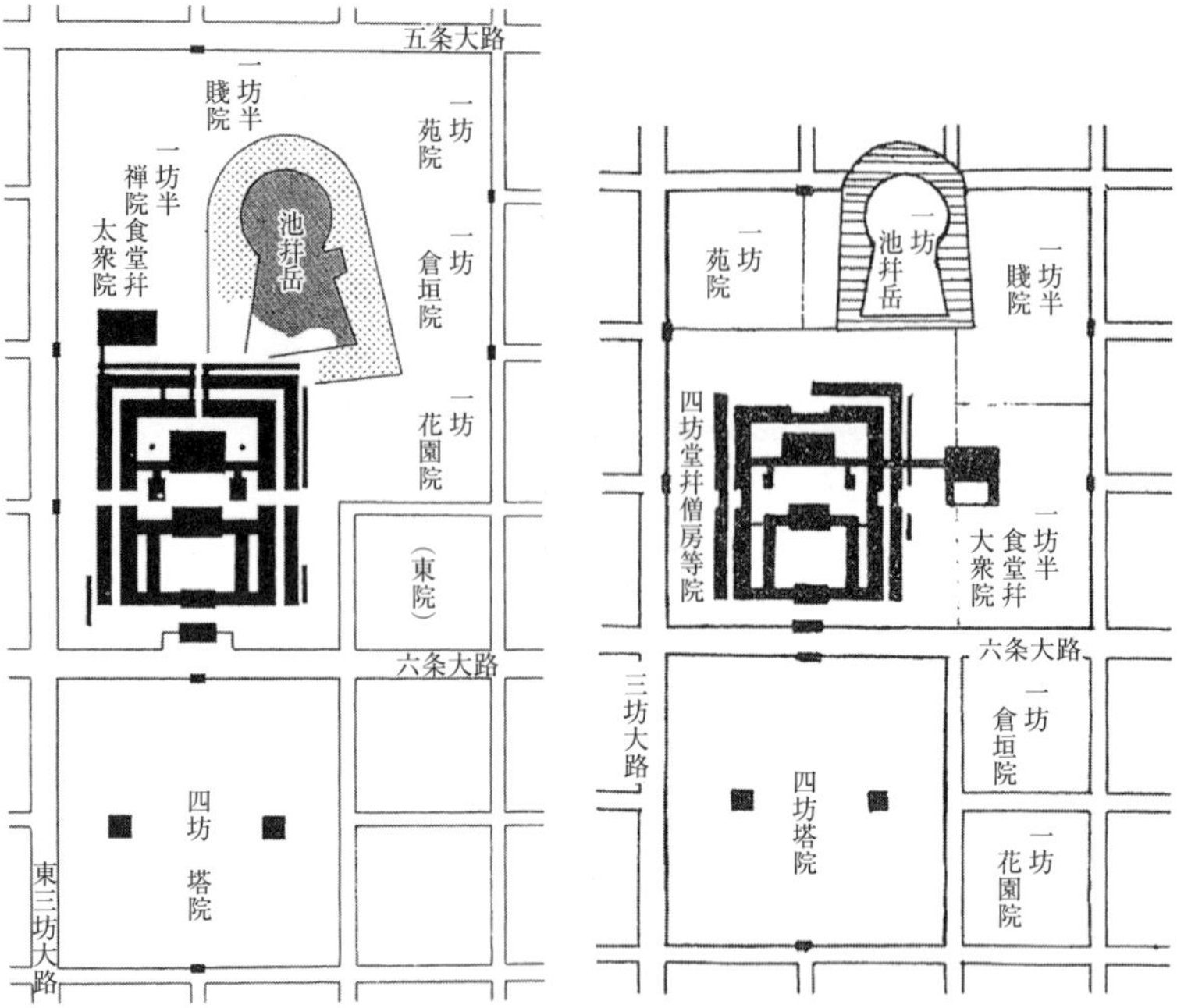

図52　大安寺寺院地の再検討例二つ［左：鐘方1997　右：橿考研1977］

発掘調査が進展すると，これまでの仮説の再検討が必要になる。左図は最新案だが，私は半世紀を経た大岡説をもとに，発掘成果を加味した20数年前作成の右図に拘泥する。

（光仁天皇の愛し子＝早良親王）」を「寺内東院皇子大禅師」と記す。鐘方さんは、この頃に大安寺東院が新たに寺院地に組み込まれたとみる。鐘方説の背景には、発掘調査成果を踏まえ、大安寺寺院地全体を見直そうという意図がある。

杉山古墳の発掘成果から、これまで寺院地北限とみなしてきた五条大路より一町南の小路は、東西に通らないことがわかった。大安寺北限は五条大路そのものと考えた方がよい。とすると寺院地一五坊のうち塔院四坊を除く一一坊は六条大路以北に設定でき、六条四坊一二坪を除く一一坪分を天平一九年段階の大安寺寺院地と考え、資財帳に名がない東院は、新たに寺院地に組み入れられたと鐘方さんは考える（図52左）。

鐘方説への疑問

しかし、資財帳に名がないからといって、資財帳以後に新設されたとみなすのは短絡的である。七八〇年『西大寺資財帳』は、寺院地内の区画施設を「西南隅院」「東南隅院」など方位で指示するが、天平一九年段階の資財帳では、寺院地内に所在する施設を方位で指示する記載方式は、三方を囲む僧房以外には成立しておらず、寺院地内区画は苑院・賤院などの機能で命名する。後世の我々が、その位置を求めて四苦八苦する理由でもある。

早良親王は「親王禅師」の異名を持つ［本郷一九九一］。住まいとして大安寺禅院こそがふさわしい。良弁僧正が崇道天皇に華厳宗を付し、これを受けた崇道天皇が「於大安寺建立東院弘華厳宗」［『三国仏法伝通縁起』巻中　華厳宗］という伝承もある。しかし、天平一九年段階から大安寺はイベント費として華厳分を計上しており（前章二節〈布薩などのイベント費〉項）、早良親王が入る以前から大安寺華厳は存在した。その始まりは天平一四年の「華厳七処九会図像」（70〜73行）の作成までさかのぼる。また、既存の大安寺禅院は、一堂六僧房を備えた破格の施設だった（376〜378行）。加えて、寺務をつかさどる太衆院や政所院も整っていた（379〜385行）。早良親王が修理の手を加えたとしても、区画も含めて新設する必要があったとは思えない。東院呼称は新しくても、区画や施設は以前から大安寺寺院地であったとみなすのが当然だ。

鐘方さんは亀田さんが食堂前廡廊とみなした基壇礎石建物を「親王が居住した建物で瓦葺きを想定するのが妥当」と断じ「その建立に伴って杉山瓦窯が造営された」と想像の羽を広げる。しかし、早良親王は実務のため大安寺東院を拠点にしたのであって、大安寺を宮殿にしたわけではない。居住性においては瓦葺よりも檜皮葺屋根がまさることは、本節〈僧房が瓦葺になった時〉項で述べたとおりで、早良親王の居所なら瓦葺とする意味は少ない。また、亀田さんが発掘した時に出土した瓦は、大安寺式軒瓦を主体とし、平城宮系軒瓦を含む大安寺伽藍地で通常の軒瓦の構成である［橿考研一九七七］。大安寺式軒瓦を新しいとみなした中井さんの年代観にしたがっても［中井一九九七］、早良親王が大安寺に入った七六八年まで降るものではない。さらに、同地で検出した礎石建物は、北の一一坪にもまたがり、鐘方さんが考えたように六条四坊一二坪に納まるわけではない。大安寺北限を五条大路とし、大安寺寺院地一五坊のうちの一一坊を六条大路以北に設定する鐘方説を容認した場合でも、奈良時代の遺構が稠密で寺院臭が最も濃厚な一二坪を、当初は寺院地外だったとする鐘方説（図52左）には加担できない。

大安寺倉垣院

左京六条四坊一一坪南半と一二坪を禅院食堂并太衆院、すなわち東院と理解すると、大安寺寺院地の施設を南西から北上して時計回りに記載したという村田治郎さんの説［村田一九五四］は雲散霧消する。記載に際し、塔・金堂・食堂など重要な施設を優先したと考えることも可能だ。杉山古墳＝池并岳を四番目に記載した理由を問われそうだが、杉山古墳を完全に破壊せずに寺院地に取り込んだことは、少なくとも伽藍地北方にそびえる古墳が、景観的に重要な意味を持ったことは間違いない。説明・解釈は後付けで、どのようにもなる。

問題となるのは、賤院・苑院・倉垣院・花園院の位置も流動的になった点である。大安寺北限を五条大路と考える鐘方説も配慮すると、事態はさらに混沌とする。大安寺東院が一坊半を占める以上、同じ一坊半を占める賤院は六条四坊にないと割り付けにくい。杉山古墳の周濠が六条四坊七坪いっぱいを占め、寺院地北限を五条大路の一町南の小路とすれば、賤院一坊半は一〇坪と一一坪北半で設定するのが妥当だろう。

一方、従来、七条四坊九坪にあてていた倉垣院については、同坪を縦断する一九七七年の二本のトレンチで三棟の掘立総柱建物を検出している［橿考研一九七八］。「倉垣院にふさわしい建物は検出されなかった」とする評価もあるが［上野一九八四］、『大安寺資財帳』では、大安寺が保有する二四口の倉のうち、倉垣院にあったのは板倉二、甲倉一三の計一五口にすぎない（386～387行）。礎石立倉庫が削平された可能性も考慮しつつ、今後の調査を進める必要がある。なお、双倉は二口を一棟と数えるとする説もある［清水二〇〇一］。そうすると、大安寺の倉数は二一棟になる。しかし、『大安寺資財帳』で建物をカウントする「口」は「棟」と同義としか思えない。

苑院や花園院についても、村田治郎さんの解読法から開放され、寺院地北限も流動的だとすれば、所在地を特定するすべがなくなる。倉垣院については建物施設にもとづき、将来、考古学的に場所が特定できると思うが、苑院や花園院にかんしては『大安寺資財帳』も各院にどのような施設があったのかまったく記述しておらず、どのような考古学的証拠、物的証拠で認定するのか、お手上げ状態である。ただし、後述のように大安寺薗地は寺院地外西方、平城京左京七条二坊一四坪と同条三坊一六坪にあった。薗地機能が苑院と共通し、その維持管理者が両所を兼ねていたなら、大安寺苑院は寺院地の西側を占めた方が何かと便利かもしれない。とすれば、これまで食堂并太衆院として発掘を継続してきた六条四坊二坪の地が苑院にふさわしいことになる。大型掘立柱建物などの奈良時代の遺構がほとんど発掘されていないのも好都合である。

以上、保有する仏像にはじまり大安寺の基本財産や動産財を列記した目録（55～351行）につづく、寺院地規模から保有する倉数までの不動産財の目録を（352～387行）、『大安寺資財帳』は「以前皆伽藍内蓄物如件」と締めくくり、以下、寺院地外に存在する食封・墾田地・庄などの記述に移る。ところが、同じ天平一九年に成立した『法隆寺資財帳』の記載法は若干異なる。

寺院地内で牛馬は飼えるか

〈温室院・政所院の所在〉項でふれたように、七八〇年『西大寺資財帳』の温屋は馬屋房に所在する。馬屋房の呼称は他の古代寺院資財帳には見えないが、八七三年『広隆寺資財帳』や八九〇年『広隆寺資財交替実録帳』は通物章に厩が含まれ、八八三年『観心寺資財帳』では馬屋・牛屋が太衆院に含まれる。『額田寺伽藍条里図』は馬屋を擁した別院を寺院地南東隅に描く（図1）。別院と伽藍地の間には道路が走り、厩の立地にふさわしい。しかし、『西大寺資財帳』の馬屋房は、厩だけでなく板敷建物・厠・倉・温屋などの建物から構成され、食堂院の後、政所院の前に記載される。『西大寺資財帳』には太衆院の記載はなく、馬屋房が食堂院や政所院とともに、寺院地内の日常生活や寺務に深くかかわっていたとわかる。

『大安寺資財帳』は保有する牛馬についてまったくふれないが、物資運搬・交通通信手段・農作業に牛馬は不可欠で、大安寺が必要に応じて他所から牛馬を借用したとは思えない。『法隆寺資財帳』は、保有する動産財と寺院地規模にはじまり倉数でおわる目録を「以前皆伽藍内蓄物如件」で締めくくった後、寺院地外に保有する土地・水田・山林岳嶋・海・池・食封などの目録以前に、以下の記事を挿入する。

合賤伍佰参拾参口之中　廿五口訴未判竟者在大倭国十市郡與 山背国宇遅郡奴九口婢十六口盖家人者
家人壱佰弐拾参口　奴六十八口 婢五十五口
奴婢参佰捌拾伍口　奴二百六口 婢一百七十九口
浄寺奴壱口
右壱口天平十年歳時戊寅正月十七日納
賜平城宮御宇　天皇者
合馬参疋　二疋鹿毛牡歳各十二 一疋栗毛牡歳十一
合牛玖頭　一頭黒毛歳十二　一頭班毛歳七　一頭黒班毛歳十 一頭腹班毛歳九　一頭大班毛歳九　一頭黒毛歳八 一頭黒毛歳七　一頭班毛歳五 一頭黒毛歳五

すなわち、法隆寺は賤民五三三人を保有するが、二五人の処遇（家人か奴婢かの区別）が決まっていない。大倭国十市郡と山背国宇遅（宇治）郡にいる奴九人と婢一六人である。多分、家人となるのだろう。その二五人を除くと、家人一二三人（奴六八人と婢五五人）、奴婢三八五人（奴二〇六人と婢一七九人）が、法隆寺の雑務労働に従事したことになる。また、馬三匹、牛九頭も法隆寺に属し、それぞれの毛並みや歳を詳細に記録している。

法隆寺は大安寺と異なり、寺院地内に賤院や苑院がない。法隆寺周辺には寺辺所領が散在する。奴婢や牛馬は寺院地外の寺領にいたことが、右の引用からわかる。大安寺のように寺院地内に賤院や苑院がある場合は、財産目録に奴婢数や牛馬数を計上していなくても、奴婢が起居する小屋や牛馬小屋は寺院地内にあった可能性が高い。『大安寺資財帳』は、それを資産とみなさなかったか。あるいは、「天平十九年帳」作成時は、寺院地内の蓄物として奴婢や牛馬を記録し、関連施設を財産に計上することを憚ったのか。あるいは『大安寺資財帳』によくある単純な手抜きなのか。「天平十九年帳」以降に成立した寺院資財帳は、変動しやすい僧数を記録しないのと同様、賤口章を設けた九〇五年『観世音寺資財帳』を例外として、寺院が保有する奴婢数や牛馬数をカウントしない。しかし、一方で八世紀後葉以降の寺院資財帳は，厩・馬屋・牛屋を財産として計上するようになり、『西大寺資財帳』のように院＝塔頭の一つを馬屋房と呼ぶ極端な例も現れる。

二　寺院地外の食封・墾田・薗地・庄がもたらしたもの

寺院地内施設に続いて、大安寺の経済的裏づけになる列島各地に所在する食封（389～394行）、論定出挙本稲（395～398行）、墾田地と水田（399～469行）、畑地＝薗地（470行）、荘園＝庄（471～482行）と、これらがもたらした稲米の総量と用途（483～502行）を記す。墾田・水田、薗地、庄は冒頭に総数を記し、段落を下げて内訳を示す。墾田の内訳は、国・郡・郷等の固有地名で表示し、当該地の東西南北の境界を、山・河・谷・道路・宅地などの地物で指示する。四至記載である。これに対して、薗地は平城京内なので、条坊位置を記載し、庄は国郡名のみで表示したものと、郷名等も記載して四至記載で所在地を示すものとがある。以下、先学に学びつつ、他の寺院資財帳との比較などを通じて、これらの寺領をはじめとする固定資産やそこからの収入を検討し、古代日本における最大級官寺である大安寺の特色を浮彫りにする。

食封の由来

各国の国司がうけおい、田租の半分（天平一一年以降はすべて）、庸調のすべておよび仕丁などを大安寺にもたらした食封壱千戸は、土佐・備後・播磨・丹波・尾張・伊勢・遠江・信濃・相模・武蔵・下野・常陸・上総等の国々に分布する（389行）。南海道が一国、山陽道が二国、山陰道が一国、東海道が六国、東山道が三国で、東日本の比重が高い。うち三〇〇戸は舒明天皇己亥（六三九）年に納賜（390〜391行）、七〇〇戸は天武天皇癸酉（六七三）年に納賜したもの（392〜394行）で、戸数と納賜した年は、縁起の記載と合致する（28・42〜43行）。

しかし、『日本書紀』は大官大寺に七〇〇戸を封じ、税三〇万束を納めたのは朱鳥元（六八六）年丙戌のこととし、奈良・平安期の封戸に関する規定・法令を集めた『新抄格勅符抄』寺封部は、大安寺の食封は一〇五〇戸で、癸酉年に三〇〇戸、丙戌（六八六年）に七〇〇戸、天平宝字五（七六一）年正月に五〇戸を加えたとする。水野柳太郎さんは正史・法令の施入年が正しく、『大安寺伽藍縁起并流記資財帳』が食封施入年代を舒明朝まで繰り上げようと作為したとみる。『新抄格勅符抄』寺封部は、大安寺食封一〇五〇戸の内訳を、伊勢・相模・上総・常陸・下乃国が各一〇〇戸、尾張・遠江・信乃・丹波・播万・備後国が各五〇戸とするが、これでは九〇〇戸にしかならない。水野さんは土佐一〇〇戸と逸名某国五〇戸を追加する［水野一九九三・二〇〇二］。

各寺が保有する食封数は、墾田地の保有面積とともに寺格差をはっきり示す。『新抄格勅符抄』では、東大寺の五〇〇〇戸を別格とし、飛鳥寺の一八〇〇戸、山階寺（興福寺）の一二〇〇戸につぐのが大安寺の一〇五〇戸。西大寺の六三〇戸、法花寺の五五〇戸、川原寺・薬師寺の各五〇〇戸、荒陵寺（四天王寺）の三五〇戸、法隆寺・大宰観音寺の各二〇〇戸、崇福寺・招提寺・角院寺（海竜王寺）・岡本寺（法起寺）の各一〇〇戸、橘寺・小治田寺・葛木寺・豊浦寺などの各五〇戸がこれにつづく。興味深いのは、大安寺に三〇〇戸を施入した天武天皇二年＝癸酉（六七三）年に、飛鳥寺に一七〇〇戸、川原寺と薬師寺に各五〇〇戸を施入していることだ。寺封施入量だけを比較すれば、御野王と紀臣訶多麻呂を造寺司に任じて百済地から高市地に移して造営に着手した（39〜42行）時点では、大安寺前身寺院（高市大寺）は、飛鳥寺はもちろんのこと川原寺や薬師寺より格下だったことになる。ただし、薬師寺の発願は天武天皇九年一一月のことなので［『日本書紀』］、『新抄格勅符抄』の記事自体の信頼性も検討せねばなるまい。

食封と論定出挙

天武天皇九（六八〇）年四月に、官営寺院数を制限し、食封保有年限を三〇年とする［『日本書紀』］。『日本書紀』の文脈からは、食封の保有年限を官営寺院にも適用するのかはっきりしないが、『新抄格勅符抄』が示す実績からすれば、国大寺である大安寺や飛鳥寺は適用外であったと判断できる。食封の保有年限を三〇年としたのは、墾田地（寺田）や庄が寺院の経営・維持費の性質を帯びているのに対して、食封は寺院造営費・造像費の性質を帯びていたからだと竹内理三さんは考えた［竹内一九三二］。大安寺塔の造営は平安時代まで継続していたが、それが大安寺の封戸が継続した理由の一つだったのか明らかではない。

しかし、法隆寺クラスの寺では、食封のほとんどが期限付の国庫補助であった。『法隆寺資財帳』によれば、大化三（六四七）年納賜の食封三〇〇戸は己卯（六七九）年に停止、養老六（七二二）年納賜の食封三〇〇戸は神亀四（七二七）年に停止されており、天平一〇（七三八）年四月一二日に聖武天皇が納賜した播磨・但馬・相模・上野国の四国各五〇戸の食封のみが「永年」だった。これが『新抄格勅符抄』に記載された法隆寺食封二〇〇戸に対応し、負担国名も合致する。ただし、納賜月日は一〇月二一日となっており、依拠した史料が異なるらしい。

一方、論定出挙本稲三〇万束は天武天皇癸酉（六六三）年に、遠江・駿河・伊豆・甲斐・相模・常陸等の国に置いた（395～398行）。量・年紀とも縁起の記載に合致するが（43～44行）、『日本書紀』『新抄格勅符抄』の記事を優先するならば、設置年代は丙戌（六八六）年となる。『日本書紀』が税三〇万束と記載するのは、国司が保管する稲だったからで、『大安寺縁起并流記資財帳』が「論定」出挙本稲と記載するのは、各国で保管する正税のうち出挙する量を「決定」したからだという［水野二〇〇二］。資財帳において、これを食封とともに建物施設と墾田地・薗地との間に記したのは、一種の固定資産と理解されていたからにほかならないだろう。ただし、お国の事情もあるだろうが、三〇万束が固定的に確保できたわけではない。『延喜式』巻二六「主税」では、諸国出挙正税公廨雑稲の大安寺分として、遠江国四九〇〇〇束、駿河国四一〇〇〇束、伊豆国三〇〇〇〇束、甲斐国一二〇〇〇束、相模国二六九〇〇〇束、常陸国五〇〇〇〇束を計上している。すべて東海道諸国で、国名も資財帳と一致するが、合わせて一八万一九〇〇束で、三〇万束の六割一分弱に目減りしている。時の流れに抗するのは難しいというべきだろうか。

墾田地の実態

大安寺が保有した食封一〇〇〇戸、出挙稲三〇万束は、所在地の国司が管理運営し、そこから挙がる収益、すなわち租庸調および仕丁、利稲を大安寺に送付した。現地に経営者を派遣したり、在住経営者と大安寺が直接コンタクトをとることで運営管理した墾田地・水田や薗地、庄とは性質が異なるので、資財帳ではその前に一括して記載したのだろう。

大安寺の墾田地・水田のなかで、天武天皇癸酉年（食封・論定出挙施入記事から類推すれば丙戌年）に納賜された墾田地九三二町（実は九四二町）の内訳は、紀伊国海部郡一七〇町、若狭国乎入（遠敷）郡一〇〇町、伊勢国員弁郡五〇〇町、同三重郡四〇町、奄芸郡四二町（実は五二町）、飯野郡八〇町で、伊勢国六六二町（実は六七二町）のうち五八四町は未開田代である（399～418行）。また、舒明天皇己亥年（食封施入年から類推すれば天武天皇癸酉年）に納賜された水田二一六町九段六八歩の内訳は、大倭国六〇町三段三〇〇歩、近江国一五六町五段一二八歩である（419～422行）。さらに、道慈や教義が聖武天皇に申請し天平一六（七四四）年に納賜された今請墾田地九九四町の内訳は、伊勢国員弁郡二〇〇町、同三重郡二七四町（一五八町五段は未開田代）、同鈴鹿郡一〇〇町、同河曲郡二〇町、同奄芸郡五〇町、播磨国印南郡と赤穂郡の一五町（九町未開）、備前国上道郡と津高郡の一五〇町（一二七町未開）、紀伊国海部郡五町、近江国野洲郡一〇〇町、同愛智郡一〇〇町、伊賀国阿拝郡二〇町、美濃国武儀郡ほか二五町である（423～469行）。

癸酉年納賜分も申告数を実数より少なく記載するが、天平一六年納賜分の記載実数の総和は一〇七九町で、九九四町より多い。『法隆寺資財帳』でも、近江・大和・河内・摂津・播磨国に分布する水田面積の総和は四五四町八段三八歩三尺六寸なのに、冒頭の申告数は三九六町三段二一一歩三尺六寸と少ない。資財帳には稀に計算違いや勘違いもあるが、作成者は帳尻を合わせることに生き甲斐を感じていると思えるほど、数値内容は厳格である。これは現代の会計簿と同じだ。墾田地に限って、各地の面積実数の総和が冒頭の申告数より大きいのは、単なる誤算・誤記・誤写とは考えられない。たとえば大安寺の場合は、天平一六年の施入限度を一〇〇〇町と定めていたので、各墾田面積実数はそのまま記し、総面積数を限度内に納めたものと水野柳太郎さんは解釈する［水野一九九三・二〇〇二］。説得力に富む解釈法であり、楽器にかかわる記載（前章三節〈寺院に音楽は禁物か〉項）で指摘した、「天平十九年帳」の申告書類的性格が如実にあらわれている。これが公文書として通用した以上、会計検査員の目はそこまで行き届かなかった、あるいは見て見ぬふりをしたことになる。しかし、次項で述べるように、資財帳で申告した墾田地保有量の記載は、大安寺経営において致命的な結果をもたらすことになる。

一方、大安寺の薗地二處は、寺院地西方、平城京左京七条二坊一四坪と同条三坊一六坪にあった（470行）。薗地で蔬菜類などを栽培したかもしれないが、寺院収入は稲米類のみを計上し（483〜502行）、薗地や庄の生産物はカウントしない。つまり、墾田地や水田が寺院経営の基本であり、寺院格差を顕著に反映する。癸酉年・己亥年・天平一六年の施入分を合わせると、天平一九年に大安寺が保有した墾田地の申告数は一九二六町（実数二〇二一町）、水田は申告数・実数とも二一六町九段六八歩で、合わせて二二三七町九段六八歩（実数）となる。法隆寺が保有した水田の約五倍である。東大寺が最大官寺として台頭する直前の大安寺経済力を明示する数字だ。

墾田地の保有制限

天平勝宝元（七四九）年七月乙巳、諸寺が保有する墾田地面積の上限を定める。東大寺は四〇〇〇町、元興寺は二〇〇〇町、大安・薬師・興福・大倭国法華寺・諸国分金光明寺は各一〇〇〇町、弘福（川原）・法隆・四天王・崇福・新薬師・建興（豊浦）・下野薬師寺・筑紫観世音寺は各五〇〇町、諸国法華寺は各四〇〇町、自余の定額寺は各一〇〇町である［『続日本紀』］。「天平十九年帳」の作成者が、墾田地の総数を実体よりも少なく申告したのは、この法令を見込んだからだとは断言できないとしても、単なる杞憂ではなかったことは確実だ。

わずか二年前に、大安寺は墾田保有量を一九二六町（実数は二〇二一町）と申告したばかりだ。同年に申告した法隆寺の水田面積は、実数も申告数も天平勝宝元年七月の規定に抵触しないが、大安寺は両方とも上限を超えている。大安寺の保有限度額一〇〇〇町とは、大学の運営交付金を突如半額とするような措置だ。大安寺にとって驚天動地どころの騒ぎではなかったはずである。『大安寺資財帳』の墾田地総和一九二六町は、発布以前から保有制限の実施がささやかれ、大安寺二〇〇〇町という内示、あるいは噂があったのではないかという疑念が浮かぶ。

本項冒頭の叙述に際し、私は天平勝宝元年七月乙巳の規定を限度額の大きい順に並べかえた。しかし、『続日本紀』の記載は「定諸寺墾田地限。大安・薬師・興福・大倭国法華寺、諸国分金光明寺、寺別一千町。大倭国国分金光明寺四千町。元興寺二千町。弘福・法隆・四天王・崇福・新薬師・建興・下野薬師寺・筑紫観世音寺、寺別五百町。諸国法華寺、寺別四百町。自余定額寺、寺別一百町」だ。冒頭に大安寺の名があり、一〇〇〇町、四〇〇〇町、二〇〇〇町、五〇〇町、四〇〇町、一〇〇町の順で寺院名が並ぶ。大安寺を筆頭にあげるのは、正史において寺名を列記する際の常套にみえるが、諸国国分寺などの新たな寺も加え、墾田保有量という経済力差で寺をランクづける法令の目的にそぐわない。むしろ、本法令のおもな標的が大安寺であったことを、記載順序が語っていると解したい。

ただし、天平勝宝元年七月に定めた墾田保有限度額は、既存の墾田地に上乗せする数値だという解釈もある［水野二〇〇二］。そう解すれば、大安寺は既存の二〇〇〇町前後に加えて一〇〇〇町、すなわち東大寺につぎ、元興寺を上回る墾田保有が認められたことになり、大安寺の寺格にふさわしいという解説までつく。しかし、規定内容を見る限り、既存の墾田を認めた上での限度額と理解するのは無理だ。だいいち、既存の墾田を認めた上での保有制限なら、この法令を出す意味がなくなる。本節〈食封の由来〉項で述べたように、食封数においては大安寺は常に飛鳥寺（元興寺）よりも格下だった。また、法隆寺も既存の五〇〇町弱の水田にさらに五〇〇町を加えることを認めたとすると、法隆寺の寺格は新興の諸国国分僧寺に匹敵することになる。そもそも、新しい規定を作るのは、そのままでは御しがたい事態、すなわち寺院の墾田保有量が目に余るという事態が生じているからである。こうした法令では、取り締まるべき標的まで決まっていることがよくある。『続日本紀』の記載方式自体が、主要なターゲットが大安寺にあったことを明示している、というのが私の理解である。

諸寺の墾田保有量を制限する法令が出た同じ年（天平感宝元年）の閏五月二〇日、大安・薬師・元興・興福・東大・法隆・弘福・四天王・崇福・香山薬師・建興・法華の一二ヶ寺に墾田地各一百町と絁・綿・布・稲などの財物が寄捨された。華厳経をもととした一切経を未来永劫にわたり転読講説するために、太上天皇沙弥勝満（聖武天皇）が勅施入したのである〔『続日本紀』〕。これを契機に東大寺を軸とした護国法会体系が整う〔中林一九九四、堀二〇〇三〕。墾田保有制限が実施された時は、まさに新生東大寺を軸とする国家仏教の確立期に連動しているのである。しかし、大安寺にとって、閏五月の墾田地一〇〇町の追加は、七月の事業仕分の前兆であった。厳しい法令施行に先立ち、あらかじめ甘い飴を与えるのも、汎歴史的な常套手段なのである。

保有制限に対する抵抗

大安寺の墾田保有限度額を、実態の半分以下とした天平勝宝元年七月の規定に対して、大安寺がどのように抵抗したのか、あるいは唯々諾々と受け入れ、約半分の墾田地を返還したのか判然としない。しかし、古代土地制度史に疎い私の目にも、最悪の事態をまぬかれる余地はいくつかあったように見える。

一つは墾田・水田・寺田・寺領という用語と概念の問題である。寺田が寺領となった水田、墾田が新たに開発した水田の意味ならば、墾田地はある時点から水田・寺田と名を変える。『大安寺資財帳』は、舒明天皇己亥年納賜分は水田、天武天皇癸酉年納賜分と天平一六年納賜分は墾田地・今請墾田地と書き分ける。資財帳が成立した天平一九年は、天武天皇癸酉年から七〇数年を経過する。新規の開発田は、三世代にわたり私有を認める三世一身法（七二三年施行）を踏まえ、一世代二〇年強として、七〇数年を経過すれば、墾田ではなく水田・寺田だと抗弁できる。とすれば天武天皇癸酉年納賜の九三二町（実数は九四二町）は保有制限対象から外れる。ただし、『大安寺縁起并流記資財帳』の記す癸酉（六七三）年納賜が、実は丙戌（六八六）年納賜を改竄したものであることを指摘されれば、六〇年強経過で三世一身法の適用外と判断される可能性もある。

なお、九四二町の七一％を占める伊勢国墾田地六七二町のうち五八四町が未開田代である（404～416行）。未開発なら田圃ではない。開発に着手すれば墾田だ。しかし、着手しなければ墾田以外の寺領となる。こう見ると、大安寺に不利なのは不動産分類項目が単純かつ直接的であることだ。すなわち、『大安寺資財帳』の不動産には、寺院地と伽藍内蓄物、墾田地、水田、薗地、庄の大項目があり、墾田地を開・未開（田代）に大別する。これに対し、『法隆寺資財帳』の不動産は、寺院地と伽藍内蓄物、水田、陸地、山林岳嶋等、海、池、庄などの大項目が並ぶ。これは実体を反映していると思うが、他の地物に水田・墾田地が紛れ込んでも、なかなか把握できない。

つまり、書類項目を複雑にすれば、天平勝宝元年七月のような事業仕分に対する言い逃れの道が開ける。八七三年『広隆寺資財帳』や八九〇年『広隆寺資財交替実録帳』は、四九町一〇歩あるいは六四町一段二八八歩の水陸田を「入京」「暫入安養寺」「常荒」「川成」「畠成」「見熟」などに細分する。「平安京に入った水陸田」「暫定的に安養寺に属する水陸田」「いつも荒地となっている所」「河川敷となっている所」「畑地」「豊作が見込まれる水田」の意味だろう。もちろん寺領を経営・管理する上で必要な実体認識だが、資財帳に記載するのは、単なる経営・管理のためだけでなく、事業仕分時の説明材料として、対外的な意味もあるように思われる。

広隆寺の資財帳にも共通するが、『大安寺資財帳』では、四至内に墾田地や陸水田しかないのが気になる。耕作者の宅地や用水・道路、林、池などの地物を除外した面積を墾田地・陸水田として登録したのか。他の地物も記載すれば墾田地・陸水田面積は減少するのではないか。八八三年『観心寺資財帳』は、河内・紀伊・但馬国の庄にかんして、水陸田のみの四至と面積を記載する場合と、家地・庄地あるいは在物としての建物や林などの面積も並記する場合と仕分をある程度まで切り抜けることが可能だったように思われる。

体とかけ離れがちだ。『大安寺資財帳』も実体にそくして、細やかに地物を書き分ければ、天平勝宝元年七月の事業

があり、遠隔地にある但馬国の庄は前者のみからなる。つまり遠隔寺領の記載は概括的で、各種地物が入り混じる実

戻ってきた寺領

天平勝宝元年七月の寺院墾田地の保有制限を受けて、大安寺の寺領がどのように変貌したのか明確ではない。うまく言い逃れて従前どおりの寺領を確保できたのか、それともほぼ半分を没収されたのか。事業仕分の場で、保有する他の不動産も含めた実体説明と合法・違法判断にかかわる応酬があったとすれば、結果はその中庸にあるだろう。

しかし、『大安寺資財帳』に登記した寺領が没収され、のちにそれが戻ってきたことを示す証拠がある。一つは神護景雲元（七六七）年一二月一日、金堂・南大門・中門の仏像修理料などの名目で、大和・摂津・山背国の田各二町、合わせて六町を大安寺に献入したことである〔『類聚三代格』巻一五、寺田事〕。このうち大和国二町は高市郡高市里の「専古寺地西辺」つまり文武朝大官大寺の旧寺地（図53）で〔小澤一九九七〕、もともと大安寺寺領であった可能性が高い。すなわち『大安寺資財帳』における舒明天皇が納賜した大倭国の水田六〇町三段三〇〇歩（420行）に含まれていたか、大倭国の庄五処の一つである在高市郡古寺所（473行）に該当するはずだ。とすれば、天平勝宝元年に没収された寺領が、歴史的経緯をふまえて戻ってきたと考えられる。

歴史的経緯を主張した結果、旧寺領が戻ったもう一つの明確な事例が、元慶四（八八〇）年一〇月二〇日に大和国十市郡百済川辺の田一町七段一六〇歩と高市郡夜部村の田一〇町七段二五〇歩を、勅により大安寺に返入した場合だ〔『日本三代実録』巻三八〕。この措置は大安寺三綱が聖徳太子の熊凝道場、舒明天皇の百済大寺、天武天皇の高市大官寺、聖武天皇の大安寺と寺史から説き起こし、両旧寺地を調べると水湿之地は公田となり、高燥之所は百姓が居住している。実によって返入し、寺家田にしたいと述べた申牒に応えたものである（今検両所旧地、水湿之地収為公田、

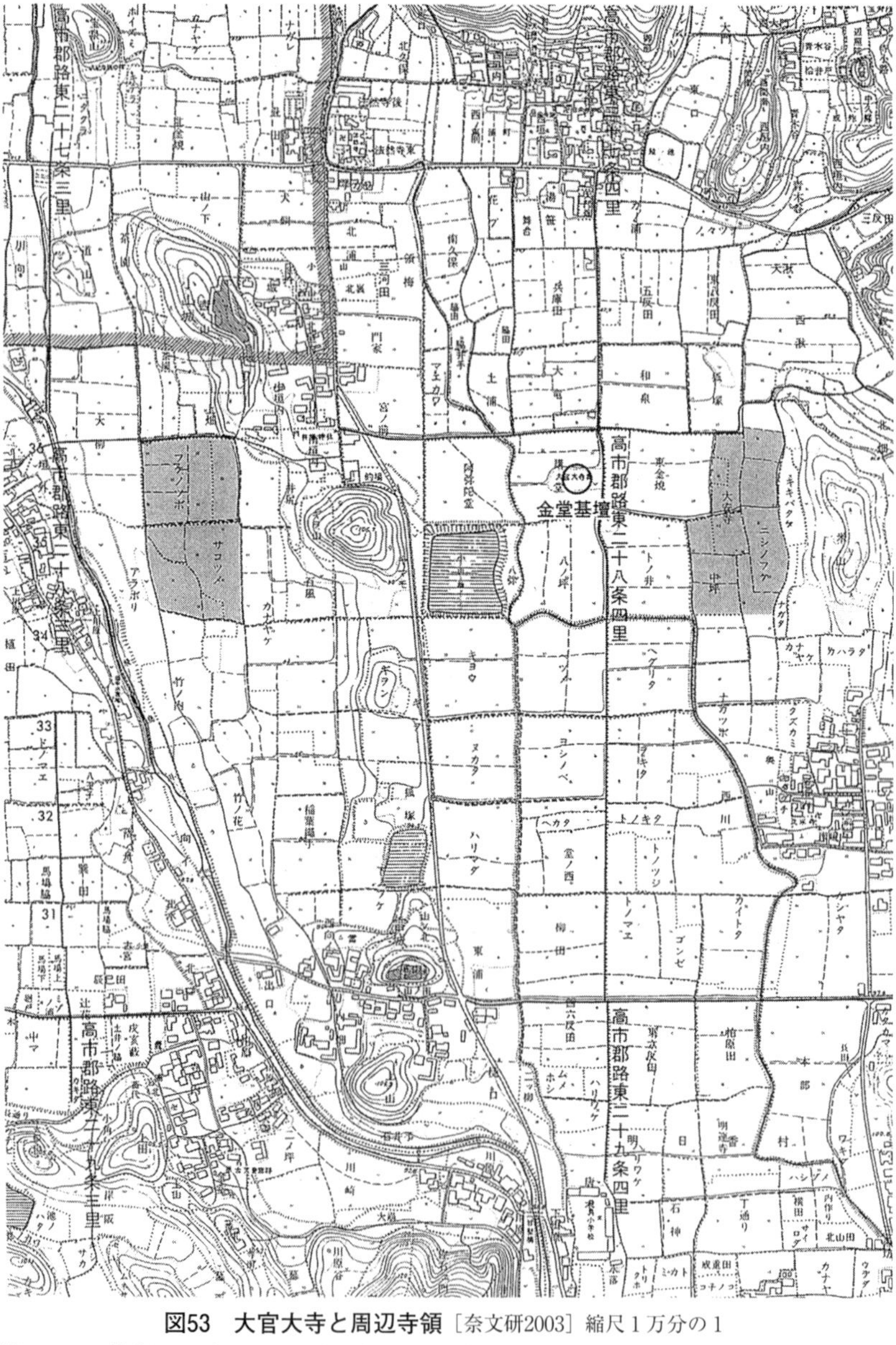

図53　大官大寺と周辺寺領［奈文研2003］縮尺１万分の１

小澤毅さんは，神護景雲元年12月１日太政官符で大安寺に献入された大和国の田２町「路東十一橋本田」と「路十二岡本田」を，大官大寺の西方，飛鳥川との間の平坦地にある路東二十八条三里十一坪（字サコツメ）と十二坪（字フケノツボ）に比定する。田村吉永さんは１町東の路東二十八条四里十一坪・十二坪（字中坪・大安寺・ニシノフケ）と推定したが［田村1965］，それでは「専古寺地西辺」にならない。

高燥之所百姓居住、請依実返入、為寺家田)。「返入」と記す以上、もともと大安寺の土地と認識されていたことは間違いない。大安寺が取り返したこれらの寺領は、いずれも先行寺院にかかわる由緒ある土地で、必ずしも墾田地として没収されたものではない。事業仕分けに際して、将来、理屈をつければ取り戻すことができそうな土地を提供したのだろうか。

墾田地の分布

東大寺台頭以前の最大官寺という大安寺の性格は、墾田保有量だけにあらわれているわけではない。天平一九年段階の大安寺墾田地・水田は、大倭、近江、紀伊、若狭、伊勢、播磨、備前、伊賀、美濃と広範な地域に分布する。舒明天皇納賜と記されたのが大和と近江の水田、天武天皇が納賜したのが紀伊・若狭・伊勢の墾田、聖武天皇が納賜したのが伊勢、播磨、備前、紀伊、近江、伊賀、美濃の墾田だから、時代が下ると大安寺寺領は近畿地方からその周辺部へと分布を広げたことになる。以後、台頭した東大寺荘園が、越前・富山など北陸地方で顕著に展開するのもその延長にある。出遅れた東大寺は、近畿やその周辺部だけでは十分な寺領を確保できなかったのである。遠隔寺領・某国寺領主体の典型であり、中央官寺特有の寺領のあり方である。この特徴は、いわゆる氏寺や私寺における寺領のあり方と比較すれば一目瞭然である。

八七三年『広隆寺資財帳』の四九町一〇歩の水陸田、八九〇年『広隆寺資財交替実録帳』の六四町一段二七八歩の陸水田は、すべて広隆寺周辺にある葛野郡条里に分布する（図54）〔福山一九三八、吉野二〇一二〕。九世紀後半に成立した資財帳が、七世紀段階の寺領をどこまで反映しているのか検討する必要があるが、北山背を一拠点に発展した秦氏の氏寺という性格が読み取ることができるだろう。また、九五三年『近長谷寺資財帳』では、寺領となっている治田や垣内畠・寺家開発地は、近長谷寺が立地する伊勢国多気郡を中心に、飯野・度会の三郡にまたがる。本願である飯高諸氏が音頭を取り、日置・麻続・宍人・磯部・伊勢・中臣などの近傍の異姓者にも施入を募った結果で、飯高氏の

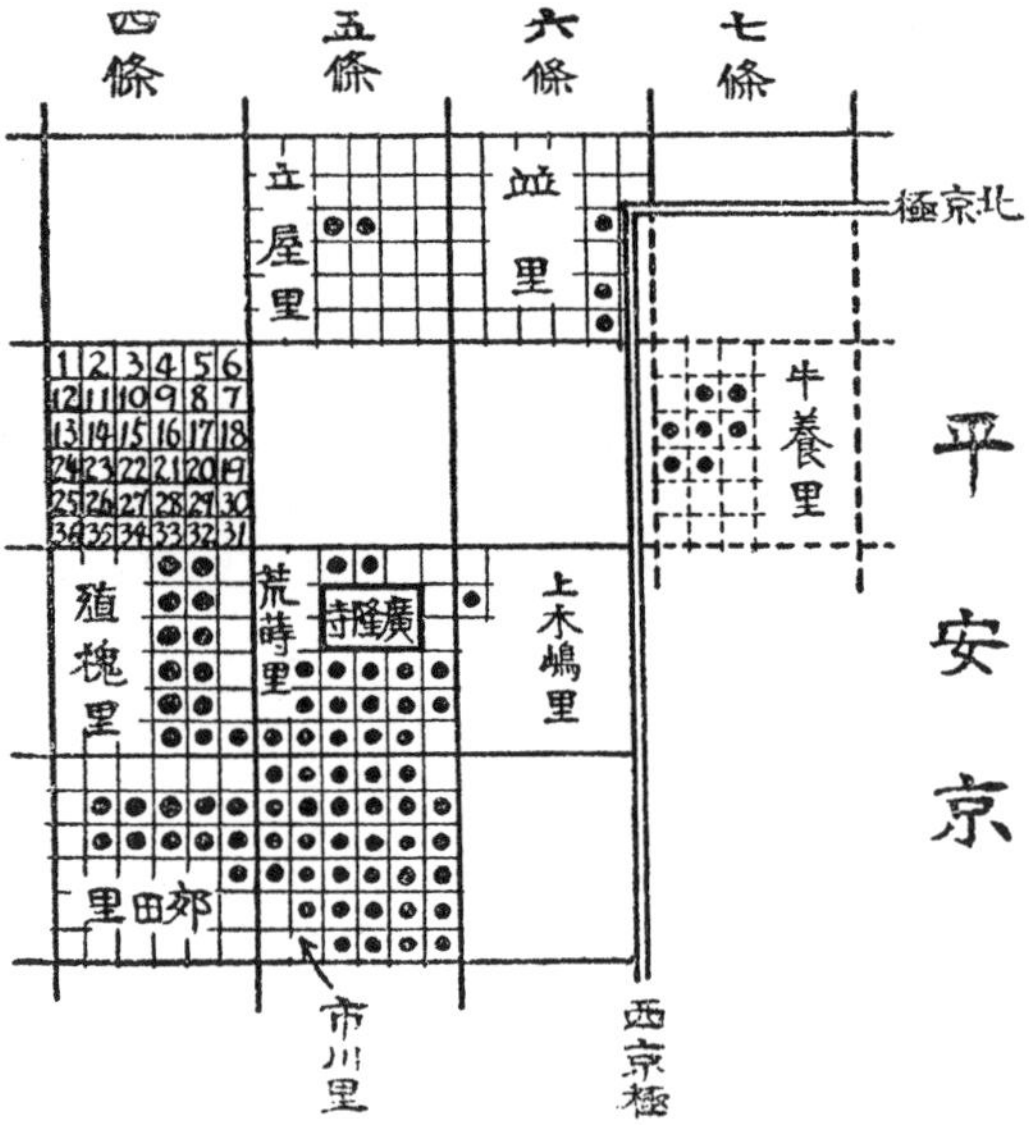

図54　山城国広隆寺の周辺寺領［福山1938］
●が広隆寺領がある坪で，平安京内にも及ぶ。

影響力がおよぶ範囲を反映している［西口一九六三］。

大安寺の場合も、六〇町あまりの大倭国の水田は、前身寺院である百済大寺や高市大寺・大官大寺の跡地や、その周辺にある寺辺所領を含む可能性がある［鷺森二〇〇一b］。しかし、前身寺院の寺院地は庄として登記される（473行）。庄は墾田地や水田と直接関係しない。少なくとも大安寺においては、寺院地内の池并岳・苑院・花園院（353行）以外に、平城京内二處の薗地（470行）を確保したにとどまり、広隆寺の陸水田に相当するような、厳密な意味での寺辺所領はなかった。八世紀に成立した都城内官寺における典型的な寺領のあり方である。

寺領分布の歴史的背景

平安時代の広隆寺は平安京在住貴族の信仰も集めるが、寺領のあり方は氏寺の時代のあり方を反映しているとみられる。広隆寺や近長谷寺のように、檀越やその影響下にある在地豪族や農民が寺院造営に参加し、寺領が寺院地周辺のみに集中する場合を、在地寺院あるいは在地寺院的性格が濃厚な氏寺・私寺と認識するならば、広隆寺と同じく七世紀初頭に成立した寺院でも、法隆寺の場合はかなり状況が異なる。近江・大倭・河内・摂津・播磨に分布する四五四町八段三八歩三尺六寸の法隆寺水田の、約四八%を占めるのが播磨国揖保郡の水田で、河内国の約二九%、大倭国の約一一%、摂津国の約七%、近江国の約五%がこれにつぐ。

法隆寺領である播磨国揖保郡の水田二一九町一段八八二歩は、推古天皇戊午（五九八）年四月一五日に聖徳太子が講じた法華・勝鬘経の布施として納賜されたと『法隆寺資財帳』は明記し、河内・摂津・近江国の水田の多くは、陸地や食封とともに物部氏領に由来すると推測される〔仁藤一九八七、鷺森二〇〇一a〕。これらの遠隔寺領・某国寺領を除くと、大倭国平群郡すなわち法隆寺周辺に分布する、四六町九段二〇一歩三尺六寸の水田が法隆寺領の主体となる。この水田面積は、広隆寺周辺に分布する水陸田四九町一〇歩あるいは六四町一段二七八歩に近似する。つまり、広隆寺と同様、五〇町前後の寺辺所領が核となり、大王家との関係や物部氏戦争の勝利によって拡大したのが法隆寺の寺領と推測できる。核の部分は法隆寺の在地寺院的性格を、増大部分は法隆寺の非在地寺院的性格を反映する。

なお、鷺森浩幸さんは、平群郡の法隆寺領は、もともと斑鳩宮の所領、すなわち上宮王家による開発の成果と考える〔鷺森二〇〇一a〕。この論法でいけば、広隆寺や額田寺の寺辺所領も、秦氏や額田氏が開発した所領に由来することになる。しかし、八九〇年『広隆寺資財交替実録帳』掲載の水陸田には、「貞観年中請入」と明記したものがあり、所蔵する雑公文には「人々田畠并位田等施入帳」がある。寺辺所領が造営氏族の所領を核に発展したことはまちがいないが、その寄進者が造営氏族に限らないことも資財帳から推定できるのだ。

資財帳に寺領の由来がすべて明記されているわけではないし、記載された由来には信頼できそうにないものもある。しかし、寺領のすべてが大王家・天皇家からの納賜に由来し、東は美濃国、西は備前国まで分布する大安寺と、寺院周辺のみに寺領となる水陸田が集中する広隆寺や近長谷寺は古代寺院の両極をなす。「官寺（官営寺院）・国大寺・皇族や有力中央貴族の発願寺院」に対する「在地寺院・氏寺・私寺」、それぞれの典型と言い換えてもよい。しかし、法隆寺領の存在形態は両者の中間にあり、寺領のあり方から古代寺院の性格を二大別する場合、資財帳において両者のいずれの要素が顕著であるのか検証する必要がある。

たとえば、九〇五年『観世音寺資財帳』水田章によれば、観世音寺が保有する熟田四〇町三段一三六歩と墾田四三町は、筑前国の那珂・嘉麻・穂波・上座・御笠郡、筑後国の三原・生葉・竹野郡、肥前国の基肄・三根・神埼郡に分布する。国分寺の資財帳が残っていないので確言できないが、国分寺領の分布は原則として所属国内に限られていただろう。とすれば、同じ地方官寺でも、国分寺と西海道を統括した大宰府に直接関連する観世音寺とでは、寺領のあり方に大きな差があったことになる。ちなみに、天平勝宝元年の墾田保有制限量は、諸国国分金光明寺は一〇〇〇町、筑紫観世音寺は五〇〇町である。保有量が制限されていても、寺院の立場の違いで寺領の分布がより広範におよぶという好例である。

寺領からの収入

保有する食封・出挙・墾田地・水田により、各地方から大安寺にもたらされた貢納稲米は、糒九九石七斗一升、米三三一八石二斗八升、籾三〇一〇石二斗二升、稲（穎稲）二二〇万一六〇六束八把三分半で、なかでも稲穂の形の穎稲は用途にわけて実態を示す（483〜502行）。竹内理三さんは、この数値を繰越分が蓄積した結果とする。

すなわち『大安寺資財帳』の封戸一〇〇〇戸二〇郷からの収入は三六六八貫二〇〇文。出挙稲三〇万束からの利三割として九万束、搗いて白米にした舂米なら四五〇〇石＝二七〇〇貫。墾田地一九二六町のうち開田は一三三町五段で、町一〇〇束の地子稲は一万三三三五束、舂米で六六六石七斗五升＝四〇〇貫五〇〇文。水田二一六町九段六八歩に荒廃田がないと仮定して、町一〇〇束の地子稲と一五束の租稲を加えて二万四九六〇束余、舂米で一二四八石＝七四八貫八〇〇文。合計七五一七貫三五〇文、すなわち一万二五二八石四斗一升＝二五万五六八束二把となる。つまり、資財帳に記された稲二二〇万一六〇六束八把三分半は、食封・出挙・墾田地・水田の保有量から導いた推定年収の九倍に近く、過去の繰越分を蓄積した数値というわけだ［竹内一九三二］。この事実は、銭などの流動資産の用途が決まっていても、会計年度で限られるものではなかったという前章二節〈交換財の消費期限〉項の指摘と対応する。

竹内さんの計算が正しいとすると、大安寺太衆院や倉垣院にあった倉（387行）には、過去何年分かの貢納稲米が、流動資産・交換財として収納されていたことになる。通分・僧分・功徳分・盂蘭盆分・温室分に配当された穎稲は、見・毎年未納・汚失無実悪稲に分類する。しかも、毎年未納は僧分の約五六％から温室分の二三％まで、用途ごとに割合が異なる（486〜502行）。帳簿上だけで、この分類はできない。見と汚失無実悪稲は倉の中を検注した上での記載、毎年未納は帳簿と対応して記載せねばならない。古代に米俵はなく、穀ならバラ積み、穎稲なら束ねて貯蔵した。検注に際しては、倉ごとに収納分野が決まっていたか、倉の内部を仕切って、用途別に穎稲群を仕分けていたと考えてよいだろう。

なお、在庫量の半分近くにのぼる毎年未納に関して、水野柳太郎さんは「寺田からの未納も存在するであろうが、毎年一五万束または九万把に上る出挙稲の収入に未納があって、それが累積してこのような莫大な数量になったと考えられる」として、出挙業務のシステムから「国司の無責任や怠慢」を想定している［水野二〇〇二］。

他の資財帳における貢納稲米

『大安寺資財帳』と同様、収入稲米の量と用途を明記するのが七四七年『法隆寺資財帳』と七八八年『多度神宮寺資財帳』である。七六一年『法隆寺東院資財帳』は収入稲米量を明記するが、用途は記載していない。

『法隆寺資財帳』は、稲の用途として、仏分一四一六束九把、灌仏分三七九束七把、法分一二束七把、聖僧分六束二把、通三宝分四四八束、塔分四八九八束二把、法蔵分二四束、常燈分一〇〇〇束、別燈分三一八五束一把、通分六万五〇二一束七把、一切通分三万三七四一束八把、合計一一万一五四束三把を計上する。また、別に米一二六〇石八斗、穀四二一二石を計上し、穀の用途として、仏分四四六石八斗三升五合、灌仏分四六石九斗二升、法分五三石二斗、聖僧分二八〇石三升、通三宝分一三四石五斗、観世音菩薩分二二石七斗、塔分二一四七石九升、別燈分一九石六斗三升、通分九九七石七斗六升、一切通分二四石六斗六升、寺掃分四石六斗三升五合、四天王分五石五斗、金剛分一石五斗四升、温室分二七石を挙げる。四月八日のイベント費である灌仏分以外は、比較的ゆるやかな枠組みで用途を設定している。大安寺の糒・米・籾量と比べて法隆寺の米・穀は一〇〇〇石ほど少なく、稲（穎稲）は大安寺の約二〇分の一である。

一方、『多度神宮寺資財帳』は、通修理料五九二束五把、西塔修理料二二五束、同法阿弥陀悔過料五四〇束、講経料一六五束、悲田料六七束五把の合わせて一五九〇束の用途を示す。建物施設の維持管理費、法会や布教活動費というわけだ。それ以外に、市無伍佰木部坂継外垣倉納（複数個人名が錯乱か。個人による寄進貢納稲と理解しておく）二一五束、出挙五〇八束八把五分、未納八六六束一把五分を「倉附」として計上している。倉附を用途未定の備蓄稲米と理解するならば、出挙五〇八束八把五分は出挙収入ではなく貸出用元本で、未納分と合わせて、多度神宮寺による私出挙活動を示すものと理解してよいだろう。

庄とは何か

大安寺は上記の墾田地や水田以外に、大倭国五処、山背国三処、摂津国一処、近江国六処、伊賀国二処の合わせて一七処の庄を保有していた（472〜482行）。記載総数は一六処となっているが（471行）、単純ミスだろう。ただし、水野柳太郎さんは、本節〈墾田地の実態〉項で述べた墾田地の記載でも、記載総数が実数を上回る事実から、庄数の帳尻が合わないことも誤写・誤算のような偶然でないと考えている［水野一九九三］。一七処の庄には合わせて二六口の倉と四四口の屋があった。水田や墾田地に倉や屋の記載がないので、庄・庄倉の所在郡と水田所在地が対応する『法隆寺資財帳』を援用して、水田・墾田地の管理施設として庄を考える向きもある。しかし、『大安寺資財帳』では水田・墾田地の所在地と庄の所在地は対応しない。基本的に、水田・墾田地経営と無関係に、別の機能を意図して設置したのが大安寺庄である。

資財帳の記載内容や所在地から機能が推定できる庄に、大倭国高市郡古寺所、同山辺郡波多蘇麻、同添上郡瓦屋所、山背国相楽郡泉木屋並薗地二町、同郡棚倉瓦屋、同国乙訓郡一處在山前郷、伊賀国伊賀郡太山蘇麻庄一所がある。古寺所とは大安寺前身寺院の跡地であろう。高市郡にあったのは天武天皇の高市大寺と文武天皇の大官大寺で、百済大寺の所在地は大和国十市郡百済川辺なので〔『日本三代実録』元慶四（八八〇）年一〇月二〇日条〕該当しない。大倭国五処の冒頭に挙げた十市郡千代郷（473行）は、現在の磯城郡田原本町大字千代が推定地で、百済大寺跡＝吉備池廃寺跡の西北約三・五㎞離れている。大字千代の北には大安寺の大字もある。

蘇麻は杣、すなわち材木伐採のための森林とその管理施設、瓦屋（所）は瓦生産工房、泉木屋と山前郷は舟運の拠点となる津・泊の所在地である。以下、まず、機能的に深く関連する杣と津をとりあげる（図2）。藤原京や平城京で消費した建築資材の原産地として近江国が著名である。田上山（滋賀県大津市）で伐採したヒノキを、筏に組んでを宇治川に流し、泉川（木津川）をさかのぼって藤原宮へと運んだという「藤原宮之役民作歌」が『万葉集』巻一にある。この木材流通の要衝が山背国泉木屋すなわち木津である〔松原一九八五〕。近江国六処の大安寺庄のなかにも杣地があるかもしれないが、『大安寺資財帳』が明記する大倭国波多杣や伊賀国太山杣で伐採した建築資材は、近江国からの木材運搬とは逆に、名張川・木津川を下って木津で陸揚げすることになる。

大安寺杣と東大寺杣

大倭国山辺郡波多杣（473行）については、奈良県山辺郡山添村に西波多の地名が残り、北流して木津川に合流する名張川左岸（西）に杣が広がっていたことがわかる。波多杣の南には、戦後日本中世史学を方向づけた石母田正さんの『中世的世界の形成』の舞台、東大寺黒田庄の前身となる板蠅杣が八世紀後半になって成立する。すなわち、天平勝宝七歳（七五五年）一二月二八日の孝謙天皇の勅により、名張河を東限、斎王上路（都祁山道）を南限、小倉倉立蔣小野を西限、波多前高峯並鏡滝を北限とする伊賀国名張郡板蠅杣を所入する〔『寧楽遺文』経済編所収「板蠅杣施入勅案」東大寺文書〕。これによって大安寺波多杣は東大寺板蠅杣に含められたという解説もある〔日本歴史地名大系第三〇巻『奈良県の地名』六七〇頁、平凡社、一九八一年〕。しかし、板蠅杣は伊賀国名張郡に属するのだから、大倭国山辺郡にあった波多杣とは、原則的には国境を画したはずである。

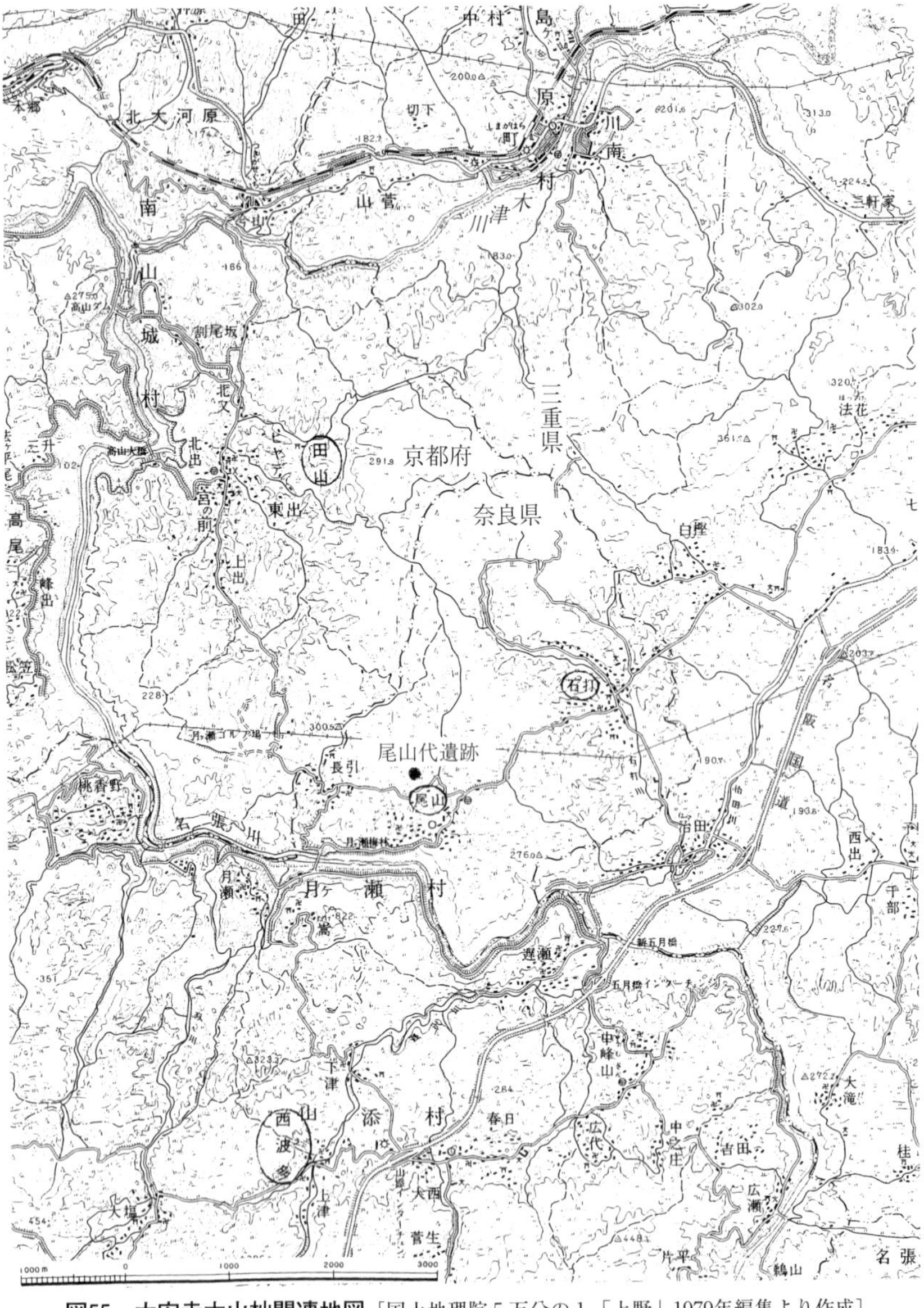

図55　大安寺太山杣関連地図［国土地理院５万分の１「上野」1979年編集より作成］

大倭国山辺郡波多蘇麻は名張川左岸，奈良県山添村西波多に地名を残す。伊賀国伊賀郡太山蘇麻に対応する田山は京都府南山城村，尾山は奈良市（旧月ヶ瀬村）に属し，いずれも名張川右岸に立地する。奈良時代の大安寺杣は名張川両岸に広がり，東大寺板蠅杣はその上流左岸を占拠した。

京都府と大阪府の境をなす男山（牡山）の烽火は山城河内両国が量定した［『日本後紀』延暦一五（七九六）九月一日条］。また、木津川・宇治川・桂川が合流した交通拠点にあたる山崎橋は、山城河内等国に命じて橋守や橋辺有勢人に検校させた［『類聚三代格』巻一六「道橋事」］。つまり、国境施設の維持管理に両方の国が関与することがある。現在の奈良県山辺郡にある毛原廃寺の創建瓦は伊賀国府系瓦であり、大和国山辺郡と伊賀国名張郡とを区切る国境線も、さほど安定していなかった［上原二〇〇二］。したがって、板蠅杣が波多杣を部分的に侵食することはありうる。少なくとも、もう一つの大安寺杣である伊賀国太山杣にかんしては、古代律令制下の国境線が、その後、大きく変更された可能性がある。

伊賀国伊賀郡太山杣（482行）の位置については定説がない。かつての伊賀郡は北を阿拝郡と山田郡（現伊賀市北部）、西南を名張郡（現名張市）東を伊勢国と接しており、現在の伊賀市中西部から東南部を占める。伊賀郡内の水系としては上野盆地中央を木津川が北流するが、杣に近接する水系としては伊賀郡西端の一部を限る名張川のほうがふさわしい。少なくとも、波多杣と水系を共有するほうが、杣経営においてはるかに有利だったはずだ。

その目で地図を見直すと、波多杣の北、名張川右岸に「田山」の地名を発見する。近世の田山村、現在は京都府相楽郡南山城村に属する。京都府下に残る唯一の村だ。田山の北東は旧三重県阿山郡島ヶ原村（現伊賀市）、南東は旧奈良県添上郡月ヶ瀬村（現奈良市）に接し、名張川の流域を一府二県が分断するが、古代には名張川が山城・伊賀両国境と大倭・伊賀両国境を形成していたとすれば、田山の地は伊賀国伊賀郡に属した可能性は十分考えられる（図55）。これを裏づけるのが、これまで未知の杣関連遺跡として報告・検討されていた尾山代遺跡の存在である。

未登録の大安寺杣はあったか

『大安寺資財帳』記載の波多杣・太山杣以外に、発掘調査の成果をふまえて、もう一つの大安寺杣の存在が提起された。奈良市（旧添上郡月ヶ瀬村）にある尾山代遺跡で、平城宮の東方約二二km、名張川右岸の大和高原山中にある

［井上一九八七］。緩斜面上で奈良～平安時代の竪穴住居跡三棟、掘立柱建物跡一棟、土坑・溝などを検出。出土遺物に「美濃」国印を押した須恵器や「安」「石□」字を箆書きした須恵器など、古代官衙遺跡出土品を思わせる遺物があり、立地および竪穴住居に鍛冶遺構をともなうことなどから、井上義光さんは中世大安寺領である石打庄の前身となる石打杣にかかわる施設と考えた。旧石打村は尾山代遺跡の北東に隣接し、遺跡の南の名張川を隔てた旧山添村に波多杣が存在した。波多杣が北に拡大して石打杣となり、後の大安寺領石打庄になったという推定［前掲『奈良県の地名』六六七頁］をふまえて、井上さんは名張川をはさんだ南北の山林一帯が大安寺杣だったと考えたのだ。

しかし、今尾文昭さんは、尾山代遺跡を杣にかかわる遺跡と評価することに賛意を表しながらも、『大安寺資財帳』などの史料に「石打杣」の名がないこと、箆書「石□」は石打とは読めず、「安」も大安寺の意味とはとらえにくいこと、「美濃」国印須恵器の年代が天平年間と考えられることなどから、尾山代遺跡が律令国家直轄の某杣である可能性を指摘する［今尾一九八八］。『大安寺資財帳』に名がない以上、天平一九年段階に大安寺「石打杣」が存在しなかったことは確実である。しかし、尾山代遺跡を大安寺の杣にかかわる遺跡と評価すると、出土遺物の年代観から『大安寺資財帳』に名を残さないのは不都合である。さらに、東大寺の台頭により、八世紀中葉以降、大安寺領が削減されたことは先述したとおりだ。たとえ東西両塔の造営など、天平一九年以降も大安寺が多数の建築資材を必要としても、新たな杣地を獲得することは難しいだろう。

こうした問題点は、『大安寺資財帳』伊賀国伊賀郡太山杣の地名が、現在の京都府南山城村田山に残ったと考えることで一気に解決する。現在の府県境を無視すれば、京都府南山城村田山と奈良市石打・尾山代遺跡は、交通路的にも地形的にも一体である。尾山代遺跡を太山杣の管理施設の一つと考えて支障はない。また、天平一九年段階の大安寺太山杣が中世の石打庄になったと考えることも可能だ。こうした名称変更こそが、自然地形を無視して複雑に入り組む現府県境の歴史を反映しているのだ。つまり、天平一九年段階には、大安寺杣は名張川をはさんだ南の大倭国山辺郡波多杣と、北の伊賀国伊賀郡太山杣が一体で機能していた。両杣で伐りだした材木は、名張川から木津川をへて木津で陸揚げされ、奈良山を越えて大安寺にもたらされたのである。

以上、太山＝田山の存在に着目し、古代国境線問題、尾山代遺跡の再評価と議論が展開できて、新発見と思っていたら、鷺森浩幸さんが、尾山代遺跡を太山杣と論じていることに気づいた［鷺森二〇〇一b］。ただし、鷺森さんは古代の国境線問題にはふれず、太山→おおやま→おやま→尾山と連想し、尾山代遺跡は石打杣ではなく太山杣そのものと考えた。太山が田山か尾山かは、単なる音便問題ではなく、杣の広がりのとらえ方にかかわる。杣を管理する官衙的な遺跡は、それを中心とした膨大な面積の森林を前提に存在する。板蝿・波多・太山の三つの杣を隣接した形で名張川に沿って設定すれば、太山の地名は田山に残ると考えた方が合理的だ（図2）。

流通拠点としての庄

大安寺の泉木屋並薗地二町は、東を大路すなわち大和盆地を縦断し平城京東四坊大路・東三坊大路を経て木津へと延びる中津道［岩井二〇一〇］、西を薬師寺木屋、南を自井一段許退（井から一段ばかり退く？）、北を大河之限すなわち木津川で囲まれた一等地に立地していた（475行）。木津には大安寺・薬師寺などの平城京内大寺院が保有する木屋以外に、宮や京の造営組織に直接かかわる木屋や、材木以外の物資運搬にかかわる役所も存在した。そのなかでも大安寺木屋は、大安寺の西側を縦貫する東三坊大路から泉木屋の東を限る中津道まで、大安寺とほぼ南北一本の大路で結ばれ、しかも木津川に面している。同じ六条大路沿いにある右京六条二坊から、大安寺木屋に西接し中津道に面さない木屋まで物資を運搬する薬師寺と比べて、立地的に大安寺はかなり優遇されているという印象を持つ。大安寺泉木屋を中心とした古代木津については、高橋美久二さんが条里をもとに復原している［高橋一九九五］。

山背国乙訓郡にある山前郷も、宇治川・木津川・桂川が巨椋池で合流し、淀川と名を変えて大阪湾へと注ぐ首根っこにある大安寺庄である。四至記載がないので位置や規模を特定できないが、近辺の歴史的環境から、交通の要衝にある交易・流通拠点と判断できる。『大安寺資財帳』ができた天平一九年には、かつて飛鳥寺東南禅院に住んだ道照

（道昭）が造った山崎橋の残骸を見て、行基が架橋した新山崎橋がまだ健在のはずだ［『行基年譜』］。平安時代には与渡（淀）津や山崎津が平安京の外港として水陸交通の結節点となったが［高橋一九九五］、大安寺にとっての山前は、おもに西日本からの物資輸送の中継点であったろう。すくなくとも、大安寺の杣が大倭国と伊賀国に限られていたなら、山崎津は木材輸送の中継地にはならない。

同じ天平一九年に成立した『法隆寺資財帳』は、淀川・木津川舟運にかかわる津はもちろんのこと、法隆寺と大阪湾を結ぶ大和川舟運にかかわる津も記載しない。法隆寺は大和川舟運の拠点を直接掌握していなかったのだ。あるいは、大和川は大阪湾と大和国を結ぶ公的な舟運路として機能し、私的な津を設けることはなかったのだろうか。『法隆寺資財帳』は、姫路市近辺にあったと推定される「加良止麻利（韓泊）山」を、播磨国における法隆寺庄の一つに計上している。播磨国に集中する法隆寺の水田陸地からの収入や庄からの建築資材は、瀬戸内海舟運と大和川舟運によって法隆寺へ運んだことはまちがいない［千田一九七四、松原二〇〇四］。

古代寺院資財帳で琵琶湖・宇治川・巨椋池舟運の津を記載したものに、八六七年『安祥寺資財帳』がある。すなわち、建物施設の末尾に、寺家が買った「船二艘」を計上。一艘は二〇石船で大津にあり、一艘は一五石船で岡屋津にあったと記す。この場合、大津・岡屋津は安祥寺領ではなく、共同利用の港湾施設だったことになる。大津は滋賀県大津市。琵琶湖舟運にかかわる船だから一回り大きい。岡屋津は私が住む宇治市木幡で、かつては巨椋池に面していたはずだが、場所は特定できない。岡屋津の舟が宇治川を大津までさかのぼったのか、山科盆地北端の安祥寺近くまで安祥寺川をさかのぼったのか、明らかではない。

石橋瓦窯跡の発掘

前々項で論じた杣を考古学的に認定するのは難しい。尾山代遺跡の場合は鍛冶遺構をともない、山中にある官衙的性格をもった遺跡を杣に関連づけた。しかし、杣の本質は森林にあり、四至記載で範囲が推定でき、木を伐りだした痕跡や運び出した痕跡と作業管理棟が有機的に結びついた遺跡群およびその範囲を杣と呼ぶべきだろう。残念ながら『大安寺資財帳』の波多杣・太山杣には四至記載がなく、尾山代遺跡以外の考古学的証拠はない。このように認識困難な杣と比較すると、瓦生産工房＝瓦屋の認定ははるかに容易である。

『大安寺資財帳』は、大倭国添上郡瓦屋所（473行）と山背国相楽郡棚倉瓦屋（475行）の二ヶ所の瓦工房を登録する。後者にかんしては、発掘調査により操業規模や操業内容がほぼ判明している。綴喜郡井手町にある石橋瓦窯跡である［井手町教委二〇一二］。

石橋瓦窯跡は井手町南部を西流する玉川右岸に立地する。現在の玉川は井手町東部の山塊から、木津川右岸に形成された中位段丘を横切り、平野部に出たところで扇状地を形成し、天井川となって木津川に注ぐ。石橋瓦窯はその中位段丘東端の南崖に築かれている。完掘した窯は二基。いずれも無畦式（無牀式）平窯で、焼成室のみを残す。無畦式平窯は藤原宮期（七世紀末〜八世紀初頭）に瓦専業窯として出現し、八世紀中頃には量産に適した有畦式（有牀式・ロストル式）平窯に主役の座を譲る。ほかに二基の窯と、背後をめぐる排水溝を確認している（図56上）。

ほぼ東西に並んだ窯跡の南には、瓦を焼いたときに生じた灰や不良品を廃棄した灰原《はいばら》が形成されている。考古学研究者は灰原と呼ぶが、陶磁器関係者は「ものはら」と呼ぶことが多い。いずれも『広辞苑』には載っていない。灰原は厚いところでも数十cmで、窯の操業期間がさほど長くなかったことを示す。出土した瓦もこの推測を裏づける。前節〈大安寺僧房〉項で述べたように、大安寺跡から出土する奈良時代の軒瓦は、①藤原京の大官大寺と同笵の大官大寺式軒瓦、②平城宮や平城京の瓦と同笵もしくは同文異笵の平城宮系軒瓦、③大安寺独特の文様の大安寺式軒瓦、に三大別できる［山本一九八四、中井一九九七］（図40）。石橋瓦窯跡は、このうち②に属する軒丸瓦六三〇四Dと軒平瓦六六六四Aを生産していた。平城宮にも同じ文様の瓦はあるが同笵ではなく、大安寺独特の軒瓦である（図56下）。

六三〇四—六六六四は、平城宮瓦編年では第Ⅰ期（和銅元年〜養老五年）もしくは第Ⅱ期（養老五年〜天平一七年）であるが、大安寺の六三〇四D—六六六四Aは、そのなかでも初現的なものと評価される［毛利光・花谷一九九一」。大安寺跡における出土量は③に比べて少なく、おもに大安寺創建時の比較的短期間に生産されたと考えられる。石橋瓦窯跡では四号窯をめぐる排水溝の埋土から恭仁宮造営時（天平一二〜一五年）に新調した軒平瓦六六九一Ａと同笵の瓦が一点出土したが、これは瓦窯群の北にある井手寺所用瓦がまぎれ込んだものだ。これを除くと、灰原などから出土した瓦は六三〇四Ｄ―六六六四Ａに限定される。つまり、石橋瓦窯は大安寺創建の限られた時期に操業したことになる。

石橋瓦窯跡は棚倉瓦屋

初めて石橋瓦窯跡の発掘現場を訪れたとき、『大安寺資財帳』棚倉瓦屋の四至記載（475〜476行）どおりに立地しているのでビックリした。東は山塊が迫り、どん詰まりの谷になる。西には旧奈良街道（山背道）が南北に走る。南は玉川が流れ、北の中位段丘上は、井手寺跡に隣接した橘諸兄の本拠地となる平坦地だ。

石橋瓦窯を訪れるには、ＪＲ奈良線玉水駅で降り、駅の南で線路の上を横切って流れる玉川に沿って一㎞ほど東に歩けばよい。しかし、この付近に棚倉という地名はない。現在、ＪＲ棚倉駅は井手町ではなく、玉水駅の一つ南、木津川市（旧相楽郡）山城町にある。棚倉駅は石橋瓦窯跡とは三㎞ほど離れている。また、井手町は綴喜郡で、南に隣接する相楽郡に属していない。

『京都府の地名』（平凡社、一九八一年）によれば、明治初期までは、玉川が綴喜郡井手村と相楽郡石垣村の境で、石垣村は明治五年に井手村に合併した。また、明治二二（一八八九）年に平尾と綺田が合併して棚倉村になった。ＪＲ棚倉駅の由来である。それ以前には、『万葉集』巻一九所収「治部卿船王伝誦之久邇京時歌」に「手束弓手に取り持ちて朝猟に君は立たしぬ棚倉の野に」とある「棚倉野」と、『興福寺官務牒疏』で綺田にある光明山寺を「在相楽郡相谷棚倉山」とした「棚倉山」が、

◀**図56　石橋瓦窯跡（棚倉瓦屋）とその焼成瓦**［井手町教委2011］縮尺1000分の１・６分の１
瓦窯跡群の北西部は流れ込んだ土石流で埋もれ，４号窯を馬蹄形に囲むSD202には巨大な石がはまり込んでいた。黒くベタ塗りしたのが灰原である。灰原から出土した瓦には，軒丸瓦・軒平瓦（下図左），面戸瓦・丸瓦（同中央），平瓦・熨斗瓦（同右）があり，いずれも大安寺創建瓦の基準となる。

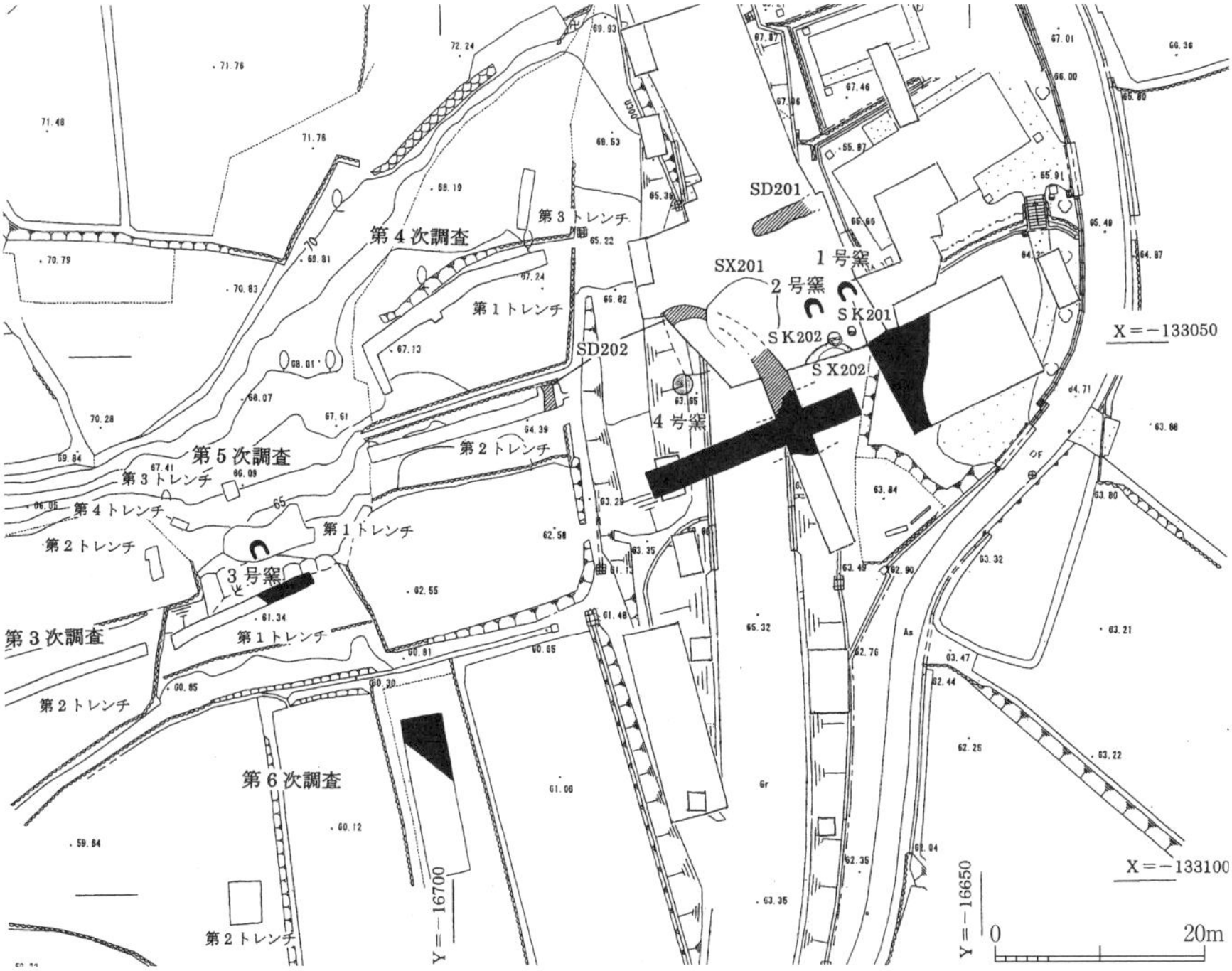
第4次調査
第3トレンチ
第1トレンチ
SD201
SX201
1号窯
2号窯
SK201
SK202
SX202
SD202
4号窯
第2トレンチ
第5次調査
第3トレンチ
第4トレンチ
第2トレンチ
第1トレンチ
3号窯
第3次調査
第1トレンチ
第2トレンチ
第6次調査
第2トレンチ
X＝−133050
X＝−133100
Y＝−16700
Y＝−16650
0
20m

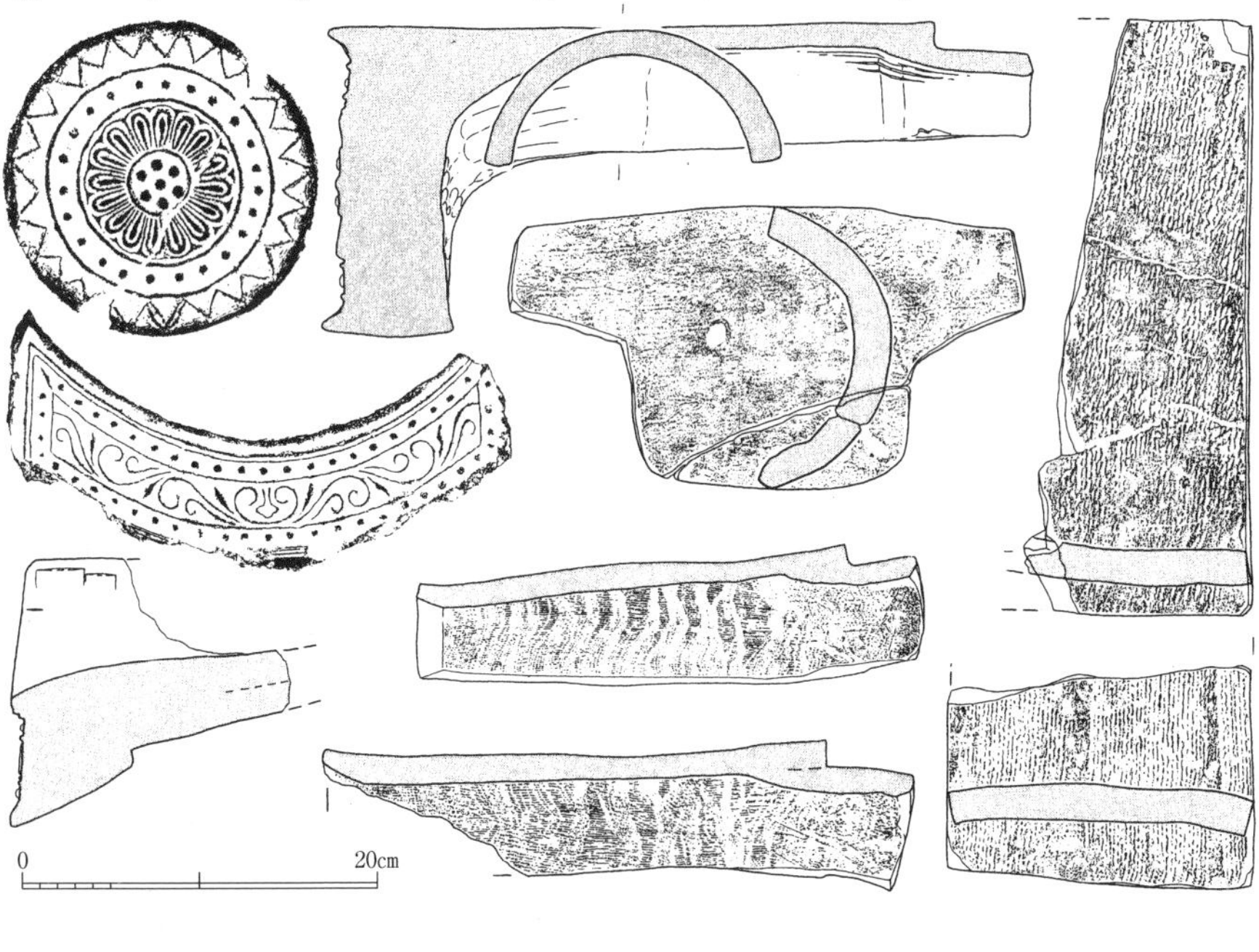
0
20cm

棚倉にかかわる地名となる。万葉集の棚倉野については、現在の京田辺市に所在する棚倉孫神社を根拠に木津川左岸の綴喜郡に比定する説もあるが、『大安寺資財帳』や恭仁宮跡との距離を勘案して木津川市山城町内とする説、綴喜郡内でも木津川右岸とする説〔折口信夫『萬葉集辞典』一九一九年〕のほうが合理的だ。

重要なことは、古代郡郷名を検討する基本史料である『倭名抄』には、綴喜郡にも相楽郡にも棚倉郷が存在しないことだ。棚倉野・棚倉山という呼称は、律令行政区域を越えた広い範囲の野山が棚倉の地であったことを示す。明治以前には綴喜郡と相楽郡との境界付近に立地した石橋瓦窯跡が、『大安寺資財帳』が記す相楽郡棚倉瓦屋であって何ら差し支えないのである。

自余の大安寺瓦屋

石橋瓦窯跡が棚倉瓦屋であることはまちがいないが、大倭国添上郡瓦屋所（473行）の所在はわからない。大安寺の寺院地内で杉山古墳の墳丘を利用して瓦窯を構築するのは八世紀後半以後だから〔奈良市教委一九九七、中井二〇〇三〕、『大安寺資財帳』には記載できない。平城京東半部も添上郡に属するが、京内の地点は条坊で表示するから、杉山瓦窯も含め京内に添上郡瓦屋所があったとは考えられない。京外の添上郡内で瓦窯を築くなら、奈良山丘陵が有力候補となる。奈良山丘陵には、平城宮や平城京、あるいは興福寺に瓦を供給した窯跡が散在する。大安寺所用の奈良時代の瓦のうち、平城宮・京系の主体をなす六三〇四D―六六六四Aが石橋瓦窯産で、大安寺式軒瓦の生産が天平一九年よりも遅れたとすれば、添上郡瓦屋所で生産した瓦は大官大寺式である可能性が思い浮かぶ。平城宮・京に瓦を供給した中山瓦窯第七号窯からは、大官大寺式軒丸瓦六二三一Bが出土している〔奈文研一九七四〕。

大官大寺式軒丸瓦六二三一と軒平瓦六六六一型式は、笵の違いでそれぞれ三種に分かれる。また、製作技法からは丁寧に作った第1群と、工程の省略が著しい第2群とに分かれる〔飛鳥藤原宮跡発掘調査部一九七六、清野二〇一二〕。第1群に属する六二三一A―六六六一Aは大官大寺金堂に供給され、金堂は完成する。一方、第2群は工房もしくは工人を変えて製作され、六二三一A―六六六一Aと六二三一B・C―六六六一Bは大官大寺の講堂・中門・回廊・塔に供給され、講堂は完成した可能性が高いが、中門・回廊・塔は未完成のまま焼失する。

一方、大安寺で出土する大官大寺式軒瓦は、大官大寺出土のものと差がなく、基本的に大官大寺もしくは大官大寺瓦屋から搬入されたと判断できる。ところが、平城宮・京や法華寺旧境内・中山瓦窯で出土した大官大寺式軒瓦六二三一B―六六六一Cは、大官大寺や大安寺のものと胎土・焼成・色調が異なり、平城遷都にともない中山瓦窯で製作されたと考えられる［中井一九九五、宮崎二〇一二］。以上を踏まえると、大倭国添上郡瓦屋所で大官大寺式軒瓦を生産したという考えは成立しない。添上郡瓦屋所の実体は、所在が判明するまで保留するのが無難だろう。

終　章　資財帳からわかる古代寺院の姿

以上、天平一九年に大安寺が保有していた動産・不動産を、『大安寺資財帳』の構成にしたがって順次分析・解説し、古代寺院としての大安寺が、どのような資産をもとにして、どのような宗教活動・経済活動をおこなっていたのか検討した。その作業においては、『大安寺資財帳』の特色をきわだたせるために、同じ「天平十九年帳」に属する『法隆寺資財帳』をはじめ、以後に作成された他の寺院資財帳と比較した。本節では、以上の検討から得られた成果のなかでも、従来の考古学や古代史が抱いていた古代寺院観、あるいは漠然とした古代寺院のイメージを刷新する諸点を列記する。それは日本古代国家における思想的・文化的・精神的支柱となった仏教の特色を理解し、古代国家そのものを解明する一つの道を開くことにも通じる。

寺院跡出土遺物は資財帳に登録する価値がなかった

文字史料からわかる古代寺院の実体は限られている。とくに、国分寺や定額寺など、中央政府が造営を促しランクづけた寺院を除けば、地方寺院の動向は正史にはほとんど記載されない。古代仏教を支えた寺院の実体を解明する上で、考古学が果たす役割が大きい理由である。しかし、発掘調査で堂塔をはじめとする古代寺院の施設建物が姿をあらわし、寺院規模や構造が解明できても、出土遺物は仏器を含む土器類と膨大な量の瓦がほとんどで、その成果を一般公開しても、寺院と同時代の官衙や集落との差を実感するのは難しい。まれに磚仏や火災で焼け締まった塑像仏・壁画断片が出土すると、マスコミが大きく取り上げる。しかし、発掘調査で出土する寺院関係遺物のほとんどは、基本的には古代人にとって資産価値のないもの、すなわち財産目録に登録する価値のないものだった。

寺院の敷地（伽藍地・寺院地）および施設建物は、寺院の基本財産となる不動産で、資財帳に登記するのが原則である。草葺・板葺・檜皮葺・瓦葺などの葺材差は、施設建物の機能や格差を反映するので、しばしば資財帳に記録されるが、釉をかけた華麗な瓦であっても特記することはない。また、建物の損壊状況を検分したときに、「今校瓦葺廿三丈大破」とか「堤瓦全（棟を覆う瓦に破損はない）」と記録した例はあるが〔八九〇年『広隆寺資財交替実録帳』〕、瓦自体を財産として登録することはない。塑像仏は基本財産となる仏像だから、もちろん資財帳の冒頭に挙がる。しかし、壁面・須弥壇や仏龕・厨子などを荘厳した磚仏を登録した資財帳はほとんどない。壁画においては、『大安寺資財帳』は回廊壁に描いた九四躯の羅漢像を仏像として登録するが、『法隆寺資財帳』は資財帳筆録時に確実に存在した金堂・塔の著名な壁画を登録していない。

寺院跡から出土する土器・土製品には、供養具として用いる食器・香炉・花器や、僧具である鉄鉢形土器、写経に使う硯・陶枕など寺院特有の遺物もあり、なかには唐三彩・奈良三彩などの高級品もある。しかし、考古学者が一級の考古資料とする土器類は、高級品も含めて八世紀代の資財帳にはほとんど登録されていない。もちろん供養具や僧具は寺院に不可欠な道具だから、資財帳に記載する。しかし、その大部分は金属器で他の材質の容器を含まない。

ただし、七八八年『多度神宮寺資財帳』は多度神への供物用器（供神料器）として、漆塗轆轤椀二合と漆塗盤四口を計上する。挽物《ひきもの》漆塗の蓋付椀と皿である。仏教法会に使う備品に金属製食器はないが、火炉・香鋺などは金銅製なので、金属器は仏のもの、木器（漆器）は神のものと区別したようだ。さらに八六七年『安祥寺資財帳』においては、「西影堂什物」に白瓷茶瓶子・同茶埦や青瓷薫呂、「僧房具」に大唐瓷瓶・茶埦や白瓷盤・唾壺などの輸入陶磁や国産施釉陶器を登録する〔高橋一九九七〕。仏に直接かかわる「荘厳供養具」は、おもに金属器であるが、僧にかかわる茶器や生活用具として、高級陶磁器も顔を見せるようになったのだ。しかも、金属器が並ぶ「荘厳供養具」の末尾には、朱漆器三八六口も登場する。

八八三年『観心寺資財帳』では、檜皮葺宝蔵に納めた金属器・幡・蓋・楽具などの仏具・法具に混じって、唐白瓷湯埦二口や朱漆器一二五枚を登録し、八七三年『広隆寺資財帳』や八九〇年『広隆寺資財交替実録帳』は仏名会の道具として黒漆塗の仏供手洗・高坏各四〇口を計上する。九世紀後半以降の資財帳では、少なくとも漆器は法会に使用する容器になったと理解できる。なお、『法隆寺資財帳』は須恵器甕二〇〇口以上を登録する。これは給食センターの倉庫に並ぶ貯蔵容器で、「天平十九年帳」が資財を収納する箱類・袋・覆いを、別記登録したのと同じ原則である。少なくとも日常食器となる土器類を寺院資財帳に登録することはほとんどない。消耗品として除外したと考えてよい。

つまり、寺院資財帳が登録した資財は、記録時点に存在した寺院保有物のごく一部である。異なる資財帳を比較すると、寺院の格差や所有資産の時代差は見えてくるが、個々の資財帳に記載された資産から、寺院の消長や造営の技術的背景がわかるわけではない。資財帳が記録する寺院構成施設についても、実体を理解しがたい点が多々ある。発掘で「宝物」は出土しなくても、寺院の歴史や技術的背景、構成施設の性格は、発掘調査を経て初めて明らかになることが少なくない。それは建物跡や瓦・土器、あるいは木簡・墨書土器などの埋もれた記録が、原則として廃棄される消耗品であるからだ。もちろん鏡などの貴重品が出土すれば考古学者は驚喜するが、瓦・土器などのありきたりの遺物が、計り知れない情報をもたらしてくれることもよく心得ている。

古代寺院は様々な資財に満ちていた

土器や瓦について記録しないが、寺院資財帳は、基本財産となる仏像や経典だけでなく、仏を供養し法会を荘厳するための供食具（碗や皿、匙、箸など）、供香具（香炉や香容器など）、供花具（花瓶など）、供音（梵音）具（錫杖・磬など）、荘厳具（幡や蓋など）、楽具（伎楽面・楽器・装束など）、調度品（机・高座・礼盤など）、あるいは僧がふだん生活し、身を清め、法会にのぞむために必要な衣食住にかかわる備品、さらには地方の墾田・水陸田・庄がもたらした稲米や、それを換金して得た銭貨や布帛類などの流動資産が登録されている。備品には、正倉院宝物に含まれるような高級品、高価な品々も少なくない。

「天平十九年帳」は、それらの品々を帰属で分類した。寺院の重要な構成要素は仏法僧である。したがって、備品は仏のもの（仏物、仏分）、経典のもの（法物、法分）、僧のもの（僧物、僧分）、共通の物（通物、通分）に大別される。場合によっては、仏物を菩薩物・四天王物・丈六分などに細分したり、温室分物など使用する場を特定することもある。また、流動資産も研鑽する学派によって修多羅衆銭・三論衆銭・摂論衆銭などに細分したり、各種法会をはじめとする宗教活動にあてた華厳分・盂蘭盆分・木叉分・灌仏分・悲田分などの細目があった。

「天平十九年帳」においては、冒頭に仏像、経典、聖僧を含めた僧を挙げ、以下、交換財（流動資産）や備品を品目別に列記するとき、仏法僧のいずれに帰属するか内訳を明記する。仏法僧中心の分類法である。しかし、「天平十九年帳」は、資財帳の「恒式」と位置づけられたにもかかわらず、以後の資財帳は、必ずしも仏法僧中心の分類法をとらない。それは仏法僧分類が実体にそぐわなかったというよりは、むしろ資産管理台帳とて資財帳を活用する上で、資産の保管場所や保管方法にそくして資財帳を作成するほうが有効だったことによる。

供食具・供香具・供花具・供音具・荘厳具の主体を占める金属製品や、楽具・調度品・衣類の主体を占める有機物は、発掘調査で出土することはほとんどない。単に残りにくいだけでなく、正倉院宝物に含まれるような高級品だから、土器や瓦のように簡単に廃棄されないのだ。移転時には運び出されるし、廃寺になれば盗賊の餌食となる。寺院資財帳に記載された備品の一部が転用・再利用あるいは譲渡され、他の場所でその由来とともに残された稀な例として、明治一一（一八七八）年に皇室に献納され、現在東京国立博物館が所蔵する法隆寺献納宝物がある。しかし、基本的には、記憶も合わせて失われたお宝の歴史的価値を復原することは困難である。その点で、もの自体が残っていなくても、寺院資財帳はその記憶を記録した史料として貴重なのである。

資財帳から復原できる法会

『大安寺資財帳』で木叉分銭としたイベント費が、月に二回開く僧全員の反省会費用、すなわち布薩費である事実は、木叉分とした備品に水瓶などの浄水容器、如意、籌を計上していることからわかる。これら三品が、多度神宮寺や広隆寺・観世音寺で布薩調度・布薩料・布薩物とした資財と一致するのだ。しかも、広隆寺の資財帳記載法から、布薩の場が講堂（法堂）であったことも推測できる。すなわち、資財帳は単なる物品目録ではなく、流動資産（消費財）、備品（動産）、固定資産（土地建物）、そして僧侶たち（人材）が有機的関連をもって古代寺院という事業体・経営体を稼働させていた事実が記載内容から復原できるのだ。

なお、僧尼が戒を遵守していることを確認する布薩行事（木叉《もくしゃ》・戒羯磨《かいかつま》）は鑑真の活躍で普及したとする説もあるが、『大安寺資財帳』の木叉分が八世紀後半以降の布薩調度と同じ備品から構成される事実は、八世紀を通じて、外見的には同じ布薩行事が実施されたと推定できる。とくに、天平一三（七四一）年、国分寺造営の詔〔『類聚三代格』巻三、仏事下、国分寺事〕における条例第二項で「毎至月半誦戒羯磨」と規定しているので、鑑真渡日以前から日本列島の各地で如意・籌・浄水容器を用いた布薩行事をおこなっていたと考えてよい。

なお、布薩と同様、罪を懺悔して現世利益を祈願する法会である悔過会については、正史が記録するような臨時の法会の場合には資財帳に反映されないが、恒常化・年中行事化すればその資財や費用が資財帳に記録される。事件ではなく日常性を反映するという点においても、資財帳の記録は考古資料との共通性が強いのである。

七六七年『阿弥陀悔過料資財帳』と七八八年『多度神宮寺資財帳』から、八世紀後半の大和国と伊勢国に阿弥陀悔過会を施行する寺があったことがわかる。いずれも本尊となる阿弥陀三尊を前にした法会であるが、資財帳を比較しても、聖僧が法会に関与することを除けば、読誦する経典にいたるまで両者に共通する資財はない。八・九世紀の布薩調度は、平城京内官寺、伊勢国内神宮寺、筑前観世音寺、氏寺由来の平安京周辺寺院で共通し、きわめて定型化した法会だった。これに対し、八世紀以降、中央の指令による吉祥悔過も含め、列島各地で実施し年中行事化した悔過会は、布薩ほど定型化していなかったと推定できる。それが豊作などを祈願する民俗行事と結びついて、悔過会が修正会・修二会などに変貌する素地となったことはいうまでもない。

資財にみる寺院格差

同じ「天平十九年帳」でも、天皇家が発願し当時最大の官寺だった大安寺と、上宮王家の氏寺に端を発した法隆寺との間には著しい格差がある。大安寺保有の鏡一二七五面に対して、法隆寺保有の鏡六面という差の背景には、仏像の荘厳法や礼拝法の時期差や系統差を配慮する必要がある。しかし、擁する僧数が三倍以上であることや、流動資産である銭貨量が一八倍以上であること、金属器のなかで金銀器が占める量に格段の差があることなどは、大安寺の経済力が圧倒的にまさっていた事実を素直に反映しているとみて大過ない。

しかし、資産の物量は寺院格差のみを反映しているわけではない。寺院が保有する資産は、各寺独自の経営活動やそれに直接かかわる基本財産のあり方も反映している。たとえば、天平一九年段階の法隆寺は、大安寺の七倍以上の水銀を保有していた。これは基本財産である仏像の多くが、修理時に鍍金（水銀アマルガム）を必要とする金銅仏である事実と無関係ではない。一方、大量の金・銀箔を保有する大安寺仏像の中心は乾漆仏であった。

ただし、擁する僧数や銭貨や地金等の流動資産は、「天平十九年帳」以降の寺院資財帳では計上されず、金銀器を保有する寺院もほとんどない。時代・地域を超えて、寺院格差を広く検討する上では、多くの寺院資財帳が記録した寺領面積や寺領の存在形態が最も有効である。

天平一九年段階に大安寺が保有した墾田地および水田は二二三七町九段六八歩（実数）で、法隆寺が保有した水陸田の約五倍である。しかも、その大安寺墾田地・水田は広範な地域に分布する。すなわち、七世紀中頃に舒明天皇が納賜したと伝える水田は大倭・近江国、七世紀後葉に天武天皇が納賜した墾田は紀伊・若狭・伊勢国、八世紀前半に聖武天皇が納賜した墾田は伊勢・播磨・備前・紀伊・近江・伊賀・美濃に分布する。時代とともに、大安寺寺領は近畿地方からその周辺部へと広がったのだ。遅れて台頭した東大寺荘園が北陸地方で顕著に展開するのはその延長である。遠隔寺領・某国寺領主体の典型であり、中央官寺特有の寺領のあり方といってよい。

一方、八七三年『広隆寺資財帳』や八九〇年『広隆寺資財交替実録帳』に記された五〇町前後の水陸田は、すべて広隆寺周辺に広がる葛野郡条里に分布する。北山城を拠点に発展した秦氏の氏寺という性格にもとづく。また、九五三年『近長谷寺資財帳』では、寺領となっている治田や垣内畠・寺家開発地は、近長谷寺が立地する伊勢国多気郡を中心に、飯野・度会の三郡にまたがる。本願である飯高諸氏が音頭を取り、日置・麻続・宍人・磯部・伊勢・中臣などの近傍の異姓者にも施入を募った結果で、飯高氏の影響力がおよぶ範囲を反映している。

広隆寺や近長谷寺のように、檀越や配下・近隣の在地有力者・農民が寺院造営に参加し、寺領が寺院周辺のみに集中する場合を、在地的性格が濃厚な氏寺・私寺と理解すれば、広隆寺と同様に、七世紀初頭に成立した法隆寺は、近江・大倭・河内・摂津・播磨にあわせて四五四町八段三八歩三尺六寸の水田を保有する。しかし、播磨国揖保郡の法隆寺水田は聖徳太子が講じた法華・勝鬘経の布施で、河内・摂津・近江国の水田の多くは、陸地や食封とともに物部氏領に由来すると推測される。これらを除くと、大倭国平群郡すなわち法隆寺周辺に分布する、四六町九段二〇一歩三尺六寸の水田が法隆寺領の主体となる。この水田面積は、広隆寺周辺に分布する水陸田面積に近似する。つまり、広隆寺同様、五〇町前後の寺辺所領が核となり、大王家との関係や物部氏戦争の勝利によって拡大したのが法隆寺領なのである。核の部分は法隆寺の在地的性格を、増大部分は法隆寺の非在地的性格を反映するとも言える。これに対し、大安寺は平城京内に寺辺所領をほとんど所有しておらず、基本的に在地的性格を欠いた寺院といえる。

基本財産にかかわる歴史的な重み

法隆寺は寺領面積や流動資産量、備品数やその質において、大安寺の足元にもおよばないが、基本財産となる仏像や経典数は大安寺に引けを取らない。『大安寺資財帳』の仏像記事には錯乱があり、天平一九年段階の大安寺仏像の全貌はとらえにくいが、『法隆寺資財帳』に記載された二一セットと五軀の仏像および四十帳の画仏は、数だけなら大安寺にまさる。また、経典の数・種類においても大安寺を凌駕する。法隆寺が保有する経典は、上宮聖徳法王御製の三経義疏を筆頭として、各時代の天皇や人々が請坐したものが並ぶ。つまり、基本財産となる仏像・経典には、その寺院に対する各時代、各人の信仰が累積する。もちろん寺領や備品も信仰の歴史を反映するが、富裕なパトロンが一度に大量を納賜した場合も多く、仏像・経典ほど累積的ではない。なお、基本財産において大安寺が法隆寺に劣るのは、前身寺院となる大官大寺が全焼した事実と無関係ではありえない。

『大安寺縁起』によれば、大安寺の歴史は、天武天皇の高市大寺、舒明天皇の百済大寺、聖徳太子の熊凝道場へとさかのぼる。『大安寺資財帳』のなかの資産には、聖徳太子の熊凝道場に由来するものは見あたらないが、皇極天皇が難波宮で造った繡仏や天智天皇が造った仏像群は、百済大寺そして高市大寺に由来する。文武天皇が造った大官大寺本尊ではなく天智天皇が造った釈迦如来が大安寺本尊として安置されているのは、大官大寺被災時にまだ移坐していなかった百済大寺や高市大寺の旧本尊が大安寺にもたらされた結果であると推測することは容易である。

しかし、寺院やその本尊が由緒深い存在であるという修飾は、いつの時代にもおこなわれる。推古天皇、聖徳太子、聖武天皇、行基菩薩、空海などは、寺院縁起や安置仏の由来に必ずといってよいほど登場する。ほとんどの研究者は、眉につばをつけてそれを聞き流す。それなのに、単に古代寺院資財帳に記載されているという理由だけで、皇極作、天智作という仏像の由来を頭から信じ込んでよいのか。歴史研究者としての資質を問われかねない。

しかし、『大安寺資財帳』を検討すると、別の寺にあった丈六仏を大安寺に運び込んだ事実を確認できる。仏物として登録した丈六覆帛絁と仏張柱褁布の存在である。前者は長さ二・一〜一四・八mの帛絁二七枚、後者は一一・八mの布袋一枚と一四・八mの布袋二枚である。巨大な布帛なので、『大安寺資財帳』としては珍しく寸法を特記している。このような巨大な帛絁や布袋は、他の寺院資財帳にはまったく姿を見せず、平城京大安寺の特殊事情を反映する。特殊事情とは、大安寺が藤原京の大官大寺、高市地の高市大寺、百済地の百済大寺へとさかのぼることだ。丈六仏を移動するには、木枠や緩衝材が必要だ。像を囲む木枠が「仏張柱」とすれば、仏張柱褁布とはそれをすっぽり覆う袋だ。つまり、丈六仏本体を帛絁でくるみ、木枠全体を麻布袋で覆ったのである。木枠は移転が済めば解体・転用される。しかし、大安寺においては、梱包材となった布類は「仏分」として保管したのである。その丈六仏が天智天皇が造った丈六釈迦如来で、百済大寺もしくは高市大寺で安置されていた可能性はきわめて高い。資財帳には、縁起に記載された口承だけでなく、物的に寺史を証言する財産も少なからず登録されているのである。

資財帳が示す古代仏教の価値観

寺院資財帳においては、基本財産となる仏像や経典を筆頭に挙げることが多い。仏像のなかには金銅仏・乾漆仏・塑像仏・木彫仏などの立体的な仏像と、繍仏・織仏・画仏などの平面的な仏像がある。一般には立体的な仏像が本尊で、平面的な仏像のランクは低いものとみなされがちである。繍仏や織仏を、壁画仏や塼仏と同様、堂内あるいは立体的な仏像を荘厳する装置とみなす極論もある。しかし、資財帳などの史料から判断する限り、少なくとも七世紀代の繍仏や織仏には、本尊に匹敵する意味があった。『大安寺資財帳』でもっとも由緒のある古い仏像は、皇極天皇が作った繍仏である。一方、『法隆寺資財帳』は、資財帳編纂時には確実に存在した金堂や塔の壁画仏を、仏像としてカウントすらしていない。

資財帳から推定でき、しかも現在では理解しにくい古代仏教の価値観を示すものとして聖僧像がある。聖僧像は仏弟子の筆頭（賓頭盧《びんづる》）あるいは弥勒で、食堂で僧侶が並んで食事を取るときの上座を占めたとする理解が一般的だが、如意を持す彫像などは、布薩行事において戒師的立場にあったと推定できる。「天平十九年帳」の特色として、仏像・経典数だけでなく収容する僧数を冒頭に挙げる。収容僧数は日々変動するにもかかわらず、仏法僧こそが仏教の基本となるという考え方にもとづくのだろう。ところが『大安寺資財帳』は大安寺僧の筆頭に、生身の人間ではない聖僧像を挙げ、資財として列記した銭貨・交易布などの流動資産（交換財）の一部や、金属容器など数多くの高級供養具を聖僧に帰属する品物として登録する。

一方、『法隆寺資財帳』は聖僧像の存在を明記しないが、大安寺におとらぬ量の資財が聖僧に帰属する。「天平十九年帳」ほどではないが、他の古代寺院資財帳でも聖僧の占める位置は大きい。食堂で上座を占め、布薩の戒師を務めただけでなく、東大寺の阿弥陀悔過や梵網会、広隆寺の大般若会など、重要な法会においても聖僧の参画が推定できる。奈良時代後半以後、開祖・祖師など、各寺院にとって重要な僧侶の肖像彫刻が作られるようになる。開祖・祖師像の台頭にともない、聖僧像の存在意義は薄れる。九五七年『近長谷寺資財帳』において、すでに毗頭盧一柱は鐘楼に安置され、後世、堂外で「なで仏」として流行するオビンズルさんに近づきつつある。

中央大寺院の禅定修行施設と予算

平城京にある官営大寺院では、律令政府の要請にもとづき、もっぱら法会や講経を中心とした宗教活動をおこなっていたと誤解されがちだ。しかし、大安寺には廡廊でつないだ六棟の僧房が、中心となる仏堂を囲み、専用の甲倉を併設した禅院が存在した。大安寺僧房は講堂だけでなく金堂・中門も含めて三方を囲む巨大な三面僧房であることが発掘調査でも確認されているが、これら学侶の住まいとまったく離れて、禅定修行に従事する禅師達が独自の空間で宗教活動をおこなっていたことになる。

大安寺の禅院食堂并太衆院は寺院地の西北隅、平城京左京六条三坊二・七坪にあったと考えられていたが、近年の発掘調査成果はこれを明確に否定する。むしろ金堂・講堂など大安寺伽藍地の東南、六条大路に面した一一・一二坪の一等地に、温室院や政所院などとともに禅院食堂并太衆院が存在した可能性が高い。のちに皇太子となり不遇の死をとげた早良親王が、東大寺法華堂から移り住んだ大安寺東院がこれに該当する。早良親王は親王禅師の異名を持ち、大安寺禅院のあるじにふさわしい。また、禅定修行僧の先達ともいうべき道昭の禅院が飛鳥寺寺院地の東南隅を占めていた事実に照らしても、実践的宗教活動の拠点となる禅院は、大安寺寺院地の裏となる二・七坪よりも東南隅の一一・一二坪が立地としてふさわしい。

道昭や行基が架橋・池溝修築・布施屋建設などの公共工事や病人・貧民救済に尽力したように、禅定修行には布教・慈善活動をともなうことが多い。『大安寺資財帳』は、銭・銀、綿・糸・交易布・交易絁・長布・細布、稲米などの流動資産（交換財）の使途に、功徳分、義物、悲田分、衣田分などの布教・慈善活動費を計上している。つまり、大安寺のような中央大寺院においても、修学をもとにした法会・講経など学侶的宗教活動以外に、禅定修行を中心とした禅師的宗教活動が、ハード（施設の充実）、ソフト（宗教活動費）の両面において保障されていたと考えられる。禅定修行の拠点は山林寺院に限らなかったのである。

なお、同じ「天平十九年帳」で、銭や糸・布帛製品、稲米などの流動資産（交換財）の使途も明記する『法隆寺資財帳』には、布教・慈善活動費にかかわる項目は存在せず、活動拠点となる禅院も存在しない。法隆寺の宗教活動に当該分野がなかったとは断言できないにせよ、禅定修行にかんしては、ソフト面でもハード面でも大安寺が抜きんでていたことは明らかである。

忘れられた仏像荘厳法や礼拝法

天平一九年の大安寺には、一二七五面もの鏡があった。これは寺社の伝世品や発掘の出土品を合わせた現存奈良時代鏡数をかるく凌駕する。しかし、大安寺の発掘で出土した奈良時代の鏡は小片二点にすぎない。『大安寺資財帳』は、一二七五面のうち一二七〇面が仏物、二面が菩薩物の円鏡、三面が通物であったと明記する。しかし、おもな用途である仏物としての具体的な活用法について『大安寺資財帳』は何も語らない。

しかし、七八〇年『西大寺資財帳』によれば、西大寺薬師金堂の本尊である薬師三尊は、合わせて三一〇面もの鏡で荘厳されていた。また、十一面堂に安置した十一面観世音菩薩像や不空羂索菩薩像が持つ花瓶に一二面の鏡、光背に各々七八面、八二面の鏡が装着されていた。一方、西大寺薬師金堂内には薬師三尊以外に一〇体以上の仏像や灌仏調度一式、補陀落山浄土変や薬師浄土変などの障子絵がひしめいていたが、これらの仏像・絵画の荘厳に鏡を使った形跡はない。また十一面堂にあった阿弥陀三尊や自余の八体の仏像、薬師・観音・四天王などの仏画も、鏡で荘厳した形跡はない。つまり、鏡を装着する荘厳法は特定の仏像に限られていたが、その差が生じた理由は定かではない。

いずれにしても、三〇〇面以上の鏡で身を飾った薬師三尊の姿は、現在に法灯を伝える古代・中世寺院の仏像の姿からは想像しにくい。

一方、大安寺大般若会を特別枠の国庫補助金で開催したため、『大安寺資財帳』は「大般若会調度」について、別に一項目を立てて別記する。そのため、天平年間の大般若会を、どのような舞台装置で実施したのか推定できる。すなわち、法会空間は金堂だけでなく、中門・回廊で囲まれた金堂前広場を含む。仏殿（金堂）・中門・回廊四ヶ所と東西小門の八ヶ所に懸けた額で法会空間を結界し、各種幔幕（帳）を布縄で張りめぐらせて荘厳する。

本尊釈迦如来の前の横木（仏懸横木）二枝に結んだ綱（仏懸緑綱）四条の端は、列席した関係者と結ばれている。本尊前には経台二足を置き、韓櫃二合に納めた六〇〇巻の大般若経を次々と取り出し、経台の上で転がす。転読である。転読というと折本経を空中乱舞させるパフォーマンスを思い浮かべるが、古代の経典は巻物（巻子本）だから空中乱舞はできない。転読する経台の両側や手前には、高座二具や礼盤坐二具を設置する。法会を主導する導師や講師・読師の座である。また、「大般若会調度」として計上していないが、仏物として備品登録した火炉や供食具・供香具・供花具も、大般若会調度である机六足や火炉机二足の上に並べたはずである。なお、仏懸横木や仏懸緑綱の用途は、『日本霊異記』の記事から類推した。

「天平十九年帳」は申告書類

大般若会では、仏をなぐさめ供養するために伎楽や舞楽が奏された。それは列席者の目をも楽しませたはずである。ところが、『僧尼令』九条は、僧尼が音楽や博打にうつつを抜かすことを禁じ、碁と琴を例外とする。『大安寺資財帳』は大唐楽調度や伎楽二具を備えるが、楽器類を二種に集約する。雑琴二五面と笙三管だ。雑琴二五面の内訳は琵琶一〇面、箏琴六面、琴四面で、五面は未記帳である。未記帳の五面の楽器も気になるが、同じ弦楽器とはいえ、琵琶を雑琴で一括するのは納得しがたい。他の資財帳で、琵琶を琴に含めた例はない。『大安寺資財帳』は、『僧尼令』

九条の琴は制限対象外とする規定を配慮したのだ。一方、『法隆寺資財帳』は伎楽一具を計上するが、その内訳は仮面だけで楽器をカウントしない。しかし、伎楽や舞楽に鳴り物は不可欠である。七八〇年『西大寺資財帳』は多種多様の楽器を保有し、以後の資財帳でも楽具において楽器はかならず記載される。

『法隆寺資財帳』が伎楽具一式を挙げながら、楽器を記帳しないのは、『大安寺資財帳』と同様に、『僧尼令』九条を配慮した結果であろう。つまり、『僧尼令』が公布されて、寺院が保有している楽器に対してどのような判断が下されるのか。「天平十九年帳」は、その試金石となる申告書類でもあった。伎楽、唐楽・高麗楽などの無言劇や外来系舞楽の本義が、法会参加者へのサービスではなく、仏を供養する手段として公認されれば、寺院内にオーケストラがあっても当然である。琴も笙も仏物であると『大安寺資財帳』が明記した理由である。しかし、「天平十九年帳」作成者の不安をよそに、律令政府は寺院が仏物として各種楽器を保有することに寛大だった。平安時代には、大きな法会に必要な楽人は、雅楽寮が派遣したが、楽器や舞具は原則として各寺が保有した。以後の資財帳が、楽具の構成要素として楽器を堂々と計上するようになった背景は、以上のように推測できる。

合理的な財産管理をめざした資財帳

『大安寺資財帳』は厨子、櫃、楪子、筥などの箱類や種種物覆・種種物袋にそれぞれ一項目を立てる。これらの箱類や覆い、袋は大安寺の各種資財を納める容れ物である。袋には坐袋・屏風袋・温室分屏風袋・宝頂袋など中身を記載したものがあるが、箱類などは何が入っているか明記しないものが多い。こうした覆いや袋、箱だけを、まとめて別記するのは「天平十九年帳」独自の記載方式である。しかし、収納部屋や収納棚・収納箱が帳簿に明記されていないと、物品管理は難しい。「天平十九年帳」は、こうした物品管理帳簿としての性格が稀薄なのである。収納状態に配慮せず、種類ごとに物品名を列記する点は、まさに申告書類である。ところが、以後の寺院資財帳は、物品管理簿的性格を強める。

七六一年『法隆寺東院資財帳』は、物品を入れた袋を一部割注で記載する。また、七六七年『阿弥陀悔過料資財帳』は、物品名を挙げた同じ行あるいは次の行で収納袋・収納箱を明記する。同資財帳は、壊れて使い物にならない「破不用物」や行方不明の「失物」を抽出明記しており、財産の検収台帳の役割をはたしたことが明確である。検収に際して、まず目にするのは物品ではなく、それを容れた袋や箱である。台帳と対照するには、収納袋・収納箱の形状が明記されていなければならない。この点において「天平十九年帳」の記載法は不完全といわざるをえない。じかに須弥壇に安置した仏像や、仏前に置いた香炉・花瓶もあるが、経典をはじめとする品々を、むき出しで保管するはずがない。布でくるみ、袋に入れ、櫃・筥に収めて、棚に並べ整理するのが常識である。しかし、収めた箱がわからないと、必要な物を取り出すことはできない。これを是正するには、箱の表に内容物を記録するほかない。物品と収納袋や収納箱を別々に台帳に記載する『大安寺資財帳』の方式は、箱で財産を管理する方法が、まだ確立していないことを示す。「天平十九年帳」は、物品管理台帳としては欠陥が多いのだ。

七八〇年『西大寺資財帳』は、仏像や仏画を安置した施設・建物ごとに列挙・解説し、経典・文書、楽器・衣裳を列記する場合も、一部にかんしては保管施設や納めた厨子・櫃の形状、大きさ、数量、軸装の状況などを付記する。物品主体で財産目録を作り収納箱と対応させるなら、『西大寺資財帳』方式は悪くない。しかし、財産を管理するのなら、箱ごとに内容物を列記した方が手っ取り早い。つまり、箱に番号を振って、順番に箱の中身を列記すればよいのだ。この場合は、仏法僧の帰属表示はおざなりになる。そのように、箱ごとの物品管理を徹底したのが、九五〇年『仁和寺御物実録』や嘉保年間（一〇九四〜六年）『観世音寺宝蔵実録』であった。つまり、古代寺院資財帳は、一一世紀に至るまで寺院資財帳が各寺で製作されつづけた理由も、財産を管理する上で資財帳が有効であることを、各寺の管理運営者が理解したからにほかならない。

日本における帳簿管理技術の発展、物品整理技術の発展をも反映している。律令制の最盛期だけでなく、

現代史としての資財帳

資財帳には中告書類的側面と物品管理簿的側面とがあるのだから、筆録時の資財帳には常に現在的意義があったことになる。『大安寺伽藍縁起并流記資財帳』の冒頭を飾る縁起は、大安寺の呼称とその由来について言及しない。天平一九年段階、平城京の大安寺は造営途上で、塔院の敷地は決まっていても塔本体は着工すらしていなかった。大安寺の名は藤原京大官大寺の呼称でもあったが、造営途上で焼失した寺名を正式に踏襲するか、天平一九年段階には必ずしも決まっていなかったと思われる。つまり、資財帳成立時の大安寺には、舒明天皇の百済大寺に始まる一世紀以上の重い過去があると同時に、未知の将来があった。縁起とそれを踏まえた資財帳は、その両方を背負った大安寺の現代史そのものなのである。

現代史の生々しい記憶のなかには、筆録時点になお健在な関係者をはばかって、おおっぴらには言いにくい事柄も少なくない。平城京大安寺の前身、藤原京大官大寺が三〇数年前の大火災で姿を消した事実は、その際たるものだった。『大安寺縁起并流記資財帳』と同時に成立した『法隆寺伽藍縁起并流記資財帳』も、法隆寺西院伽藍の前身となる斑鳩寺が七〇数年前に全焼した事実に口を閉ざす。八世紀前半の仏教界では、中央の大寺院が、比較的最近に大火災で焼亡した事実を大声で言いにくい雰囲気があったのだろう。律令国家の安寧秩序と鎮護国家の重責を担う精神的・宗教的支柱となる仏教拠点、護国法会の場が、一瞬で灰燼に帰した事実は記憶から消し去りたかったのだといえば、過剰な説明となるかもしれないが、そうした一面はあったと思う。

しかし、大火災の記憶は防災意識と表裏一体の関係にある。平城京大安寺の造営を推進した道慈は、大安寺大般若会を創始し、国家的な法会として整えた。大般若会創始の動機の一つは、大安寺が災害に見舞われないよう祈願することだった。留学中だった道慈は実見する機会がなく、『大安寺縁起』が沈黙を守っていても、焼け落ちて地面に突き刺さり、なおくすぶり続ける大官大寺金堂の垂木の惨状は、いやが上でも関係者の防災意識を高めたはずである。発掘された百済大寺には被災痕跡がないにもかかわらず、『大安寺縁起』は創建直後の百済大寺九重塔と金堂石鴟尾とが焼破したと記す。封印したい自らの記憶を、架空の友人知人や遠い過去の出来事に仮託することは現在もよくある。『大安寺縁起』が三〇数年前の大官大寺焼亡を、一〇〇年以上前の百済大寺焼亡にすり替えたとは断言できないが、ありえないことではない。

現在と未来を見据えた資財帳

『大安寺縁起并流記資財帳』の作成者が、過去だけでなく近未来をも見すえていた事実は、不動産である墾田地にかかわる記載からも推測できる。四至を明記して登録した各国各地に分布する墾田地面積の総和は、冒頭にまとめた申告数を凌駕する。実体より過少に墾田地面積を申告したのである。これは同時期に提出された『法隆寺資財帳』にも共通するので、申告に際してなんらかの意図が働いたと推測できる。その意図は二年後に明らかになるとともに、大安寺の目論見は完全にはずれてしまう。

天平勝宝元年七月、諸寺が保有する墾田地の上限を定める。大安寺の場合は一〇〇〇町で、二年前に申告した保有面積の約半分と決まったのである。法隆寺の上限は五〇〇町で『法隆寺資財帳』の申告面積は、この保有制限を見事にクリアする。ところが保有する墾田地面積を二〇〇〇町以内に抑えた大安寺の意図は空振りに終わった。

墾田地保有制限のような法が、不意打ちで発令されたとは思えない。大安寺墾田地は二〇〇〇町を上限とする内示もしくは噂が先行し、それを見越して『大安寺資財帳』を作成した可能性がある。しかし、期待を裏切り、大安寺墾田地の上限は一〇〇〇町。強烈な事業仕分けに遭遇したことになる。八世紀中頃〜後半、東大寺を軸とした新たな国家仏教体制が整いつつあった。そのなかで、大安寺に寄せる期待が減少している事実の認識が甘かったのである。

前身寺院を見舞った大火災の記憶を踏まえ、大安寺大般若会は創設された。この法会は資財帳作成以前に公的行事としての勅許を得ていた。『大安寺資財帳』は大般若会に使う道具を、大般若会調度として特記し、他の資財のように品目別に一括しない。諸国が進上した調庸を資金におこなう公的行事であることを配慮した記載法だろう。また、目論見ははずれるが、二年後に発令される墾田地保有制限令を見据えて、大安寺が保有する不動産面積などを記録し申告する。『大安寺伽藍縁起并流記資財帳』は、こうした大安寺が置かれた現在的立場で作成されていたのだ。

参考文献

凡例

①行政機関や研究機関が定期的あるいは不定期に公刊している報告書や紀要・図録は公的名称で一括したが、そのなかに重要な指摘や考察がある場合は、個人名で別途掲載する場合がある。

②個人研究においては、改訂後の論文集から引用する場合が多いが、研究史を配慮して公表時点の掲載雑誌名で引用し、カッコ内に論文集名を付記するものもある。

③文献抽出法で「奈文研」とした研究機関は、二〇〇一年四月に奈良国立文化財研究所から独立行政法人文化財研究所 奈良文化財研究所に、二〇〇七年四月に独立行政法人国立文化財研究機構 奈良文化財研究所と名前を変えている。本書では引用時の略称は「奈文研」で一括し、一覧表では二〇〇一年四月以前の「奈良国立文化財研究所」と以降の「奈良文化財研究所」を区別した。また同機関の刊行物のなかでも、飛鳥資料館図録および飛鳥藤原宮跡発掘調査部概報は各部局の発行物として別記した。

④文献抽出法で「橿考研」とした研究機関の正式名称は「奈良県立橿原考古学研究所」なので、一覧表では正式名称で掲載した。

浅野清・鈴木嘉吉 一九五七年『奈良時代僧房の研究—元興寺僧房の復原を中心として—』奈良国立文化財研究所学報第四冊

浅野清・鈴木嘉吉 一九六一年「埋もれた寺院」『世界考古学大系』四巻（浅野清・小林行雄編）日本Ⅳ（歴史時代）平凡社

朝日新聞社 一九九九年『国宝と歴史の旅3 神護寺薬師如来像の世界』朝日百科日本の国宝 別冊

朝比奈泰彦編 一九五五年『正倉院薬物』植物文献刊行会

飛鳥資料館 一九八一年『山田寺展』飛鳥資料館図録第八冊、奈良国立文化財研究所

飛鳥資料館 一九八五年『大官大寺—飛鳥最大の寺—』資料館カタログ第八冊、奈良国立文化財研究所

飛鳥藤原宮跡発掘調査部 一九七六年「大官大寺（第二次の調査）」『飛鳥・藤原宮跡発掘調査概報』六、奈良国立文化財研究所

飛鳥藤原宮跡発掘調査部 一九八六～八八年「左京六条三坊の調査（第四五・四六次）」「左京六条三坊の調査（第四七・五〇次）」「左京六条三坊の調査（第五三・五四—一次）」『飛鳥・藤原宮発掘調査概報』一六・一七・一八、奈良国立文化財研究所

飛鳥藤原宮跡発掘調査部　一九九四年「左京十一条三坊（雷丘北方遺跡）の調査（第六九―一三・第七一―八次）」『飛鳥・藤原宮発掘調査概報』二四、奈良国立文化財研究所
足立　康　一九三七年ａ「大安寺の位置と移転年代」『東洋建築』一―六（のちに『古代建築の研究（上）』足立康著作集一、中央公論美術出版、一九八六年所収）
足立　康　一九三七年ｂ「大安寺金堂本尊に就いて」『国華』四七編一一冊（のちに『日本彫刻史の研究』龍吟社、一九四四年所収）
足立　康　一九三九年「薬師寺金堂本尊の造顕年代」『薬師寺之新研究』以可留我叢書九冊（のちに『日本彫刻史の研究』龍吟社一九四四年所収）
足立　康　一九四〇年「観心寺本尊と観心寺実録帳」『建築史』二巻三号、建築史研究会（のちに『日本彫刻史の研究』龍吟社、一九四四年所収）
足立　康　一九四一年『法隆寺再建非再建論争史』龍吟社
網　伸也　一九九五年「広隆寺創建問題に関する考古学的私見」『古代探叢Ⅳ―滝口宏先生追悼考古学論集―』早稲田大学出版部
石川県埋蔵文化財センター　二〇〇一年『発見！　古代のお触れ書き・石川県加茂遺跡出土加賀郡牓示札』（平川南監修）大修館書店
石上英一　一九九七年「法隆寺伽藍縁起并流記資財帳の伝来の研究」『古代荘園史料の基礎的研究（上）』第二編、塙書房（初出は一九七六年・一九八七年の二論文）
石田端麿　一九六八年「鑑真における布薩の意義」『南都佛教』第二一号、南都佛教研究会
石田尚豊　一九八八年『華厳経絵』日本の美術二七〇、至文堂
石田茂作　一九三〇年『写経より見たる奈良朝仏教の研究』東洋文庫論叢第一一
石田茂作　一九三六年『飛鳥時代寺院址の研究』聖徳太子奉賛会（一九七七年、第一書房より復刻）
石田茂作　一九四四年『総説　飛鳥時代寺院址の研究』聖徳太子奉賛会（一九七七年、第一書房より復刻）

石田茂作 一九五四年「正倉院御物と阿弥陀院資財帳」『佛教藝術』二三号、毎日新聞社
石田茂作 一九五九年『東大寺と国分寺』至文堂（日本歴史新書）
磯田信義 一九七六年「〈多度神宮寺伽藍縁起並資財帳〉の史料価値をめぐって」『文化史学』三二号、文化史学会
井手町教育委員会 二〇〇五年『井手寺跡発掘調査概報―平成一六年度調査―』京都府井手町文化財調査報告七集
井手町教育委員会 二〇一一年『石橋瓦窯跡掘調査報告書―第二～八次調査―』京都府井手町文化財調査報告一三集
伊東史朗 一九七八年「聖僧像に関する考察―観心寺像を中心に―」『国華』一〇一八号、朝日新聞社
井上一稔 一九八二年「盛淳勘出〈神護寺承平実録帳〉の性格について―神護寺薬師如来像の根本問題―」『文化史学』三八号、文化史学会
井上光貞 一九六一年「南都六宗の成立」『日本歴史』第一五六号、吉川弘文館（のちに『日本古代思想史の研究』岩波書店、一九八二年所収）
井上義光 一九八七年「（宇陀地方の遺跡調査）尾山代遺跡」『奈良県遺跡調査概報一九八五年度』奈良県立橿原考古学研究所
今尾文昭 一九八八年「奈良時代〈杣〉について―奈良・尾山代遺跡の検討―」『橿原考古学研究所論集』第九（創立五〇周年記念）吉川弘文館
林 南壽 二〇〇三年『廣隆寺史の研究』中央公論美術出版
岩井孝次 一九三七年『古瓦集英』
岩井照芳 二〇一〇年「泉津と古代都城―上ッ道・中ッ道・下ッ道の北の起点―」『古代文化』第六二巻二号、（財）古代學協會
上野勝久 一九八九年「文覚の造営事業と神護寺の鎌倉時代初期再建堂塔」『日本建築学会計画系論文報告集』三九五、日本建築学会
上野邦一 一九八四年「大安寺の発掘調査」『大安寺史・史料』大安寺史編纂委員会
上原真人 一九八六年「仏教」『岩波講座日本考古学』第四巻 集落と祭祀
上原真人 一九九七年『瓦を読む』歴史発掘一一、講談社

上原真人　二〇〇一年ａ「額田寺出土瓦の再検討」『国立歴史民俗博物館研究報告』第八八集〈共同研究〉古代荘園絵図と在地社会についての史的研究（「額田寺並伽藍条里図」の分析）
上原真人　二〇〇一年ｂ「東大寺法華堂の創建」『考古学の学際的研究―濱田青陵賞受賞者記念論文集Ⅰ―』岸和田市・岸和田市教育委員会
上原真人　二〇〇二年「古代の平地寺院と山林寺院」『佛教藝術』二六五号、毎日新聞社
上原真人　二〇〇五年ａ「慶州城〈白塔〉覚書1」『遼文化・慶陵一帯調査報告書二〇〇五』京都大学大学院文学研究科二一世紀COEプログラム〈グローバル化時代の多元的人文学の拠点形成〉
上原真人　二〇〇五年ｂ「古代寺院の湯屋」『向日市埋蔵文化財調査報告書　第六四集（第二分冊）　宝菩提院廃寺湯屋跡』（財）向日市埋蔵文化財センター
上原真人　二〇〇六年ａ「寺院造営と生産」『記念的建造物の成立』シリーズ都市・建築・歴史1、東京大学出版会
上原真人　二〇〇六年ｂ「平城京・平安京時代の文化」『古代史の流れ』列島の古代史―ひと・もの・こと―第八巻、岩波書店
上原真人　二〇一〇年「神雄寺の彩釉山水陶器と灌仏会」『京都府埋蔵文化財論集』六集（創立三〇周年記念誌）、（財）京都府埋蔵文化財調査研究センター
上原真人　二〇一一年「神雄寺の伽藍と法会」『万葉歌をうたう　万葉歌をかく―馬場南遺跡（神雄寺跡）の発見から―』第二六回国民文化祭・京都二〇一一、恭仁京遷都祭
上原真人　二〇一二年ａ「古代寺院の財産目録からわかること」『歴史シンポジウム　交野ヶ原の古代寺院』枚方市教育委員会・（財）枚方市文化財研究調査会
上原真人　二〇一二年ｂ「寺院資財帳からみた古代山林寺院」『山林寺院調査の現状と課題』全国公立埋蔵文化財センター連絡協議会第二五回研修会当日配布資料
上原真人編　二〇〇七年『皇太后の山寺―山科安祥寺の創建と古代山林寺院―』柳原出版
大岡實・村田治郎・福山敏男・浅野清　一九五五年「大安寺南大門及び中門の発掘」『日本建築学会論文集』五〇号、日本建

築学会
大岡　實　一九六六年『南都七大寺の研究』中央公論美術出版
太田博太郎　一九七九年『南都七大寺の歴史と年表』岩波書店
大脇　潔　一九八六年「塼仏と押出仏の同原型資料」『MUSEUM』四一八号、東京国立博物館
大脇　潔　一九九五年「大安寺1―百済大寺から大官大寺へ―」『シンポジウム　古代寺院の移建と再建を考える』帝塚山考古学研究所
大脇　潔　一九九七年「古代寺院と寺辺の景観を復原する―その研究史と問題の所在―」『摂河泉の古代寺院とその周辺』（第一回摂河泉古代寺院フォーラム）泉南市教育委員会・摂河　泉古代寺院研究会・摂河泉文庫
大和田岳彦　一九九七年「大仏造立以前の南都寺院伽藍」『日本歴史』五八七号、吉川弘文館
岡崎　敬　一九七五年「近年出土の唐三彩について―唐・新羅と奈良時代の日本―」『ミューゼアム』二九一号、東京国立博物館
岡田英男　一九八四年「大安寺伽藍と建築」『大安寺史・史料』大安寺史編纂委員会（のちに、『古代建築の構造と技法―岡田英男論集―』下、思文閣出版二〇〇五年所収）
岡田英男　一九八五年「讃岐国分寺僧房の復原的考察」『特別史跡　讃岐国分寺跡　昭和六〇年度発掘調査概報』国分寺町教育委員会（のちに、『古代建築の構造と技法―岡田英男論集―』下、思文閣出版二〇〇五年所収）
奥　健夫　一九九三年「東寺伝聖僧文殊像をめぐって」『美術史』一三四、美術史学会
奥村茂輝　二〇〇四年「法華寺阿弥陀浄土院の造営」『佛教藝術』二七五号、毎日新聞社
小澤　毅　一九九七年「吉備池廃寺の発掘調査」『佛教藝術』二三五号、毎日新聞社
小澤　毅　二〇〇三年『日本古代宮都構造の研究』青木書店
小野佳代　二〇一三年「奈良時代の南都諸寺の僧形像―鑑真像と行信像―」『てら　ゆき　めぐれ』大橋一章博士古稀記念美術史論集、中央公論美術出版
堅田　修　一九五六年「大安寺の草創について」『大谷史学』五号（のちに「大安寺の草創」と改題して『日本古代寺院史の

研究』法蔵館、一九九一年所収）
片岡直樹　一九九七年「大安寺釈迦像の像容について」『新潟産業大学人文学部紀要』六
鐘方正樹　一九九七年「総括」『史跡大安寺旧境内Ⅰ　杉山古墳地区の発掘調査・整備事業報告』奈良市教育委員会
狩野　久　一九八四年「額田部連と飽波評—七紀史研究の一視角—」『日本政治社会史研究（上）』岸俊男教授退官記念会（後に補注を付して『日本古代の国家と都城』東京大学出版会、一九九〇年所収）
鎌谷木三次　一九四二年『播磨上代寺院阯跡の研究』成武堂
鎌田元一・中町美香子校訂　二〇一〇年『安祥寺資財帳』京都大学史料叢書一七、思文閣出版
川尻秋生　一九八七年「観心寺縁起資財帳について」『ヒストリア』一一六号、大阪歴史学会（「『観心寺縁起資財帳』の作成目的」と改題して『日本古代の格と資財帳』二〇〇三年、吉川弘文館所収）
川尻秋生　一九八九年「史料紹介　広隆寺資財帳及び広隆寺資財交替実録帳について」『古文書研究』三一号、日本古文書学会
川尻秋生　一九九八年「〈多度神宮寺資財帳〉について—僧綱の寺領検察機能の視点から—」『仏教史学研究』第四一巻第一号（「『多度神宮寺資財帳』の作成目的」と改題して『日本古代の格と資財帳』所収）
川尻秋生　二〇〇三年『日本古代の格と資財帳』吉川弘文館
河内長野市史編修委員会　一九九四年『河内長野市史』第一巻（上）本文編、考古
河本敦夫　一九四九年『天平芸術の創造力』黎明書房
木内武男・沢田むつ代　一九七六年「法隆寺献納宝物　広東大幡について」『ミューゼアム』三〇二号、東京国立博物館
木内武男・沢田むつ代　一九八〇年「法隆寺の仏幡について」『ミューゼアム』三四八号、東京国立博物館
鬼頭清明　一九八九年「郷・村・集落」『国立歴史民俗博物館研究報告』二二集
鬼頭清明　一九九三年「南都六宗の再検討」『日本律令制論衆（上巻）』笹山晴生先生還暦記念会、吉川弘文館
木村捷三郎　一九三九年「平安京における緑釉瓦の一考察」『考古学』一〇巻三号、東京考古学会（後に『造瓦と考古学—木村捷三郎先生頌寿記念論集—』一九七六年所収）

清滝淑夫　一九六三年「広隆寺の成立について」『南都仏教』第一四号、南都仏教研究会
教王護国寺　一九八一年『教王護国寺防災施設工事・発掘調査報告書』
金田章裕　二〇〇一年「額田寺伽藍並条里図の文脈論的検討」『国立歴史民俗博物館研究報告』第八八集〈共同研究〉古代荘園絵図と在地社会についての史的研究（前掲）
久野　健　一九八四年『飛鳥白鳳天平仏』法蔵選書二八、法蔵館
久保智康　二〇〇九年「平等院鳳凰堂天井の伏花鏡」『鳳翔学叢』第五輯、平等院ミュージアム鳳翔館
倉吉市教育委員会　一九七六年『伯耆国庁跡発掘調査概報（第三次）』
黒川春村　一九〇五年「太秦資財帳時代考」『墨水遺稿　碩鼠漫筆』（黒川真道校訂）吉川弘文館
黒田慶一　一九八八年「熊凝考」『歴史学と考古学』高井悌三郎先生喜寿記念事業会
国立歴史民俗博物館　二〇〇一年a『国立歴史民俗博物館研究報告』第八八集、古代荘園絵図と在地社会についての史的研究（「額田寺伽藍並条里図」の分析）
国立歴史民俗博物館　二〇〇一年b『社寺境内図資料集成』博物館資料調査報告書一二
小寺文穎　一九八一年「良忍上人作〈略布薩次第〉の研究」『良忍上人の研究』融通念仏宗教学研究所
小林行雄　一九六二年『古代の技術』塙書房
小林行雄　一九六四年『続古代の技術』塙書房
小松茂美編集・解説　一九八七年『信貴山縁起』日本の絵巻四、中央公論美術出版
西大寺　一九九〇年『西大寺防災施設工事・発掘調査報告書』奈良県教育委員会・奈良国立文化財研究所
斉藤　孝　一九六二年「奈良時代唐式鏡の歴史的意義に関する一考察―とくに寺院所用鏡を通して―」『史迹と美術』三二五〜三二七号、史迹美術同攷会（のちに『日本古代と唐風美術』創元社、一九七八年所収）
鷺森浩幸　一九九五年「八世紀における寺院の所領とその認定」『史学雑誌』一〇四巻一一号、史学会（のちに『日本古代の王室・寺院と所領』塙書房、二〇〇一年所収）
鷺森浩幸　二〇〇一年a「法隆寺の所領」『日本古代の王室・寺院と所領』塙書房

鷺森浩幸　二〇〇一年ｂ「大安寺の所領」『日本古代の王室・寺院と所領』塙書房
佐久間竜　一九八〇年「律令国家の氏寺対策―寺院併合令をめぐる問題―」『仏教の歴史と文化』（仏教史学会編）同朋社出版
櫻井信也　一九九一年「『続日本紀』霊亀二年五月庚寅条の詔とその施行」『日本史における社会と仏教』（堅田修編）晃洋書房
佐藤道子　二〇〇二年『悔過会と芸能』法蔵館
皿井　舞　二〇一一年「神護寺薬師如来像の史的考察」『美術史研究』第四〇三号、東京文化財研究所
清水真一　二〇〇一年『校倉』日本の美術四一九、至文堂
清水善三　一九六四年「造東大寺司における工人組織について」『佛教藝術』五五号、毎日新聞社
正倉院事務所　一九七一年『正倉院の陶器』日本経済新聞社
正倉院事務所　一九九五年『正倉院寶物』七、南倉Ⅰ、毎日新聞社
正倉院事務所　一九九七年『正倉院寶物』一〇、南倉Ⅳ、毎日新聞社
新川登亀男　二〇〇九年『日本古代の儀礼と表現―アジアの中の政治文化―』吉川弘文館
神野　恵　二〇一二年「都城の製塩土器」『塩の生産・流通と官衙・集落』第一六回古代官衙・集落研究会
神野　恵　二〇一三年「大安寺陶枕追考」『文化財論叢Ⅳ』奈良文化財研究所創立六〇周年記念論文集、学報九二冊
杉山信三　一九四〇年「仁王門の位置について」『建築学会論文集』一六号
杉山信三　一九六三年「大安寺講堂跡等発掘調査概報」『大和文化研究』八巻一一号、大和文化研究会
鈴木景二　一九九六年「現地調査から見た在地の世界―近江国薬師寺領豊浦荘・興福寺領鯰江荘―」『土地と在地の世界をさぐる―古代から中世へ―』佐藤信・五味文彦編、山川出版社
鈴木久男・上村和直・前田義明　一九九六年「瓦」『新東寶記―東寺の歴史と美術―』東京美術
須田　勉　一九九七年「〈寺院併合令〉と東国の諸寺」『人文学会紀要』三〇号、国士舘大学文学部
清野孝之　二〇一二年「大官大寺の出土軒瓦」『八世紀の瓦作りⅠ―大官大寺式・興福寺式・鴻臚館式軒瓦の展開―』奈良国立文化財研究所

関野　貞　一九二八年『瓦』雄山閣考古学講座（のちに「日本古瓦文様史」と改題・加筆して『日本の建築と芸術』上巻、岩波書店一九四〇年所収）
関根真隆　一九六九年『奈良時代食生活の研究』吉川弘文館
千田　稔　一九七四年『埋れた港』学生社
泉南市教育委員会　一九八七年『海会寺（海会寺遺跡発掘調査報告書）』
高島英之・石守晃　一九九二年「いわゆる〈付札状木製品〉について」『（財）群馬県埋蔵文化財調査事業団　研究紀要』9
高橋照彦　一九九七年「〈瓷器〉〈茶碗〉〈葉碗〉〈様器〉考―文献にみえる平安時代の食器名を巡って―」『国立歴史民俗博物館研究報告』第七一集
高橋照彦　二〇〇一年「正倉院三彩の伝来過程と製作契機」『佛教藝術』二五九号、毎日新聞社
高橋照彦　二〇〇九年「考古学からみた法華堂の創建と東大寺前身寺院」『論集　東大寺法華堂の創建と教学』ザ・グレイトブッダ・シンポジウム論集七号、東大寺
高橋照彦　二〇一〇年「東大寺の成立過程と法華堂」『待兼山考古学論集Ⅱ―大阪大学考古学研究室二〇周年記念論集』大阪大学考古学研究室
高橋美久二　一九九五年「都城と交通路」『古代交通の考古地理』大明堂
竹居明男　一九七八年「奈良朝の阿弥陀悔過―東大寺蔵『阿弥陀悔過料資財帳』の一考察―」『古代文化』三〇巻九・一〇号、古代學協會（のちに「東大寺の阿弥陀堂―同寺蔵『阿弥陀悔過料資財帳』の一考察―」と改題し『日本古代仏教の文化史』吉川弘文館、一九九八年所収）
竹内理三　一九三二年『奈良朝時代に於ける寺院経済の研究』大岡山書店（のちに、その後公表した論文を併せて『竹内理三著作集』第一巻、角川書店一九九八年所収）
巽淳一郎　一九八四年「大安寺の土器類」『大安寺史・史料』大安寺史編纂委員会
多度町教育委員会　二〇〇二年『多度町史』資料編一（考古・古代・中世）
田中重久　一九四四年「伽藍配置の研究」『聖徳太子御聖蹟の研究』全国書房

田村吉永　一九六五年『飛鳥藤原京考証』綜芸社
中日新聞社　一九八六年『黄河文明展』図録、中国対外文物展覧公司
塚口義信　一九九二年「百済大寺に関する基礎的考察―『大安寺伽藍縁起並流記資財帳』所載の焼失記事を中心として―」『日本書紀研究』第一八冊（横田健一編）、塙書房
辻善之助　一九四四年『日本仏教史　第一巻　上世篇』岩波書店
津田左右吉　一九一六年「林邑楽考」『東洋学報』第六ノ二（のちに『日本文芸の研究』一九五三年所収。『津田左右吉全集』第一〇巻、岩波書店一九六四年として再刊）
坪井清足　一九八五年『飛鳥の寺と国分寺』古代日本を発掘する2、岩波書店
帝塚山考古学研究所　一九九八年『シンポジウム　吉備池廃寺をめぐって―百済大寺はどこか―』
東京国立博物館　一九九九年『生まれかわった法隆寺宝物館』
東野治之　一九八八年「ラピス・ラズリ東伝考―金青との関係から―」『歴史学と考古学』高井悌三郎先生喜寿記念論集（のちに副題をはずして『遣唐使と正倉院』岩波書店一九九二年所収）
東野治之　二〇〇九年『鑑真』岩波新書一二一八
十川陽一　二〇〇八年「内匠寮について」『続日本紀研究』第三七七号、続日本紀研究会
鳥羽離宮跡調査研究所　一九七九年『史跡西寺跡』
中井　公　一九九五年「大安寺2―大官大寺から大安寺へ―」『古代寺院の移建と再建を考える』帝塚山考古学研究所
中井　公　一九九七年「〈大安寺式〉軒瓦の年代」『堅田直先生古希記念論文集』
中井　公　二〇〇三年「大安寺杉山瓦窯の評価をめぐって」『考古学に学ぶⅡ』同志社大学考古学シリーズⅧ
長岡龍作　一九九四年「神護寺薬師如来像の位相―平安時代初期の山と薬師―」『美術研究』三五九号
中島　正　二〇一〇年「井手寺」『南山城の古代寺院』同志社大学歴史資料館調査研究報告第九集
中野玄三　一九九七年「神護寺薬師如来立像再論―丹波国分寺周辺の古代彫像を参照して―」『佛教藝術』第二三四号、毎日新聞社

中野　聰　二〇〇〇年「霊験仏としての大安寺釈迦如来像」『佛教藝術』二四九号、毎日新聞社
中野政樹　一九八〇年「東大寺法華堂天蓋光心の海獣葡萄鏡」『ミューゼアム』三五〇号、東京国立博物館
中林隆之　一九九四年「護国法会の史的展開」『ヒストリア』一四五号、大阪歴史学会
奈良県立橿原考古学研究所　一九七七年「大安寺旧境内発掘調査概報」『奈良県遺跡調査概報一九七六』
奈良県立橿原考古学研究所　一九七八年「奈良市大安寺旧境内発掘調査概報」『奈良県遺跡調査概報一九七七』
奈良県立橿原考古学研究所　一九七九年「奈良市大安寺旧境内発掘調査概報」『奈良県遺跡調査概報一九七八』
奈良国立博物館　一九八三年『押出仏と仏像型』特別陳列図録
奈良国立博物館　一九九一年『檀像—白檀仏から日本の木彫仏へ—』特別展目録
奈良国立博物館　二〇一一年『第六三回　正倉院展』目録
奈良国立文化財研究所　一九五九年『興福寺食堂発掘調査報告』学報七冊
奈良国立文化財研究所　一九七四年「中山瓦窯（第七九－五次調査）」『奈良国立文化財研究所年報一九七三』
奈良国立文化財研究所　一九八三年『飛鳥白鳳寺院関係文献目録』埋蔵文化財ニュース四〇号
奈良国立文化財研究所　一九九三年『木器集成図録　近畿原始篇』資料第三六冊
奈良国立文化財研究所　一九九六年『平城京・藤原京出土軒瓦型式一覧』
奈良国立文化財研究所　二〇〇〇年「法華寺阿弥陀浄土院の調査—第三一二次」『年報二〇〇〇—Ⅲ』
奈良文化財研究所　二〇〇二年『山田寺発掘調査報告』創立五〇周年記念学報六三冊
奈良文化財研究所　二〇〇三年『吉備池廃寺発掘調査報告—百済大寺の調査—』創立五〇周年記念学報第六八冊
奈良文化財研究所　二〇〇七年ａ『法隆寺若草伽藍跡発掘調査報告』学報第七六冊
奈良文化財研究所　二〇〇七年ｂ『西大寺食堂院・右京北辺発掘調査報告』
奈良市教育委員会　一九八〇年『平城京左京五条二坊十四坪　発掘調査概要報告書』『奈良市埋蔵文化財調査報告書　昭和五四年度』
奈良市教育委員会　一九八二年「大安寺旧境内発掘調査報告」『奈良市埋蔵文化財調査報告書　昭和五六年度』

奈良市教育委員会　一九八四年「大安寺旧境内発掘調査報告」『奈良市埋蔵文化財調査報告書　昭和五八年度』
奈良市教育委員会　一九八八年「史跡大安寺旧境内の調査　第二九～三一次」『奈良市埋蔵文化財調査概要報告書　昭和六二年度』
奈良市教育委員会　一九九〇～九六年「史跡大安寺旧境内の調査」『奈良市埋蔵文化財調査概要報告書　平成元～七年度』
奈良市教育委員会　一九九七年『史跡大安寺旧境内Ⅰ　杉山古墳地区の発掘調査・整備事業報告』
奈良市教育委員会　一九九九年「南大門・大安寺遺跡の調査　第七七・八〇次」『奈良市埋蔵文化財調査概要報告書　平成一〇年度』
奈良市教育委員会　二〇〇一年「南大門の調査　第八七次」『奈良市埋蔵文化財調査概要報告書　平成一一年度』
奈良市教育委員会　二〇〇二年ａ「史跡大安寺旧境内（南大門）の調査　第九二次」『奈良市埋蔵文化財調査概要報告書　平成一二年度』
奈良市教育委員会　二〇〇二年ｂ「史跡大安寺旧境内（賤院推定地）の調査　第八八次」『奈良市埋蔵文化財調査概要報告書　平成一二年度』
奈良市教育委員会　二〇〇六年「平城京（右京一条三坊八坪）・西大寺旧境内（食堂院推定地）の調査　第一五次」『奈良市埋蔵文化財調査概要報告書　平成一五年度』
奈良市教育委員会　二〇〇八年「史跡大安寺旧境内の調査」『奈良市埋蔵文化財調査年報　平成一七年度』
奈良市教育委員会　二〇一一年「史跡大安寺旧境内の調査」『奈良市埋蔵文化財調査年報　平成二〇年度』
奈良市埋蔵文化財調査センター　二〇〇七年『並びたつ大塔―大安寺塔跡の発掘調査―』平成一九年度秋季特別展【第二五回平城京展】図録
奈良市埋蔵文化財調査センター　二〇一〇年『平城京の甍―平城京出土瓦展―』平成二二年度秋季特別展・平城遷都一三〇〇年記念特別展図録
成瀬正和　一九九七年「正倉院伎楽面の分類的研究」『正倉院紀要』一九号、宮内庁正倉院事務所
成瀬正和　二〇〇四年「正倉院宝物に用いられた無機顔料」『正倉院紀要』二六号、宮内庁正倉院事務所

成瀬正和　二〇〇七年「正倉院宝物に見える黄銅材料」『正倉院紀要』二九号、宮内庁正倉院事務所
成瀬正和　二〇〇九年『正倉院の宝飾鏡』日本の美術五二二、至文堂
西崎卓哉　二〇〇三年「大安寺―南大門跡、西塔跡の発掘調査―」『考古学ジャーナル』五〇八、ニューサイエンス社
西口順子　一九六三年「九・十世紀における地方豪族の私寺」『仏教史学』一一巻一号、仏教史学会（後に『平安時代の寺院と民衆』法蔵館二〇〇四年所収）
仁藤敦史　一九八七年「〈斑鳩宮〉の経済基盤―『法隆寺資財帳』よりみた―」『ヒストリア』一一五号、大阪歴史学会（のちに『古代王権と都城』吉川弘文館一九九八年所収）
八賀　晋　一九六七年「大安寺発掘調査概要」『奈良国立文化財研究所年報一九六七』
林　幹弥　一九七五年「法華修多羅について」『日本歴史』第三二六号、吉川弘文館
福島和夫　二〇〇六年「〈古楽図〉考　付陽明文庫本影印」『日本音楽史研究』六号、上野学園日本音楽資料室研究年報
福山敏男　一九三八年「山城国葛野郡の条里について」『歴史地理』七一巻四号（通篇第四五九号）、日本歴史地理学会
福山敏男　一九三九年「大安寺花厳院と宇治花厳院」『建築史』一巻二号（のちに『日本建築史研究　続編』墨水書房一九七一年所収）
福山敏男　一九四六年『奈良朝寺院の研究』高桐書院
福山敏男　一九五二年「東大寺大仏殿の第一期形態」『佛教藝術』一五号、毎日新聞社（一部改訂し『寺院建築の研究（中）』福山敏男著作集二、中央公論美術出版、一九八二年所収）
福山敏男　一九七八年「観心寺の創立について」『佛教藝術』一一九号、毎日新聞社（「観心寺の創立」と改題し『寺院建築の研究（下）』福山敏男著作集三、中央公論美術出版、一九八三年所収）
藤野道生　一九七七年「奈良朝時代における修多羅衆私考」『文経論叢』一二巻四号、弘前大学人文学部
藤野道生　一九八二年「続・奈良朝時代における修多羅衆私考」『文経論叢』一七巻三号、弘前大学人文学部
法隆寺国宝保存委員会　一九五四年『法隆寺五重塔秘宝の調査』
堀　大輔　二〇一〇年『飛鳥白鳳の甍―京都市の古代寺院―』京都市文化財ブックス二四集、京都市文化市民局文化芸術都市

推進室文化財保護課
堀　裕　二〇〇三年「法会に刻まれた古代の記憶―大供と大修多羅衆―」『仏教史学研究』四六巻一号、仏教史学会
堀池春峰　二〇〇四年「大般若経信仰とその展開」『南都仏教史の研究　遺芳篇』法蔵館
本郷真紹　一九九一年「弘仁・桓武朝の国家と仏教―早良親王と大安寺・東大寺―」『仏教史学研究』三四―一、仏教史学会
（のちに『律令国家仏教の研究』法蔵館、二〇〇五年所収）
本田奈津子　一九九九年「井戸四二四下層出土の釣瓶土器について」『駒ヶ谷遺跡―南阪奈道路建設に伴う発掘調査報告書―』
（財）大阪府文化財調査研究センター調査報告書四一集
前園実知雄　一九七九年「大和郡山市額安寺旧境内発掘調査概報」『奈良県遺跡調査概報一九七八』奈良県立橿原考古学研究所
松浦正昭　二〇〇四年『飛鳥白鳳の仏像―古代仏教のかたち―』日本の美術四五五、至文堂
松尾剛次　一九九八年『新版　鎌倉新仏教の成立―入門儀礼と祖師神話―』吉川弘文館
松下正司　一九七二年「手彫り唐草文瓦について」『奈良国立文化財研究所年報一九七二』
松田和晃　一九九一年「大安寺資財帳の成立に関する一考察」『法学研究』六四巻一号、慶應義塾大学法学部内法学研究会
松田和晃　二〇〇一年『索引対照古代資財帳集成　奈良朝』すずさわ書店
松田妙子　二〇〇一年「古代の誕生仏　単独像篇―大阪黄海寺蔵誕生釈迦仏を巡って―」『佛教藝術』二五七号、毎日新聞社
松原弘宣　一九八五年『日本古代水上交通史の研究』吉川弘文館
松原弘宣　二〇〇四年『古代国家と瀬戸内海交通』吉川弘文館
松村恵司　一九八四年「大安寺の金属製品」『大安寺史・史料』大安寺史編纂委員会
松本包夫　一九七四年『正倉院の染織』日本の美術一〇二、至文堂
松本包夫　一九八一・八二年「正倉院の染織幡」『正倉院年報』三・四号、宮内庁正倉院事務所
三上喜孝　二〇〇五年『日本古代の貨幣と社会』吉川弘文館
水野柳太郎　一九九三年『日本古代の寺院と史料』吉川弘文館

水野柳太郎　二〇〇二年『日本古代の食封と出挙』吉川弘文館
湊　敏郎　一九八二年「多度神社所蔵、神宮寺資財帳について―僧綱之印を中心に―」『佛教藝術』一三三号、毎日新聞社
三舟隆之　一九八七年「霊亀二年の寺院併合令について」『明治大学大学院紀要』二四集（のちに『日本古代地方寺院の成立』吉川弘文館、二〇〇三年所収）
宮内　悊　一九九一年『箱』ものと人間の文化史六七、法政大学出版局
宮崎正裕　二〇一二年「大安寺の大官大寺式軒瓦」『八世紀の瓦作りⅠ―大官大寺式・興福寺式・鴻臚館式軒瓦の展開―』奈良国立文化財研究所
宮崎まゆみ　一九九三年『埴輪の楽器―楽器史からみた考古資料―』三交社
三好美穂・篠原豊一　一九九四年「奈良大安寺旧境内」『木簡研究』一六号、木簡学会
三好　直　二〇〇二年「『大安寺伽藍縁起并流記資財帳』にみられる大安寺釈迦像について」『博物館学年報』三四号、同志社大学博物館学芸員課程
村田治郎　一九五四年「薬師寺と大安寺の占地」『史迹と美術』二四〇号、史迹・美術同攷会
毛利　久　一九四六年「大安寺安置仏像の復原」『日本史研究』三号、日本史研究会
毛利　久　一九五二年「大安寺仏門廻廊の安置像について―所謂大安寺式伽藍配置の検討―」『古代學』一巻三号、古代學協会
毛利光俊彦・花谷浩　一九九一年「平城宮・京出土軒瓦編年の再検討」『平城宮発掘調査報告ⅩⅢ』奈良国立文化財研究所学報五〇冊
森　郁夫　一九八三年『瓦と古代寺院』六興出版
森　浩一　二〇〇四年『山野河海の列島史』朝日選書七四六、朝日新聞社
森田克行　二〇一三年「鎌足墓、その秘匿と顕現―付・乾漆棺、乾漆像の世界と漆部氏―」『中臣（藤原）鎌足と阿武山古墳』市制施行七〇周年・中核都市移行一〇周年記念歴史シンポジウム資料集、高槻市教育委員会文化財課・今城塚古代歴史館

守田公夫　一九七一年『刺繍』日本の美術五九、至文堂
保井芳太郎　一九三二年『大和上代寺院志』大和史学会（一九八五年『復刻日本考古学文献集成2期4』として第一書房より復刻刊行）
柳澤和明　二〇一〇年「多賀城跡城外出土辛櫃の意義―現存古櫃、絵画・文献史料、出土古櫃の多角的検討を通して―」『日本考古学』三〇号、日本考古学協会
山川　均　一九九三年『額田寺旧境内表採軒瓦調査報告（額田寺関連文化財調査報告1）』大和郡山市文化財調査概要三四
山口英男　一九九六年「額田寺伽藍並条里図」『日本古代荘園図』東京大学出版会
山岸常人　一九八〇年「東大寺二月堂の創建と紫微中台十一面悔過所」『南都佛教』四五号、南都佛教研究会（のちに『中世寺院社会と仏堂』塙書房、一九九〇年所収）
山岸常人　一九八四年「悔過から修正修二会へ―平安時代前期悔過会の変容―」『南都佛教』五二号、南都佛教研究会（のちに『中世寺院社会と仏堂』塙書房一九九〇年所収）
山岸常人　二〇〇七年「安祥寺伽藍の復原」『皇太后の山寺―山科安祥寺の創建と古代山林寺院―』柳原出版
山崎信二　一九八三年「後期古墳と飛鳥白鳳寺院」『文化財論叢』奈良国立文化財研究所創立三〇周年記念論文集、同朋社
山下有実　二〇〇二年「東大寺の花厳宗と六宗―古代寺院社会試論―」『正倉院文書研究』八、正倉院文書研究会編、吉川弘文館
山本忠尚　一九八四年「大安寺の屋瓦」『大安寺史・史料』大安寺史編纂委員会
山本忠尚　一九九六年『唐草紋』日本の美術三五八、至文堂大安寺史編纂委員会
吉川真司　二〇〇〇年「東大寺の古層―東大寺丸山西遺跡考―」『南都佛教』第七八号、南都佛教研究会
吉川真司　二〇一〇年「古代寺院の食堂」『律令国家史論集』塙書房
吉田一彦　一九九三年「御斎会の研究」『延喜式研究』八号、延喜式研究会（のちに『日本古代社会と仏教』吉川弘文館、一九九五年所収）
吉野秋二　二〇一二年「平安前期の広隆寺と周辺所領」『古代文化』六四巻三号、古代學協会

歴史館いずみさの　二〇〇二年『古墳から寺院へ―古代和泉と国家形成―』二〇〇二年度特別展

資料『大安寺伽藍縁起并流記資財帳』

凡例

(1) 「国立歴史民俗学博物館本」(旧「正暦寺本」)をもとに作られた各種活字本テキストを参考にして、新たに作成した『大安寺伽藍縁起并流記資財帳』である。

(2) 行替え位置と行数指示に関しては、松田和晃『索引対照　古代資財帳集成　奈良朝』(すずさわ書店、二〇〇一年)を参考にしたが、分注においては、文意に沿って行替え位置や空白の設定を一部変更したところがある。なお、隣接行同士の文字配置や文字列内の空間の大きさは、かならずしも留意していない。

(3) 活字文字(明朝体)への変更・統一および必要な句読点の追加は、竹内理三編『寧楽遺文』(東京堂出版、一九四四年)を参考にした。ただし、寶→宝、佛→仏、壹→壱、貳→弐、軀→躯、廣→広、處→処、釙→箔、匹→疋、會→会、雙→双など、さらなる文字の慣例化・簡略化や修正を一部でおこなった。

大安寺三綱言上
伽藍縁起并流記資財帳
初飛鳥岡基宮御宇　天皇之末登極位、
号曰田村皇子。是時小治田宮御宇
太帝天皇、召田村皇子、以遣飽浪葦垣宮、
令問厩戸皇子之病。勅、病状如何、思欲
事在耶、楽求事在耶。復命、蒙天皇之頼、
無楽思事、唯臣伊羆凝村始在道場、仰願

奉為於古御世御世之帝皇、将来御世御世御宇　帝皇、此道場乎、欲成大寺営造、伏願此之一願、恐　朝庭譲献止奏支。太皇天皇受賜已訖。又退三箇日間、皇子私参向飽浪、問御病状。於茲上宮皇子命謂田村皇子曰、愛哉善哉、汝姪男、自来問吾病矣。為吾思慶可奉財物、然財物易亡而不可永保。但三宝之法、不絶而可以永伝。故以羆凝寺付汝、宜承而可永伝三宝之法者。田村皇子奉命大悦、再拝白曰、唯命受賜而、奉為遠皇祖并大王、及継治天下　天皇御世御世、不絶流伝此寺、仍率将妻子、以衣斎裹土営成而、永興三宝、皇祚無窮白。後時　天皇臨崩日之、召田村皇子遺詔、皇孫　朕病篤矣、今汝登極位、授奉宝位、与上宮皇子譲　朕羆凝寺、亦於汝毛授祁利、此寺後世流伝勅支。仍即　天皇位十一年歳次巳亥春二月、於百済川側、子部社乎切排而、院寺家建九重塔、入賜三百戸封、号曰百済大寺。此時社神怨而失火、焼破九重塔並金堂石鴟尾。天皇将崩賜時、勅太后尊久、此寺如意造建、此事為事給耳。爾時後岡基宮御宇　天皇、造此寺司阿倍倉橋麻呂、穂積百足二人任賜。以後　天皇行車筑志朝倉宮、将崩賜時、甚痛憂勅久、此寺授誰参来止、先帝待問賜者、如何答申止憂賜支。爾時近江宮御宇　天皇奏久、開伊髻墨刺乎刺、肩負鉏、腰刺斧奉為奏支。仲天皇奏久、妾毛我妹等、炊女而奉造止奏支。爾時手柏慶賜而崩賜之。以後飛鳥浄御原宮御宇　天皇二年歳次癸酉十二月壬午朔戊戌、造寺司小紫冠御野王、小錦下紀臣訶多麻呂二人任賜、自百済地移高市地、始院寺家入賜七百戸封、九百三十二町墾田地、卅万束論定出挙稲。六年歳次丁丑九月康申朔丙寅、改高市大寺号大官大寺。十三年　天皇寝膳不安。是時、東宮草壁太子尊奉　勅、率親王諸王諸臣百官人等天下公民、誓願賜久、大寺営造、近今三年天皇大御寿。然則大御寿更三年大坐坐支。以後藤原宮御宇　天皇朝庭爾、寺主恵勢法師乎令鋳鐘之。亦後藤原朝庭御宇　天皇、九重塔立金堂作建、並丈六像敬奉造之。次平城宮御宇　天皇天平十六年歳次甲申六月十七日、九百九十四町墾地入賜支。

合仏像玖具　壱拾漆躯　丈六即像弐具

右淡海大津宮御宇　天皇、奉造而請坐者

金涅銅像一具

右不知請坐時世

宮殿像二具　一具千仏像　一具三重千仏像

金涅雑仏像参具　木葉形仏像一具

金涅灌仏像一具　金涅雑仏像三躯

金涅太子像七躯　金涅菩薩像五躯

合繡仏像参帳　一帳高二丈二尺七寸　広二丈二尺四寸　二帳並高各二丈　広一丈八尺

一帳像具脇侍菩薩八部等卅六像

右袁智　天皇、坐難波宮而、庚戌年冬十月始、辛亥年春三月造畢、即請者

一帳大般若四処十六会図像

一帳華厳七処九会図像

右以天平十四年歳次壬午、奉為十代天皇、前律師道慈法師、寺主僧教義等奉造者

織絨仏像一帳

画仏像六帳

右不知世時

繡菩薩像一帳

右以丙戌年七月、奉為浄御原宮御宇天皇、皇后并皇太子、奉造請坐者

合菩薩像八帳　並画像

即四天王像四躯　在仏殿

右淡海大津宮御宇　天皇、奉造而請坐者

𡑮四天王像二具　在南中門

右天平十四年歳次壬午、寺奉造
即宍色菩薩二軀　即羅漢像十軀
即八部像一具　並在仏殿
右天平十四年歳次壬午、寺奉造
羅漢画像九十四躯　金剛力士形八躯
梵王帝釈波斯匿王毘婆沙羅王像　並在金堂院東西 廡廊中門
右平城宮御宇　天皇、以天平八年歳次
丙子、造坐者
合一切経一千五百九十七巻　部帙巻数如別録二巻
右平城宮御宇　天皇、以養老七年歳次
癸亥三月廿九日、請坐者
合部足経一百十五部　之中　百十四部人々坐奉
金光明経一部八巻
右飛鳥浄御原宮御宇　天皇、以甲午
年、請坐者
合雑経五百七十二巻　之中　百七十二巻人々坐奉 経名如別録
金剛般若経一百巻
右飛鳥浄御原宮御宇　天皇、以甲午年、坐
奉者

合律八十八巻　別名如記
合論疏玄章伝記惣十六部卅七巻　部足論十一部疏玄章別 記合四部十四巻別巻
論卅二巻別名 巻数如別録
合典言四巻　書法一巻
聖僧一躯
合見前僧捌佰捌拾漆口　僧四百七十三口 沙弥四百十四口
合金伍佰弐拾壱両壱分
練金四百五十両　仏物四百廿五両 僧物二分　菩薩物十両 通物十四両二分
生金九両二分　仏物七両 温室物一両　菩薩物一両 僧物二分
沙金并消金六十一両三分　仏物沙金卅八両一分 通物消金十六両三分
通物沙金 六両三分
合銀玖佰弐拾玖両三分　仏物百七十三両 菩薩物九両一分　法物百九両二分
悲田分物二百五十六両 通分物三百八十二両
銀墨弐分　通物
合金箔参阡漆佰伍拾枚　通物
合銀箔参阡弐佰弐拾枚　仏物一千九百枚 通物一千三百廿枚
合銀銭壱阡伍拾参文　仏物八百八十六文 之中九十二文古 菩薩物廿三文 四天王物六文 聖僧物百卅八文
合水銀弐佰参拾壱斤伍両　通物
合白鑞壱阡玖佰弐拾壱斤拾伍両　小　肆拾斤陸両　大

合銅伍萬弐阡参佰陸拾弐斤　小　生銅五万一千六十二斤
百十斤八両仏物
五万九百五十一斤八両　通物　練銅五百九十斤　通物
熟銅三百廿七斤　通物　悪荒銅三百八十三斤　通物

合鉄壱佰伍拾陸廷　通物

合鍬陸佰陸拾漆口　通物

合銭陸阡肆佰漆拾参貫捌佰弐拾弐文

仏物銭二百卌五貫二百六十五文　修多羅衆銭一千六百六十八貫六十一文
法物銭一貫一百文　三論衆銭一千一百十貫八百五十文
律衆銭一百七十九貫四百五十五文　摂論衆銭五百廿一貫九百卌二文
別三論衆銭三百十八貫五百六十四文　涅槃分銭卅二貫文
華厳分銭十八貫文　盂蘭盆分銭十七貫五百一文
木叉分銭廿四貫四百八十三文　菩薩分銭一貫九百九十八文
聖僧物銭廿八貫一百九十文　功徳天女分銭六十文
四天王物銭十六貫三百卌六文　八部物銭五百文
塔分銭一貫七百五十九文　箜篌分銭一貫六百文
燃燈分銭廿四貫五十文　温室分銭一百三貫四百九十文
功徳分銭一百三貫七十三文　義物銭五貫三百七十二文
悲田分銭二百五十三貫十九文　衣田分銭二百廿八貫六百卌五文
見前僧物銭三百廿七貫九百七十七文
通分銭一千二百卌貫五百廿二文

合供養具弐拾口

仏供養具十口　白銅鉢一口　白銅多羅二口　白銅鋺七口
匙一枚　箸一具

聖僧供養具十口　白銅鉢一口　白銅多羅二口　白銅鋺七口
匙一枚　箸一具

右平城宮御宇　天皇、以養老六年歳次

壬戌十二月七日、納賜者

合鉢参口　白銅二口　之中　仏物一口
鉄一口　聖僧

合鋺弐佰参拾弐口

仏物二百十八口　之中全金一口　重七両一分　銀十五口
重合十三斤三分　白銅二百一口　金塗銅一口　菩薩物一口
聖僧物三口
通物十口　之中一口銀

合多羅陸拾捌口

仏物卅一口　之中　銀三口　重合十六斤十五両　聖僧物二口小
菩薩物一口　通物三口　温室分物卅口小

合飯鋺壱拾合　仏物七合
聖僧物三合

合塔鋺弐拾肆合　仏物廿合　聖僧物二合　通物二合

合白銅大盤伍口　仏物三口
通物二口

合白銅漿鉢二口　仏物

合壺壱拾参口　仏物九口之中銀五口　合重四斤十三両三分　一口水精
二口白銅　一口金塗　温室分物四口　之中二提壺

合酌漆柄　仏物六口　之中四口金塗
通物一口

合水瓶肆拾伍口　仏物卅六口　之中二口　漢軍持　三口胡軍持
十九口薬瓶　十一口栢榴瓶　一口洗豆瓶

菩薩物一口
木叉分物四口　通物四口

合香杯参拾漆合　仏物卅六合　之中一合　銀重一斤三両三分
通物一合

合香炉弐拾肆具

仏物十八具之中　一具銀重三斤十両二分　一具鍮石　一具牙
一具赤銅　十三具白銅　法物一具鍮石

常住僧物一具
高麗通物四具

合単香並香鑪并其盤弐拾弐口　仏物単香十六具
常住僧物香鑪四合

基盤
二口

合鐘肆口　仏物二口之中一口白銅一口銅　高各八寸　法物二口之中一口高一丈
尺口径七尺　一口高四尺一寸　口径二尺

合磬参枚　法物
合鏡壱阡弐佰漆拾伍面
仏物一千二百七十面　之中　花鏡二百五十九面
円鏡二百八十四面　方鏡六面　鉄鏡七十一面
雑小鏡六百五十面　菩薩物二面並円鏡
通物三面
合合子参拾捌合
仏物廿七合　之中銀三合重十二両一分　金涅一合
白銅十八合　木五合　聖僧物十一合並白銅
合匙参拾壱枚
仏物廿九枚　之中　銀木葉匕三枚　白銅窪匕十四枚
木葉匕十二枚　聖僧物二枚木葉
合鐥拾弐具　仏物十一具
聖僧物一具
合火炉壱拾漆口
仏物十口　之中三口金涅　法物一口　温室分一口
通物五口　之中二口　一口白銅　二口銅
合鉄炉陸口　並通物
合錫杖肆枝　二枝白銅頭　二枝銅頭
之中一枝無茎　並仏物
合誦数弐拾玖貫
五貫水精　一貫牙　一貫銅　一貫銀　一貫菩提樹数五十三丸
二貫新羅　十五貫白檀　二貫琥珀　一貫水精琥珀交並仏物
合釜参拾参口
銅十口　之中一口足釜　一口懸釜　一口行竈
鉄廿二口　之中七口在足並通物　鉄一口温室分
合銅斗并升参口
斗二口　之中一口入水二斗
一口入水一斗　升一口並通物

合銅井樽弐口　通物
合鈴肆佰陸拾漆口　並仏物
合朱沙壱佰参拾弐斤壱分　仏物一百廿三斤十二両
通物八斤四両一分
合金青玖斤玖両　仏物二斤八両
通物七斤一両
合緑青弐拾伍斤十両参分　仏物
合白緑肆斤陸両　通分
合空青壱拾壱両　通分
合胡粉玖拾漆斤壱拾弐両参分　仏物九十斤十四両
通物六斤十四両三分
合丹参斤漆両　仏物二斤四両　之中六両唐
通物一斤三両
合烟紫弐拾枚　仏物
合雌黄壱両　仏物
合紺青壱斤肆両　仏物
合甘草壱佰参拾斤　見前僧物
合太黄壱斤弐両壱分　見前僧物
合調絁陸佰肆拾参疋半端弐拾弐條　仏物一疋　通物六百卌二疋半
端廿二條
合交易絁伍佰捌拾疋端弐拾玖條
塔分物二疋　功徳分十疋
見前僧物二百四疋　通物三百六十四疋廿九條
合糸壱阡参佰伍拾弐絇伍両弐分
仏物五十九絇　聖僧物七十二端　功徳分物三百七十四絇
八部等物二絇　通物八百卌五絇五両二分

合交易絲壱阡参佰漆拾斤壱拾参両二分
仏物五斤　盂蘭盆分一百八斤　聖僧物十一斤
見前僧物四百六斤十四両　衣田分物六両二分　通物八百卅九斤九両

合綿伍佰捌拾捌屯畳綿参牒
調四百九十九屯　之中仏物十一屯　八部等物一屯　悲田分二百卌
三屯　通物二百五十四屯　庸八十九屯　之中仏物十七屯　法物六屯
聖僧物八屯　悲田分十九屯　衣田分黒卅屯　畳綿三牒
功徳天物一屯　温室分四屯　塔分物四屯

合交易綿弐阡肆佰肆拾肆斤参両
仏物十九斤　法物一斤　聖僧物七斤
見前僧物三百廿五斤五両　通物二千九十一斤十四両

合細布弐佰漆拾弐端弐拾弐條
仏物一端　衣田分二端　悲田分十二端
通物二百五十七端廿二條

合長布参阡陸佰肆拾玖端伍拾伍條
仏物十六端　四天王物二端　温室分十二端　衣田分黒六十六端
悲田分卅端　之中黒十九端　望陁十一端　長布端二條
通物三千五百廿
三端五十三條

合庸布肆佰伍拾弐段壱常
温室分十段
通物四百卌二端一常

合交易布弐萬壱佰捌拾伍段伍拾玖常参拾肆條
仏物十四段　見前僧物五百卅一段二常端一條　功徳分卅三段
六常　盂蘭盆分十六段一常十尋　悲田分三段
通物一万九千五百八十八段
短布五十常端廿三條

合紺布壱拾捌端　仏物二端
通物十六端

合朱芳弐佰壱斤　仏物四斤二両
通物一百九十六斤十四両

合麝香壱齊又壱筒　重二両二分　並仏物

合白檀弐斤捌両参分　仏物

合沈香伍拾玖斤壱拾伍両
仏物五十九斤九両
法物六両

合浅香弐拾玖斤陸両参分
仏物廿四斤　十四両三分
法物四斤八両

合薫陸香壱佰漆拾壱斤玖両弐分
仏物一百廿一斤
法物十七斤八両二分　通物卅三斤

合丁子香壱斤八両　仏物

合衣香拾両　仏物

合百和香壱丸　小　仏物

合青木香漆拾伍斤拾伍両
仏物七十三斤二両
法物二斤十三両

合零陵香壱斤陸両　法物

合蘇合香弐両　法物

合甘松香壱斤肆両　法物

合藿香弐斤捌両　法物

合蠮蠋肆拾斤捌両　通物

合灌頂幡壱拾弐具

組大灌頂一具

右前岡本宮御宇　天皇、以庚子年、納賜者

繍大灌頂一具

右飛鳥宮御宇　天皇、以癸巳年十月廿六
日、為仁王会納賜者
秘錦大灌頂一具
右平城宮御宇　天皇、以養老六年歳次
壬戌十二月七日、納賜者
灌頂九具
右人々奉納
合宝帳肆張　仏物紫羅一張　菩薩物横宝帳一著牟田　通物二帳　之中一魯帳　一班帳
合蓋弐具　各着小幡四頭　並法物
合小幡弐佰壱拾参頭　仏物八十五　之中廿八羅　一唐錦　廿八紫　廿八緑　法物百廿八　之中一百唐羅　廿八四色綾
合机敷物漆條　仏物五條　之中一表緑　裏浅緑　四表緑裏布　法物錦褥一　通物紫羅一
合花覆壱拾参條　仏物四足中　三紫紗　一緑羅　法物九　之中五紫　一赤　一黄　一緑　一浅緑
合机帯弐拾條　仏物二條緑　法物十八條　之中　十二緑　二紫　二縹　二帛
合丈六覆帛絁弐拾漆條　五丈以下　七尺以上　並仏物
合仏張柱裹布参端　二長各五丈　一長四丈　並仏物
合火炉坐敷物弐條　仏物一條　表錦裏緑　法物一條秘錦
合袈裟壱拾壱領　仏物六領　之中一納　四七條　一五條　法物五領　之中二納　三七條
合坐具弐拾伍枚　仏物十八枚　法物五枚　菩薩物一枚　聖僧物一枚

合衣陸領　男三領　之中一袷緑綾　二単高機緋　女三領　之中一班綾　二緋綾　並仏物
合織脛纏弐條　仏物
合綵帛肆疋参丈捌尺　三丈八尺唐　緋綾　三疋黄　一疋浅緑　並仏物
合高麗八部捌床　法物一床　長九尺四寸　通物七床　長各六尺六寸
合秘錦参床　仏物一條　長二尺　広一尺三寸　通物二床之中　一長八尺七寸　一長八尺五寸
合錦参條　仏物二條　之中一長五尺　一長二尺三寸　並雲幡錦　通物一條　長四丈三尺五寸　陰馬錦
合厨子玖合　仏物二合小　法物一合　通物六合
合韓櫃捌拾肆合　仏物十八合　法物七合　功徳分一合　温室分物四合　悲田分七合　通分卌七合
合赤檀小櫃一合　着金渥鏁子　仏物
合四角機匣壱牒　仏物
合漆渥圓牒子壱合　壺二口　之中一馬瑙　一瑠璃　入白玉四丸如椹実　仏物
合皮筥弐拾合　仏物
合草筥弐佰弐合　仏物七十六合　法物卅六合　通物九十合
合雑琴弐拾伍面　琵琶十面　箏琴六面　琴四面　並仏物
合笙参管　仏物
合屏風壱拾玖牒　仏物一牒　温室分九牒　通物九牒
合机壱拾肆足　仏物五足　法物九足
合安几弐足　法物
合麈尾参枚　法物二枚　通物一枚

合如意壱拾陸枝　仏物十三枝　木叉分三枝
合脇息弐足　仏物
合籌壱具　木叉
合船壱拾壱口　木叉分五口　温室分六口　之中一大
合経台肆足　並法物
合経嚢壱拾口　法物
合持蓋壱具　仏物
合帯壱拾壱條　仏物十條　之中五金作　一高麗錦　一銀作　三黒作　通物一錦銀鏤
合頭形弐口　獅子頭一口　虎頭一口　並仏物
合嚢壱拾玖口　法物十一口　四天王物八口
合捋綱壱拾陸條　通物
合裳三腰　二腰纏　並法物　一黄褐
合被弐條　一紫羅　一赤紗　並法物
合偏袒弐領　並纏　法物
合手衣壱具　法物
合巾弐條　法物一木形錦　塔分一條
合褥弐拾壱床　菩薩物一床　常住僧物一床　通物十九床
合沓弐足　仏物一足　線鞋　法物一足　緋
合雑絁端壱拾壱條
仏物五條　之中紫綾　長五尺三寸　四帛絁　法物五丈之中一紫絁
長五尺七寸　三緑絁長各二丈　一帛絁長一丈五尺　一悲田分物絁端長二丈四尺
合織絨弁氈弐拾捌床
仏物織絨一床　法物高麗織絨一床
通物廿六床　之中三床織絨　六吉氈　十七悪氈
合種種物覆弐拾参條
仏物十五條　之中一黒緑　七紫　七緑　法物七條　之中一切経緑
覆五條　交縫紗帳二條　菩薩赤綾一條
合種種物袋弐拾捌口　仏物廿口　之中坐袋二口　屏風袋十六口　宝頂袋二口　温室分屏風袋八口
合衣屏肆條　二條各卅副表紺裏緋　二條各七副半　表裏如上　並通物
合垣代帳陸條　四條表紺裏緋　一條十一副　一條廿三副　並通物
合綱漆拾玖條　仏物布綱一　法物八條　之中一赤糸縄　七緋綱　燈炉綱廿條　通物布綱五十條
合絁帳弐拾張　仏物十張　之中緑二張　帛八張　温室分物赤帛一張　常住僧一張　通物　橡帳八張
合布帳参拾参張
仏物五張　之中四細布　一長布　温室分十張　之中一細布九長布
菩薩物二張並細布　四天王物三張　常住僧物一張長布
通物十二張之中
細布六長布六
合塔分古帳長布壹佰捌拾玖端　紺布五十五端　白布一百卅四端
合鎧参具　一具漆塗　二具白作　並通物
合大刀并横刀陸拾柄　大刀卅柄　横刀廿九柄　杖刀一柄　並仏物
合小刀弐佰玖拾玖柄　仏物
合弓壱拾弐枝　仏物
合胡禄漆口　仏物

合箭肆拾玖隻　仏物
合鎗弐柄　仏物
合鉞参柄　仏物
合鉾玖柄　仏物
合雑物弐拾捌種
全金玉参丸　重二両　　銀玉玖丸
銀鏁壱條　長一尺三寸　　銀爵壱枚
餝銀壱文　　銀髪刺参
銀鳥敏壱　　銀墨研壱
玉盌曲参口　　金涅杖壱枝
金涅鐃陸枝　　鏡台肆足
画亀甲枕壱　裏白檀　　浅香犠形壱　在白鐫鳥三 重一斤六両
牙口脂壺弐拾壱合　　牙爵拾枚
位冠弐拾捌　赤　　鏡懸絲壱拾参條
赤糸組壱條　長四丈六尺　　水精玉壱佰弐拾壱丸
白玉壱佰参拾伍丸　一如椹実　　白玉水精青玉琥等玉壱裹
玉弐貫　一全金白玉水精紺玉等 一白玉紺玉等　　青玉玖佰壱拾伍丸　以上仏物
紺玉肆佰肆丸　仏物八丸 通物三百九十六丸　　縹玉壱裹　重五両二分
又縹玉伍佰丸　以上通物　　宍色菩薩天冠銅弐枚

合大般若会調度
額捌條　一條仏殿前繍 二條東西小門 一條中門 四條東西廡廊
仏懸緑綱肆條　　緋絁帳一條
紺布帳陸張　　細布帳壱張
布縄壱拾参條　　仏懸横木弐枝
経台弐足　　高座弐具
机陸足　　礼盤坐弐具
火炉机弐足　　布巾参條
簾弐枚
合大唐楽調度
羅陵王壱面　　倭胡壱面
老女壱面　　咲形弐面　以上並衣具
虎頭壱口　　雑色衣参拾領
雑色半臂参拾参領　　帛汗衫壱拾弐領
帛袴壱拾弐腰　　金作帯参條
靴沓参領
合伎楽弐具
右一色、平城宮御宇　天皇、以天平二年歳
次庚午七月十七日、納賜者

以上資財等、天平十八年本記所定、注顕如件

合寺院地壹拾伍坊
四坊塔院　四坊堂并僧房等院　一坊半禅院食堂并太衆院
一坊池并岳　一坊半賤院　一坊苑院　一坊倉垣院　一坊花園院

合門玖口
仏門二口在神王金剛力士梵王帝釈波斯匿王
毘婆沙羅王形　僧門七口

合堂参口
一口金堂　長十一丈八尺　広六丈　柱高一丈八尺　一口講堂長十四丈六尺
広九丈二尺　柱高一丈七尺　一口食堂長十四丈五尺　広八丈六尺柱高一丈七尺

合楼弐口
一口経楼長三丈八尺　広二丈五尺
一口鐘楼丈尺如経楼

合廊一院
金堂東西脇各　長八丈四尺　広二丈六尺　高一丈五寸
東西各長廿丈五尺　広二丈六尺　高一丈五寸

合食堂前廡廊
東西各長五十五尺　広一丈三尺
高一丈五寸

合通左右廡廊陸條
一行経楼　一行鐘　長各二丈七尺　広一丈四尺　高八尺
二向講堂東西長各九丈広一丈高一丈五寸　一講堂北廊長五丈二尺
広一丈八尺　高一丈八尺　一食堂長九丈九尺
広一丈八尺　高八尺五寸

合僧房壱拾参條
二列東西太房列長各廿七丈四尺五寸広二丈九尺高一丈五寸　二列
東西太房北列長各廿四丈五尺広高如上　二列東西南列中房長各廿
七丈四尺五寸　二列東西中房北列長各廿九丈一尺広三丈高一丈一尺
二列北太房長各十二丈五尺広三丈九尺高一丈五寸
一列北東中房長廿七丈広三丈高一丈一尺　一列小子房南列長
十丈広一丈二尺高九尺　一列東小子房長廿九丈一尺並蓋檜皮

合井屋弐口　並六角間各長一丈
高九尺在僧房院

合宿直屋陸口
二口金堂東西各一丈三尺　広八尺三寸　二口南大門東西曲屋長
各二丈四尺　広一丈高七尺五寸　葺瓦二口南中門東西長各一丈四
尺広一丈
高八尺

合温室院室参口
一口長六丈三尺　広二丈　一口長五丈二尺　広一丈三尺
一口長五丈　広二丈　並葺檜皮

合禅院舎捌口
堂一口　長七尺　広四丈　高一丈四尺　僧房六口　一口長六丈三尺
広三丈八尺　三口　長五丈　広二丈　一口　長十丈八尺　広一丈八尺
一口長四丈　広一丈五尺　廡廊一條
長四丈　広一丈二尺　以上葺檜皮

合太衆院屋陸口　一口葺瓦　五口葺檜皮
一厨　長廿二丈　広五丈
高一丈一尺　一竈屋　長十一丈四尺　広七丈二尺
高一丈八尺　葺瓦
二維那房　長各七丈七尺広二丈
八尺　高一丈六尺　一井屋　長七丈七尺　広三丈
高一丈四尺
一碓屋　長五丈
広二丈

合政所院参口
一口　長七丈　広四丈
高一丈四尺　一口　長五丈　広三丈　高一丈一尺
以上葺檜皮
一口　長九丈　高一丈三尺
広五丈　葺草

合倉弐拾肆口　之中
双倉四口　板倉三口　並在太衆　甲倉一口在禅院
板倉二口　甲倉十三口　並在倉垣院

以前皆伽藍内蓄物如件

合食封壱阡戸　在土佐備後播磨丹波尾張伊勢遠江信濃相模　武蔵下野常陸上総等國

参佰戸

右飛鳥岡基宮御宇　天皇、歳次己亥、納賜者

漆佰戸

右飛鳥浄御原宮御宇　天皇、歳次癸酉、納賜者

合論定出挙本稲参拾万束

在遠江駿河伊豆甲斐相模常陸等國

右飛鳥浄御原宮御宇　天皇、歳次癸酉、納賜者

合墾田地玖佰参拾弐町

在紀伊國海部郡木本郷佰漆拾町

四至　東百姓宅并道　北山　西牧　南海

若狭國乎入郡嶋山佰町

四至　四面　海

伊勢國陸佰陸拾弐町

員弁郡宿野原伍佰町

開田卅町　未開田代四百七十町

四至　東鴨社　南坂河　西山　北丹生河

三重郡宮原肆拾町

開十三町　未開田代廿七町

四至　東賀保社　南峯河　北大河　西山限

奄藝郡城上原四十二町

開十五町　未開田代三十七町

四至　東濱　南加和良社并百姓田　西同田　北濱道之限

飯野郡中村野八十町

開三十町　未開田代五十町

四至　東南大河　西横河　北百姓家并道

右飛鳥浄御原宮御宇　天皇、歳次癸酉、納賜者

合水田弐佰壱拾陸町玖段陸拾捌歩

大倭國六十町三段三百歩

近江國百五十六町五段百廿八歩

右飛鳥岡基宮御宇　天皇、歳次己亥、納賜者

合今請墾田地玖佰玖拾肆町

伊勢國六百四十四町

員弁郡志理斯野百町

四至　東山并河　南百姓宅　西岡本　北川並山

同郡阿刀野百町
四至　東百姓墾田御井　南武賀河
　　　西高山　北阿胡登山道
三重郡赤松原百町
開八町　未開田代九十二町
四至　東上無清泉　南申社山道
　　　北郡堺道　西山之限
同郡河内原六十町
開六町　未開田代五十四町
四至　東椿社　南鎌山登道
　　　西山　北牧木之限
同郡采女郷十四町
開二町五段　未開田代十二町五段
四至　東公田　南岡山
　　　西百姓宅　北三重河之限
同郡日野百町
四至　東堀溝　南大河
　　　西細河　北閏田里之限
鈴鹿郡大野百町
四至　東北野　西高山
　　　南石間河之限
河曲郡牛屋窪二十町
四至　東鳥沼橋　北南岡
　　　西棒迫之限
奄藝郡長濱五十町
四至　東海　南沼
　　　西河道　北道之限

播磨國壱拾伍町　開六町
　　　　　　　　未開九町
印南郡五町　伊保東松原　赤穂郡十町　多太野東檳村前
西麻生前　北百姓熟田　南骨前
備前國壱佰伍拾町　開廿三町
　　　　　　　　　未開一百廿七町
上道郡五十町　大邑良葦原　東山守江　西石間江　南海　北山　御野
郡五十町　長江葦原　東丹比真人墾田　西津高堺江　南海　北石木山
之限　津高郡五十町　比美葦原　東堺江　西備中堺　南海
北山并百姓墾田堤之限
紀伊國伍町
海部郡木本郷葦原
四至　東川　西百姓熟田
　　　南松原　北山之限
近江國弐佰町
野州郡百町　自郡北川原并葦原
四至　東百姓熟田　西川
　　　南里　北山之限
愛智郡百町　長蘇原
四至　東中海谷東上道　西秦武蔵家東上道
　　　南氷室度　北胡桃按度
伊賀國弐拾町
阿拝郡柘殖原
四至　東山　西百姓熟田
　　　南路　北山
美濃國肆拾伍町
武義郡廿五町　埿江野
四至　東大岳　西縣岳
　　　南路　北熟田之限

大嶋野廿町
四至　東大河　西山
南北百姓家之限
右依前律師道慈法師、寺主僧教義等、
啓白平城宮御宇　天皇、天平十六年歳
次甲申、納賜者
合薗地弐処　一在左京七條二坊十四坪
一在同京同條三坊十六坪
合処処庄拾陸処　庄庄倉合廿六口　屋卌四口
大倭国五処
一在十市郡千代郷　一在高市郡古寺所　一在山邊郡波多蘇麻
一在式下郡村屋　一在添上郡瓦屋所
山背國三処
相楽郡二処　一泉木屋并薗地二町　東大路　西薬師寺木屋　南
自井一段許退於　北大河之限　一棚倉瓦屋　東谷上　西路　南川　北南
大家野之堺限　乙訓郡
一処　在山前郷
摂津國一処
在西城郡長溝郷庄内地二町　東田
西海即船津　南百姓屋　北路之限
近江國六処
栗太郡一処　野州郡一処　神前郡一処
愛智郡一処　坂田郡一処　浅井郡一処
伊賀國二処
伊賀郡太山蘇麻庄一処
阿閇郡柘殖庄一処
合糒玖拾玖碩漆㪷壱勝

合米参阡参佰拾捌斛弐㪷捌勝
合籾参阡壱拾碩弐㪷弐勝
合稲弐佰弐拾萬壱阡陸佰陸束捌把参分半
通分稲一百八十八万五千七百六十六束八把分半
見一百卅三万六千四百十六束七把二分
毎年未納五十四万二千八百七十八束八把八分半
朽失无実悪稲六千四百七十一束二把
僧分稲廿四万五百七十四束
見十万五千八百卌四束七把六分
毎年未納十三万四千七百廿九束五把四分
功徳分稲二万二千四百九十五束三把二分
見一万五千二百五十二束九把六分
毎年未納七千二百卌二束三把六分
盂蘭盆分稲一万七千二百卌九束四把四分
見一万二千三百十一束五分
毎年未納四千九百卅八束三把九分
温室分稲三万五千五百廿束九把七分
見二万七千五百六束四把
毎年未納八千十四束五把七分

右以去天平十八年十月十四日、被僧綱所牒偁、左大臣宣奉　勅、大安寺縁起并流記資財物等子細勘録、早可言上者、謹依牒旨、勘録如前、今具事状、謹以言上

天平十九年二月十一日　都維那僧**霊仁**

寺主法師**教義**

上座法師**尊耀**

僧綱所　左大臣宣偁、大安寺縁起并流記資財帳一通、綱所押署、下於寺家、立為恒式、以伝遠代者、加署判下送、今須謹紹隆仏法、敬誓護天朝者矣

天平廿年六月十七日　佐官業了僧**願清**

大僧都法師**行信**　佐官兼薬師寺主師位僧**勝福**

佐官兼興福寺主師位僧**永俊**

佐官師位僧**恵徹**

佐官業了僧**臨照**

あとがき

古代寺院を検討する上での重要史料として、寺院縁起幷流記資財帳（以下、資財帳と略記）がある。聖徳太子をはじめとする皇族や天皇、弘法大師などの著明な僧侶も登場し、真実であるのか少々疑問でも、古代寺院の由緒いわれを知る上で、資財帳にまず目を通すのは定石だ。さらに、建築史の立場から、資財帳に掲載された建物施設のあり方を検討したり、墾田地や荘園の記載から、古代の大土地所有について考察する先行研究には、多くの蓄積がある。

竹内理三さんが編集した『寧楽遺文』や『平安遺文』には、資財帳の全文が多数収録されているので、寺院史・建築史や土地制度史にかかわる先行研究をおさらいするため、私のような古代史料の門外漢でも、資財帳に目を通すことは容易だった。とくに、二〇〇二年度に発足した京都大学大学院文学研究科二一世紀COEプログラム『グローバル化時代の多元的人文学の拠点形成』（代表：紀平英作）の第一四研究会「王権とモニュメント」が、京都市安祥寺を主題としたときに、『安祥寺資財帳』が様々な角度から検討されたことも大きな刺激となった。資財帳に親しむ機会が増すと、漠然とではあるが、考古資料を解釈する上で資財帳が有用であるばかりでなく、物的証拠にもとづき古代寺院の経済活動や宗教活動、寺院内での日常生活を復原する際にも、資財帳が役立つと確信するようになった。

資財帳から得た知識が最初に役立ったのは、京都府井手町にある石橋瓦窯跡の発掘調査において、その立地が『大安寺伽藍縁起幷流記資財帳』が記す棚倉瓦屋の四至記載どおりである事実を、現場を見学した折、調査担当者に直接告知できたことだった。道路工事のため消滅寸前にあった遺跡は、国史跡大安寺旧境内の「附《つけたり》」となって高架橋の下に残った。川を渡って、台地上に至る陸上にまた橋をかけるという不思議な道路工事を英断した関係者の努力に頭が下がる。

次に役立ったのは、京都府向日市の宝菩提院廃寺跡の発掘調査で、周囲に石敷きがめぐる径一・七mの竈をそなえた掘立柱建物跡が検出されたときだった。この建物が湯屋か大炊屋（厨）か調査担当者に問いかけられ、資財帳に記載された大型の釜は湯釜に限る事実を即答できたのも、日頃から資財帳に目を通していたおかげだった。

また、京都府木津川市の神雄寺跡（馬場南遺跡）で出土した彩釉山水陶器が、誰もが信じていた須弥山を表現したものではなく、誕生仏をセットする舞台装置であるという推論も、その出土状態と八世紀の資財帳に普遍的な灌仏調度、平安期の宮中灌仏会における舞台装置などを念頭に置いた発言だった。ただし、これは資財帳の記載からストレートに帰結できる議論ではないため、提言できる形になるまですこし時間がかかった。

このような発言の機会が増えると、私がよほど古代寺院の資財帳に精通しているという誤解を生んだらしい。歴史考古学分野で幅広く活躍している奈良国立文化財研究所の先輩から、放送大学の面接授業で、二日間にわたり寺院資財帳の話をするようにという要請を受けたときは、さすがに躊躇した。私の専門は考古学であって、文献史料は生兵法にすぎない。

これまでのようなつまみ食いではなく、資財帳と真正面から対峙しても、私にできることは少ないだろうと思いつつ、講義メモを作成してみると、資財帳が単に寺院が保有する物品を羅列しているだけではないことに気づいた。寺院資産には、現代と同様、基本財産、備品、固定資産、流動資産に相当するものがある。初期の寺院資財帳では、それらを仏物・法物・僧物・通物など寺院を構成する要素で細分しており、その有機的関連を分析すれば「経営体・事業体としての寺院」が浮彫りになるという大風呂敷は、意外と放送大学の受講生には好評だった。

といっても、わからないことの方が多かった。放送大学の余勢を駆って、三年間にわたって大学の特殊講義で古代寺院の資財帳をとりあげた結果、いくつかの資財帳を比較検討することができ、中告書類としての寺院資財帳から財産管理台帳としての寺院資財帳という流れも理解できた。しかし、現代の感覚では理解しにくい事実にも遭遇し、少なからず困惑した。

たとえば、大安寺や法隆寺の資財帳において、生身の人間ではない聖僧が、とび抜けて多数の資産を保有している事実を知ったときには驚いた。聖僧についての研究史が積み上げられていたことは、その後、勉強して知った。しかし、聖僧の活躍の場がひととおり理解できた今でも、古代日本仏教のなかで聖僧の持つ意味はよくわからないままだ。少なくとも、『日本霊異記』などの説話世界では、如来や菩薩が信仰対象として様々な霊験を表し、祖師・開祖となる実在僧侶や修行僧も、神話的色彩でその活動が修飾されているのに、聖僧は初期寺院資財帳で破格の資産を持ちながら、その活躍は人口に膾炙することはほとんどなく、いささか不甲斐ない。

大学の講義で、長々と同じテーマで話ができたのは、すいれん舎の高橋雅人さんが、寺院資財帳を主題とした書物の出版に乗り気になって下さったことも大きいが、私自身が資財帳に「はまった」結果でもある。当然のことながら、講義においては「解明できたこと」よりも、現在あれこれ試行錯誤している内容を話すことになる。私が好き勝手、一方的に話すので、出欠はカウントしない。さすがに三年間をとおしてつきあってくれた学生さんはいなかったが、各年ごとに、ほぼ皆勤で講義ノートをとる学生さんが一人以上おり、その忍耐力には敬服した。

当初、高橋さんに渡した出版計画では、上に紹介した石橋瓦窯や宝菩提院廃寺の湯屋、神雄寺の灌仏調度が一章を構成するはずだった。しかし、結局、『大安寺縁起并流記資財帳』を最初から最後まで読みとおし、資産と事業経営との関係を明らかにした小宇宙を描き出すという形で、本書を書き下ろすことになった。そのなかでは、石橋瓦窯も湯屋・灌仏調度も、小さな一点景になってしまった。機会があれば、これらは別の一書にまとめたい。

資財帳に「はまった」一つの理由は、日本各地で古代寺院遺跡の発掘調査と保存整備にかかわる委員会に駆り出されていたことにある。かつて、重要な遺跡は「保存」の対象だったが、近年は保存だけではなく「整備」「活用」せねばならない。文化財は国民、否、世界のものだから当然である。たとえば、遺跡の整備・活用の一つの方法として、各地において「体験学習」という方法が模索されている。

縄文や弥生の集落遺跡ならば、竪穴建物での宿泊、火起こし、田植え、土器による炊飯など、衣食住や生業に直接かかわる「体験」は、現代の生活様式と対比することで豊かな広がりが期待できるし、その実績も各地で積みあげられている。また、窯業遺跡などでは、陶芸教室を開催しているところもある。しかし、古代寺院や官衙遺跡では、どのような活用の道が開けているか。手本になる試みはほとんどない。

寺院遺跡の発掘調査により、いくつもの新事実が判明する。地下に埋もれた古代寺院の規模や構造、寺院を構成する建物施設の創建・存続・修理・再建にかかわる年代は、寺院遺跡の発掘で得られる情報である。まれには、灯明皿や幢竿支柱、寄進者の名を記した文字瓦などから、宗教活動の一端が解明され、場合によっては墨書土器などの出土文字資料から、忘れられた寺院名まで推測できる。周辺遺跡の発掘でも、造営時や修理時に稼働した工房やその技術系統、生産と流通関係、関連する官衙・邸宅や檀越の墓地など、歴史環境や地域構造にアプローチできる。

しかし、発掘成果にもとづく古代寺院遺跡の展示・公開は、やや類型的で貧相である。検出した遺構写真や遺構図、時には再現画や模型が、寺院を構成する施設やその外観として展示され、遺物として大量の瓦類、香炉や花瓶・托鉢などの仏器を含む土器が並ぶ。史跡公園となった寺院官衙遺跡では、主要な建物施設の基壇の位置や平面形を、芝を張った土盛りや植栽などで示し、場合によっては門や築地塀など建物施設自体を再現する「整備」をおこなっている。しかし、古代寺院が何を背景に存立し、寺院内には何があり、それらを使って何をしていたのかを、これらの展示品や遺跡整備から読み取るのはむずかしい。

資財帳から寺院の保有する資産の実体がわかり、場合によってはその資産を使って何をしたのか推測できる。それを検討すれば、古代寺院遺跡を整備する上で参考となるだろう。たとえば、現存古代寺院が、有名歌手やタレントを招いてコンサートや演芸を催すことが、決して見当外れではないことは、寺院資財帳に収録された舞楽面をはじめとする楽具が語っている。

古代寺院にとって、発掘で出土する瓦や土器は資財帳に記録する価値すらなく、他の資財と異なり、寺院廃絶時にそのままうち捨てられる性質のものだった。だからこそ、発掘調査に際して、年代や生産・流通関係、技術系統、歴史環境や地域構造情報を解明する資料として広く活用できるのだという事実は、考古学研究者はよく心得ているはずだ。しかし、発掘で多数出土するからといって、古代寺院がおこなった社会・宗教・経済活動の本質が、瓦や土器から直接わかるわけではない。少数ながら各時代・各ランクの古代寺院資財帳が残っている以上、実物がなくても、そこに登録された物品から古代寺院の活動実体にアプローチするのは、モノから歴史像を引き出す考古学が受け持つことができる仕事だと思っている。

しかし、「生兵法は怪我のもと」でもあり、誤りは少なくないはずだ。本書では、『大安寺縁起幷流記資財帳』をおもな材料に、基本資産・固定資産・流動資産が密接な関係を持って、古代寺院の社会・宗教・経済活動を推進した事実を具体的に示そうとした。基本的な切り口はこれでよいと思うが、一方で、事実認識の次元、あるいは事実を組み立てて推論を導く段階に、大きな誤りがあるかもしれないという不安がつきまとう。しかし、公表しなければ誤りを正すことはできないし、次のステップを踏み出すこともできない。本書の内容にかんして、識者からの御叱正を賜われれば幸いである。

本書ができあがるまでには、多くの方々の御協力、御支援があった。というよりも、考古学研究自体が、様々な研究者や学生、あるいは考古学ファン、さらには古代史・美術史・自然科学などの隣接分野で支えられているので、御世話になった方々の数には際限がない。本文末の参考文献は、その一端にすぎない。ただし、原稿を書く行為と、講義をする行為は、同じ資料を使っても本質的に異なる点がある。原稿は自分が納得すれば（たとえ独りよがりでも）完成するが、講義は聴く人に納得してもらわねばならない。説明していて「これでは納得できないだろう」と感じ、新稿を起こしたり、加筆したり改稿したり全面廃棄したりすることを、三年間くり返した。未熟な段階の「講義」を聴くことになった放送大学面接授業の受講生や、私が担当する「考古学特殊講義」を受講した学生さんには、まっさきに感謝せねばなるまい。

二〇一四年一一月　　　　上原　真人

上原真人（うえはら・まひと）

1949年生まれ。1973年，京都大学文学部卒業，1979年，同大学院文学研究科博士課程単位取得退学。1979～96年，奈良国立文化財研究所勤務。現在，京都大学大学院文学研究科教授（考古学）。
主要著書　『蓮華紋』（至文堂，1996年），『瓦を読む』（講談社，1997年）
主要編著　『木器集成図録 近畿原始編』（奈良国立文化財研究所史料36冊，1993年），『皇太后の山寺—山科安祥寺の創建と古代山林寺院—』（柳原出版，2007年）ほか

著者紹介

古代寺院の資産と経営

—寺院資財帳の考古学—

2014年11月25日第１刷発行

著　者　上原真人
発行者　高橋雅人
発行所　株式会社 すいれん舎
〒101-0052
東京都千代田区神田小川町3-14-3-601
電話 03-5259-6060　FAX 03-5259-6070
e-mail：masato@suirensha.jp
印刷・製本　藤原印刷株式会社
装　丁　篠塚明夫

©Mahito Uehara. 2014

ISBN978-4-86369-374-6　Printed in Japan